博学而笃志,切问而近思。
（《论语·子张》）

博晓古今,可立一家之说;
学贯中西,或成经国之才。

复旦博学·复旦博学·复旦博学·复旦博学·复旦博学·复旦博学

主编简介

薛可，上海交通大学长聘教授、博士生导师，上海交大-南加州大学文化创意产业学院副院长，国务院特殊津贴专家。南开大学管理学博士，上海交通大学和北京大学两站博士后。美国麻省理工学院高级访问学者，加州大学圣地亚哥分校、加拿大不列颠哥伦比亚大学访问学者。主持国家社科基金艺术类重大课题、国家社科基金重点课题、国家社科基金一般课题、教育部人文社科项目、民族民委研究重点项目、国家广电总局社科研究项目、上海市决策咨询重点项目等纵横向课题20多项，出版专著、教材30多种，发表学术论文100多篇，担任国际期刊主编、SSCI期刊副主编。获教育部新世纪优秀人才、上海市教育系统"三八红旗手"、"宝钢教育奖"、"上海交通大学校长奖"等多个奖项。

余雪尔，美国乔治敦大学(Georgetown University)法律博士，美国Willkie Farr & Gallagher 律所诉讼律师。

文化创意
伦理与法规

薛 可　余雪尔 主编

复旦大学出版社

扫二维码登录本书电子资源平台,可获得相关思维导图、课件和习题。

序

人无信不立,国无法不安。伦理与法规是任何行业必须遵守的规则,也是行业有序良性发展的保障。相较而言:伦理是软约束,而法规是硬约束;伦理是行为的高层次要求,法规是行为的最底线标准;伦理偏向于内心的修养,法规偏向于外在的制约;伦理比较宽泛与模糊,法规比较明确与精准。二者共同构成对于行业、企业以及从业人员的行为引导与规范,从而确保理念先进、导向正确、行为有方、竞争有序,这便是本书将伦理与法规糅合起来进行讲解的缘由。

文化创意理论与产业的奠基,人们通常追溯到1912年约瑟夫·熊彼特(Joseph Schumpeter)提出的"创意"理论和20世纪三四十年代法兰克福学派提出的对"文化"的系统阐述。当然,这只能算是萌芽和发端。文创作为一门独立的学科和完整的产业,其出现得益于20世纪80年代美国学者约翰·霍金斯(John Hawkins)出版的《创意经济》和1977年时任英国首相安东尼·布莱尔(Anthony Blair)对"创意产业"的积极推动。中国的文创产业于21世纪初才开始有一定的发展,理论研究也刚刚起步,学科及产业还在不断成熟。本书是国内第一本以文创伦理与法规为研究对象的教材,我们之所以愿意做如此探索,是因为伦理与法规对于文创产业来说实在太过重要。

在文创领域,伦理争辩与法律纠纷十分普遍:文创应遵循什么样的道德准则?对文创人员的品行修养与行业规范有什么要求?文创行为涉及哪些法律范畴?文创竞争中的法律纠纷该如何避免与解决?这些问题不仅给行业、企业与从业人员带来诸多困扰,而且由于文创作品的社会影响力日益增强,其对于社会风气、社会安定、青少年教育和社会价值观的引导都产生了很大的影响,成为人们热议的话题和社会关切的焦点,迫切需要学术界和理论界予以定义、阐述与研究。本书就是在这样的背景之下应运而生的。

本书分为九章,从理论到实践,从宏观到微观,从伦理到法规,从学术到案例,比较系统地全景式勾勒出文创伦理与法规的体系。本书主要有三大编写目标。

第一,集大成。本书立足中国文创,并使全球文创伦理与法规思想为我们所用,尽可能将现有理论成果都汲取进来,广泛借鉴、合理取舍,努力推动该领域学科迈向新的高度。

第二,系统性。本书立足中国文创,对相关内容和理论进行全面梳理与逻辑归置,使之自成体系,对实践中总结出来的规律进行沉淀和总结,从而归纳出独立系统的一门学科。

第三,实用性。本书立足中国文创,选取了大量生动的案例,并进行理论分析与解读。每一章最后都有一个代表性强、容量大的研读案例,正文中也引用了许多真实生动的案例,不但更加具有可读性,而且对实践的指导更加具体直观。

本书主编薛可教授,是上海交大-南加州大学文化创意产业学院副院长、长聘教授、博士生导师。她是南开大学博士,北京大学、上海交通大学二站博士后;在麻省理工学院、加州大学圣地亚哥分校、加拿大不列颠哥伦比亚大学等担任高级访问学者与访问学者;是教育部新世纪人才,国务院特殊津贴获得者,"宝钢教育奖"、"上海交通大学校长奖"获得者。

本书另一主编余雪尔博士,是圣路易斯华盛顿大学(Washington University in St. Louis)心理学学士,美国西北大学(Northwestern University)市场营销硕士,乔治敦大学(Georgetown University)法律博士,现就职于美国 Willkie Farr & Gallagher LLP 律所,是美国纽约州、华盛顿特区及伊利诺伊州执业律师。曾出版多部中英文教材及专著,发表过多篇学术论文。

本书由薛可教授、余雪尔博士设计全书框架,确立核心概念,设定编写体例,决定内容取舍,完成审定统稿,并由多位同仁分头撰写完成。具体执笔人如下:第一章,李思晨;第二章,陈炳霖;第三章,陈治任;第四章,李亦飞、侯姚晔、余雪尔;第五章,金涵青、王钧;第六章,金涵青、金宣谕、余雪尔;第七章,李亦飞、侯姚晔、余雪尔;第八章,陈治任;第九章,金涵青、朱志慧、金宣谕。金涵青协助两位主编,全程参与了全书的统稿工作。

衷心感谢复旦大学出版社及方毅超先生对本系列教材出版的支持,对文创这一新兴学科作高度关注,不但首先出版了核心教材《文化创意学概论》,而且持续推出"文创系列丛书",不但具有前瞻性的战略眼光,而且实实在在推动着中国文创理论与产业的发展。衷心感谢本书编辑李荃,她的专业水准和敬业精神给我们留下了深刻的印象。

由于我们能力有限,且学科初创,材料有限,本书存在的遗漏与不足,敬请广大读者批评指正。

2021 年 12 月 1 日
于上海交通大学

目 录

第一章 概论 — 1
第一节 伦理概念与解读 — 1
第二节 法律概念与解读 — 8
第三节 文创伦理与法律 — 14
第四节 文创伦理与法律监管 — 19
案例研读：艺人要不要持证上岗？ — 28
本章参考文献 — 30

第二章 文化创意与社会安全 — 32
第一节 禁止违规煽动言论 — 32
第二节 禁止传播淫秽色情 — 37
第三节 禁止渲染凶杀暴力 — 42
第四节 禁止破坏国家安全 — 46
案例研读：江南布衣：从文化创意到色情暴力 — 51
本章参考文献 — 55

第三章 文化创意与公序良俗 — 56
第一节 文化创意中的公序良俗 — 56
第二节 文化创意不得危害公序 — 59
第三节 文化创意不得危害良俗 — 70
案例研读：频频"翻车"的车企营销 — 79
本章参考文献 — 82

第四章　文化创意与知识产权　83

- 第一节　知识产权的内涵　84
- 第二节　文创与著作权　91
- 第三节　文创与工业产权　105
- 案例研读:"斗罗大陆"手游著作权侵权案　115
- 本章参考文献　118

第五章　文化创意与人格权　119

- 第一节　人格权的内涵　120
- 第二节　文创与姓名权　125
- 第三节　文创与肖像权　129
- 第四节　文创与名誉权　137
- 第五节　文创与隐私权　141
- 案例研读:网上公开拍卖他人家信侵犯个人隐私　144
- 本章参考文献　146

第六章　文化创意与广告法规　147

- 第一节　广告法规的内涵　148
- 第二节　文创与产品广告　153
- 第三节　文创与代言广告　157
- 第四节　文创与儿童广告　162
- 第五节　文创与公益广告　166
- 案例研读:味全每日C"创意瓶",成功让果汁卖到脱销!　171
- 本章参考文献　174

第七章 文化创意与反不正当竞争法 176

第一节 反不正当竞争法内涵 176

第二节 文创设计与经营中的不正当竞争行为 182

第三节 文创传播与销售中的不正当竞争行为 187

案例研读:"爱奇艺账号"不正当竞争纠纷案——VIP账号分时出租行为的认定 197

本章参考文献 200

第八章 文化创意运作的伦理 202

第一节 文化创意运作与伦理的关系 202

第二节 文化创意运作中的共性伦理 206

第三节 文化创意运作中的个性伦理 218

案例研读:AI换脸——技术与文化创新的伦理 225

本章参考文献 228

第九章 文创人员的伦理修养 229

第一节 文创人员道德伦理的规范 229

第二节 文创人员道德伦理的提升 241

第三节 文创人员道德伦理修养的价值 247

案例研读:跨界融合,是惊艳还是惊眼 253

本章参考文献 254

图目录

图5-1　J大侠中华料理餐厅菜谱	131
图5-2　猫咪的"葛优躺"	136
图6-1　广告主体关系图	150
图6-2　"朕知道了"纸胶带	154
图6-3　大英博物馆"Manga"漫画专题广告	154
图6-4　颐和园口红系列	156
图6-5　虚拟博物官IP打造流程图	159
图6-6　互动虚拟IP	160
图6-7　儿童绘本广告	165
图6-8　"小朋友画廊"H5传播	168
图6-9　99公益日宣传	169
图6-10　味全每日C"拼字瓶"	172
图6-11　味全每日C"Say Hi"瓶	173
图6-12　味全每日C"每日宜"瓶	174
图9-1　衍生品文件袋、学生卡	240
图9-2　海错图书本灯	248
图9-3　思政文创	249
图9-4　皮影元素人物	251

第一章 概论

学习目标

学习完本章,你应该能够:
(1) 了解道德、伦理和法律的概念;
(2) 了解道德、伦理和法律的关系;
(3) 了解文创伦理的概念与规范方式;
(4) 了解文创法律的概念与监管方式。

基本概念

道德　伦理　法律　文创伦理　文创法律

第一节　伦理概念与解读

社会生活中,伦理无处不在。本节将从思想源流、概念界定、内涵表达、基本特征、价值功用等角度简要阐述伦理这一概念,建立对伦理的基础性理解与认知,为后续内容提供知识铺垫。

一、伦理的思想源流

在西方,《理想国》中表露的真、善、美至今被人推崇学习。在中国,人们常常把"人伦物理"并提,也使用"灭绝人伦"这类词语谴责严重不合规范的行为。伦理思想是如何演变发展的,经历了哪些发展阶段?为了更好地理解"伦理"这一概念,本节将对中西方伦理思想的起源与发展进行梳理与介绍。

(一) 西方伦理思想的起源与发展

西方伦理思想起源于公元前5世纪到公元前4世纪的古希腊,按时间脉络可分为5个时期,即古希腊罗马时期、中世纪时期、文艺复兴时期、近代资本主义时期、现代伦理学发展时期。①古希腊罗马时期的伦理思想立足于个人的幸福与完善,主要探求人应该具有的道德品性,认为人要过有德性的生活。②中世纪时期伦理思想主要通过教父道德哲学、基督教神学伦理学等表现出来。③文艺复兴时期伦理思想的主题是人道主义。④近代资本主义时期,西方伦理思想发展史学派林立、思想多元,代表人物和代表观点主要分布在英、法、德等发达资本主义国家。⑤19世纪末以来,伦理学进入现代伦理学发展时期。从19世纪末到20世纪60年代,伦理学受逻辑经验主义影响进入了元伦理学占统治地位的时期。元伦理学认为,实证科学只提供关于道德的知识,哲学则只专注于对道德言说的语言分析或逻辑分析。这种理解背离了对人类实践和道德的正确理解。20世纪70年代应用伦理学的兴起,代表了西方伦理学的转向。[1]

西方伦理思想流派众多,古代和近代西方伦理学思潮流派及其代表人物包括:古希腊的感性主义伦理学(伯里克利、普罗泰戈拉),理性主义伦理学(苏格拉底、柏拉图),快乐主义伦理学(德谟克里特、伊壁鸠鲁、居勒尼学派),禁欲主义伦理学(犬儒学派、斯多葛学派),亚里士多德的中道伦理学,中世界的基督教神学伦理学(《圣经》中的伦理学思想、奥古斯丁、安瑟伦、托马斯等),文艺复兴时期的人道主义伦理学,近代的利己主义伦理学(霍布斯、曼德维尔、爱尔维修、费尔巴哈),利他主义伦理学(沙普慈伯利、赫起逊、巴特勒),同情主义伦理学(休谟、亚当·斯密),理智主义伦理学(笛卡尔、斯宾诺莎、莱布尼茨),功利主义伦理学(边沁、密尔等)和康德的义务论伦理学。[2] 现代西方伦理学各种思潮流派及其代表人物包括:德国唯意志论伦理学(叔本华、尼采),英国进化论伦理学(斯宾塞、赫胥黎),法国生命伦理学(居友、柏格森),英国新黑格尔主义伦理学(格林、布拉德雷),直觉主义伦理学(摩尔、普里查德、罗斯),情感主义伦理学(罗素、维特根斯坦、石里克、卡尔纳普、艾耶尔、史蒂文森),语言分析伦理学(图尔闵、黑尔),[3] 现象学价值伦理学(胡塞尔、舍勒、哈特曼),存在主义伦理学(海德格尔、萨特),精神分

---

[1] 徐建龙,孟凡平,郝文清,等.伦理学理论与应用[M].合肥:合肥工业大学出版社,2009:3.
[2] 刘伏海.西方伦理思想主要学派概论[M].长沙:湖南师范大学出版社,1992:1-2.
[3] 万俊人.现代西方伦理学史(上卷)[M].北京:中国人民大学出版社,2011:1-2.

析伦理学(弗洛伊德、弗洛姆),美国实用主义伦理学(詹姆斯、杜威),人格主义伦理学(鲍恩、弗留耶林、布莱特曼、霍金),新托马斯主义伦理学(马里坦),新正教派伦理学(巴尔特、尼布尔),境遇伦理学(弗莱彻),当代心理学伦理学(斯金纳、马斯洛),新功利主义伦理学(斯玛特、布兰特),当代美国政治伦理学(罗尔斯、诺齐克)。[1]

(二)中国伦理思想的起源与发展

中国伦理思想的发展大致经历了5个阶段:①春秋战国时期的伦理思想围绕着道德作用、道德本原、人性与人的本质、义利之辨、道德准则、道德评价、道德修养等各种理论问题的探讨,产生了儒、墨、道、法等诸子伦理思想。②秦汉至明清时期的伦理思想是作为正统的儒家伦理思想的演变、发展、完备并走向衰败的过程。③清末至五四运动是近代资产阶级旧民主主义革命时期,产生了中国资产阶级的伦理思想。[2]④五四运动后,无产阶级社会主义革命的时代到来,在俄国十月革命的影响下,中国共产主义的进步人士传播马克思主义,希望建立社会主义社会。[3]⑤1949年,中华人民共和国成立,中国伦理思想进入现代阶段,围绕新道德建设和马克思主义伦理学的系统化研究两个方面展开,最大成果是形成了具有中国特色的马克思主义伦理学体系。[4]

中国伦理思想的代表人物及其主要观点包括:孔子"仁学""六条十二目""为政以德",孟子"性善""重义轻利""四德""五论""仁政""民贵君轻",荀子"隆礼贵义""人性恶""性伪之分",墨子"兼爱""合其志功而观焉",老子"无为""无知""无欲""无私""不争""抱朴守真",庄子"顺应自然""安时处顺""缘督以为经""心斋""坐忘",商鞅和韩非"不贵义而贵法""不务德而务法",董仲舒"人受命于天,有善善恶恶之性""正其谊不谋其利""三纲五常""性三品""灾异谴告""罢黜百家,独尊儒术",王充"人性有善有恶""善恶可变""命定论""建节之士",张载"天地之性""气质之性""德性所知""见闻之知""学必如圣人",程颢"性即理""存天理,灭人欲""主敬""致知",朱熹"理在事先""理一分殊""居敬穷理",陆九渊"心即理""立心""自作主宰",王守仁"心外无物,心外无理""致良知""知行合一",王艮"百姓日用即道""淮南格物",李贽"夫私者,人之心也""穿衣吃饭,即是人伦物理",黄宗羲"天地之间只有一气""心性是一""天下为主,君为客""立志则为豪杰",顾炎武"合天下之私,以成天下之公""天下兴亡,匹夫有责",唐甄"凡为帝王者皆贼也""民为政本""仁义礼智俱为实功",颜元"正其谊以谋其利",戴震"归于必然,适完其自然",康有为"求乐免苦""世界大同",梁启超"采补其所本无""淬厉其所本有",谭嗣同"冲决网罗""以太即性""崇奢黜俭",严复"以自由为体,以民主为用",孙中山"人类以互助为原则""天下为公",章太炎"革命道德观""俱分进化论",蔡元培以德育为"中坚"的"五育"说,陈独秀"反对旧道德,提倡新道德",李大钊以进化论和唯物史观为立论基础的道德学说,胡适自然人性论和实用主义道德观等,[5]以及中国共产党领袖人

---

[1] 万俊人.现代西方伦理学史(下卷)[M].北京:中国人民大学出版社,2011:3-4.
[2] 徐建龙,孟凡平,郝文清,等.伦理学理论与应用[M].合肥:合肥工业大学出版社,2009:4.
[3] 杨贺男.行政伦理学[M].哈尔滨:黑龙江人民出版社,2010:74.
[4] 骆祖望,黄勇,莫家柱.伦理学新编[M].上海:上海财经大学出版社,1997:53.
[5] 温克勤.中国伦理思想简史[M].北京:社会科学文献出版社,2013:1-6.

物、中共重要会议和文件中的伦理思想。

二、伦理的基础研究

从中西方伦理的起源及发展看,伦理思想源远流长。接下来,将详细介绍关于伦理的基础研究,着重探究什么是伦理,伦理与道德的区别与联系,以及伦理的内涵和特征,以便加深对伦理这一概念的理解。

(一) 伦理的概念界定

对"伦理"及与之相关的"道德"概念进行解读尤为重要,既可以让我们在词语概念上对"伦理"的内涵与核心有更深层次的认识,又可以帮我们从词语构成上厘清"伦理"与"道德"的本质。

1. 伦理的含义

首先,古代汉语中,"伦理"作为一个统一的词汇,始于《礼记·乐记》的"乐者,通伦理者也"。在此之前,"伦"和"理"一直作为两个单音词来使用。伦,最初指人与人之间的辈分关系。《说文解字》说:"伦,辈也。"清代段玉裁解释:"军发车百两为辈。引伸之同类之次曰辈。"出兵时发车百辆,其间有严明的秩序、严密的组织,由此引申用来指人与人之间的关系秩序井然而和谐一体。理,最初是指剖析、研修玉石。也就是说,"理"原为动词,即顺着璞的细微复杂的纹进行琢磨、研修,使之成为玉,后来由动词转变为名词,指玉石本身那精微的条理。[1]

其次,"伦理"即"伦"和"理"。郑玄在为《孟子》作注时说"伦"即"序",所谓"序"就是秩序、序次,而且这一序次并非什么一般的关系,而是"识人事之序",是"从人从仑",仑者辈也之序。可见,伦理中的"伦"所指的秩序或序次是对人与人相关关系的一种界定。"理"即"道理"。所以,伦理,即人们在处理人与人关系时应遵循的道理和准则。[2]

最后,马克思曾指出,动物没有关系,"动物不对什么东西发生'关系',而且根本没有'关系';对于动物来说,它对他物的关系不是作为关系存在的"。[3] 换句话说,脱离了人之关系,只能是动物。按照马克思主义的观点,伦理是人类认识自身及其关系的重要标志,也是人类完善和发展自身的重要依据。[4] 当前,伦理学界普遍认为,只要有人,有了人的活动与生活,有了人与人之间的关系,伦理便会存在和发生作用。[5]

2. 道德的含义

首先,古代汉语中,"道德"作为一个统一的概念,始于春秋战国时的《管子》《庄子》《荀子》等书。荀况说"故学至乎礼而止矣,夫是之谓道德之极""道德纯备,智惠甚明"。在此之前,"道"和"德"一直作为两个单音节词来使用。《说文解字》说"道者,路也""德者,得也"。《孟子》称"夫道若大路然",朱熹注云"人所共由谓之道"。可见,"道"即"道路"的意思,引申为"规范"

---

[1] 曾黎.伦理与人生[M].西安:西安出版社,2010:2.
[2] 邹渝.厘清伦理与道德的关系[J].道德与文明,2004(5):15-18.
[3] 马克思恩格斯全集(第三卷)[M].北京:人民出版社,1960:38.
[4] 王小锡.道德、伦理、应该及其相互关系[J].江海学刊,2004(2):196-199.
[5] 骆贤凤.中西翻译伦理研究述评[J].中国翻译,2009,30(3):13-17,95.

"规矩"。"德",古人称"行道,有得于心,之谓德"。于是,"德"被理解为一个人内心的"品质"和"自我觉悟"。

由此可见,"道"与"德"原本是两个东西。"道"是"德"的前提,没有"人所共由"的规范规则就不可能有对规范、规则的内心感悟;而"德"则是"道"的归宿,规范、规则只有通过"有得于心"才能被接受,并发挥规范人生行为的作用,那些不能被接受的"道"是没有意义的。[1]在西方语系中,"道德"对应为"ethics"或"morality","ethics"意为"品质、人格","morality"意为"风俗、礼貌、习惯"等。

综上所述,中西方均认为"道德"是主体在人格和品性中形成和遵循的某种规范、习俗的习惯。道德即通过主体内心感悟而自觉奉行的行为规范总和。[2]

3. 道德与伦理

通常情况下,伦理与道德是含义相同的两个概念。罗国杰主编的《伦理学教程》认为"'伦理'与'道德'的词源含义虽不尽相同,但大体相通","无论在中国还是外国,'伦理'和'道德'这两个概念,在一定的词源含义上,可以视为同义异词,指的都是社会道德现象",二者的区别仅表现为"道德较多的是指人们之间实际的道德关系,伦理则较多的是指有关这种关系的道理"。[3]学者魏英敏也认为:"无论在中国,还是西方,'道德'与'伦理'都是一个意思。因此道德现象也叫伦理现象,道德行为也叫伦理行为,道德判断也叫伦理判断,道德学又称为伦理学。"[4]

另外,也有学者注重辨析道德与伦理的不同。黑格尔认为"道德"指个人道德,"伦理"指社会道德。[5]福柯明确区分了"道德"和"伦理",他认为广义的道德指价值和行为规则的总体,经由各种不同的规范机构(家庭、教育机构、教会等)向个人和团体提出,这种道德产生了"行为的道德性",也就是相对于道德准则的规范体系,个人或多或少会产生某种程度的意识。相反,伦理则涉及每个人如何把自己构成为法典的道德主体,"面对某一行为法典……行为个体可以有不同的道德'为人'方式,不同的操作方式:他不仅作为主使人,而且还作为这一行为的道德主体"。[6]阿维夏伊·玛格利特(Avishai Margalit)认为伦理与道德涉及行为主体、判断主体的身份差异性,"伦理"强调的责任主体多涉及特别关系(如父母、爱人、子女等),"道德"强调的责任则主要涉及同主体一般或浅淡的关系(如同为某个类群或与陌生人/遥远者的关系)产生的自守义务。[7]邹渝认为:伦理是客观法,是他律的;道德是主观法,是自律的。伦理是对人们行为应当理由的说明,而道德则是对人们行为应当境界的表达。[8]综上所述,道德与伦理既相互关联又各有侧重。

---

[1] 曾黎.伦理与人生[M].西安:西安出版社,2010:2.
[2] 曾黎.伦理与人生[M].西安:西安出版社,2010:2-3.
[3] 罗国杰,马博宣,余进.伦理学教程[M].北京:中国人民大学出版社,1985:2,4.
[4] 魏英敏,金可溪.伦理学简明教程[M].北京:北京大学出版社,1984:2-5.
[5] 邹渝.厘清伦理与道德的关系[J].道德与文明,2004(5):15-18.
[6] 朱迪特·勒薇尔.福柯思想辞典[M].潘培庆,译.重庆:重庆大学出版社,2015:58.
[7] Avishai Margalit. The ethics of memory[M]. Cambridge: Harvard University Press,2002:79.
[8] 邹渝.厘清伦理与道德的关系[J].道德与文明,2004(5):15-18.

(二)伦理的内涵表达

伦理的内涵丰富。从本质上看,伦理强调人们在社会生活中客观存在的各种社会关系,突出的是如何保持这些复杂的社会关系,使之处于一种和谐和融洽的状态。从义务关系看,伦理对成员的要求具有双向性特征,为保持伦理关系的和谐与融洽,要求处于特定伦理关系的双方都要恪守同样的"理",互为条件才能使伦理关系处于和谐融洽的状态。[1]从内容上看,伦理可细分出职业伦理学,主要有经济伦理、企业伦理、科技伦理、行政伦理、家庭伦理等。[2]

(三)伦理的基本特征

作为一种关系、思想、准则,伦理与历史文化、民族精神、社会实践等息息相关,受作为主体的人的影响,又反过来影响人的行为。总结伦理的特征能帮助人们更好地理解伦理的本质和内涵。

1. 伦理是广泛性与特殊性的联合

如前所述,只要有人,有了人的活动与生活,有了人与人之间的关系,伦理便会存在和发生作用,在各种社会关系中,伦理是最广泛、最普遍的一种关系。与此同时,不同行业、领域、地区的伦理准则又与自身规范、风俗相结合,保持各自的特点,赋予伦理一定范围内的特色,成为整体广泛性与局部特殊性的结合体。

2. 伦理是永久性与稳定性的结合

在人类诞生以来的历史长河中,伦理一直存在并发挥作用。原始社会中,尽管伦理还同血缘关系、两性关系、其他社会关系交织在一起,但也以潜在方式"悄悄地"存在着。在科学技术发展的今天,无论社会的生产方式和生活方式发生怎样的变化,伦理存在的永恒性都是一个不争的事实。特定的伦理一旦形成,会在相当长的历史阶段中,一以贯之地保持它的基本形态和基本性质,不会轻易改变。[3]

3. 伦理是实践性与能动性的统一

伦理是人在认知基础上形成的情感和意志的结合体,是社会实践的历史产物,其本质是实践的、能动的和发展的。它作为一种集结起来的强大的内在性本质力量,因其所具有的特殊的"意志性"而产生着强大而恒久的"能动性",这一能动性也是在"伦理"的积淀和推动之下所自然焕发出的一种坚韧的实践精神。[4]

4. 伦理是民族性与时代性的颉颃

黑格尔认为,民族是伦理的实体,伦理是民族的精神。民族是在伦理精神基础上按照其内在发展规律而生成的现实形态,伦理是民族个体所赖以存在的公共精神本质。伦理是民族伦理的深层结构,是民族精神的合理生发,是民族伦理的内聚力与外张力的集中表现。同时,任

---

[1] 邹渝.厘清伦理与道德的关系[J].道德与文明,2004(5):15-18.
[2] 徐建龙.伦理学理论与应用[M].合肥:合肥工业大学出版社,2009:2.
[3] 曾黎.伦理与人生[M].西安:西安出版社,2010:3.
[4] 杜灵来.伦理精神的哲学意蕴及其基本特征[J].河南师范大学学报(哲学社会科学版),2021,48(3):34-40.

何伦理精神都是其时代精神的精华,是时代精神的具体体现和深度表达。[1]

三、伦理的价值功用

作为人们在处理人与人关系时应遵循的道理和准则,伦理是广泛存在且不可或缺的,伦理的内涵和特征表明伦理在社会各方面发挥重要作用。政治、经济和文化是社会生活中最基本的3个领域。洞察伦理在社会生活领域的作用,有助于加深对伦理的认知。

(一)伦理在政治领域的价值功用

政治伦理包含3个方面:①政治伦理的价值观;②政治生活中人们应当遵循的道德准则;③政治行为主体所具有的道德品质。伦理在政治领域中的作用,可借用美国政治学家亚伯拉罕·卡普兰(Abraham Kaplan)在《美国人的伦理观和公共政策》里的话来阐明,即政治伦理"不仅仅是行贿和贪污腐化、欺诈和收买,或其他缺陷的问题,它不是平民出任公职经常假公济私等这样的具体的问题,它存在于所有政策之中,这些政策的决定,明显影响着人们对各种事物的价值判断"。[2]所以,伦理是实现和维护一定的政治理想与政治秩序所不可缺少的观念、规范和品质。

(二)伦理在经济领域的价值功用

经济伦理是指在调节经济活动中形成的各种伦理关系的伦理原则和应然性的要求与评价。经济伦理主要从宏观的经济制度、中观的组织管理和微观的经济行为等方面,对生产、交换、分配和消费等环节进行伦理调节与规范。亚当·斯密(Adam Smith)认为生产者和经营者为社会提供各种必需品并非出于仁慈,而是出于各自私利的需要。[3]以符合自我私利为目标,经济人在市场活动中必然会出现假冒伪劣、污染环境、行贿受贿、欺诈蒙骗等行为,因此,经济伦理约束经济人的行为,兼顾生产经营者与消费使用者的利益,遵守契约、价格公平、合理竞争、交换自由、生产自主等成为所推崇的经济伦理规范。

(三)伦理在文化领域的价值功用

文化伦理是指人们在文化生产和文化生活中所必须遵循的处理人与人关系、人与社会关系的行为规范及其内在必然性的总和,[4]也指人们在文化生活中所不得不遵循的文化心理倾向,这种文化心理倾向与主体的文化传统认同、文化环境归依和文化价值选择密切相关,而且它直接诉诸人的道德直觉和本能的心理反应。文化伦理的价值功用可借用阿里夫·德里克(Arif Dirlik)在《后革命氛围》里的话来阐明,即文化主义与我们所谈论的文化伦理相通,显然会借助"传统的力量",文化伦理所体现的正是任何人都难以忘怀甚至也无法挣脱的传统的力量。[5]

---

[1] 杜灵来.伦理精神的哲学意蕴及其基本特征[J].河南师范大学学报(哲学社会科学版),2021,48(3):34-40.
[2] 戴木才.中国特色政治伦理 中国共产党对执政正当性的探索[M].北京:商务印书馆,2019:4.
[3] 倪愫襄.伦理学简论[M].2版.武汉:武汉大学出版社,2018:143.
[4] 郑又贤.试论加强文化伦理规范[J].中共福建省委党校学报,1999(4):42-45.
[5] 朱寿桐.汉语新文学通论[M].北京:生活·读书·新知三联书店,2018:63.

第二节 法律概念与解读

在社会生活中,法律多种多样。本节将从思想源流、概念界定、内涵表达、基本特征、价值功用等角度简要阐述法律这一概念,建立对法律的基础性理解与认知,为后续内容提供知识铺垫。

一、法律的历史渊源

一般认为,法是随着私有制、阶级、国家的出现而产生的,归根结底是一定阶段的产物。而且,随着制度与时间的发展变换,法律思想也产生变化。简述东西方法律思想的起源及不同时期的发展,有助于获得关于法律思想的基本性和系统性认知。

(一)东西方法律思想的起源

世界各国法律在起源上有共性。法律的来源在于人类群体的不断壮大,人的活动也越来越复杂。人与人之间的关系、与社会的关系、与自然界的关系都需要在一定范围内公开且明确的规则加以约束。而且,社会群体中的冲突、纠纷等也需要明确的评判标准。统治阶级便着手把各类规则细化,通过各类形式予以确认、颁布、固定,并以国家的力量强制实施,于是,法律就慢慢形成了。不过,东西方地理环境、历史传统、文化背景、社会发展的不同,使得其法律在起源及发展上也不尽相同。

1. 西方法律思想的起源

古希腊、罗马法律起源于氏族中平民与贵族的斗争。在古代希腊的雅典,氏族内部平民反对贵族斗争的胜利加速了氏族组织的崩溃和希腊国家的产生。与国家产生的这种形式相适应,法产生的第一种形式就是梭伦的立法改革,改革的核心内容是废除贵族所享有的特权,以财产的多寡划分公民的等级以及与之相应的权利义务。在罗马,则是氏族外平民反对罗马氏族贵族、争取权利平等的斗争加速了罗马氏族组织的崩溃和罗马国家的产生,而第一部成文法十二铜表法的公布确认了平民的权利义务。所以,古希腊人和罗马人所要解决的问题与古代中国不同,他们所解决的不是氏族、种族之间的征战,而是社会集团之间利益的调整和重要分配。古希腊、罗马法律中提及:"就其政治功能而言,法是不同社会集团共同遵奉的准则,具有凌驾于社会之上的权威。就其民事功能而言,法是私人事务必不可少的参与者和仲裁者,与市民社会有着最密切的关系。"[1]

2. 中国法律思想的起源

在古代中国,法、刑、律同义。法在词源上带有公平、正直的含义。法在夏、商、周三代被称

---

[1] 都玉霞,赵延波.中西方法律起源与发展之比较研究[J].政法论丛,1999(4):38-40,42.

作刑，它的职能不外乎对外证诛、对内镇压两个方面。春秋战国时李悝著《法经》，以"法"取代了"刑"，后商鞅变法，改"法"为"律"，之后中国历朝历代的成文法典（《宋刑统》除外）一律都称作律，律是由国家制定的规范性文件，带有一体遵行的效力。但无论名称如何，在古代中国人眼里，法即刑，是镇压手段，是暴力工具，是"禁暴止邪"的禁条，它注定只能是工具，而永远不能成为目的本身。故而，中国古代法起源于部族之间的征伐。中国法制史研究表明，中国古代法主要是刑，当时所谓的刑比现在的刑含义更狭窄，专指肉刑、死刑，是杀害人生命、戕贼人肢体的一种暴力手段。吕思勉《先秦史》称"刑之始，盖所以待异族"。[1] 可知，刑最初是用来对付异族的。在氏族征战的过程中，刑是对外征伐的武力。《国语·鲁语下》记载"大刑用甲兵，其次用斧钺"，也就是说用"甲兵""斧钺"去征服敌对部族。这就是中国古代"刑"的起源，也就是法的起源。这一理解影响了先民最初的法观念，认为法即刑法，其固有观念中不容纳"私法"的概念。[2]

（二）法律思想的发展类型

与时间脉络和社会性质相结合，法律可分为4类，即奴隶制法律、封建制法律、资本主义法律、社会主义法律。下面对各类型法律进行简要说明。[3]

1. 奴隶制法律

奴隶制法律即经奴隶制国家制定、认可，并依靠奴隶制国家强制力保证实施的行为规范的总和，是维护奴隶主阶级统治的重要工具。奴隶制法律的特点是：严格保护奴隶主的所有制，用极其严厉和残暴的手段保护奴隶主对生产资料的占有；公开确认自由民内部的不平等；保留原始公社的残余。

2. 封建制法律

封建制法律即由封建制国家制定认可，并以国家强制力保证实施的行为规则的总和，目的在于维护封建地主阶级的社会关系和社会秩序。封建制法律的特点是：严格保护封建地主阶级的所有权；维护农民对地主的人身依附；确保封建等级特权；严刑峻法，残酷镇压农民的反抗；宗教的戒律和教会法（在西欧）起过很大的作用。

3. 资本主义法律

（1）自由资本主义法律。资本主义法律萌芽于西欧封建社会中后期，形成于资产阶级国家政权建立后，随着资本主义社会的发展而演变。它对奴隶制法、封建制法有继承性，并为社会主义法提供借鉴。自由资本主义法律的特点是：具有反对封建特权的特征；主张私有财产神圣不可侵犯；主张契约自由；主张法治原则。

（2）当代资本主义法律。当代资本主义法律的特点是：加强国家对社会生活的干预；对穷人在住房、医疗卫生、失业救济等方面采取了一系列福利措施，出现了社会立法的新领域，并与福利国家的政策紧密相连；打破自由资本主义时期所形成的公法和私法的界限；加强法官的自

---

[1] 吕思勉.先秦史[M].上海：上海古籍出版社，1982:425.
[2] 都玉霞，赵延波.中西方法律起源与发展之比较研究[J].政法论丛，1999(4):38-40,42.
[3] 王英鉴.思想道德修养与法律基础(2014年修订版)[M].北京：中共党史出版社，2014:154-155.

由裁量权;授权立法、行政立法的作用日益增大,议会立法的中心地位受到削弱,建立了违宪审查制度,一些国家还设立宪法法院或宪法委员会;在刑法和侵权行为法中,过错责任原则在某些领域逐步让位于严格责任原则,也就是无论主观是否有过错,只要造成危害的结果,都要承担赔偿责任;在法律理论上,更加重视法外因素对法律过程的影响。

4. 社会主义法律

社会主义法律主要是指苏联及前东欧国家 20 世纪上半叶建立起来的法律制度以及中国当代的法律制度。一些发展中国家在第二次世界大战获得民族独立后,也曾建立过这样的法律制度。其具体特征是:坚持阶级性与人民性的统一;强调社会平等的至上地位;强调国家在推动社会进步方面的作用。

二、法律的基础研究

对"法律"及与之相关的"道德""伦理"概念进行解读尤为重要,既可以让我们在词语概念上对"法律"的内涵与核心有更深层次的认识,又可以帮我们从词语构成上厘清"法律"与"道德""伦理"的本质。

(一) 法律的概念界定

1. 法律的含义

通俗点说,法律是一种条文或案例,用来告诉人们:什么可以做,什么是禁止的;权利与自由的界限在哪里;哪些行为会受到制裁,而哪些权益可以得到保护。根据严谨的定义,法律是国家立法机关依照一定程序制定的,具有一定文字形式,并由国家强制力保证执行的行为规则。它是由经济基础决定的上层建筑,体现着统治阶级的意志,用以巩固和发展对统治阶级有利的社会关系和社会秩序,是阶级专政的重要工具。

一般说来,对法律的理解有广义和狭义两种。狭义地说,法律是指由国家立法机关,按照一定的程序制定的行为规则。广义地说,法律除上面说的以外,还包括法令、命令、条例、决议、指示、规则和章程等,即所有国家政权机关制定的行为规则。例如,在中国,根据宪法的规定,法律由全国人民代表大会或其常务委员会制定,其余法规、条例、规章等由国家行政机关和地方各级权力机关制定。[1]

2. 道德与法律

一方面,道德与法律的关系是法哲学的重要命题。道德和法律都是约束人行为的准则,具有一定共性。[2] ①道德和法律均含有"义务"规范。说某件事是一个道德问题,实质上是说存在一种与之相关的义务。义务同样是法律中的关键性概念,没有无义务的权利,也没有无权利的义务。②道德与法律均具有普适性特征。康德认为一项道德行为准则只有当每个人永远服

---

[1] 陈春龙,欧阳涛,肖贤富,等.法律知识问答[M].北京:北京出版社,1979:1.
[2] 范进学.论道德法律化与法律道德化[J].法学评论,1998(2):37-44.

从它在逻辑上是可能的,才可以被接受为普遍法则。[1]道德义务的普适性使统治阶级把本阶级的道德规范上升为法律规范,以明确的、普遍的、稳定的法律去推行其道德标准及伦理观念成为可能。③道德与法律的统一有助于实现价值合理性与工具合理性的统一。正如富勒所言,"我们不应孤立地看待正式的法律,而应把它看作具有自身内在目标与道德性的整个法律制度的组成部分"。[2]

另一方面,道德与法律又各有其特点,不能完全等同。①从作用机制看,道德与法律的重要区别在于二者的社会功能和规范作用的保障机制不同,道德依靠主体性的自律,法律则依靠强制性的他律。②从理论角度看,法律是对公认的社会道德的确认,但公认的社会道德并非全部确立为法律,法律只是对一部分公认社会道德的确认。③从具体实践看,在执法、司法中,不能用道德评价代替法律评价;对于法未明文禁止(限制)的私权利行为,不能用法律惩罚,但可保留道德惩罚的空间。[3]

综上所述,道德与法律具有内在的统一性、和谐性,但又相互保持距离,所以才说法律是最基本的道德要求。

3. 伦理与法律

一方面,伦理与法律相互交织。①人类历史早期,二者区分较为模糊,拥有共同的文化发展动力。历史学和人类学的研究表明,原始禁忌、图腾崇拜及一些原始的习惯,共同组成了人类早期的社会规范,这是一个成分复杂的"规范混合体",它包含了诸多后世所称宗教、法律和伦理道德的"基因"。②伦理道德居于主要地位,法律依附其而存在的时期。在西方,自然法和衡平法时代,道德从外部大量涌入法律,而哲学、法学把法律条规视为道德的一种,并把法学附属于伦理学。在中国古代社会,法律自汉代开始儒家化,即"以礼入法",其结果就使伦理道德成为法律的精神支柱。③法律逐渐独立自洽。在自然科学、实证主义等一系列成就影响下,法律体系逐渐独立和完善,使得法律规则的适用只依赖于法律,而不受道德、宗教、政治等法律之外社会要素的影响。[4]

另一方面,伦理与法律又是两个不同的范畴。①从形式上看,伦理规范具有模糊性,主要存在于人们的共同意识之中,它强调义务的遵守,但通常缺乏强制的力量。法律则具有明确的形式性,以权利义务并重的方式调整人们的行为,并之以国家强制力为后盾。②从调整对象上看,伦理道德既对行为进行规制,也对思想进行调整;法律注重人的行为,虽然它也关注行为背后的意志因素,但纯粹的意志层面并非法律关注的对象。[5]③从具体内容上看,伦理范畴的问题(广义包括道德问题)属于"法无禁止"范围,行为主体"享有放弃自我约束义务而仍然可以

---

[1] [英]A.J.M.米尔恩.人的权利与人的多样性——人权哲学[M].夏勇,张志铭,译.北京:中国大百科全书出版社,1995:98.
[2] 高道蕴,高鸿钧,贺卫方.美国学者论中国法律传统[M].北京:中国政法大学出版社,1994:5-6.
[3] 刘作翔.法律与道德:中国法治进程中的难解之题——对法律与道德关系的再追问和再思考[J].法制与社会发展,1998(1):1-9.
[4] 梁兴国.法律自治与伦理道德[J].伦理学研究,2008(3):5-10.
[5] 同上.

免除实际惩罚的行为自由的意志"[1]。法律问题意味着应该由法定主体运用相应程序及法律依据予以解决,虽不排斥私力救济,但涉及民事权益维护的自助行为不得僭越既有的法律规范。[2]

综上所述,道德、伦理、法律都是实现社会进步、制度文明的必然要求。法律不应是片面的、机械的,需要注入伦理道德的思想与品质;伦理道德也不是全面的、万能的,需要搭配法律更好地发挥效果。

(二) 法律的类别划分

依据法律的特征从不同的角度出发,可将其划分为不同的类别。[3]

1. 国内法和国际法

国内法和国际法的划分标准是法的创制主体和适用范围的不同。其中,国内法是指由本国制定或认可并适用于本国主权所及范围的法律。国内法的主体一般是个人或组织(机关、团体、企业事业单位等),国家仅在特定法律关系中成为主体,如国有财产的所有权人。国际法是指在不同国家之间通过协议或长期实践而产生的法律,使用主体主要是国家。国际法主要规定国与国之间的双边或多边关系,以国际条约和国际惯例为主要渊源。

2. 成文法和不成文法

成文法和不成文法的划分标准是法的创制方式和表达形式的不同。成文法是指国家机关依照法定程序制定和公布的,以法律条文形式出现的法,又称为制定法。不成文法是指国家机关认可其具有法律效力而不具有条文形式的法律,因其渊源于习惯,又称为习惯法。

3. 实体法和程序法

实体法和程序法的划分标准是法所规定的内容的不同。实体法又称主法,是指具体规定人们在政治、经济、文化和婚姻家庭等实际关系中的权利和义务的法律,如宪法、刑法、民法、行政法等。程序法又称助法,是指规定实现实体法的过程中相关诉讼程序或手续的法律,如刑事诉讼法、民事诉讼法、行政诉讼法等。

4. 公法和私法

公法和私法的划分标准是法的调整对象的不同。公法是指有关国家机关管理职能的法律规范,而私法是指有关民间商业及社会交往的法律规范。公法带有管理与服从的等级特征,而私法则强调法律主体地位平等。公法和私法是大陆法系对法的传统分类。如今,一般认为行政法是公法的典型,而民商法是私法的典型,而且两类法律相互渗透融合。

(三) 法律的基本特征

法律的特征是法律之所以成为法律并与其他事物相区别的质的特性,了解法律的基本特征有助于理解其内涵和本质。[4]

---

[1] [德]罗伯特·施佩曼.道德的基本概念[M].沈国琴,杜幸之,励洁丹,译.上海:上海译文出版社,2007:52.
[2] 陈堂发.私力救济中的涉"性"隐私网络公开:法律抑或伦理问题[J].新闻与传播研究,2021,28(7):79-91,127-128.
[3] 范健.法律[M].南京:南京大学出版社,2001:5.
[4] 同上.

1. 意志性

法是统治阶级意志的表现。意志是指人们的主观愿望和要求。法不是个人意志的反映，也不是社会上所有人意志的反映，而是政治上、经济上占统治地位并掌握国家权力的阶级意志的反映。统治阶级意志体现为法，是通过代表本阶级意志和利益的一定个人或机关实现的。

2. 国家性

体现统治阶级意志的法律规范是由国家制定或认可的。制定是指国家机关在其职权范围内，按照一定法律程序创制不同效力级别的规范性文件；认可是指国家承认原来已存在的习惯、道德并赋予其法律效力。无论制定法律规范还是认可法律规范，都是国家权力的运用。

3. 规范性

法通过规范人们在一定社会关系中的权利与义务来确认、保护和发展对统治阶级有利的社会关系和社会秩序。权利和义务是法的基本内容，权利代表对主体的授权，义务意味着对主体的强制。权利和义务在法律规范中辩证统一，缺一不可，既没有无权利的义务，也没有无义务的权利。

4. 强制性

法是以国家强制力为后盾而保证实施的。通过遵循法律程序，法由司法机关或行政机关解释适用，并直接或间接运用国家强制力保证执行或实施。法的强制性是普遍的，即它的对象是抽象的、一般的，在同样的条件下可以反复适用，而不是针对一人一事。

三、法律的价值功用

作为社会关系的调整工具，法律对人们的生产、生活及社会的发展起着十分重要的作用。法律的价值功用是法律本质属性的外在表现。由于不同法律所赖以存在的社会基础和反映的阶级意志存在差异，其发挥的作用也并不相同。在此主要简述法律在社会生活中的普遍意义。

其一，从法律适用的行为主体看，法律对不同行为主体的规范作用不同，大体可分为指引、评价、教育、预测、强制作用等。法治社会下，人们的各类行为必须遵循一定的准则进行，只有在法律规范的范围内进行的行为才能实现行为人预期的目的。

其二，从政治、经济领域看，法律的政治价值即法律是统治阶级治理国家的工具，调整统治阶级内部各阶层、各团体和个人之间以及他们同整个统治阶级的关系。法律的经济价值即法律体现客观经济规律，通过对社会经济关系的全面调整，确认和维护社会基本经济制度，保障和促进社会生产力的发展，满足人们日益增长的物质生活需要。法律的经济价值集中体现在法律对经济关系的调整过程之中。[1]

其三，从社会视角看，法律的社会作用包括以下4个方面：①法律预防受到制裁的行为和保证受到奖赏的行为，这也是法律最基本的作用。②法律为个人处理私人事务提供便利。私法、部分刑法和侵权行为法涉及这种作用，法律提供一种指引，为当事人提供一种合适的行为

---

[1] 朱欣.试论法律的经济价值[J].浙江财经学院学报,1988(1):63-69,76.

模式,如法律通过合同法来指引当事人,使他们合理地行为以实现他们自己的意志,法律并不将自己的意志强加给人,而是为人们提供行为上的指引。③法律提供服务和福利分配,这主要属于公法的领域,授予官员权力以及规定如何使用这些权力的法律就属于这一类。④法律解决未规定的争端。规定法院和仲裁机关活动的法律可能具有上述社会作用。对于无先例的案件,法院的作用是首要的,即这里所说的解决未规定的争端;对于有先例的案件,法院的作用是次要的作用;如果部分有先例,部分无先例,那么,法院的作用部分是主要的作用,部分是次要的作用。[1]

第三节　文创伦理与法律

具有相同或相关技术、市场的企业组织形成的相互关联的职业群体便是行业,众多具有高度相似性和竞争性的企业群体的集合便形成产业。不同的行业、产业拥有各自的伦理与法律规范,以保障对内对外的协调运作。产业、行业发展又促进学科发展。文化创意领域有着哪些相关的伦理与法律? 它们的发展现状及前景如何? 文创伦理与法律又有着什么样的关联? 本节主要从理论、学术层面对这些问题进行探讨。

一、文化创意的基本内涵

步入 21 世纪的信息社会,人们越来越清醒地意识到,一个国家经济和社会的命运紧密地联系在一起,文化资源和文化产品形式的创意能力提高,"创意产业""内容产业""版权产业""文化产业""创意经济"等相关概念纷纷出现,文化创意阶层如雨后春笋般崛起,文化创意产业蜂拥而至,文化创意学也成为一门独立的学科。

国内外业界学界对"文化创意产业"尚无统一的定义,但总结归纳实践和学术研究中的成果,可以发现文化创意产业具有以下 5 个方面的特征:①文化创意产业来自具有自主知识产权的创造力和智力财产,因而又称作智力财产产业;②文化创意产业来自技术、经济和文化的交融,常被称为内容密集型产业;③文化创意产业为创意人群发展创造力提供了根本的文化环境,因而又往往与文化产业概念交互使用;④文化创意产业强调创造、创新、创作,重点在于创造出更多的文化导向和对产品研发、推广的带动作用,对各行各业均有提升价值;⑤文化创意产业兼具文化属性和产业性质。[2]

此外,文化创意产业的崛起催生了文化创意学,因而从某种意义上可以说文化创意学是因产业发展、从实践中成形的一门科学。本系列中的另一本书《文化创意学概论》将"文化创意学"定义为一门以文化为元素、以创意为核心、以市场为导向、以载体为形态的综合性应用学

---

[1] 吕世伦.现代西方法学流派(上卷)[M].北京:中国大百科全书出版社,2000:152.
[2] 吴存东,吴琼.文化创意产业概论[M].北京:中国经济出版社,2010:5-8.

科,文化、创意、市场与载体是 4 个基本要素。

综上所述,文化创意,从字面组合来看即"文化"+"创意",但实际上它并不是简单的机械组合,两者的有机结合实现了"1+1>2"的效果,也包含了更为丰富的内容与更深层次的内涵。

二、文创伦理的基础范畴

作为一个朝阳产业、一门新兴学科,文化创意仍在不断发展,与之相伴的伦理规范也应不断发展。什么是文创伦理?主要关注哪些内容?了解并掌握文创伦理对产业运作、人才培养、学科发展是极为重要的。

(一) 文创伦理的概念界定

当前,国内外暂无对"文创伦理"的统一界定。但国内外研究均取得一定成果,这些成果对后续研究有着丰富的借鉴和参考意义。

1. 国外研究成果

国外诸多学者结合文化、经济、产业、环保、道德等视角对其进行分析,取得了丰富的研究成果。宏观视角的研究主要从产业经济学、制度经济学、政治经济学等范畴切入,涉及制度设计、公共管理、文化政策等领域。如彼得·格隆维根(Peter Groenewegen)的《经济学还是伦理学?》(*Economics and Ethics?*)和约翰·布鲁姆(John Broome)的《出自经济学的伦理学》(*Ethics Out of Economics*),这两本专著从创意经济的宏观角度对经济伦理进行了深入探讨,更强调经济与产业运行中的伦理问题。莎拉·欧文·范德斯鲁伊(Sarah Owen Vandersluis)的《全球经济下的伦理学与文化政策》(*Ethics and Cultural Policy in a Global Economy*)从经济全球化的角度讨论了文化政策的伦理维度。约翰·福斯特(John L. Foster)的专著《评估自然:伦理学、经济学与环境》讨论自然生态的价值,关注伦理、产业经济和环境的协调。

微观视角的研究则涉及从业者的品格。如伦理学大师拉尔夫·波特(Ralph Potter)的道德推理模式——波特图示(也称波特方格),它是一种社会伦理模式,为文化创意产业从业者在面对困境时做出抉择提供了一种重要途径。它将道德分析的 4 个方面纳入其中,即定义、价值、原则、忠诚。其核心应当是从业者的价值观、伦理准则和对谁忠诚或负责。其中:价值观与伦理准则相对具有普世价值;而对谁忠诚则是争议颇多的问题,如新闻记者的职业责任与公共伦理的关系,对企业忠诚还是对社会负责,对更高的道德负责还是对商业和金钱俯首称臣等。[1]

综上所述,国外这些研究虽然没有直接对"文创伦理"做出界定,但其跨学科、多视角的方法为后续研究奠定了坚实基础。

2. 国内研究成果

侯亚丁已经注意到,国内外对文化创意产业问题的研究主要集中于对产业性质本身的研

---

[1] 金元浦.国际文化创意产业伦理问题研究的内容与路径——文化创意产业伦理研究之一[J].山东社会科学,2015(2):69-75.

究,或是基于管理学、经济学、社会学视域下的分析,尚未对文化创意产业本身所蕴含的哲学逻辑关系(特别是各生产要素间的伦理关系)进行透析,更未能在产业发展形式与内涵的逻辑演进上进行哲学发现。为此,他提出了文化创意产业发展的伦理结构,即产业内不同产业要素间天然形成的产业关系以及由此决定的产业层次和发展方向,按产业与对象间关系进行理解,可划分为技术类、观感类、体验类3个不同的层次。这是人类逐步进入自然、认知自然、接受自然并最终融入自然,建构起人与自然真正的伦理实体的过程。[1]

陈爱华认为,社会生活对文化创意活动的渗透不以从事文化创意产业主体的意志为转移。一方面,社会生活为文化创意活动提供丰厚的文化创意沃土,蕴含了多元性、多样性的文化创意题材;另一方面,一定社会的伦理规范与价值取向作为一定社会价值体系的核心,不仅在显性文化层面引领文化创意活动,还以隐性文化的形式(如社会认同、社会文化心理、社会场域)渗透在文化创意活动之中。陈爱华进一步从客体向度和主体向度对文创伦理进行了阐述。文创伦理的客体向度是以追求善为目的进而展现其伦理内涵,文创伦理的主体向度是思考如何实现上述这种"善的目的",具体来看,文创伦理对一定的人、组织、社会的生存方式或者生产方式都有一定的伦理价值引领作用。

这些研究相较于国外的研究,更加聚焦于文化创意产业,也有了更为整体、更为微观的思考,对文创伦理的界定起到了一定的启发作用。

3. 文创伦理的定义

综合来看,文创伦理是一个概念范围广阔的词汇。首先,文创伦理不是独立的,而是与政治经济学、产业经济学、市场营销学、文化创意学等多学科视角均息息相关。其次,除了这些相对宏观的层面,作为一种社会活动,文化创意离不开社会生活、社会文化的渗透和约束。再次,文创伦理的微观层面或主体层面还对文化创意涉及的主体提出道德伦理要求。最后,对文创伦理的思考,不应该仅停留在实践层面,还应考虑到学术层面。

为此,基于前人研究,本书对于文创的定义如下:文化创意以文化为元素,以创意为核心,以市场为导向,以载体为形态。文化创意是国家、社会、组织、企业、个体等社会主体共同参与的经济、文化、社会活动,各主体在文化创意活动中的行为应该如何规范即文创伦理研究的内容。作为一种经济活动,文创伦理涉及生产、流通、分配、消费的各个环节。作为一种文化活动,文创伦理涉及创造/策划、生产、传播、消费/欣赏的各个环节。作为一种社会活动,文创伦理还应重视社会效益,追求文化资源平衡性、环境能源保护性、理念传递正当性等。微观层面上,文创伦理工作者是指在文化产业、创意产业中从事设计、策划、广告、传播、策展、出版、经营、管理等工作的从业人员,文创伦理就是指上述从事文化创意活动的人在长期的职业实践中形成的,调整其与社会组织、公众之间相互关系的行为规范。文创伦理内化于文创主体的品格、习性和意向之中,又通过其言行表现出来,是在文创活动中发挥着特殊作用的规范性调节体系。而且,作为文化创意学的学科建设、人才培养的重要主体,学校、教师等也承担学科方面

---

[1] 侯亚丁.论文化创意产业发展的伦理结构协同[J].广西社会科学,2013(12):186-189.

所通用的共性伦理规范,这也是文创伦理的重要组成部分。

(二)文创伦理的重点内容

首先,从文化创意不同的认知层次出发,即处于文化核心层的"文化创意"的观念形态、处于文化外围层的"文化创意"的社会现象形态、处于文化应用层的"文化创意"的实践形态,文创伦理的关注点可总结为3个方面:①作为意识形态的"文化创意",主要表现为引领文化的走向,引领社会道德风尚、健康的生活方式、道德行为方式和人与自然的协调可持续发展。②作为社会现象形态的"文化创意",包括网络的文化创意,休闲、娱乐的文化创意等,主要表现为一种"润物细无声"的伦理陶冶功能。③作为实践形态的"文化创意",包括文化用品、设备及相关文化产品的生产及销售,文化创意以一定的文化产品提供给消费者,因而这些产品与消费者的切身利益密切相关,主要表现在两方面,一方面体现了对消费者的伦理关怀,另一方面也展现了文化创意产品生产与销售者的伦理品性。[1]

其次,从具体的研究主题和关注领域出发,当前文化创意产业伦理问题研究的内容可归纳为5个方面[2]:①文创伦理研究重视对价值的追问。研究具体包括两类,一是围绕文化产业性质,特别是交叉地带的双重性,在产业或制度经济学以及公共管理、社会治理等学科领域内展开的针对经济伦理与相应政策、制度设计的宏观研究,二是从微观视角讨论具体的论题,如对后亚文化力量的批判。②文创伦理研究呈现对媒介伦理的高度关注。其中,国内外研究的差异在于,国内学者倾向于将伦理原则或道德规范作为首要出路,国外学者则倾向于关注内在德性的观念与道德修养实践。③文创伦理研究关注发展与环境之间的矛盾。联合国《创意经济报告2013》提倡从全球伦理和人文角度来审视创意经济,联合国《2013年人类发展报告——南方的崛起:多样化世界的人类进程》强调发展中国家与发达国家在经济、文化、资源上的协调和平衡。由此可见,开发与保护的矛盾是文创伦理问题研究的一个重要主题。④文创伦理高度关注知识产权保护与盗版问题。知识产权保护是文创伦理的重要研究主题,同时知识产权和相应的反盗版问题也是一个核心问题。⑤文创伦理重视文化经济发展与非物质文化遗产保护之间的矛盾。当代文化创意产业的发展一直存在着产业的发展与历史文化遗产保护之间的矛盾,因而发展、保护、传承的兼顾协调问题成为重中之重。

综上所述,文创伦理的重点内容包括承担社会责任、引领社会文化的走向、陶冶社会情操、制定宏观政策制度、规范媒介的传播、关注产权安全、保护传统文化、规范从业者行为、保障消费者权益等方面。

三、文创法律的基础范畴

伦理与法律是既相互联系又相互区别的,前面已经探讨了文创伦理的相关内容。那么,什么是文创法律?它主要关注哪些内容?了解并掌握文创法律对产业运作、行业发展、人才培

---

[1] 陈爱华.文化创意意识形态功能的伦理审思[J].学习与探索,2014(4):14-17.
[2] 金元浦.国际文化创意产业伦理问题研究的内容与路径——文化创意产业伦理研究之一[J].山东社会科学,2015(2):69-75.

养、学科发展是极为重要的。

（一）文创法律的概念界定

与文创伦理一致，当前国内外业界、学界并无直接明确的"文创法规"。如前所述，各国对"文化创意""文化创意产业"的定义皆不相同，而且各国实际情况、发展层次也各不相同，很难有放之四海而皆准的国际性"文创法规"。

孙玉荣主要从著作权、专利权、商标权、反不正当竞争、合同法等角度探讨对文创产业知识产权范畴的研究。[1] 王素娟认为，文化创意产业作为知识密集型的新兴产业，与知识产权有着密切联系，并主要围绕现有的知识产权法是否能够满足对"创意"的保护需求这一问题展开讨论。[2] 张鸿霞也认为创意是文化产业的动力源泉，没有创意就没有文化产业，但相当一部分创意未能纳入我国知识产权法律体系，致使大量创意游离于法律保护之外，如影视节目策划、广告创意、舞蹈方案设计、小说剧本等故事情节的构思、魔术创意、网络游戏玩法等。[3] 国内外更多关于文创法律的探讨多为实践层面的总结分析，这部分内容将在本章第四节具体呈现。

综合来看，文创法律是一个概念范围广阔的词汇。文创法律不是独立的，而是与创意、知识产权、商业竞争、商业秘密、合同等关键词息息相关。文化创意以文化为元素，以创意为核心，以市场为导向，以载体为形态。文化创意是国家、社会、组织、企业、个体等社会主体共同参与的经济、文化、社会活动，各主体在文化创意活动中的权利如何保障及义务如何履行即文创法律研究的内容。作为一种经济活动，文创法律涉及生产、流通、分配、消费的各个环节。作为一种文化活动，文创法律涉及创造/策划、生产、传播、消费/欣赏的各个环节。作为一种社会活动，文创法律还应重视社会效益，追求公平、公正、合理、正当。

（二）文创法律的重点内容

首先，"创意"与"知识产权"是文创法律的重要议题。文化创意产业的可持续发展除了需要具备必要的经济条件和文化条件之外，贯穿始终的知识产权保护同样是文化创意产业发展不可或缺的基础与保障。毕竟，文化创意产业的核心经济价值主要在于其创意作品和产品的创造性和新颖性，而知识产权正是国家赋予经国家认定的创造性智力劳动成果的法定权利，是权利人对其创造性劳动成果依照相关法律法规所享有的垄断性获利权利。因此，文化创意成果的产权、权利人的合法权益均须由知识产权法律制度予以规范和保护。[4]

其次，文创法律应关注与相关法律间的兼容性和协调性。当前，与文化创意产业相关的法律法规众多，不同法律间交叉部分如何实现兼容，不同法律间相互承接的部分如何更好地衔接协调，是亟待解决的问题。

最后，文创法律应关注技术变革带来的影响，与时俱进。例如，大数据技术不仅改变了文

---

[1] 孙玉荣.大数据时代我国文化创意产业知识产权保护的路径选择[J].北京联合大学学报（人文社会科学版），2014,12(2)：54-59.
[2] 王素娟.我国文化创意产业发展中涉及的主要法律问题[J].科技管理研究，2012,32(13)：166-169,199.
[3] 张鸿霞.文化创意产业法律规制的不足与完善[J].青年记者，2015(1)：73-74.
[4] 邹龙妹.文化创意产业中的知识产权保护方法与策略[J].知识产权，2012(8)：77-81.

化创意产业原有的要素形态,也重构了文化创意产业生产、加工、传播的运作过程,使文化创意产品更多地表现出数字性、高附加值性和网络动态性的特征。一方面,这一变化过程深刻改变了文化创意产品的内涵和形式,也加快了文化创意产品的传播速度,扩大了其影响力和需求市场;另一方面,信息的指数级增长、需求的个性化与复制成本的急剧降低也为文化创意的法律保护带来了新的问题和挑战。因此,在大数据时代,对数字化形式下的文化创意的产权进行有效的保护是文化创意产业持续健康发展的关键。[1]

综上所述,文创法律的重点内容包括"创意"的法律界定、文创产品及权益人知识产权的保护、不同法律间的兼容与协调问题、技术等社会环境带来的变化挑战等方面。

第四节 文创伦理与法律监管

与第三节侧重学术分析不同,本节重在从实践层面介绍文创伦理的规范方式、失范表现、失范原因及未来发展方向,以及文创法律的监管方式、监管困境及未来发展方向,为读者获得文创伦理和法律监管的深层次认知奠定基础。

一、文创的伦理监管

作为一种自律方式,虽然文创伦理主要依靠自我约束,但相关组织机构在推动和落实伦理监管方面也发挥着重要作用。不过,文创伦理在实际发展中常常出现失范的困境,探究文创伦理失范的原因及表现对更好地发挥文创伦理的监管作用具有重要意义。

(一) 文创伦理的规范方式

为保障文创伦理的顺利广泛践行及文创产业的健康有序发展,国内外行业一般会自发或在政府机构的推动、倡议、监管下成立协会、联盟等行业组织,筹办交流论坛,发起行业倡议,制定行业规范等。

1. 国外文创伦理的规范方式

在国外,英国是全球第一个推出文化创意产业的国家,为了发展文化产业,政府部门全体出动,成立了由文化部、媒体和体育部带头,由外交部、贸工部、地方政府等组成的创意产业工作组。英国在促进文创发展、规范文创伦理等方面采取诸多措施并取得良好成就。例如,英国遗产机构资助、国民托管组织管理的一年一度的遗产开放日活动,把平日不向公众开放或者收费参观的建筑免费开放,并将历史和文化融入生活中,如导游漫步、旅行、手艺表演、音乐会等。文化活动通过庆典使国家团结起来,促进了人们对严肃和传统文化的真诚追求,激发民族自豪感,甚至把过去认为文化"事不关己"的人吸引到文化创意活动中,宣扬正确的文化价值观。

---

[1] 张进.大数据背景下文化创意产业法律保护探析[J].法制与社会,2021(18):158-159.

例如,提倡文化创意的重要作用,由泰晤士河畔废弃的岸边发电厂改建的泰特现代美术馆是世界上最受欢迎的现代艺术博物馆,成为一个不可思议的国际象征。又如,重视文化创意人才的培养,英国通过"艺术成就"计划,鼓励学校让学生接触更多的艺术领域,宣传文创伦理规范。[1]

德国注重通过设立基金或举办大奖和大型节事活动,激励产业创新,提升文化创意影响力。德国几乎在所有文化创意领域都设立了"大奖",如"IF设计大奖""红点设计大奖""德国回声古典大奖""德国电影奖""德国年度游戏奖"等。这些评选结果能让人们感受创意创新的力量,凸显对创意、人才的重视。[2]

其他国家也纷纷采取行动。日本文化厅以《21世纪文化立国方案》,正式确立及启动日本文化立国战略;巴西设立创意经济研究所;美国继发布《美国创新战略》之后,又推出了"21世纪国家知识产权战略",强调文化创意中知识产权的重要性。这些机构、组织、方案、规范中均有对行业、从业者的道德伦理要求。

2. 国内文创伦理的规范方式

鉴于各国国情、发展水平不同,文创伦理的规范方式也不尽相同,难以逐一列举,仅作上述简要介绍。接下来,将主要呈现中国文创伦理的规范方式。

(1) 国家、各级政府层面。国家及各级政府的文件、方针、政策是文化创意产业发展的指南针,这些文件中从发展方向、指导理念等方面对文创伦理建设起到高屋建瓴的作用。文化创意产业主要受到文化和旅游部的指导与监管。文化和旅游部的主要职能为贯彻落实党的宣传文化方针政策,研究拟订文化和旅游工作政策措施,统筹规划文化事业、文化产业、旅游业发展,深入实施文化惠民工程,组织实施文化资源普查、挖掘和保护工作,维护各类文化市场包括旅游市场秩序,加强对外文化交流,推动中华文化走出去等。

1998年8月,文化部文化产业司成立并制定工作规则,这是政府部门第一次设立文化产业专门管理机构。2000年10月11日,《中共中央关于制定国民经济和社会发展第十个五年计划的建议》,提出了"深化文化体制改革""完善文化产业政策"的任务,并首次在政府文件中使用"文化产业"概念。2010年,文化部办公厅印发了《国家级文化产业示范园区管理办法(试行)》,同年,《文化部关于加强文化产业园区基地管理、促进文化产业健康发展的通知》加强了对文化产业园区基地的有效管理,而且为解决一系列文化产业园区、基地发展进程中出现的问题提供了有力的指导。2011年8月,为避免过度浪费土地资源,国家发展改革委、国土资源部、住房和城乡建设部联合发布了《关于暂停新开工建设主题公园项目的通知》。2012年,工业和信息化部印发了《国家级工业设计中心认定管理办法(试行)》,为推动文化产业中工业设计产业的发展做出巨大贡献。2014年,文化部办公厅修订印发《国家文化产业示范基地管理办法》,进一步加强了国家文化产业示范基地的建设管理,提高了中国文化产业规模化、集约化、专业化发展

---

[1] 豆丁网.英国文化部总结10年创意产业发展成果-中国社会科学院文化研究中心[EB/OL]. https://www.docin.com/p-2034414982.html.[访问时间:2021-10-06]

[2] 金然.跨界:2010德国红点产品设计奖[J].设计,2010(8):22-29.

水平。2014年发布的《国务院关于推进文化创意和设计服务与相关产业融合发展的若干意见》指出要引导文化产业集约发展。2016年,《文化部办公厅关于进一步完善国家级文化产业示范园区创建工作的通知》以演艺娱乐、动漫、游戏、游艺、数字文化、创意设计、文化旅游、艺术品、传统工艺、文化创意和设计服务与相关产业融合发展等为重点领域。2017年4月发布的《文化部"十三五"时期文化产业发展规划》提出,推动文化创意和设计服务与装备制造业和消费品工业相融合。同年9月,文化部公示第一批国家级文化产业示范园区创建资格名单。同年发布的《文化部关于推动数字文化产业创新发展的指导意见》提出,引导数字文化产业集聚发展,充分发挥国家级文化产业示范园区、国家文化产业创新实验区、国家文化与科技融合示范基地等创意创新资源密集区域的作用,培育若干各具特色、各有侧重的数字文化产业优势产业集群和产业链。2018年9月发布的《国务院关于推动创新创业高质量发展打造"双创"升级版的意见》提出打造"双创"升级版的8个方面政策措施。

行业还受到各省(区、市)宣传部门的指导与监督。各省(区、市)的宣传部门主要负责贯彻执行中央关于宣传工作的方针、政策,研究制定和部署属地内的宣传工作,负责指导、协调宣传思想文化事业的改革和发展,协调推进文化产业工作。各省(区、市)政策文件较多,在此不一一赘述。

(2) 行业层面。相较于国家层面的伦理规范方式,行业层面的规范更为直接具体,但其成立并不一定完全是行业自发,也可能存在相关政府部门的管理或推动。其主要表现为成立组织、协会、联盟,举办会议、论坛等形式,对行业主体发起倡议,或对伦理问题进行探讨。按照行业类型,具体又可分为总体行业层面以及各具体细分行业层面;按照地域范围,又可分为全国性行业组织和地域性行业组织。

首先,本行业同时受到主要下游行业相关监管部门的指导和监督,主要包括国家广播电视总局、国家体育总局等。对行业进行引导和协调的全国性行业组织是中国演出行业协会、中国舞台美术学会和中国演艺设备技术协会。中国演出行业协会是由文化和旅游部主管、具有社会团体法人资格的国家一级社会组织,是演出经营主体和演出从业人员自愿结成的全国性、行业性、非营利性社会组织,其主要职责如下:组织演出行业市场调研,向政府部门提供行业建议;开展演出行业技术、服务标准化的制定和推广工作;制定行业自律规范,调解会员因演出活动发生的纠纷;组织国际国内演出行业交流活动;举办中国国际演出交易会和理论研讨、经验交流等活动。中国舞台美术学会是由文化和旅游部主管的全国性学术组织,下设灯光、音响、剧场技术等8个专业委员会,通过开展各种学术活动提高舞台美术创作、教学、研究和舞台科技的水平,在改革开放和现代化建设中为繁荣和发展我国社会主义艺术事业而努力。中国演艺设备技术协会是由文化和旅游部主管、具有社会团体法人资格的国家一级社会组织,其主要职责包括主导协调全国演艺设备行业经济技术的发展、组织制定演艺设备行业技术标准并推动标准的贯彻实施、开展检测认定工作等。[1]

---

[1] 观研报告网.2019年中国文化创意行业主管部门、监管体制、法律法规及政策[EB/OL]. http://zhengce.chinabaogao.com/gonggongfuwu/2019/01153931932019.html.[访问时间:2021-10-06]

其次，全国性、行业总体性的代表性组织有中国创意产业联盟（China Creative Industry Alliance，CCIA），该联盟是由国务院有关部委领导支持、全国政协有关委员会和国家多部委指导、全国知名创意机构发起成立的创意产业化协作发展联盟，是促进中国创意产业向高文化化和高技术化的融合发展、推动全国创意产业大发展和大繁荣、以最终实现创意强国目标而团结在一起的国内唯一的全国性创意产业合作联盟。联盟下设专家委员会、中国创意创业人才培养工程推进委员会、动画产业发展中心、创意人才研究培养中心、创意农业发展中心、创意生态能源研发中心、若干个专业委员会、创意产业研究院及基金理事会。例如，该联盟曾召开第二届中国创意产业峰会并探讨"创意产业与生态文明"等议题，联合主办首届中国信息安全云创意产业高峰论坛探讨"隐私安全"等议题。此外，这样的组织还有很多，如由全国20个省会城市文化创意产业协会联合发起，由58个城市的文化创意产业协会自愿组成的促进城市间文化产业发展的合作平台，即C20城市文创产业合作发展联盟，以及中国数字版权产业联盟、中国航天文创产业联盟、中国非遗传承与国际文创论坛等。

最后，地方性或细分行业下的行业组织包括按照地域划分的湖北文化产业网、江苏国际文化创意产业联盟、上海市文化创意产业促进会等，以及聚焦具体行业领域的社会团体，如网络文化协会、网络游戏行业协会、文化娱乐行业协会、动漫行业协会、广播电视协会等。这些协会组织通过制定协会规范、组织会员活动等方式对公众进行文创伦理的引导。

（3）高校教育方面。高校及相关教育人员虽不是文创活动的直接主体，但在营造良好的文化创意氛围及为准文创从业者奠定伦理品性方面发挥着重要作用。在教育领域，中国已有中国高校文化创意产业原创联盟、全国民办高校艺术教育与文化创意产业联盟、海峡两岸文化创意产业高校研究联盟等组织。其中，中国高校文化创意产业联盟是在教育部、团中央、文化部、关心下一代工作委员会的指导下，由中国市场学会文化创意产业专家委员会与首都师范大学及精品校园杂志社共同发起的，全国各大知名学府、学生社团广泛参与，旨在繁荣大学生校园文化生活，推动校园文化创意产业、市场化进程的正规国家社团组织。这些组织均强调立德树人，在为文化创意产业提供品格优良的后备力量方面，发挥着重要作用。

此外，高校的具体学科设置也能起到文创伦理规范的作用。例如，可以开设文化创意产业与经营管理专业，并重视德育，对学生进行文创伦理的引导。

（4）从业人员方面。我国目前没有针对文创行业从业人员的整体伦理规范，但已有各具体行业的伦理规范，这些伦理规范对从业人员起到了监管和约束作用，规范的内涵具有共通性，又有各行业本身的特质。

《中国公共关系职业道德准则》于1989年提出，后于1991年修订并通过。

《中国新闻工作者职业道德准则》于1991年1月由中华全国新闻工作者协会第四届理事会第一次全体会议通过，此后于1994年、1997年、2009年、2019年分别对该准则进行了四次修订。

《演出行业演艺人员从业自律管理办法》于2021年2月5日由中国演出行业协会制定并发布，并于3月1日起正式施行。该管理办法首次明文规定演艺人员从业规范，首次明确联合抵制和复出规定,行业自律管理可谓力度进阶。[1]

(二)文创伦理的失范困境

1. 文创伦理失范的表现

文创伦理失范直接体现在作为物的创意文化产品、作为人的创意文化主体两个方面各自暴露出的"假恶丑"现象。[2]

创意产品反映出的伦理失范问题,大致可分为如下5种情形:①侵权盗版。世界知识产权组织创意产业司司长迪米特·甘特雪夫(Dimiter Gantcher)认为当前全世界盗版十分猖獗,已经影响到与版权相关的行业,影响这个产业的可持续发展。②虚假广告。广告是宣传文创产品、创意的重要手段,但过分夸大、误导舆论、混淆视听,便有违创意的适度和真实原则,成了与伦理规范不符的造假行为。③网络谣言。网络谣言的内容传播,某种程度上说是以制造社会热点为目的的不良行为,构成对创意之伦理本体性质的曲解。④新闻敲诈。主要体现在媒介伦理中,一些新闻媒介为了谋利而进行不实报道,以自身掌握的舆论权、文化权换取经济收益。⑤淫秽色情。创意文化产品中,以生产、传播和消费色情内容为途径牟取暴利的情况时有发生。对该问题的严峻程度应予以足够重视,它是创意文化低俗化趋势的主要来源。

创意主体反映出的伦理失范问题,大致可分为如下3种情形:①诚信缺失。如相关创意文化从业者在名利的诱惑下,不惜用学历造假完成美化包装,签署"阴阳合同"进行逃税漏税等。②价值观扭曲。如在创意、言论中融入违背社会主流价值的不正当语言、思想等,并谋求炒作出圈。③涉嫌黄赌毒等。如文创创意从业者道德缺失、伦理失范,涉及吸毒、嫖娼、赌博、斗殴等不正当行为。

综合来看,文化创意产业既有神圣的一面又有世俗的一面,神圣性与世俗性的冲突是文化创意产业的基本伦理冲突,这一基本冲突在文化产品的生产和服务领域表现为公共性与个体性的冲突、公义与私利的冲突,在文化产品的消费领域表现为理性与欲望的冲突、节制欲望与享乐主义的冲突。[3]

2. 文创伦理失范的原因

导致文创伦理失范的原因多样,在此依照主体总结5个主要原因:①从社会发展角度看,伦理冲突是人们在不同道德价值的选择上所表现出的对立情形,伦理冲突产生的首要原因是快速变动的社会转型。社会转型涉及社会结构、社会运行机制、国家治理方式等诸多领域,物质层面、制度层面的转型必然导致社会心理与价值观念的转型。社会转型期常伴随社会矛盾和思想纷争,出现失范、紊乱、震荡等现象。②相关政府部门、组织机构监管缺位,未能起到倡导作用。相关部门制定脱离实际的发展方案,未积极发挥引导作用并配置配套措施,容易导致追求利益的现象愈演愈烈。例如,在地方财力有限的情况下,脱离当地基础条件,盲目发展动漫游戏产业园,政府口头提倡大力发展文化创意产业,但职能转变滞后,土地、房屋、税收、人力等

---

[1] 澎湃新闻.《演出行业演艺人员从业自律管理办法》今日正式发布[EB/OL]. https://www.thepaper.cn/newsDetail_forward_11183096.[访问时间:2021-10-06]

[2] 牛思琦.创意文化中的伦理问题研究[D].北京:北方工业大学,2019.

[3] 郑小九.论社会转型之下文化创意产业的伦理冲突[J].福建论坛(人文社会科学版),2016(2):58-62.

配套政策难以落实,导致文创园区各方各自为政,相互逐利。③文创活动的策划、生产、传播等主体未能正确认识文化资源的重要性,出现滥用、误用、浪费、忽视文化资源等一系列违背伦理规范的行为。例如,一味崇拜欧美文化、日韩文化,脱离民族根基,如新疆锡伯族人大代表富春丽,就曾公开批评"我们……忽略了民族文化的本质是语言和文字,我们的锡伯族语言正在慢慢消失"[1]。④消费者品位格调不高,追求星、腥、性等文化,需求刺激生产,整体文化创意市场往低俗方向发展。⑤高校等文创人才培养机构对文化伦理的教育、宣传、引导力度不够,未能使文创伦理深入人心。

(三)文创伦理的前景方向

深层次调适文创伦理问题,要求是聚焦当前爆发的问题,以化解道德危机和伦理失范为目标,构建积极、健康、阳光、善美的文创伦理环境。[2]

第一,资本是文化创意的生成动力,也是产生伦理失范的根本原因。因此,未来文创伦理的前进方向之一便是利用和发展其积极方面,引导及规制其消极部分。具体包括利用与发展文化资本优势、引导与规制资本增殖趋向、凝练与创制创意文化成果等。

第二,伦理与道德有着紧密构成关系,创意文化中伦理问题的调适、治理,实质是建构以德性之善为价值导向的伦理约束体系。因此,未来文创伦理的前进方向之二便是加强创意文化中的制度伦理建设。具体包括以法治为保障加强制度伦理建设,以德治为基础实现传统伦理资源的现代转化。

第三,人是文化创意的实践主体,文化源于人又化育人,完善的共同体人格结构才能生成优秀文化。因此,未来文创伦理的前进方向之三便是重视创意文化主体的人格内在完善。具体包括重构被异化的心灵秩序,为人性的自由舒展铺设空间。

第四,组织设立文创行业协会,并由协会牵头制定及完善相关伦理规范和标准。保证相关从业者乃至利益相关者和公众的充分参与和讨论,保证程序合理。也可以成立专门的伦理委员会或类似架构,得到明确授权来负责相关工作。甚至可以将伦理制定与伦理审查的架构分开,由后者专责处理对文创工作者违反伦理问题的投诉、判定与处置。[3]

二、文创的法律监管

仅靠文创伦理的自律是不够的,文创法律在规定义务和保障权益等方面发挥着重要作用。当然,当前文创的法律监管并不全面,也存在着一些问题,探究文创法律监管的困境,对更好地发挥文创法律的监管作用具有重要意义。

(一)文创法律的监管方式

1. 国外文创法律的监管方式

世界信用组织(World Credit Organization,WCO)制定了《ICE8000 国际信用保护体系——

---

[1] 郑自立.论我国文化创意产业集群发展的态势、困境与对策[J].学术探索,2012(10):111-115.
[2] 牛思琦.创意文化中的伦理问题研究[D].北京:北方工业大学,2019.
[3] 陈涛.行业组织应牵头制定与完善职业伦理规范[J].中国社会工作,2017(16):21.

创意注册与保护标准》。该标准规定,创意一经公布,即拥有署名权、优先使用权和商业开发收益权,无论其是否被所在国或其他国家法律认可,凡根据本标准获得注册的创意,世界信用组织均以信用体系的方法予以保护。任何单位或个人未经创意注册证书所有人的许可而故意使用或故意变相使用创意的,属于违反诚信商业道德的行为,证书所有人有权自行对其实施信用惩戒或向国际道德法院提起控诉,也可申请世界信用组织或 ICE8000 信用机构采取以下措施：①向有关单位或个人出具创意获得注册的证据；②对失信事实进行调查,然后将调查到的客观事实以世界信用组织(或 ICE8000 信用机构)名义发布声明或道德谴责公告；③对失信事实进行调查,然后依据调查的客观事实对失信行为责任人进行内部投诉、公开投诉、信用预警、内部曝光、公开曝光或联合曝光等信用惩罚；④协助证书所有人追究侵权人的法律责任。[1]

美国在文创法律建设方面颇有优势。

一方面,美国采用多种方法来保护创意。①财产权方法,即承认满足一定条件的创意属于财产,如已有判例将标语和广播电视大纲中的创意通过财产权予以保护。②准合同法,即创意的提供者和使用者之间虽然不存在任何明示的或事实的合同关系,也不存在任何保密关系,但为了公平正义的目的,法律在某些特殊的情形下,强制使用了他人创意的一方当事人承担支付报酬的义务。③合同法,即当事人之间通过合同来保护创意,包括明示的合同和默示的合同。由于合同的相对性,用合同保护创意对第三人的影响较小,而不会像财产权理论那样产生对抗第三人的强大效力。这也使得法院较为慷慨地使用这种方法保护创意人的创意。④信任(秘密)关系法,即创意提供者在保密状态下将自己的创意提供给了接受者,或接受者在保密状态下获悉了相关创意,那么这种创意受到法律保护。⑤著作权保护法,法院已经将著作权保护扩大到包括先前曾被看作不可受保护的思想的要素。[2]

另一方面,美国重视版权产业保护。美国是世界上第一个进行文化立法的国家,为了大力扶持文化产业,政府积极推动版权立法,早在 1976 年通过了《版权法》。长期以来,美国不断强化对版权的立法保护,甚至将版权保护立法的管辖权延伸到了海外。1998 年,美国通过了《跨世纪数字版权法》,该法针对数字技术和网络环境的特点,对美国版权法做了重要的补充和修订,为版权产业提供数字化版权保护。美国政府一贯重视版权保护,不断完善版权立法,以保护本国创意产业在全球的领先地位,已经形成了全世界保护范围最广、相关规定最为详尽的法律体系,为美国文化创意产业在全球的领先地位保驾护航。[3]

此外,新西兰、加拿大、德国等均使用著作权法来保障文创产业发展。

2. 国内文创法律的监管方式

首先,中国在宪法中将文化权作为一项公民的基本权利加以规定,还积极加入《经济、社会及文化权利国际公约》,并努力采取措施履行公约规定的各项义务,保障公民自由从事文化活

---

[1] 张鸿霞.文化创意产业法律规制的不足与完善[J].青年记者,2015(1):73-74.
[2] 同上.
[3] 耿鹏.国际文化创意产业不同发展模式对天津的启示[J].环渤海经济瞭望,2020(6):67-69.

动、创造、生产、传播、消费或欣赏文化产品并以此获得利益的权利。[1]

其次，在具体行业领域，中国文化创意产业的立法工作已经取得一些成绩，关于文化产业及其产品内容的审查管理法规越来越完善：①在新闻出版印刷行业，有《图书质量管理规定》《国家印刷复制示范企业管理办法》《印刷业管理条例》《出版管理条例》等。②在广播电视行业，有《广播电视管理条例》，《中华人民共和国广播电视法》也在起草过程中。③在电影音像行业中，有《电影管理条例》《音像制品管理条例》《中外合作摄制电影片管理规定》。④在文艺娱乐演出行业，有《营业性演出管理条例》《营业性歌舞娱乐场所管理办法》等。

再次，综合运用《中华人民共和国商标法》《中华人民共和国专利法》《中华人民共和国著作权法》《中华人民共和国反不正当竞争法》《中华人民共和国消费者权益保护法》等多种保护手段所提供的全方位综合保护。[2] 1986年通过的《中华人民共和国民法通则》在"民事权利"一章专门设一节规定"知识产权"。2004年修订的《中华人民共和国对外贸易法》设专门一章规定"与对外贸易有关的知识产权保护"。1997年修订后的《中华人民共和国刑法》设专节规定"侵犯知识产权罪"。2010年颁布的《中华人民共和国涉外民事关系法律适用法》专设一章规定"知识产权"。除了以上法律外，还有1991年颁布的《计算机软件保护条例》、1995年颁布的《知识产权海关保护条例》、1997年颁布的《植物新品种保护条例》、2001年颁布的《集成电路布图设计保护条例》、2001年颁布的《中华人民共和国专利法实施细则》、2002年颁布的《中华人民共和国著作权法实施条例》、2004年颁布的《著作权集体管理条例》、2006年颁布的《信息网络传播权保护条例》等，以及《最高人民法院 最高人民检察院关于办理侵犯知识产权刑事案件具体应用法律若干问题的解释》（法释〔2004〕19号）、《最高人民法院 最高人民检察院关于办理侵犯知识产权刑事案件具体应用法律若干问题的解释（二）》（法释〔2007〕6号）、《最高人民法院、最高人民检察院关于办理侵犯知识产权刑事案件具体应用法律若干问题的解释（三）》（法释〔2020〕10号）等相关司法解释。

最后，中国积极加入知识产权的国际条约，主要有《建立世界知识产权组织公约》《保护工业产权巴黎公约》《保护文学艺术作品伯尔尼公约》《世界知识产权组织版权条约》《世界知识产权组织表演和录音制品条约》《世界版权公约》《保护录音制品制作者防止未经许可复制其录音制品公约》《商标国际注册马德里协定》《商标国际注册马德里协定有关议定书》《商标注册用商品和服务国际分类尼斯协定》《专利合作条约》《国际承认用于专利程序的微生物保存布达佩斯条约》《建立工业品外观设计国际分类洛迦诺协定》《国际专利分类斯特拉斯堡协定》《关于集成电路知识产权条约》《保护植物新品种国际公约》《与贸易有关的知识产权协议》等。[3]

（二）文创法律的监管困境

首先，从国际视角看，尚缺乏对"文化创意"的统一界定，各国具体实践各有出入，给跨国文

---

[1] 张培奇.论当前我国文化产业政策伦理意蕴及价值取向[J].内蒙古社会科学（汉文版），2013，34(1)：121-124.
[2] 为行文方便，本书中出现的我国法律，第一次出现时使用全称，再次提及仅使用简称，省略"中华人民共和国"字样，如《中华人民共和国商标法》将简称"商标法"。
[3] 孙玉荣.大数据时代我国文化创意产业知识产权保护的路径选择[J].北京联合大学学报（人文社会科学版），2014，12(2)：54-59.

创活动运作、文创产品交易、文创人员沟通带来不便,易出现误解、纠纷。

其次,中国现有立法无论理念还是制度都远不能满足文化创意产业发展实践的需要,主要表现在两个方面:①立法理念的偏差。长期以来,中国对文化创意产业重审批管理,轻保障发展。有些法规还带有计划经济体制的痕迹,偏重于管理、限制、义务和处罚内容的设定,权利意识薄弱,保障和服务的思想体现得远远不够;有的部门偏重于通过立法为本部门设定甚至超范围设定各种审批权、管理权、处罚权,部门利益法制化现象依然存在。在这些扭曲的立法理念指导下制定的法律,显然不能适应市场经济对于文化创意产业法律保障的需求。②立法内容的缺陷。例如,对伴随经济社会发展而出现的一些新行业和新文化现象缺乏相应立法的调整,即使那些已经颁布的法律法规也存在体系不健全,立法相对滞后,立法系统性较差,投资、税收文化市场管理体系不完善等问题。[1]

最后,技术变革带来的文创法律监管挑战。例如,大数据技术对知识产权保护提出挑战,主要表现在3个方面:①数据信息的指数级增长,加大知识产权的创新开发难度;②大数据技术的广泛应用,为知识产权侵权行为提供工具;③大数据的开发共享与知识产权保护相冲突。[2]

(三) 文创法律的前景方向

制定统一的文化创意产业基本法。应当制定一部系统的、提纲挈领式的文化创意产业基本法来确定我国发展文化创意产业的指导思想和基本原则。其基本的框架内容大体应包括文化创意产业的内涵和范畴、政府的责任和义务、文化创意产业的分类设计系统、文化创意产业发展的战略目标、文化创意产业的准入和退出标准、文化创意产业专用基金、行业协会的培育和发展、文化创意产业发展的宽松环境等。通过文化创意产业的基本法,可有效防止各个领域分别立法所导致的立法效率低下、立法领域重叠、立法利益冲突的现象。[3]

前文已述,文化创意产业总体可分为四大类,但每一门类下又包含许多小门类,它们都有自己的特殊之处,可在基本法的涵摄之下分别规定各个产业的相关制度。比如,应当制定新闻法、出版法、电影法、电视法、文艺演出法、博物馆法、公益文化事业保障法、非物质文化遗产保护法等。同时,在我国辽阔的国土上生活着56个民族,也造就了风格迥异的文化,孕育着丰富多彩的文化创意产业形式,所以还应当允许各地方、各少数民族聚居区根据自己的情况制定上位法的实施细则和具体规定。

技术赋能文创法律更好地发展。大数据时代,文化创意的保护必须充分发挥大数据的作用,通过建立文化创意大数据平台,构建知识产权大数据公共服务监管体系。2019年,国家知识产权局印发《关于新形势下加快建设知识产权信息公共服务体系的若干意见》,重点强调将各机构的互联网信息平台纳入知识产权信息公共服务体系,积极推进国家知识产权大数据中心建设工作。根据该意见精神,应尽快构建文化创意知识产权大数据平台,将知识产权管理部

---

[1] 张世君.论我国文化创意产业法律保护体系之构建[J].法学杂志,2011,32(1):42-44.
[2] 王磊.大数据时代知识产权保护探究[J].中国商论,2021(3):155-157,161.
[3] 张世君.论我国文化创意产业法律保护体系之构建[J].法学杂志,2011,32(1):42-44.

门、文化创意企业、创意个人等纳入其中,建立统一的创意标准与规范,便于文化创意知识产权的申请、管理、保护、监督与维权,从而形成完整、统一、高效的文化创意公共服务监管体系。[1]

案例研读

艺人要不要持证上岗?

最近一段时间的娱乐圈地震让明星艺人的准入门槛问题再次引发全社会关注。贾樟柯评价演艺人员持证上岗的观点登上热搜。当违法失德和"塌房"事件频频出现,明星艺人考资格证,究竟有无必要?

一、专家:建议艺人持证上岗

多部委就娱乐圈密集发声,中宣部印发的《关于开展文娱领域综合治理工作的通知》要求,严格执行演出经纪人资格认证制度。国家广电总局发布的通知也指出,要严格执行主持人持证上岗。

与此同时,也有专家建议明星艺人应该持证上岗。在中国文艺评论家协会、中国文联文艺评论中心组织召开的"饭圈文化治理"专家研讨会上,北京演出行业协会会长张海君建议严格行业从业标准,对艺人实行持证上岗制度。艺人持证前需要接受思想、政治、理论、专业、道德修养等方面的培训,进行登记注册管理。凡是没有注册登记的,规定各类平台均不予录用。

这个建议一出,立刻引起网络热议。有不少网友表示支持,既然许多职业都有准入制度,艺人也应该设置门槛:

"公务员要考试,教师也要考教师资格证,为什么艺人不能持证上岗?"

"严重支持!不光演戏需要考证,唱歌也需要!拒绝跑调对嘴的上晚会!"

二、贾樟柯:我赞同不拘一格

但针对"持证上岗"的说法,导演贾樟柯并不赞同,在近日的一次采访中,他表示艺术创作应该不拘一格,不应该有过多的人为门槛,而娱乐圈的种种乱象应通过其他方法有效解决和引导。

他以自己的表弟韩三明举例:"他就是一个矿工,我就觉得他特别适合《三峡好人》,他就演了而且他拿了最佳男演员(奖),那如果有这个准入制,我们还能不能请他演,银幕上还能不能有这样的形象,就是一个问题了。"

2021年9月13日晚,贾樟柯再次回应"持证上岗",他重申,演员能否胜任角色不该以考核为准,因为考核的方式、标准无法制定,演员可以通过法律、道德等约束,而不要浪费行政资源。

---

[1] 张进.大数据背景下文化创意产业法律保护探析[J].法制与社会,2021(18):158-159.

很多网友表示认同，因为艺术行业相对特殊，并不适合简单用一个资格证来量化：

"艺术创作应该是鲜活的，有很多经典之作的演员之前都没演过戏。"

"人品高下可不是考个证就能判定的。"

其实在 2020 年，编剧汪海林也曾在采访中提及这个问题，他认为"不宜搞这种方式"。汪海林说，演员的情况太复杂了，如谢晋执导的电影《启明星》，演员中真有弱智儿童，在法治教育电影《少年犯》里，也有真正的少年犯出演，"你要他持证上岗吗？"

三、有资格证，能保证德艺双馨吗？

的确，连日来的娱乐圈震荡和整治行动让很多网友发出了"艺人门槛低"的感慨。除了艺德问题，在呼吁艺人考资格证的网友评论中，也有一部分是不满当前某些艺人的业务能力，如假唱、念数字台词、抠图式演技等等。中国电影家协会主席、演员陈道明就在一次文艺座谈会上犀利发言，称一些"流量演员"是包装炒作出来的"塑料演员"，影响了很多优秀创作者的声誉，破坏圈内风气。

但是，假如艺人持证上岗，首先应该明确的几个问题是：资格证的考核标准是什么？标准应该由观众、导演、平台还是协会来制定？艺术的评判存在很多主观成分，如果按照统一标准认证，以后会不会出现表演千篇一律的艺人？如何能体现考核的完全公正？

事实上，很多优秀的演艺从业者并非科班出身，而违法失德的艺人中也不乏受过高等教育的人才。即便有了资格证，也不能完全从品德的角度保证艺人的"德艺双馨"。

娱乐圈唯流量至上、泛娱乐化等乱象的背后，并不单单是艺人自身，还涉及背后的资本逐利、监管不力等产业链的问题。持证上岗看似从艺人的入口处淘汰了一部分，但更可能挡住许多有天赋的"潜力股"，还有可能滋生更多证件滥用的现象。

治理娱乐圈乱象，既需要演员严格自律，加强法律素养和职业素养，也需要监管部门完善制度建设，提高监管力度，还需要行业组织、经纪机构等全行业的引导和监督，及时发现苗头、解决问题，只有多方合力，才能进一步净化网络娱乐生态。

资料来源：中国新闻网.艺人要不要持证上岗？网友吵翻了！[EB/OL]. http://www.chinanews.com/yl/2021/09-15/9565513.shtml.[访问时间：2021-10-06]

请思考以下问题：

1. 具体来说，文创伦理应包含哪些内容？
2. 以艺人群体为例，谈谈为什么会出现文创伦理失范现象。
3. 请谈谈文创伦理和文创法律有何不同。
4. "持证上岗看似从艺人的入口处淘汰了一部分，但更可能挡住许多有天赋的'潜力股'，还有可能滋生更多证件滥用的现象"，你认同吗？为什么？

本章参考文献

[1] 徐建龙,孟凡平,郝文清,等.伦理学理论与应用[M].合肥:合肥工业大学出版社,2009.
[2] 杨贺男.行政伦理学[M].哈尔滨:黑龙江人民出版社,2010.
[3] 骆祖望,黄勇,莫家柱.伦理学新编[M].上海:上海财经大学出版社,1997.
[4] 曾黎.伦理与人生[M].西安:西安出版社,2010.
[5] 邹渝.厘清伦理与道德的关系[J].道德与文明,2004(5):15-18.
[6] 王小锡.道德、伦理、应该及其相互关系[J].江海学刊,2004(2):196-199.
[7] 罗国杰,马博宣,余进.伦理学教程[M].北京:中国人民大学出版社,1985.
[8] 魏英敏,金可溪.伦理学简明教程[M].北京:北京大学出版社,1984.
[9] 杜灵来.伦理精神的哲学意蕴及其基本特征[J].河南师范大学学报(哲学社会科学版),2021,48(3):34-40.
[10] 倪愫襄.伦理学简论[M].2版.武汉:武汉大学出版社,2018.
[11] 郑又贤.试论加强文化伦理规范[J].中共福建省委党校学报,1999(4):42-45.
[12] 郜玉霞,赵延波.中西方法律起源与发展之比较研究[J].政法论丛,1999(4):38-40,42.
[13] 王英鉴.思想道德修养与法律基础(2014年修订版)[M].北京:中共党史出版社,2014:154-155.
[14] 陈春龙,欧阳涛,肖贤富.法律知识问答[M].北京:北京出版社,1979.
[15] 范进学.论道德法律化与法律道德化[J].法学评论,1998(2):37-44.
[16] [英]A.J.M.米尔恩.人的权利与人的多样性——人权哲学[M].夏勇,张志铭,译.北京:中国大百科全书出版社,1995:98.
[17] 高道蕴,高鸿钧,贺卫方.美国学者论中国法律传统[M].北京:中国政法大学出版社,1994.
[18] 刘作翔.法律与道德:中国法治进程中的难解之题——对法律与道德关系的再追问和再思考[J].法制与社会发展,1998(1):1-9.
[19] 梁兴国.法律自治与伦理道德[J].伦理学研究,2008(3):5-10.
[20] [德]罗伯特·施佩曼.道德的基本概念[M].沈国琴,杜幸之,励洁丹,译.上海:上海译文出版社,2007.
[21] 陈堂发.私力救济中的涉"性"隐私网络公开:法律抑或伦理问题[J].新闻与传播研究,2021,28(7):79-91,127-128.
[22] 范健.法律[M].南京:南京大学出版社,2001.
[23] 吴存东,吴琼.文化创意产业概论[M].北京:中国经济出版社,2010.
[24] 金元浦.国际文化创意产业伦理问题研究的内容与路径——文化创意产业伦理研究之一[J].山东社会科学,2015(2):69-75.

[25] 侯亚丁.论文化创意产业发展的伦理结构协同[J].广西社会科学,2013(12):186-189.
[26] 陈爱华.文化创意意识形态功能的伦理审思[J].学习与探索,2014(4):14-17.
[27] 孙玉荣.大数据时代我国文化创意产业知识产权保护的路径选择[J].北京联合大学学报(人文社会科学版),2014,12(2):54-59.
[28] 王素娟.我国文化创意产业发展中涉及的主要法律问题[J].科技管理研究,2012,32(13):166-169,199.
[29] 张鸿霞.文化创意产业法律规制的不足与完善[J].青年记者,2015(1):73-74.
[30] 邹龙妹.文化创意产业中的知识产权保护方法与策略[J].知识产权,2012(8):77-81.
[31] 张进.大数据背景下文化创意产业法律保护探析[J].法制与社会,2021(18):158-159.
[32] 牛思琦.创意文化中的伦理问题研究[D].北京:北方工业大学.
[33] 郑小九.论社会转型之下文化创意产业的伦理冲突[J].福建论坛(人文社会科学版),2016(2):58-62.
[34] 郑自立.论我国文化创意产业集群发展的态势、困境与对策[J].学术探索,2012(10):111-115.
[35] 陈涛.行业组织应牵头制定与完善职业伦理规范[J].中国社会工作,2017(16):21.
[36] 耿鹏.国际文化创意产业不同发展模式对天津的启示[J].环渤海经济瞭望,2020(6):67-69.
[37] 张培奇.论当前我国文化产业政策伦理意蕴及价值取向[J].内蒙古社会科学(汉文版),2013,34(1):121-124.
[38] 张世君.论我国文化创意产业法律保护体系之构建[J].法学杂志,2011,32(1):42-44.
[39] 王磊.大数据时代知识产权保护探究[J].中国商论,2021(3):155-157,161.
[40] 张进.大数据背景下文化创意产业法律保护探析[J].法制与社会,2021(18):158-159.

第二章

文化创意与社会安全

学习目标

学习完本章,你应该能够:
(1) 了解文化创意产业在违规煽动言论方面的形式和认定;
(2) 了解文化创意产业在传播淫秽色情方面的法律风险和案例;
(3) 了解文化创意产业在渲染凶杀暴力方面的法律规制与构成要素;
(4) 了解文化创意产业在破坏国家安全方面的法律风险防范。

基本概念

文化创意　社会安全　产业管理　风险规避　违法行为

第一节 禁止违规煽动言论

文化创意越来越多地应用到各行各业当中,而随着涉及的范围逐步扩大,文化创意产业本身就会触及很多危害社会安全的行为,违规煽动言论就是其中的一种违法行为。在我们所处的时代,言论自由是一项基本人权并且已经得到了国际社会的普遍认同,许多国家和国际公约都为言论自由提供了完善的法律保障。在对言论自由进行保护的同时,法律也对这一权利的行使进行了一定的限制。违规煽动言论或者发布煽动性言论往往是最为棘手的问题,这种行为会严重侵害公共安全和公共利益,若放任这种行为借助文化创意产业在社会上传播,则会造成更加严重的后果。

一、禁止违规煽动言论方面相关法律的特征和要素

在词典的解释中,煽动一词带有较为明显的贬义性质,其是指行为人怂恿、鼓动他人做坏事。因此,我们可以对通常语义中的"煽动性言论"进行定义:"煽动性言论是指行为人发表的试图影响他人、改变他人想法并使之产生恶劣想法并付诸实施的一种言论。"[1]我国刑法中规定了6种煽动型犯罪,主要涉及国家安全、公共安全、公共秩序、国防利益以及民族团结等法律权益的保护。

> (1) 煽动分裂国家罪(第103条第2款:煽动分裂国家、破坏国家统一的,处5年以下有期徒刑、拘役、管制或者剥夺政治权利;首要分子或者罪行重大的,处5年以上有期徒刑)。
>
> (2) 煽动颠覆国家政权罪(第105条第2款:以造谣、诽谤或者其他方式煽动颠覆国家政权,推翻社会主义制度的,处5年以下有期徒刑、拘役、管制或者剥夺政治权利;首要分子或者罪行重大的,处5年以上有期徒刑)。
>
> (3) 煽动实施恐怖活动罪(第120条之三:以制作、散发宣扬恐怖主义、极端主义的图书、音频视频资料或者其他物品,或者通过讲授、发布信息等方式宣扬恐怖主义、极端主义的,或者煽动实施恐怖活动的,处5年以下有期徒刑、拘役、管制或者剥夺政治权利,并处罚金;情节严重的,处5年以上有期徒刑)。
>
> (4) 煽动民族仇恨、民族歧视罪(第249条:煽动民族仇恨、民族歧视,情节严重的,处3年以下有期徒刑、拘役、管制或者剥夺政治权利;情节特别严重的,处3年以上10年以下有期徒刑)。
>
> (5) 煽动抗拒法律实施罪(第278条:煽动群众暴力抗拒国家法律、行政法规实施的,处3年以下有期徒刑、拘役、管制或者剥夺政治权利;造成严重后果的,处3年以上7年以下有期徒刑)。
>
> (6) 煽动军人逃离部队罪(第373条:煽动军人逃离部队或者明知是逃离部队的军人而雇用,情节严重的,处3年以下有期徒刑、拘役或者管制)。

在以上6条煽动型犯罪中,对于煽动性言论的刑法定义,主要有以下4种比较有代表性的观点[2]:第1种观点认为,"所谓煽动,就是蛊惑人心,以鼓动、劝诱或者其他方法,促使他人去

---

[1] 吴枫. 网络煽动性言论之刑法规制[D].重庆:西南政法大学,2019.
[2] 同上。

实施犯罪行为";[1]第2种观点认为,"煽动,是指以文字、语言、图像等方式对他人进行鼓动、宣传,意图使他人相信其所煽动的内容,或者意图使他人去实施所煽动的行为";[2]第3种观点认为,"煽动是指行为人以劝说、引诱、造谣、诽谤或其他方法,蛊惑人心,怂恿、鼓动他人去实施违法犯罪的行为";[3]第4种观点认为,煽动性言论的内涵在刑法分则规定的6种煽动型犯罪中都是不一样的,对每一种煽动型犯罪中的煽动性言论都需要做出不同的解释。[4]

无论何种说法,煽动型犯罪的构成需要具备3个明显的特征。[5]

(1) 做出煽动行为的主体煽动的应当是他人的非法行为。详细来说,煽动的行为主体必须通过煽动行为来促使不特定或者多数人产生实施非法行为的想法,或者刺激、助长他人将要实施、正在实施的非法行为。例如,以上所述的6条罪行都说明煽动他人分裂国家、逃离部队等非法行为的才算是煽动型犯罪。

(2) 煽动行为造成了显然的危险后果。我国公民拥有言论自由的权利,而言论的表达本身可能产生极为严重的后果,但如果只是产生了可能的潜在危险,这还并不足以成为煽动行为,只有在煽动行为造成了明显的危险后果时,才属于刑法上的煽动行为。换句话说,煽动言论应当是以鼓动性和刺激性的言论来促使他人进行非法行为,但是如果言论仅是对事实的单纯描述,即使可能引发他人的非法行为,也不应该认定为煽动。

(3) 煽动行为主体自身出于故意与不法目的。上述6条煽动型犯罪中所规定的由煽动行为构成的犯罪,均只能出于故意。我国公民都有言论自由的权利,因而言论主体出于正当目的对公共事务发表言论时就不得以犯罪论处。

二、文化创意中禁止违规煽动言论方面相关法律规范和要求

在人类悠久的历史长河当中,出现了各种各样的文化形式。简单来说,给传统的文化形式加以新的创意使其焕发新的生机,都可以被称为文化创意。因此,文化创意在很多领域都有良好的发展,但是有些艺术形式借用文化创意的形式却传播了极富煽动性的言论,如在音乐创作方面就有类似的案例发生。

研读材料

> 2014年,美国黑人歌手YG创作了一首名为《遇见劫匪》("Meet The Flockers")的说唱歌曲,歌曲的主要内容是YG在向他的黑人兄弟喊话:别害怕,别难为情,加入劫匪一起搞钱。首段还给出了抢劫四步走的指南。在整个音乐开头的部分出现了赤裸裸的针对美国华裔社区的富有煽动性的犯罪言论:"首先,你找到一个华人社区的房子,因为他们不相信

---

[1] 马克昌,杨春洗,吕继贵.刑法学全书[M].上海:上海科学技术文献出版社,1996.
[2] 胡康生,李福成.中华人民共和国刑法释义[M].北京:法律出版社,2004.
[3] 陈兴良.刑事法评论.第14卷(2004)[M].北京:中国政法大学出版社,2004.
[4] 张明楷.刑法学[M].5版.北京:法律出版社,2016.
[5] 司明宇.自由与责任:网络煽动性言论的刑罚界限[J].新闻战线,2018(2):36-37.

银行。然后,你找到几个帮手——有人开车接应,有人去按门铃,还要有人胆大,不惜一切去抢……停车、观望、按响门铃,确保没有人在家,游戏开始了。"歌词还称:"不要拿大屏幕液晶电视和手提电脑,偷珠宝盒更为划算,因为拿到当铺当天就可变现。"歌曲的音乐视频MV中,两名歹徒进门时,镜头定格在一张华人四口之家的全家福上。当时,整个美国"反亚裔"的暴动行为正在肆虐,该歌曲引发了美国华裔群体的集体声讨。大批亚裔批评该歌曲公开鼓吹犯罪,当时美国许多的亚裔家庭已经遭到了抢劫和入室盗窃,而这时这首歌曲无疑为美国的社会暴行提供了煽动性的犯罪启发。

不可否认,有一小部分的人群也认为这是"言论自由"的一种表现,他们所持有的观点认为:"如果不能自由发言,说唱又有什么意义呢?你就不能发挥你的创造力了。"该歌曲引发了煽动种族歧视的争议之后,一度被歌迷从其 YouTube 账号中删除,但 YouTube 官方却选择了保持沉默。结果在 2018 年 7 月 24 日,这首歌又通过 YG 个人账号在 YouTube 重新被播放,截至北京时间 2021 年 3 月 31 日上午 11 时,观看数量已经突破 11 万次,3 344 人点赞,3 644 人点踩。在此之前,这首歌在其他网站的点击量超过 40 万人次。

歌曲被打上了俗称的唱片"脏标"——"家长指引:内容露骨(parental advisory—explicit content)"标志,意思是指明该专辑含有暴力、犯罪等不适内容,目的是提醒家长了解并清楚自己孩子所接触到的唱片。YG 的账号在 YouTube 拥有超过 420 万的订阅者,在这首歌下方简介区,再次出现了家长警示——"露骨的歌词"(explicit lyrics),而且评论区已被关闭。虽然很多员工请求 YouTube 将该歌曲从平台上下架,但是却遭到了公司高管的驳回。理由是虽然这些歌词可能违反了该公司的仇恨言论规定,但包含教育、纪录片、科学或艺术内容的视频会被特别对待。

资料来源:严珊珊.歌曲煽动抢劫华裔,YouTube 还拒绝下架:不能开先例[EB/OL].https://baijiahao.baidu.com/s?id=16957379520461127688&wfr=spider&for=pc.[访问时间:2021-09-20].

从这个案例我们可以看到,在网络社会的大背景下,文化创意也可以和违规煽动言论这样看似关联度很低的行为产生深刻的关系。从该案例中我们也可以看到文化创意在违规煽动言论方面的一些特性。[1]

（一）传播的速度快

在传统传播方式的背景下,信息的发布和内容都会受到很多的限制,比如,想要在报纸上刊登信息,其信息的内容会由报社进行删选并且受到政府监督部门的监管。但在现在的信息化传播方式背景下,传播的限制被大大削弱,任何用户都可以发布大量的内容并且信息传播速度和范围也远超传统媒介。我国有着庞大的网民数量,据第 43 次《中国互联网发展状况统计

---

[1] 吴枫.网络煽动性言论之刑法规制[D].重庆:西南政法大学,2019.

报告》显示,截至2018年12月,我国网民数量已达8.17亿人。[1] 如此巨大的网民数量对文化创意的煽动性违规言论的传播有着极大的影响,如果一个文化创意的煽动性违规言论被发布出去,就会被受众所接触并且发生二次传播,出现数以亿计的传播者,这就成为文化创意在违规煽动言论方面的一个特性。

(二)煽动的强互动

在现实的生活中,煽动性言论的传播方式有限,往往通过传单、书籍等一些出版物进行传播。因为空间的限制,煽动的传播主体很难同接收者进行更多、更深层次的交流。但是,现在的文化创意在互联网的辅助下会使可能违规的煽动性言论形成较强的互动性,如煽动主体在即时通信软件或者自媒体平台发布煽动性言论,都可能与接收者进行即时的互动,而不惧空间的阻碍。这更加容易促进煽动行为的产生和犯罪行为的实施,使得煽动主体达到更深刻的传播效果。

(三)危害的叠加性

由于文化创意所应用到的产业和信息化有着极为密切的关系,信息化在助力文化创意产业发展的同时,也改变了受众获取和传播信息的方式。文化创意的传播实现了从传统形式的"点对点"到现在的"点对多"甚至"多对多"的转变,传播方式和效果都有了爆炸性的发展。在这种信息化的背景下,文化创意当中煽动性的言论在很短的时间内就能够迅速地传播开来,成为全网关注的焦点。虽然信息化为文化创意的传播带来了好处,但同时对于煽动主体来说,信息化的传播方式无疑为其传播煽动性言论提供了绝佳的机会。对于很多普通受众来说,他们有时会对网络煽动性言论的真实性和虚拟性缺乏有效的辨识能力,很可能受到煽动言论的影响,从而帮助煽动性言论的扩张,让煽动性言论产生二次或多次的传播。因此,文化创意中煽动性言论的危害性具备叠加的属性,这就使得同传统煽动行为相比,文化创意所造成的危害其实更加巨大。

三、文化创意产业在禁止违规煽动言论方面的风险管理

本节的前半部分已经对我国煽动言论方面的法律概念和特征进行了阐述,我国的法律法规总体上对煽动型犯罪的处理方式是在惩罚滥用言论自由的同时保障公民言论自由的权利。相关的6种煽动型犯罪其实对应着不同的法益,根据这些内容我们可以规范行业的行为,从而规避触犯法律的风险。因此,文化创意应该注意以下3点。

(一)避免模糊性的言论表达

我国关于煽动型犯罪的法律条例对于罪状的描述其实还很模糊,如刑法关于煽动民族仇恨、民族歧视罪的规定中包含"煽动民族仇恨、民族歧视,情节严重的"等语,有很多问题需要进一步明确。比如,什么样的行为可以称之为煽动民族仇恨、煽动民族歧视,达到什么样的情节才能称作情节严重?然而,并不是所有煽动型犯罪都规定了情节严重的入罪条件,那么如果法

---

[1] 中国互联网信息中心[EB/OL].http://cnnic.cn/gywm/xwzx/rdxw/20172017_7056/201902/t20190228_70643.htm.[访问时间:2021-09-20].

律没有规定情节严重的要求,煽动型犯罪是否有可能在实际的行为中只要有煽动性就可以被认定为犯罪?同时,立法也没有对煽动型犯罪设定危害结果或其他构成要素的限制。因此,煽动型犯罪的入罪门槛可能较低,文化创意行业在避免煽动言论方面就应有较高的自我要求。换句话说,很多在文化创意过程中"擦边球"性质的模糊言论或表述很有可能会被认定为煽动型犯罪。对于文化创意行业的工作者来说,能做的就是尽量避免这些模糊性言论表达,而不是去尝试或者试探违规的底线。

(二)避免煽动性的言论传播

我国刑法对于煽动型犯罪的法律规定并没有明确规定煽动行为是否必须在公开的环境下才构成犯罪,也没有规定煽动的对象是特定的个人还是不特定的多数人。一般情况下,煽动型犯罪在公开环境下才会产生较大的威胁并体现出煽动性言论的危险性。煽动型犯罪的危害性言论一般不会即时对社会造成严重威胁,政府有足够的时间和能力阻止煽动性言论的危害进一步扩大,因而一般要构成煽动型犯罪必须在公开的环境下进行。但是,我国目前的相关法律规定中并没有规定煽动行为的公开性,就产生了两种实际的可能性。一种可能性是煽动型犯罪应该是公开的,并且针对的受众应该是不特定的多数人。另一种可能性是行为人如果在非公开场合下煽动某一个人去实施违法行为,也可以被认定为煽动型犯罪。因此,一旦文化创意中含有煽动性质的言论传播给了他人,就有可能涉及煽动型犯罪。文化创意行业的工作者需要更加注意避免煽动性言论向外界传播,不论是对个人还是群体。

(三)避免扰乱社会公共秩序

对于文化创意工作者来说,一旦错误地传达煽动性的言论并且传播开来,会产生较大危害。首先,信息化的推动会使得煽动性言论传播范围扩大,造成的影响范围要远超预期;其次,对于并不清楚真相的群众也会造成伤害,对于一些煽动性的言论,受众有时无法及时并准确地辨别,从而对其观念造成影响,继而引发公众的恐慌甚至过激的行为;最后,煽动性言论会造成行业的不正当竞争,很多相关的企业或行业也会受到严重的波及和影响。总而言之,社会公共秩序是我们安定生活的基础,文化创意本身的目的是为受众带来更美好的生活。因此,文化创意工作者应当尽力避免煽动性言论的传播,避免扰乱社会公共秩序。

第二节 禁止传播淫秽色情

随着社会的快速发展,人们在满足基础的物质生活需求的同时,也开始寻求精神上的满足和丰富。文化创意中,传统文化被赋予新的创意重新回到受众的视野,满足人们精神生活的需要。但是随着文化创意产业的发展,淫秽色情信息也开始渗入行业中,这些信息严重危害了公众的身心健康,会使公民产生羞耻感,危害社会安全。因此,面对淫秽色情信息在文化创意行业的传播,我们要坚决反对其借助文化创意产业危害社会安全,防止其造成更加严重的后果。

一、防止传播淫秽色情方面相关法律的特征和要素

我国刑法在第六章妨碍社会管理秩序罪第九节中专门对制作、贩卖、传播淫秽物品的行为作出了具体规定。有以下两个罪名：一是第363条规定的"传播淫秽物品牟利罪"；二是第364条规定的"传播淫秽物品罪"。两条罪名的差别在于主观和客观方面。第363条要求主观上具有牟利的目的，客观上以谋取利益为特征。法律上对这种犯罪的量刑主要考虑其非法获利的情节，行为人主观上对实施传播活动的结果持有希望其发生的态度，尽一切可能扩大传播的范围，以谋取高额的利益回报。在文化创意行业，往往文化创意的最终目的是盈利，而如果涉及传播淫秽色情内容，则更容易被认定为具有主观意愿的牟利行为。第364条则不要求行为人有谋取利益的目的，法律规定的入罪条件是"情节严重"。由于两种罪名在动机上的要求不同，行为人传播的方式也有不同，如果没有牟利的主观意愿，就不会有出售、出租等行为，主观和客观的意愿不同，对行为人的过错判断也会有不同结果。

在传播淫秽色情内容中，对"传播"的定义主要是将淫秽色情信息在网络空间或是现实生活当中传播扩散。对于"传播"及其具体行为方式，在刑法及《最高人民法院、最高人民检察院关于办理利用互联网、移动通信终端、声讯台制作、复制、出版、贩卖、传播淫秽电子信息刑事案件具体应用法律若干问题的解释(二)》(以下简称《解释(二)》)中并未作出具体规定和解释。被大众所接受的"传播"定义与传播学中的定义并无太大差异，主要是指信息在社会中众口交传和在社会信息系统的运行过程中，本身蕴涵的信息的共享、双向互动、中介传播等特点。在传播淫秽色情内容的时候，放映、摆设、贩卖、出租等行为都是向他人进行"传播"的行为。因此，传播淫秽色情信息包括3类特征[1]：①扩散性。扩散性是传播行为最本质的属性之一，主要是指淫秽色情内容可以扩散到他人，并被他人所接收。②方式性。这种特征是指传播主体通过某一种或多种方式进行淫秽信息的传播，如播放、贩卖等等。③公开性。这种特征是指传播主体公开地对不特定人或人群进行淫秽色情内容的传播。在文化创意行业中，要构成相关犯罪必须包含上述特征。换句话说，只有具备传播行为才能被认为是犯罪，如果只存在持有或者观看等行为，并不存在传播行为，则并不构成传播的罪名。

对于文化创意产业来说，有部分艺术品可能涉及较为露骨的内容形式，而在不同的背景下，对于艺术品是否是淫秽物品的判断标准也是不一样的。有些艺术品在今天被主流价值观认为是艺术的展现。所以这是有价值判断的，一定要根据社会主流的价值进行判断，要倡导法律所追求的公平和正义。我国刑法第367条和《解释(二)》分条析理地作出了规定，包含淫秽内容、具有违法性、物理意义上实际真实存在的物是我国认定"淫秽物品"应当具备的三大特征。例如，有关人体生理、医学知识的科学著作也包含一些露骨的内容，但是它并不是淫秽物品。文化创意当中的淫秽色情内容应当是缺乏艺术价值或者科学价值的信息内容。

---

[1] 包括.网络色情犯罪治理研究[D].呼和浩特：内蒙古大学，2016；陈翔宇.网络色情直播的刑法规制研究[D].哈尔滨：黑龙江大学，2020；刘傲雪.网络环境下传播淫秽信息的法律问题研究[D].沈阳：沈阳工业大学，2020.

二、文化创意中防止传播淫秽色情方面相关法律规范与要求

文化创意的本身含义是将现有的形式通过加入文化和创意的元素重新展现出来,让企业有更具内涵的展现形式,让受众获得更加丰富的信息内容。2019 年以来,文化创意在漫画产业的创作受到了越来越多读者的喜爱,优良的画面、优质的画风、优秀的剧情等都使得漫画的受众不断扩大,文化创意在漫画行业迎来了高速发展。但是随着文化创意行业的发展,有些内容开始偏离文化创意的本意而开始传播淫秽色情信息。

 研读材料

> 2017 年,淫秽漫画作者 JM 开始进行其淫秽漫画的创作,在 2017 年 4 月 24 日,国内知乎论坛中的部分用户公开在论坛上表示自己看过 JM 的相关淫秽漫画,由此 JM 的淫秽漫画开始在网络上引起小范围的讨论。2018 年 12 月 16 日起,淫秽漫画作者 JM 开始通过境外的社交平台 Twitter 对其制作的帝国系列的淫秽漫画和相关实体商品进行线上的公开宣传和发售,发售渠道中包括国内的社交软件 QQ,并有专门的 QQ 账号负责国内淫秽漫画的销售。2019 年 1 月 1 日,JM 发布并售卖《LOL 同人画集》。2019 年 4 月 22 日,JM 发布并宣传推广《2019 创作合集》。2019 年 5 月 19 日,JM 发布并售卖《制服诱惑 2》。2019 年 5 月 25 日,JM 发布参加日本同人祭并宣布售卖商品。2019 年 11 月,JM 发布并售卖《帝国社会篇》。2020 年 5 月 8 日,JM 发布并销售《爱与家》,英文版"Love and Family"。2020 年 6 月 15 日,JM 发布并销售《战争即和平》。在 JM 整个传播过程期间创建了 QQ 群,通过即时社交软件售卖了大量的实体和电子版淫秽色情漫画,并创建淘宝店铺在国内销售相关作品。2020 年 11 月 17 日,JM 帝国系列漫画引起了网络上的广泛讨论,阅读量超过 340 万,造成了极为恶劣的社会影响。2020 年 12 月 23 日,JM 因涉嫌制作淫秽物品牟利罪被沈阳公安机关刑事拘留。经审讯,JM 于 2016 年至今在北京、沈阳两地制作色情淫秽漫画并进行贩卖,获利 120 余万元。
>
> JM 的涉案漫画不仅含有大量淫秽色情、血腥暴力内容,还充斥着以残忍手段凌辱、虐杀女性,宣扬"军国主义"、侮辱"慰安妇"等恶劣情节,血腥恐怖的画面引起人们极度不适、不满。这一行为严重违背社会公德,毫无底线地践踏人性、歪曲历史,触犯法律,并以此谋取利益。
>
> 资料来源:马浩歌.漫画作者 JM 涉嫌非法制贩淫秽色情、血腥暴力漫画被刑拘[EB/OL]. https://baijiahao.baidu.com/s?id=1686860545632451286&wfr=spider&for=pc.
> [访问时间:2021-09-20]

在信息化时代背景下,文化创意产业中的淫秽信息传播也产生了新的变化,主要体现在 3 个方面[1]:传播方式多样化、传播手段隐蔽化、传播过程快速化。

---

[1] 刘傲雪.网络环境下传播淫秽信息的法律问题研究[D].沈阳:沈阳工业大学,2020.

（一）传播方式多样化

这一点很好理解，传统淫秽物品的传播往往发生在线下，以很隐蔽的方式进行，往往传播方式较为单一并且传播的过程也较为缓慢。信息化的条件下，文化创意中的淫秽信息传播通过互联网变得更加快速且散播性更强，尤其涉及境外网络时，身份不真实，交易虚拟化。相较于传统的传播形式，文化创意中的淫秽信息传播方式变得更加隐蔽并且难以监管和取证。另外，文化创意产业借助网络存储的技术，可以上传大量的文化创意信息和资源供受众随时随地地下载或浏览。但是，文化创意中的淫秽信息也会通过这样的方式出现在网络平台上，利用云存储功能将内容上传至网页或者云盘当中，这种传播形式丰富了文化创意中淫秽信息的传播，受众可以重复且大量下载，导致传播的方式更加多样。

（二）传播手段隐蔽化

随着互联网技术的不断迭代更新，文化创意中淫秽色情内容的传播方式也随着技术手段的革新而变化，从过去线下售卖，转变成在线观看等众多线上的形式。不法分子还可以利用外网难以监管的特点，通过虚假身份、虚拟交易甚至信息群享，最大限度地传播淫秽信息和隐藏自己。对于监管部门来说，需要花大量的时间和精力去跟踪、追溯淫秽信息的发布，而网络技术对传播手段的加密、防护、变更更使得监管部门难以截获和打击淫秽信息的传播。

（三）传播过程快速化

借助网络平台，淫秽信息传播方式从传统的纸质书籍、音像制品等实体物品转变成数字化的形式，不仅极大减少了犯罪的成本，而且极大缩短了犯罪所需要的链条，有时只需要一部电脑或手机就可完成制作和传播。即时且迅速的数字化传播使得文化创意中淫秽色情信息的传播效率大大提高，可在短时间内向大量受众进行传播。另外，虽然各式各样的人群都会应用网络，也会接触到网络上的淫秽信息，但是我国更多的网络用户还是年轻群体，他们的接受能力和使用能力更强，当他们接触到文化创意中的淫秽信息，就会成为传播主体，这无疑进一步加快了淫秽信息的传播。我们都知道，网络传播中较强的交互性可以使受众更快地接收信息，而文化创意中的淫秽信息一旦通过网络传播就可以随时和受众沟通和互动，甚至可以根据受众的要求进行调整，这无疑也加速了文化创意中淫秽信息的传播。

总而言之，文化创意中的淫秽信息已经随着信息化时代的到来而在传播的方式、手段和过程方面发生了翻天覆地的变化，更加多样、隐蔽并且快速。其最终结果都是使受众接触到淫秽信息，影响民众的身心健康，危害社会秩序，破坏社会安全。因此，杜绝和避免文化创意中的淫秽信息，是整个行业应该共同努力去解决的问题。

三、文化创意产业在防止传播淫秽色情方面的风险管理

随着全国扫黄行动不断开展，越来越多文化创意中的淫秽色情信息得以扫除，但是文化创意中的淫秽色情信息也变得更加隐蔽，大量的淫秽内容依然难以被查处。为了文化创意行业的健康有序发展，还需要通过额外的方式和手段来遏制文化创意中淫秽信息的传播。因此，在文化创意的过程中应该注意以下3点。

(一)加强主观意识的思想强化

从前文所阐述的法律条文来看,传播淫秽色情方面的法律对于行为人自身的主观意识十分看重,因此,对于文化创意行业从业者来说,从主观意识上就否定传播淫秽色情内容是必要的。目前,文化创意行业中传播淫秽内容的行为人大多数主观上还是以营利为目的,也就是说他们本质上还是明知不可为而为之,这些行为人往往被利益熏昏了头脑,所以对于文化创意行业的从业者应该强化思想教育,从主观上消除犯罪的意识才是上上之策。

还有一部分的文化创意从业者,并非出于主观故意而进行传播淫秽色情内容方面的犯罪,而这类人群,法律也很难对其作出处理。按照我国传统的刑法理论,行为人承担法律责任需要有违法性认识的可能性。在实际的审理中,我国司法人员往往很少考虑犯罪的违法性认识问题,而传播淫秽色情内容的犯罪人往往以技术中立为借口,否认对淫秽信息的主观认识。文化创意中的淫秽信息往往只是在小范围之内传播,看似没造成情节严重的影响,由于没有特定的被害人,传播主体可能主观上没有认识到对受众和社会造成的伤害。对于这种行为人更要注意主观意识的思想强化,让相关行为人明白,文化创意中只要涉及淫秽色情内容就是不可取的违法行为。

(二)加强行业内部的内容监控

除了加强文化创意人士的思想教育,行业内部也需要建立起对文化创意内容的监控,建立起防范淫秽色情内容传播的又一道屏障。行业内部可以成立监控委员会,企业也可以自发建立企业内部的稽查部门,将文化创意过程中淫秽色情内容的传播可能降到最低。这样在行为人对淫秽色情信息的传播没有主观认识时,内容传播也能够得到遏制。

但是在建立行业内部或企业内部监控的过程中,也要注意避免形成"寒蝉效应"。文化创意本身最重要的就是创意,而创意的火花往往包含很多超前的艺术形式,如果内部的监控过于严格,势必会打击从业者的创意热情,进而打击行业整体信心,从而影响行业整体发展。前文已阐明文化艺术和淫秽色情内容之间的区别,对于普通人士来说,可能难以准确地评判内容是否涉嫌违规。因此,内部监控机制要由专业人士组成,而不是外行来领导内行。

(三)加强行业外部的技术监管

所谓行业外部的监管,是指政府部门的监管。现在,一些文化创意中的淫秽色情内容借助信息化的手段,得以在网络上进行传播,而其传播手段隐蔽性强,技术迭代速度快,很难被监测和追踪。作为防范文化创意中淫秽色情信息传播的最后一道屏障,行业外部的政府部门的监管应该加强其技术能力。对此,我国也实施了"净网行动",公安机关配合最高法和最高检出台的关于打击此类犯罪活动的司法解释,严肃并快速地查处了一大批传播淫秽色情内容的企业和个人,对文化创意行业淫秽色情信息的传播形成了重大打击。在未来,政府部门应当随着不法分子技术的升级而不断加强自身的技术监管能力,为文化创意行业带来一个洁净的行业空间。

第三节 禁止渲染凶杀暴力

暴力是指任何导致或可能导致身体、性或心理伤害的明确的或象征性的行为。[1]它是一种发生在两人及以上人群中的一种负面行为,具有攻击性,这种攻击性有时是重复的,有时是出乎意料的。[2]暴力在《辞海》中的解释为"侵犯他人人身、财产权利的强暴行为"。无论从何种角度上来说,暴力都是具有一定侵略性并且不符合法律和道德规范的行为,所以渲染暴力内容对文化创意行业来说并没有正面或者积极的作用。对于暴力内容,文化创意行业应该谨慎对待,防止暴力内容引起社会动荡从而危及社会安全。

一、遏制渲染凶杀暴力方面相关法律的特征和要素

研究暴力传播的学者认为暴力行为可以细分为7种类型[3]:①攻击,即肢体暴力;②间接性的攻击行为,包括主观上存在恶意的流言蜚语等;③发怒,包括发牢骚、发脾气等行为;④抗拒行为;⑤怨恨,包括嫉妒或厌恶别人,尤其要注意由此而生的虐待;⑥怀疑他人;⑦言语攻击,包括叫嚷、吵闹、威胁、谩骂等。我国早在1996年颁布的《音像制品内容审查办法》就对暴力内容做了规定,对禁载禁播及需要删减内容的标准如下:①对罪犯形象进行美化,美化程度可以使青少年对罪犯产生同情心理的内容;②描写犯罪行为,教唆人们蔑视法律尊严的内容;③细化罪犯的犯罪过程,所涉及的内容会对人们的模仿起到诱导和鼓励作用,描述有悖于社会伦理、常识的暴力行为,使普通人产生恐惧心理、对青少年造成心理伤害的内容;④正面肯定抢劫、偷窃、诈骗等具有犯罪性质的内容等。因此,在文化创意中的过程中应当清楚,何种内容可能被视为暴力内容。

对于惩治暴力内容的网络传播行为,我国已经出台了很多法律规定,包括行政、刑事立法以及司法解释,主要有《中华人民共和国刑法》《中华人民共和国反恐怖主义法》《中华人民共和国国家安全法》《中华人民共和国反分裂国家法》《中华人民共和国网络安全法》《中华人民共和国治安管理处罚法》《关于办理暴力恐怖和宗教极端刑事案件适用法律若干问题的意见》《互联网信息服务管理办法》等。从行政规范的角度上看,我国的《互联网信息服务管理办法》第15条规定,互联网信息服务提供者不得发布、传播含有危害国家安全,破坏国家统一,煽动民族仇恨、民族歧视,破坏民族团结等法律、行政法规所禁止的信息。从法律法规的角度上看,我国治安管理处罚法第47条规定,煽动民族仇恨、民族歧视,或者在出版物、计算机信息网络中刊载民族歧视、侮辱内容的行为应予以惩罚。《中华人民共和国预防未成年人犯罪法》第5条第5

---

[1] 联合国教科文组织.国际性教育技术指导纲要(修订版)[M].巴黎:联合国教科文组织,2018:33-114.
[2] 张敏.国际社会对卫生行业工作场所暴力防控的共识及其对我国的启示[J].中国护理管理,2019(6):6.
[3] 王玲宁.社会学视野下的媒体暴力效果研究[M].上海:学林出版社,2009:40-42.

项规定,各级人民政府在预防未成年人犯罪方面的工作职责之一是组织公安、教育、民政、文化和旅游、市场监督管理、网信、卫生健康、新闻出版、电影、广播电视、司法行政等有关部门开展预防未成年人犯罪工作。我国2016年出台的反恐怖主义法对暴恐信息网络传播的法律规制更为全面,指导性也更强。该法第63条、第90条规定,单位和个人不得传播可能引起模仿的恐怖活动的实施细节,不得发布恐怖事件中残忍、不人道的场景等内容,并规定了相应的处罚规定。从司法实践的角度上看,最高人民法院、最高人民检察院和公安部在2014年联合出台的《关于办理暴力恐怖和宗教极端刑事案件适用法律若干问题的意见》的规定,通过建立、开办、经营、管理网站等网络应用服务,或利用手机等媒介传播载有宗教极端、暴力恐怖思想内容的相关信息,宣扬、传播宗教极端、暴力恐怖思想以及通过境外网站等方式获取载有宗教极端、暴恐信息内容的资料等供他人阅读或传播等的,以煽动分裂国家罪定罪处罚。

　　通过上述的法律条款可以看出,我国对暴力内容的传播持较为审慎的态度。[1]恐怖主义充斥着大量的暴力内容,而暴力内容也是诱发恐怖主义的一个因素,此外,民族歧视、民族仇恨、宗教侮辱等信息内容在某种程度上都是暴力或恐怖信息的直接展现,因此,文化创意的内容应避免此类内容的传播。暴力和恐怖的内容极易给未成年人造成严重的不良危害。在实际生活中,暴恐案件的犯罪主体越来越趋于年轻化,而青少年更容易受到暴力和恐怖等不良内容的诱导、蛊惑和侵蚀。因此,我国的法律也十分注重对青少年身心健康的保护,文化创意中的暴力内容禁止对未成年人进行渲染。

　　同高速发展的文化创意内容相比,我国对于暴力内容的法规更新速度明显较为缓慢,虽然在很多方面我国对暴力内容的传播进行了遏制,但依然存在问题。首先,暴力内容的定义模糊。尽管我国出台了很多法律法规,但是对具体什么是暴力内容仍未给出很精准的界定。定义上的模糊让监管部门在面对文化创意中的暴力内容时,很难迅速地做出判断,这样就可能导致一些暴力内容流入市场。例如,在游戏中血液的飞溅、尸体的处理等都依然存在明显的暴力元素;又如,江南布衣所设计的具有较强性暴力的内容被印在了童装上。暴力内容的定义模糊,导致文化创意中的暴力内容可以钻空子并传播开来。其次,规制力量并不强大。在传统线下的传播方式中,政府的监管力量还可以对暴力内容进行规制,但是转变到现在的信息化传播手段,文化创意中暴力内容在互联网上的传播已经超出了政府所能规制的能力。政府没有设立专门的部门对暴力内容进行专门的审查,这也无形中削弱了政府的规制能力。除了政府的规制力量,行业内的规制力量也严重不足,对于文化创意中的暴力内容,很少看到社会力量对其传播进行规制,虽然各类组织在遏制暴力内容传播方面有一定的贡献,但是大多扮演的都是参与者的角色,而且技术、资金等各方面也面临严重的停滞。最后,对待传播者缺乏道德上的约束。不同于淫秽色情信息的传播,对于文化创意中暴力内容的传播虽然也有法律法规的限制,但是无论在现实还是网络中,暴力内容往往是负面情绪发泄的渠道,从而有时不会受到群众或舆论的道德谴责。这也成为遏制暴力内容传播的一大难点。

---

[1] 刘湘毅.我国网络暴力内容及其规制研究[D].长沙:湖南师范大学,2016.

二、文化创意中遏制渲染凶杀暴力方面相关法律规范与要求

暴力内容本身带有很强的刺激、诱导、教唆犯罪等负面因素,应当遏制其传播,尤其是防止青少年被暴力内容所伤害。文化创意的内容愈发受到青少年人群的喜爱,如果文化创意的内容中夹杂着暴力内容,这无疑会给整个行业都带来影响。相关的案例也层出不穷。

 研读材料

2013年,江苏省连云港市东海县石榴街道麻汪村的两个小兄弟在4月6日下午5点多,同10岁的邻居在村边树林里模仿动画片《喜羊羊与灰太狼》中烤羊肉串的剧情,做"绑架烤羊"游戏。10岁的邻居将两个小兄弟绑在树上并点燃地上的树叶。经诊断,两兄弟其中一位全身多处烧伤40%,另一位全身烧伤80%。5月7日,兄弟俩因病情危重转至北京市304医院继续治疗。事情发生后,兄弟俩的家人将10岁的邻居和广东原创动力文化传播有限公司告上法庭。他们认为,被告公司未做"危险动作,禁止模仿"等安全警示,导致心智不成熟的儿童模仿并造成严重伤害,根据民法通则和侵权责任法应承担侵权赔偿责任,请求法院判令两被告赔偿前期医疗费26.4万余元,同时请求判令广东原创动力文化传播有限公司在动画片中增加安全警示字幕等补救措施,动画片制作人在全国性报刊公开赔礼道歉。

在庭审调查阶段,原告方将1—170集《喜羊羊与灰太狼》动画片中容易被儿童模仿的暴力危险镜头做成5分钟的短片,在法庭上播放,称"在动画片《喜羊羊与灰太狼》全集中,灰太狼被平底锅砸过9 544次,被抓过1 380次,被煮过839次,被电过1 755次……"配合孩子们的证言,原告方以此证明兄弟俩受伤系模仿绑架烤羊游戏所致。

法院综合案情,确定被告儿童的法定监护人赔偿原告损失的60%,也就是15.7万余元。被告广东原创动力文化传播有限公司承担原告损失的15%,赔偿原告3.9万余元。另外25%的损失责任由原告的监护人自行承担。对于制作公司,法院指出,该公司以营利为目的制作《喜羊羊与灰太狼》动画片,传播对象主要是未成年人这个特殊群体,其在制作、传播相关音像制品时,应主动严格审查、过滤未成年人不宜的情节和画面,并负有提示风险、警戒模仿的注意义务。该动画片中存在暴力情节和画面,对本案未成年人的行为认知产生了不良影响,误导本案未成年人模仿其情节,导致两男童被烧伤的严重后果。虽然该片的制作、发行经过了行政许可,但实际造成了损害的客观后果,该后果与公司的发行行为存在法律上的因果关系,因此该公司没有尽到应有的注意义务,对损害事实存在过错。

在原创动力负责人看来,判决让中国动画无奈地承担了超负荷的"责任"。宣判结果公布,广东原创动力文化传播有限公司公关总监吴惇代表广东原创动力表达了深深的遗憾,他表示:"通过国家机关审批播放的动画作品与意外的悲剧事件不存在必然的因果关系。"站在企业的角度,吴惇认为,判决结果让动漫产业未来如何发展这样的大问题横亘在整个行业面前。"这关系到正常文艺创作的自由空间以及权利所在。作为一个文化企业,创意是生命,创意辐射的社会影响更是企业灵魂之所在。"

资料来源:刘晓旭.“喜羊羊暴力”案:原告举证灰太狼被煮过839次[EB/OL]. https://www.sohu.com/a/285426813_120078003.[访问时间:2021-09-20]

从这个案例我们可以看出,文化创意产业中的暴力内容其实就隐藏在我们的身边,随着文化创意产业的商业化程度越来越高,暴力内容作为最容易吸引眼球的素材很容易使受众的观念和整体的态度发生改变,主要体现在 3 个方面。[1]

(一)对待暴力的敏感度降低

在过去的传统媒体时代,暴力内容的传播面临着严格的监管,暴力血腥的内容不太可能出现在大众的视野中。在信息化的时代背景下,文化创意中的暴力内容更容易从监管的漏洞中传播开来,加上信息化传播的速度快、范围广,很多暴力血腥的内容进入受众的视野,而暴力的美学化使受众对于暴力内容更加麻木,后现代思潮中的暴力美学一直致力于打破传统的二元对立模式,这也是目前在很多文化创意行业中经常能看到的现象。暴力美学通过蒙太奇的手法将语言、画面、音效等相结合,追求视听上的刺激和新鲜,紧张且富有节奏的音乐加上快速剪辑的画面,无形之中使真实的暴力场景变成了一场视觉和听觉上的华丽盛宴,在满足观众情绪发泄需要的同时,使暴力带给人的不适感降到最低。另外,再通过人物、故事情节的包装,甚至可以激发受众对暴力行为的认可。通过这些技术性的操作,受众往往不再关心这些暴力内容会对社会产生怎样的影响。尤其青少年人群,他们的思想观念尚未成熟,过多地接触这些暴力内容会逐渐降低他们的道德底线,并形成错误的观念,从而在整体上对待暴力不再敏感,甚至认为是可以接受的。

(二)对待暴力的宽容度提高

伴随着暴力敏感度的降低,受众面对新出现的暴力内容开始变得越来越宽容,不再关注文化创意中的暴力内容是否违反了道德准则或法律法规。在被暴力内容长时间熏陶后,受众不仅对暴力内容越来越不敏感,而且还会变得十分暴戾,在语言和行为上变得偏激。一些受众有可能为了发泄情绪,将自己从暴力内容的接收者变为传播者,参与暴力内容的制作和传播,而自己却并不觉得有任何的不妥。久而久之,这种对待暴力内容的过分宽容会助长文化创意中暴力内容的传播,借助文化创意的发展,营造出一个充满暴力内容的社会。到那时,无论公共空间还是私人空间都不再安全,会造成更为严重的社会问题。

(三)诱发暴力犯罪的可能性

本节的案例明显地说明了受众在暴力内容的影响下会产生不自觉的模仿行为,我们也听说过很多暴力犯罪分子通过学习以往暴力犯罪的手法进行犯罪行为。文化创意中的暴力内容很有可能成为暴力犯罪的参考内容,对社会安全产生极大的威胁。受众接收到文化创意中的暴力内容之后,尤其是青少年人群,在处理情绪和冲突问题时若判断能力不够,极有可能想到用暴力手段来解决问题,而不是理性地思考。另外,恐怖活动通过暴力行为来危及社会安全,而暴力内容的传播可能助长恐怖活动的产生,当恐怖主义的阴影开始蔓延后,人们变得多疑不安,一些犯罪分子则趁机学习里面的手段,对社会进行报复。

---

[1] 刘湘毅.我国网络暴力内容及其规制研究[D].长沙:湖南师范大学,2016.

三、文化创意产业在遏制渲染凶杀暴力方面的风险管理

暴力内容本身会对受众产生极为负面的影响,面对文化创意行业中暴力内容的传播,行业自身和外部监管都需要进一步提升,以防止文化创意中的暴力内容对受众和社会造成不利的影响。为了文化创意行业的健康有序发展,可以通过以下3点来提升风险的管理能力。

(一)采取内容分级的制度

在保护受众尤其是未成年受众不被暴力内容所伤害的过程中,世界上很多国家都进行了不同的尝试,其中运用较为完善的制度则是内容分级。针对各类媒体中日渐增长的暴力内容,美国电影协会决定成立由家长们组成的定级委员会,根据电影的暴力程度、毒品使用场面、身体裸露程度等对电影进行评价,将内容分为若干等级,只有部分等级对未成年人开放。现在的分级制度已经相当成熟,而文化创意行业也可以借鉴该评级制度的方式对暴力内容进行分级,不同等级的内容对应不同年龄的人群观看。分级系统可以采用协商的方式,由受众和专业人士共同制定,形成一个透明、开放的评级系统,从而将文化创意中暴力内容的影响降至最低。

(二)加强行业内部的规制

我国目前对于暴力内容的规制主要还是采用国家监管的治理模式,而要加强对于文化创意领域的暴力内容的规制,加强行业内部的规制力量也势在必行。通过倡导行业参与,共同对文化创意行业的暴力内容进行规制,将现在的一元治理模式转变为政府社会共同治理模式。这样不仅可以减少国家的监管消耗,同时也可以加强文化创意行业的社会监督力量,对文化创意行业的暴力内容做到及时的监控,增强对违法内容的过滤,确保文化创意行业健康有序发展。

(三)提高文创道德的培养

正如案例中所提到的,创意是一个文化创意企业最重要的动能,在创意的过程中会有很多的想法和内容被融入最终结果的展现当中,尽管可能涉及暴力内容,创意人员很可能在道德意识上并没有传播暴力内容的想法。但是,创意人员自身确实要考虑他们的产品会被什么样的受众看到,又会对受众产生什么样的影响。在文化创意的观念上,尤其在针对青少年的作品中,可以淡化二元对立的逻辑思维。作为文化创意中暴力内容的传播源头,文化创意行业的从业者的工作观念和职业道德将直接影响他们对暴力内容的把握,因而文化创意产业从业者应当具备较高的道德观念。对此,行业中可以设立道德伦理课程或设定一些行业道德规范来提高对文化创意工作者道德观念的培养。

第四节 禁止破坏国家安全

国家的安全与稳定是社会经济发展的基础,也是文化创意行业得以快速发展的前提条件。信息化时代,我国的政治、经济和社会等领域都经历了立体式的巨大变化,国家获得了更好的

发展态势，良好的经济发展也促进了国家的社会稳定。但是，在相对安全稳定的背景下，仍然存在严重危害我国国家安全的事件。文化创意行业面对危害国家安全的事件，应当明确反对，而不能通过文化创意的形式为其提供温床。这不仅是为了国家的繁荣稳定，也是为了文化创意行业未来的良好有序发展。

一、禁止破坏国家安全方面相关法律的特征和要素

国家安全方面的法律法规最主要的应属宪法和刑法，在国家安全的法律体系中，宪法作为整个法律体系的核心，无疑具有最高的法律效力。刑法作为仅次于宪法的最重要的法律之一，规定了很多国家安全方面的内容，如保卫国家安全、国家政权和社会制度、维护社会和经济秩序等。2015年，国家安全法正式出台，从维护国家安全的任务与职责、国家安全制度、国家安全保障、公民和组织的义务与权利等方面进行了规定，在国家安全总体方针、总体布局、具体内涵、保护方式等方面都作出了许多新的规定。国家安全法确定了一系列具有中国特色的国家安全制度，如规定了国家安全领导机构下的国家安全工作机制。这也使得国家安全法成为我国国家安全领域的基本法。

在我国的法律框架中，民族歧视或仇恨言论属于煽动性犯罪，这点在第一节中已进行了阐述。刑法第249条规定了煽动民族仇恨、民族歧视的相关处罚内容。煽动民族仇恨、民族歧视，情节严重的，以煽动民族仇恨、民族歧视罪定罪处罚。同时构成煽动分裂国家罪的，依照处罚较重的规定定罪处罚。

总体来说，文化创意中的内容一旦涉及危害国家安全这一犯罪体系，在主体、客体、表现形式以及犯罪的主观方面主要有以下3个特征。

1. 主要危害的是国家的安全

文化创意的内容如果涉嫌危害国家安全，会包括以下几个方面的内容：危害国家的独立、主权和领土的完整；破坏国家的政治和社会制度；破坏国家统一和民族团结；泄露国家机密；等等。对于国家安全的危害并不是单方面的，而是涉及政治、经济和社会等多方面，但是不论侵害哪个方面，都是对国家安全的危害。

2. 勾结外国机构、组织和个人

文化创意中的内容可能伙同外国的个人或机构泄露国家机密，或者背叛国家、投敌叛变。

3. 犯罪的主观意愿是故意

危害国家安全这类犯罪本身是十分严重的，我国的法律法规中对具体危害国家安全的犯罪规定了严厉的刑罚。这些犯罪行为人的主观意愿往往是故意，因此，一旦造成特别严重的危害，或者情节特别恶劣，最高刑罚可以达到死刑的级别。

二、文化创意中，禁止破坏国家安全方面相关法律规范与要求

维护国家的安全是每个公民应尽的责任，对于文化创意行业来说更是需要严格遵守的行为底线。文化创意涉及多个领域，其传播能力和传播效果也是显而易见的，当不法分子利用文

化创意在产品内容中隐含危害国家安全的内容,其影响范围和影响深度都比传统的手段和形式更为严重。

研读材料

  2020年年末,由中国台湾设计研究院主办的金点设计奖,将"视觉传达类别"年度最佳设计奖颁给来自中国香港的海报展览"Yellow Objects"。该海报展览由18名香港设计师匿名发起,2020年11月底在香港开幕,主办方印制了1 000套免费发放,要求参观者传播粘贴到社区中去。"Yellow Objects"含有大量明显企图分裂国家和颠覆政权的内容,有"suicide"(自杀)等不利于青少年身心健康的敏感词汇,还有描绘父母为全副武装的未成年子女戴上黄色安全帽、煽动暴力示威的插画。

  2020年7月1日,香港特区政府发表声明:"光复香港,时代革命"口号,有"港独",或将香港特区从中华人民共和国分离出去、改变特区的法律地位或颠覆国家政权的含义,《中华人民共和国香港特别行政区维护国家安全法》(以下简称"香港国安法")禁止分裂国家及颠覆国家政权等危害国家安全的行为和活动,特区社会大众不要以身试法。此后,特区政府相继拘捕了那些扰乱公共秩序、传播乱港分裂符号的示威者及头目。但是,"港独"依然在特区警察难以监管到的文创领域,以视频、音乐、插画、漫画、模型、手办、立绘、桌游及各类装饰挂件等形式不断传播。

  自2019年香港修例风波以来,乱港分子中一直流传着所谓"和理非是勇武最坚实后盾"的说法,意思是暴力示威者需要依靠其他没有走上前线的激进分子为他们的行动进行解释、帮腔,在主流官方媒体之外争取话语权,美化、合理化暴力和分裂行为。在互联网时代,比起文字和行动,艺术化处理的图形和符号更能抓住眼球,从而产生更大影响力。

  2019年年初开始,乱港分子利用海报在网络上进行所谓"文宣",其主要形式是创作现实题材漫画、简笔插画、快速涂鸦、照片拼贴、二次元漫画截图等搭配文字说明,聚集了一批"港独"艺术作者、街头涂鸦者等,以复制班克西的墙体涂鸦作品以及"港独"文字喷涂等为主。到2019年4月初,台湾画师"爵爵"和香港画师"猫叔"建立合作创作账号,以号召网民参加示威游行为目的,创作大量卡通插画海报,以"可爱的"画风和配色迷惑分辨力不强的香港青年。受其鼓舞,一批恶意影射香港社会的简笔卡通漫画如"变态辣椒""巴丢草""成涛""大尸凶"等,以及大量以动漫作品中反面角色来映射或者扭曲香港现实的再创作在网络上横行。其中最具代表性的是由台湾账号发起,把香港警察丑化成西方恶魔"哥布林"的一次网络围观。后来,"台独"组织"岛民抗争联合"在其反华桌面游戏的宣传梳理中,公开承认插手并参与策划了此次事件。同一时期,一款名叫《香城Online》的"港独"游戏在网络上传播,游戏以影射香港的虚拟化城市"香城"为背景,玩家在游戏中完成跟随队伍游行,再自由活动去爬山,沿途有不同怪兽需要打,对地图(交通路线)、职业(暴徒分工)、怪物(警察)、装备等介绍一应俱全,可操作性极强,"包教包会",香港媒体人形容这个游戏简直是"暴徒培训手册"。

> 随着新冠肺炎疫情在香港开始蔓延，一些"港独"创作者将战场转移到网上，在Instagram、Pintrest等专业图片类、共享素材类网站分享自制支持"港独"暴力行为的创作。"港独"头目黄之锋在游戏《集合啦！动物森友会》自制场景中，制作戴黄色安全帽、口罩、防毒面罩等元素的角色，设置大量涉及辱华、打砸抢、"港独"的内容并发布到推特之后，在网络游戏场景中宣扬"港独"之风开始流行。"港独"文创呈现画风多样、种类繁多的特征，在互联网中创造各类"模因（meme）"并病毒式发酵。同时，相关实体周边产品也逐渐开始成规模地生产与制作，在境外各电商平台销售牟利。
>
> 香港国安法实施后，各类明显带有激进"港独"色彩的标语创作虽然减少，但一些创作者故意提炼出更多元素与符号，如黄色、雨伞、防毒面罩、护目镜、口罩、"连侬墙"、粉红猪等，制作成网络海报、插画，以及印有破损紫荆花、"港独"口号、暴徒形象、防毒面具等图形的钥匙扣、魔术贴、乐高模型、卡通卡片及橡胶手环等文创产品。其设计中包含激进口号的成分越来越少，越发侧重表现形式的"美观"，如把暴徒粉饰成可爱的小动物，将毒瘤经过包装在现实与虚拟社会中传播。如反华组织"奶茶联盟"的官方宣传图出自上文所述"爵爵与猫叔"之手，表面看来与一般奶茶店的卡通广告图无异。
>
> 文创制品"夹带私货"作为一种负面的"文化基因"，看起来虽然是不起眼的小东西，却能够利用其隐蔽特征，躲避传统类型监管，大量碎片式传播，像病毒一样附着在社会的各个角落，迷惑分辨力较弱的人群，扰乱同代人共同的文化经验、身份认同和情感结构，进而对正常的社会和历史认知产生负面影响。其存在也证明了文化领域与分裂和敌对势力斗争的复杂性和艰巨性，文化治理体系、治理能力的现代化不会一蹴而就。
>
> 资料来源：孙佳山，肖涵予. 文创领域"港独"病毒必须消杀［EB/OL］. http://m.cyol.com/app/2021-01/28/content_18936741.htm.［访问时间：2021-09-20］

从以上案例可以看出，文化创意产业中的内容极有可能对国家的安全造成危害，而且危害国家安全的内容隐藏在文化创意产品中，更难被发现。随着文化创意产业的发展水平越来越高，文化创意的内容在我们身边越发常见，因此，危害国家安全的文化创意内容会出现以下3个状态。

（一）传播内容更加隐喻化

从案例当中不难看出，"港独"分子通过文化创意产品的形式来暗喻分裂国家、煽动暴力等行为，而不再只采取过去直接冲突的方式，这种采取文化创意形式的隐喻，会比直观的暴力或分裂内容更加柔和，一开始并不会让受众产生很大的抵触，但其中的内容却一点没有降低对国家安全的危害。这些内容会被潜移默化地植入不明真相的受众尤其是青少年群体的脑海，久而久之，受众不但不会觉得内容极富危害性，甚至可能会逐渐接受内容中所释放出的危险信息。文化创意产品本身可以吸引受众，而如果不法分子借用文化创意的外衣来传播危害国家安全的内容，就会更容易被受众接受，从而造成更大的危害。

（二）传播方式更加多样化

传统形式中危害国家安全的行为往往手段单一，传播速度较慢，往往是一对一或者一对多的洗脑。但是不法分子一旦借助文化创意的传播方式,那么其传播能力和影响力就会被极大地提高。从案例当中不难看出,"港独"分子利用了文化创意中的诸多形式,如视频、音乐、插画、漫画、模型、手办、立绘、桌游及各类装饰挂件等形式,传播的形式已经不再是文字或者个人的实际行为。从传播方式的角度上看,不法分子一旦运用文化创意的传播方式,可以使其传播的速度、受众的数量、造成的危害都呈指数增长。所以,文化创意中危害国家安全内容的传播方式可能变得更加形式多样,从多个角度,立体式地散播危害国家安全的内容。

(三)传播结果极富危害性

我们知道,现在的不法分子尝试着通过披着文化创意的外衣并且借助文化创意的传播方式和形式来传播危害国家安全的内容。这些内容更加隐晦,受众往往很难分辨和排斥,而对于政府部门来说,也更加难以监管。但是一旦让这些有害内容在社会中广泛传播,潜移默化到受众的思想当中,就会造成更大的危害。这种危害比直接的暴力行为更加猛烈,而又更加难以清除。另外,其传播方式也会变成受众喜闻乐见且经常接触的形式,这样一来,非但受众难以分辨和发觉,而且其传播范围也会更加广泛。一旦这种形式成为现实,其传播的结果将比传统的形式更富危害性。

三、文化创意产业在禁止破坏国家安全方面的风险管理

国家的安全稳定发展是文化创意行业长期稳定发展的基础,因此,文化创意行业在维护国家安全方面义不容辞。但是,随着越来越多的不法分子借助文化创意的优势来传播破坏国家安全方面的内容,利用文化创意的形象和优势使行业成为不法分子破坏国家安全的温床,这对行业的发展产生了极为负面的影响。文化创意行业应当进一步采取措施来防止破坏国家安全的内容借助文化创意的形式进行传播。为了文化创意行业的健康有序发展,可以通过以下3点来提升风险的管理能力。

(一)建立行业联盟

现阶段文化创意产业虽然涉及的范围很广,但是对于文化创意的内容却没有很好的管理权力,监管和管理权力依然以政府为核心。因此,文化创意中危害国家安全的内容受到的约束相对较小,容易形成犯罪问题的温床。这样的情况其实对文化创意行业的发展是不利的,对此,文化创意行业内部可以形成联盟或民间组织,将行业分散的力量聚拢,行业联盟可以以联盟的名义,对危害国家安全的内容进行监督,一旦发现问题及时曝光,共同打击危害国家安全的内容,真正做到对危害国家安全的零容忍。

(二)加强内容审查

行业内部的企业或机构都需要对自身创意的内容进行深度的审查,现阶段危害国家安全的文化创意内容变得十分隐蔽,一般情况下很难精准地发现此类非法内容。这就需要行业内部自身首先加强审查,作为传播源头,又是专业人士,内部的审查会比受众自己的判断更加准确。与此同时,也要保证文化创意本身的创作活力不被泯灭。创作活力是文化创意发展的基础,如果内容审查过于严苛,会对文化创意的创作活力造成影响,关键是要把握内容审查的程

度,可以遵循3种审查路径:①内容审查流程标准化。行业内部制定标准,审查部门严格执行,使审查形成标准的流程,让危害国家安全的内容无处生存。②内容审查管理规范化。管理架构要规范,不能想当然地进行修改或设立岗位,每个岗位由专业和专门的人员负责。③内容审查培训常态化。内容审查人员要经常进行培训和学习,不法分子的伪装水平不断地提升,审查人员也需要不断更新自己的知识和能力,来应对有害内容的变化。

(三)形成法律法规

现阶段我国还没有针对文化创意行业的法律法规,缺乏清晰的法律法规就容易造成监管的模糊。要应对这种状况,文化创意行业内部可以设立一些制度来规范行业的发展,成为内容监管工作开展的依据。如果将制度提升到法律高度,就能够保证内容监管做到有法可依,违规必究,执行必严。同时,针对文化创意行业的特征特点,全面梳理现有的内容监管制度,结合相关法律法规,借鉴管理实施流程和方法,形成文化创意行业自身的内容监管法律,形成一个清晰可靠的内容监管模式。

案例研读

江南布衣:从文化创意到色情暴力

给孩子买的国产童装,上面却印着断手断头的诡异图案,以及"Welcome to hell(欢迎来到地狱)""Let me touch you(让我摸摸你)"等英文,甚至有网友指出有些设计已涉嫌"儿童软色情"。服装品牌江南布衣的童装品牌因为不雅设计引发了人们的愤怒。随即,又有网友爆出江南布衣用于宣传的童模照片,拍摄风格诡异,有"软色情"嫌疑。江南布衣的正式说明"姗姗来迟",称其已第一时间下架所涉商品系列、开放退货渠道,并成立专项小组启动自查,希望能够建立更加严格的内审机制,完善消费者体验,称为童装产品出现不恰当图案给消费者造成困扰深表歉意,并将杜绝此类事件再次发生。然而,同系列的服装依然在电商平台销售,各种令人不适的"暗黑图案"让人怀疑这可能不是一家中国童装店。这一声明并没有平息网友的愤怒,在该声明的评论中,网友反而认为江南布衣方面态度傲慢,"把无知当个性"。有豆瓣网友指出,早在2017年江南布衣女童装就出现过不当图案,设计原图来自《人间乐园》,童装图案选取了其中女人下体的元素。有网友称,很难认同声明中的所谓"个别产品"有问题,不当图案并不是今年才出现的问题,为何江南布衣迟迟没有动作,直到上了热搜才有所回应,希望监管部门能介入对其进行调查。

个性化消费时代,成人服饰"暗黑"一点,是企业自选的市场定位,消费者如果喜欢,可以视为桀骜不驯、品位另类。但是,类似设计放在童装上显然不妥。儿童正处于"三观"形成时期,国家严厉打击宣扬色情、暴力、迷信等危害未成年人身心健康的内容。而且,小朋友们经常会互相欣赏彼此的衣服,童装元素还是正面阳光为好。同时,给孩子买衣服的家长不一定都认识英文,莫名其妙地给孩子穿上了有误导性的服装,恐非消费者所愿。这次爆料的网友就表示,涉事服装是老人前年购买,老人不懂英文,只是觉得版型好看。如果这位家长也不懂英文,让小朋友穿着这些衣服出门,被人指指点点,那可就难堪了。

对于规模相对大的品牌,设计服装的基本流程都是要先符合品牌价值观,再有包括主题、图案、面料、色彩等在内的研发创意,产品经过组织设计后再安排打样,样品确认后生产,同步包装、推广、上市。每个环节都有需要确认、审核的节点。也正是因为设计师的多元化,服装企业往往会对产品设计进行"收拢",在童装领域,图案与文字尤其是外文审查更加严格。江南布衣对自己的品牌定位是"中国设计师品牌时尚集团"。2011年,其旗下童装品牌"jnby by JNBY"成立,以"自由的想象力"为理念,为0~10岁的孩子设计服装。jnby by JNBY 的品牌介绍为秉承成熟自然的设计风格,旨在呈现孩子们生活中不加修饰而又独特的一面,纯粹、自然、趣味。通过每季的故事,把孩子带入想象力的空间,任其放肆、玩耍,把自己对孩子的情感隐藏起来融入整个设计关系,构建一种只属于孩子的美感。

从名字可知,江南布衣以仙气飘飘的中国风走红。然而这些年,江南布衣"整容"了——服装模特大部分是外国人,衣服上印的是外国文字和有些阴森的图画,让一些网友觉得江南布衣"心理有问题"。古诗词唱:"江南好,风景旧曾谙。日出江花红胜火,春来江水绿如蓝。""有三秋桂子,十里荷花。羌管弄晴,菱歌泛夜,嬉嬉钓叟莲娃。"这些江南风物,不是更契合"江南布衣"的气质吗?若是看腻了江南,神州大地还有数不尽的物华天宝、风流人物,洞庭月、黄山松、漓江水、昆仑雪,难道找不出比外国"地狱"更好的设计灵感吗?在国风劲吹的当下,作为国风鼻祖之一,江南布衣偏偏要走"暗黑"歪路,真是可惜。

案例的启示

(一) 加大对传播违法有害信息的打击力度

我国禁止传播淫秽、色情信息方面的规定,从立法以来就已经设立。但是即便在这种情况之下,还是出现了类似江南布衣的这种儿童邪典事件,这表明我国打击传播违法有害信息的宣传还没能深入人心,打击力度还有欠缺,对违法有害信息定性、定量还不够明晰。此外,随着时代的发展,色情暴力内容的认定也应当进行一定的改变,由此案例可以看出,现阶段的色情暴力内容不单单是赤裸的色情镜头,还包含潜移默化、极富暗示意味的软色情。另外,就色情内容的传播对象而言,如果传播对象是少年儿童,其危害程度更为严重,应考虑加重对犯罪人的量刑。

(二) 出版方加强自我审核与净化

在文化创意领域的相关行业进行创意工作的同时,文化创意领域的行业出版方也应当加强其自身对非法违规内容的监管审查。我国的相关监察部门可以加强文化创意产业出版商的责任,文化创意产业的出版方应当对其出版或提供的产品和内容负责,文化创意工作者在创作内容时，出版方应当负有审核的责任。一旦发现自我审查后的内容依然涉嫌违法违规，检察机关应采取相关责任制，双方均要受到处罚。现在很多的文化创意产业利用互联网先进技术进行传播，但是要注意这些技术也极有可能被不法分子所利用，危害无穷。所以，文化创意产业的出版方在加快文化创意传播的同时也要加强对内容的审核，如加强人工审核、鼓励受众检举等，从而加强文化创意行业自我净化功能，打造文化创意行业的绿色生态系统。

（三）鼓励受众的检举和揭发

如今是信息化的社会，而信息化社会的最大特点就是平等性、参与性和互动性。在信息化社会中每个人都有平等地表达意见的权利，所以我们每个人都可以参与打击文化创意产业中非法违规的内容传播。互动性也大大提高了我们的主动性，所有的文化创意信息一经发布或推送，我们都有权利及时反馈。为了营造良好的文化创意环境，也为了给儿童一个健康成长的环境，我们能做的就是一旦发现违法违规内容，立刻向相关部门举报，帮助净化文化创意产业的环境。广大受众的良性参与和随时监督，是消除违法有害信息的关键力量。

（四）建立针对性的信用体系

我国目前在网络当中的信用体系可以追溯到我国实行的网络登记与实名制度，我国从2003年起已经先后建立起互联网上网场所个人登记制度、电子邮件服务等级制度、公共信息服务登记制度等和实名制相关的体系，也采取了后台实名登记、前台匿名上网的管理模式，为用户提供更多选择余地，也对违法违规内容的传播者起到一定程度上的追惩作用，遏制了网络中不良信息的传播。我国现有的信用体系多集中在电子商务、在线金融服务等经济领域，而文化创意行业也可以借鉴这种形式来强化行业内对非法违规的内容在传播上的控制。文化创意行业内部可以建立起统一的数据库，并将非法违规内容传播者的信息上传，并为行业内的其他个体或企业提供信息参考。建立信用体系可以防止非法内容传播者的二次传播，也能够为行业提供经验，防止再次出现类似行为。

（五）增强受众网络素养教育

文化创意已经在人们的日常生活之中普及，而文化创意利用信息化技术使得传统的传播方式更具互动性，受众的表达权利有了显著的提高，但从目前受众对待文化创意中所传播出来的违规内容的态度来看，大多数的受众对于文化创意和媒体盲目轻信、崇拜的心理仍然十分严重，受众对于文化创意中所表达的违规内容判断能力依然不足，如果这样的状态持续较长时间，文化创意中所表达的内容逐渐会成为受众自身所接受的观点，甚至变为自身的合理需求。这样的情况是受众的网络素养还不够所导致的，非法违规的文化创意内容在现阶段依然可以在人们的生活中存在，除了传播者的非法传播，一部分原因也是受众对这些非法违规的内容的认知还不够。因此，受众的网络素养教育也是重点要加强的一个方面。

(六)行业强化内部自律机制

一方面,文化创意行业可以通过行业协会来统一加强内部管理建设,建立健全内部规章制度,同时也要提升行业协会本身的监管水平,严格把关文化创意的内容采集、制作、审核、发布等工作流程。另外,行业内部的企业也要加强自身约束和管理,充分调动行业内企业和工作人员的主动性和积极性,赋予他们更高的社会责任感,从而形成行业自律的良好氛围,以严格自律机制作为激励手段,通过自我管理、自我约束、自我激励、自我监督的方式,在整个网络行业形成良性的创作氛围。国家也可以出台相关法律法规释放一些权力给行业协会等组织,使文化创意行业在执行任何决定时能有法可依,帮助文化创意行业实现对行业内部的监管,对于违反法律法规的非法传播内容可以做出具有法律效力的惩罚,使行业协会的监管落到实处。另一方面,加强文化创意行业在全社会范围内的正面宣传,为行业协会能够广泛参与监管事务留有一定的活动空间,从而树立正面形象,严格规范监管行为,建立社会对它的信任。

(七)建立专职的基层安全监察机构

文化创意现在开始走进百姓的生活当中,而很多非法违规的内容也从基层的缝隙中一点点地渗透传播,因此,组建基层的安全监察机构很有必要。基层的执法力量相对薄弱,同时又缺乏专业的巡查手段,这直接导致大量文化创意中的不法内容在基层传播,从而形成监管不力、处罚不到位的现象,起不到应有的震慑作用,不良信息的制作者、发布者、传播者将无所忌惮、变本加厉。虽然我国信息监察的机构也有很多,但是基层安全监察机构是对基层制作、发布、复制、传播不良信息的行为进行查处的机构。该机构也可以同网络警察相互合作,在网上进行信息的收集和监控,线下搜寻、防范、控制和跟踪网络不良信息和非法活动。另外,该机构也可以提高文化创意行业治理非法内容传播的综合素质,提高对于非法内容传播的专业打击处理能力,让文化创意领域的非法违规内容消失在人们的日常视线中。

资料来源:佘颖.江南布衣,别做"歪"生意![EB/OL].https://baijiahao.baidu.com/s?id=1711789970448573084&wfr=spider&for=pc.[访问时间:2021-09-20]

请思考以下问题:

1. 请谈谈文化创意产业在维护社会安全中的重要性。
2. 试举例说明文化创意行业中有哪些维护或者危害社会安全的因素。
3. 文化创意行业中有哪些方式可以防止煽动型犯罪?
4. 文化创意行业中有哪些方式可以防止未成年人受到不良信息的危害?
5. 举例说明有哪些文化创意领域的事例助推了社会安全发展。

本章参考文献

[1] 吴枫.网络煽动性言论之刑法规制[D].重庆:西南政法大学,2019.

[2] 马克昌,杨春洗,吕继贵.刑法学全书[M].上海:上海科学技术文献出版社,1996.

[3] 胡康生,李福成.中华人民共和国刑法释义[M].北京:法律出版社,2004.

[4] 陈兴良.刑事法评论(第14卷)[M].北京:中国政法大学出版社,2004.

[5] 张明楷.刑法学[M].5版.北京:法律出版社,2016.

[6] 司明宇.自由与责任:网络煽动性言论的刑罚界限[J].新闻战线,2018(2):36-37.

[7] 严珊珊.歌曲煽动抢劫华裔,YouTube还拒绝下架:不能开先例[EB/OL].https://baijiahao.baidu.com/s?id=16957379520461127688&wfr=spider&for=pc.[访问时间:2021-09-20]

[8] 中国互联网信息中心[EB/OL].http://cnnic.cn/gywm/xwzx/rdxw/20172017_7056/201902/t20190228_70643.htm.[访问时间:2021-09-20]

[9] 包括.网络色情犯罪治理研究[D].呼和浩特:内蒙古大学,2016.

[10] 陈翔宇.网络色情直播的刑法规制研究[D].哈尔滨:黑龙江大学,2020.

[11] 刘傲雪.网络环境下传播淫秽信息的法律问题研究[D].沈阳:沈阳工业大学,2020.

[12] 马浩歌.漫画作者JM涉嫌非法制贩淫秽色情、血腥暴力漫画被刑拘[EB/OL].https://baijiahao.baidu.com/s?id=16868605456324512868&wfr=spider&for=pc.[访问时间:2021-09-20]

[13] 联合国教科文组织.国际性教育技术指导纲要(修订版)[M].巴黎:联合国教科文组织,2018:33-114.

[14] 张敏.国际社会对卫生行业工作场所暴力防控的共识及其对我国的启示[J].中国护理管理,2019(6).

[15] 王玲宁.社会学视野下的媒体暴力效果研究[M].上海:学林出版社,2009:40-42.

[16] 刘湘毅.我国网络暴力内容及其规制研究[D].长沙:湖南师范大学,2016.

[17] 刘晓旭."喜羊羊暴力"案:原告举证灰太狼被煮过839次[EB/OL].https://www.sohu.com/a/285426813_120078003.[访问时间:2021-09-20]

[18] 孙佳山,肖涵予.文创领域"港独"病毒必须消杀[EB/OL].http://m.cyol.com/app/2021-01/28/content_18936741.htm.[访问时间:2021-09-20]

[19] 佘颖.江南布衣,别做"歪"生意![EB/OL].https://baijiahao.baidu.com/s?id=17117899704485730848&wfr=spider&for=pc.[访问时间:2021-09-20]

第三章

文化创意与公序良俗

> **学习目标**
>
> 学习完本章,你应该能够:
> (1) 了解文化创意违背公序良俗的常见类型;
> (2) 了解文化创意违背公序良俗的典型实例;
> (3) 掌握文化创意遵守公序良俗的法律规范;
> (4) 掌握文化创意遵守公序良俗的道德要求。

> **基本概念**
>
> 国家公序　公平竞争　射幸行为　性道德　人权人格等

第一节 文化创意中的公序良俗

符合公序良俗是文化创意最基本的道德基础。在过往的实例中,个别地方、企业以及社会组织为了提高文化创意的社会关注与经济效益,对文化创意进行恶意改造、哗众取宠,最终不仅得不到社会公众的积极评价,同时也触及了法律与道德的底线。文化创意的创造与运作,只有尊重公序良俗、符合人文价值,才能够打造出大众喜闻乐见的优秀文化创意成果。

一、法律中的公序良俗

2020年5月28日,十三届全国人大三次会议表决通过了《中华人民共和国民法典》,自2021年1月1日起施行。最新民法典第一编第8条规定:民事主体从事民事活动,不得违反法律,不得违背公序良俗。

所谓公序,即社会的一般利益,在我国现行法中包括国家利益、社会经济秩序和社会公共利益。所谓良俗,即一般道德观念或良好道德风尚,包括我国现行法中所称的社会公德、商业道德和社会良好风尚。[1]

目前我国学者根据国外的判例学说,将国内违反公序良俗的典型行为类型分为10种,具有一定的参考价值:

(1) 危害国家公序型,如以从事犯罪或者帮助犯罪行为为内容的合同;
(2) 危害家庭关系型,如约定断绝亲子关系的协议;
(3) 违反性道德型,如开设妓院的合同,实践中以性行为为对价获得借款的情形;
(4) 射幸行为型,如赌博、巨奖销售、变相赌博等;
(5) 违反人权和人格尊严行为型,如过分限制人身自由换取借款的情形;
(6) 限制经济自由型,如利用互相借款扩大资金实力以分割市场、封锁市场的协议;
(7) 违反公平竞争型,如构成不正当竞争、对竞争对手名誉进行构陷等行为;
(8) 违反消费者保护型,如对消费者权益有所损害等行为;
(9) 违反劳动者保护型,如对劳动者权益有所损害等行为;
(10) 暴力行为型,如以人身、财产为侵害目标,采取暴力手段,对被害人的身心健康和生命财产安全造成极大的损害,直接危及人的生命、健康与自由的行为[2]。

二、文创中的公序良俗

结合法律领域对公序良俗具体类别的划分,可以发现公序良俗能够从五大社会视角进行观察,包括国家和民族的公理秩序、传统的善良风俗与生活习惯、人与人之间的人格尊严与人权保护、家族血亲之间及家庭成员之间的人文伦理,以及与时代优秀情操相关并且推动社会变革的良好气氛安排。

在文化创意公序良俗的范畴中,我们根据大量案例以及实务中的类型总结,对文化创意工

---

[1] 高思凡.论公序良俗[J].东方企业文化,2012(6):123.
[2] 陕西法制网.公序良俗,何谓"公序"?何为"良俗"?[EB/OL]. https://baijiahao.baidu.com/s?id=1677496643216063498&wfr=spider&for=pc.[访问时间:2021-09-16]

作中通常会涉及的公序良俗类别做了新的梳理,下面分别以公序和良俗两大类别进行进一步的细分与分析。

第一大类:文化创意不得危害公序。

(1) 文化创意不得危害国家公序。国家公序主要是从国家、民族、社会、公众层面建立的公共秩序。国家公序不仅依靠道德规范的要求,同时也往往受到法律规范的制约。因此,文化创意如果违反国家公序的要求,不仅是违反道德的行为,同时往往也会触犯法律。文化创意不得危害国家公序,其中包括不得危害国家尊严与民族情感。

(2) 文化创意不得违反公平竞争。公平竞争是指经营者在市场竞争过程中,依据法律所享有的要求其他经营者及相关主体进行公平竞争,以保障和实现经营者合法竞争利益的权利;因此,企业不得通过文化创意的自由运作侵犯竞争主体之间的公平竞争权。文化创意不得违反公平竞争,其中包括不得进行虚假宣传与侵犯商誉。

(3) 文化创意不得丑化传统文化。传统文化与文化创意相辅相成,互为促进。文化创意与传统文化的结合不仅能够更大限度地挖掘新的创意内核,也能进一步提升文创成果的文化厚度。因此,文化创意可以借助优秀传统文化,增加文化创意的内容厚度与文化深度,而不得为了提升自身关注度而进行恶意丑化与污化。文化创意不得丑化传统文化,其中包括不得丑化历史文化与宗教文化。

(4) 文化创意不得鼓励射幸行为。在法律范畴中,射幸行为通常是指以他人的损失而得到偶然利益的行为,常见的行为包括保险、彩票、赌博、巨奖销售等。当前有不少企业的文创产品以及文创营销都涉及了射幸行为的构成要件,这实质上同样也是违反公序良俗的行为。

第二大类:文化创意不得危害良俗。

(1) 文化创意不得危害家庭关系。文化创意内容常常会以家庭、家人等话题为主题,进行文化内容的创作以及文创成果的传播,因而文创工作尤其需要对传递正确的家庭观、婚姻观、亲子观等价值观念做出正确引导,不以博关注、博眼球为目的传递低俗以及恶趣味的价值导向。文化创意不得危害家庭关系,其中包括不得危害婚姻关系与亲情关系。

(2) 文化创意不得侵犯性道德。在文化创意作品中,通常产生的违反性道德行为主要是文创作品的主题、内容、设计、风格等各方面在与"性"主题的结合方面突破底线,通过越线行为博人眼球,从而引起公众的关注。文化创意不得侵犯性道德,其中包括不得进行低俗性暗示与性歧视。

(3) 文化创意不得侵犯人权人格。人权是所有人与生俱来的权利,它不分种族、性别、性倾向、国籍、族裔、语言、宗教或任何其他身份地位,人人有权不受歧视地享受属于自身的人权与人格。文化创意不得侵犯人权人格,其中包括不得进行人格侮辱与人权侵犯。

第二节 | 文化创意不得危害公序

文化创意工作应维护社会的整体利益，不得对国家利益、社会经济秩序、社会公共利益产生侵犯行为。文化创意对公序的挑战不仅会对公众道德产生负面影响，而且会产生突破法律界限的行为。

文化创意工作在充分发挥创意自由性、内容开创性以及企业效用性的同时，应最大限度地关注创意成果对社会公序的影响程度。只有在遵循社会公序的前提下，文化创意成果才能在宣导社会价值、弘扬社会主旋律、宣导积极精神的基础上充分发挥文化创意的内容魅力。反之，文化创意成果如果违反社会公序的要求，不仅会引起社会大众的反感、受到监管部门的处罚，甚至会影响企业安身立命的企业形象。

本节我们将从国家公序、公平竞争、传统文化、射幸行为等典型公序范畴探讨文化创意的边界与底线。

一、文化创意不得危害国家公序

国家公序主要是从国家、民族、社会、公众层面建立的公共秩序。国家公序不仅依靠道德规范的要求，同时也往往受到法律规范的制约。因此，文化创意如果违反国家公序的要求，不仅是违反道德的行为，往往也会触犯法律。

（一）文化创意不能侵犯国家尊严

国家尊严是一个国家、民族的重要组成部分，[1]是一个国家最为崇高与神圣的权利。维护国家尊严不仅是我国法律明文规定的要求，同时也是每一位公民必须履行的义务。因此，文化创意应该始终与维护国家尊严、发扬正能量相结合，而不得对国家尊严产生任何形式的不法侵害。

文化创意不得侵犯国家的主权尊严。国家主权是不容他人侵犯的神圣权利，它既是一个国家在国内的最高权力，也是在国际社会的独立自主权利。在法律的范畴当中，国家主权包括管辖权、自卫权、平等权、独立权等多项权利。因此，文化创意内容不得对国家主权尊严进行肆意调侃，文化创意运作不得对国家主权尊严进行恶意炒作，文化创意产业不得对国家主权尊严进行无理对抗。

文化创意不得侵犯国家的形象尊严。国家形象尊严包括一切与国家形象相关的权威象征与国际评价，其中权威象征包括国旗、国徽、国歌等客观形象成果，国际评价包括社会口碑、媒体报道等主观形象评价。文化创意内容不得对国家权威形象进行肆意改造、改编、篡改，不得对国家形象和国家评价产生任何负面的影响。

---

[1] 贾莉莉.侵害国家尊严的不良"精日"行为的规制探讨[J].视界观,2019(23):1.

文化创意不得侵犯国家的文化尊严。文化尊严就是文化所应有的纯洁性、独立性、独特性、严肃性、多元性、先锋性等特质在一定的社会条件下所应享有的地位,应当受到的肯定、尊重与保护。文化尊严说到底是民族尊严、人类尊严、历史尊严。[1]当下,不少文化创意对中华民族自古传承的优良文化进行鬼畜恶搞等不良行为,都是对国家文化尊严的不法挑战。

 研读材料

> 2018年11月21日,意大利奢侈品牌杜嘉班纳(Dolce & Gabbana, D&G)在上海举办品牌大秀,被曝出其设计师在社交网站上发布涉嫌辱华的言论,引发争议。
>
> 据悉,事件起因是D&G日前在社交媒体上发布的几条广告,这些将中国传统文化与意大利经典饮食相结合的广告宣传片,标题为"起筷吃饭"。其中的模特展示了如何使用筷子吃比萨饼、意大利式甜卷等物。但广告中筷子被称为"小棍子形状的餐具"。同时,片中旁白所用的"中式发音"、傲慢的语气以及模特用筷子的奇怪姿势,均被质疑歧视中国传统文化。杜嘉班纳并未对此事做出回应,只是删除了官方微博上的相关视频,但依旧引发中国网友的不满。
>
> 随后有网友在社交媒体上说起这件事,引起D&G创始人之一、设计师斯蒂芬诺·嘉班纳(Stefano Gabbana)的社交媒体账号与网友争辩。这位设计师在和网友争辩过程中,恼羞成怒、大骂出口,还公然辱华,并称不怕被曝光。
>
> 2018年11月21日,共青团中央官方账号发博对此事表态:我们欢迎外国企业来华投资兴业,同时在华经营的外国企业也应当尊重中国,尊重中国人民。这也是任何企业到其他国家投资兴业、开展合作最起码的遵循。
>
> 2018年11月22日,中国外交部发言人耿爽在回应记者有关D&G风波一事问询时表示,中方不希望此事上升为外交问题,但外界应了解中国民众如何看待这一问题。
>
> 资料来源:中国新闻网.中国模特们集体罢演D&G秀:等待官方道歉[EB/OL]. http://news.haiwainet.cn/n/2018/1121/c3541083-31442946.html?baike.[访问时间:2021-09-16];共青团中央.共青团中央官博表态"D&G辱华事件":自取其辱[EB/OL]. https://ent.qq.com/a/20181121/009868.htm.[访问时间:2021-09-16];澎湃.外交部回应D&G辱华:不想上升为外交问题,该问中国民众[EB/OL]. https://www.thepaper.cn/newsDetail_forward_2660741.[访问时间:2021-09-16]

在当前"万物皆娱乐"的社会风气中,不少个人及团体为了快速博得公众的关注,或是受到境外势力的影响和干扰,在文化创意创作及内容运作的过程中对国家尊严产生负面的挑战与不良的影响。尤其在当下移动互联网发达、自媒体盛行、信息量爆炸的时代,国家尊严更容易受到不良个人或群体的不法侵害。

---

[1] 谢伦灿.文化尊严,就是文化方面的权利和姿态被尊重[EB/OL]. https://new.qq.com/rain/a/20210724a06tby00.[访问时间:2021-09-16]

研读材料中D&G的行为是对中国国家尊严的不法侵害,也是对中国人民民族感情的严重伤害。无论在国际社会还是国内市场,参与的企业或个人在进行文化内容创意与文化成果传播时,都必须谨记不得逾越国家尊严的红线,不得以任何目的、通过任何形式对国家尊严进行侵犯。

(二)文化创意不得破坏民族情感

民族情感是指对与本民族有关的客观事物持一定态度而产生的内心体验。具体表现为对本民族的热爱,对本民族利益、语言、居住地域、历史习俗等的亲近、喜爱和维护,对本民族的敌人和出卖民族利益的败类的憎恶、鄙视。[1]文化创意在博取受众眼球、增加产品效益的同时,必然要尊重一个国家、民族的情感,尊重其文化信仰,才能实现长久发展。[2]

文化创意不得破坏民族团结。中华民族是一个充满包容性、多元性、稳定性的多民族大家族,56个民族各有风情,和平相处,稳定统一。中华民族的团结性是国家政权稳定、社会平稳发展、百姓安居乐业的强大根基,中华民族的团结性不允许任何外在力量的破坏与干涉。因此,文化创意不得以破坏民族团结为导向,不得有意或无意地对民族团结进行损害。

文化创意不得损害民族信仰。中华民族中各个民族都有其独特的民族信仰、独有的民族风情、个性的民族文化和差异的民族特色。中华民族的包容性使得不同的民族信仰与民族文化得以和平共处、包容共生。对于不同民族的独有信仰,需要理解、尊重与包容,不得以任何方式破坏民族信仰、贬低民族文化。因此,文化创意在内容创作与成果运作的过程中,不得对民族信仰进行无端地损害。

文化创意不得违背民族历史。中华民族的发展历史充满曲折,是千百代人在不断地奉献、牺牲、奋斗的过程中让中华民族得以长存、发展。中华民族的历史长河中,有刻骨铭心的战斗历程,有坚忍卓绝的改革历程,有无私奉献的发展历程,每一段历程既是中华民族的宝贵历史记忆,也是每一位中华儿女的情感载体。因此,文化创意不得违背民族历史,不得磨灭民族精神,不得为了短期的商业利益而不顾每一位国人的民族情怀。

研读材料

> 2021年9月1日,位于大连市金石滩国家旅游度假区的"盛唐·小京都"开业不几天,就因为受到诸多市民网友非议而宣布停业。
>
> 记者在现场看到,该项目的园林、建筑、装饰等风格均仿照日本京都地区,商业街售卖的食品、生活用品均为日本特色。项目主要由一条主商业街和周边别墅区构成。项目招商人员表示,主商业街要求店铺必须为日本独资或者日资占50%以上的合资企业,一期招商已经结束,二期招商正委托日本团队在日本招商。
>
> 据悉,该项目是大连重点打造的文旅项目,考虑到日本企业对大连投资方向逐步转向服务业和IT电子产业等轻资产领域,大连以此探索一种符合当前日本企业投资模式又紧贴大连发展实际的园区发展新模式。

---

[1] 林崇德,杨治良,黄希庭.心理学大辞典[M].上海:上海教育出版社,2003.
[2] 郝志英,庞占川.浅析如何处理广告创意与民族情感、文化的关系[J].艺术科技,2019(21):2.

> 由于大连历史上曾遭受过旅顺大屠杀和长期的日本殖民统治,项目开业迅速引发了网络争议。网友指出,文化项目要符合中国实际,尊重民族自尊心。今年是九一八事变90周年,日本14年的侵华战争使中国人民陷入深重的民族灾难,面对历史,日本不但没有道歉,还在历史教科书中美化侵略战争,日本政要屡次参拜靖国神社。因此,在深受日本殖民侵略苦难的大连,不应该用日本文化炒作,谋取商业利益。
>
> 9月1日,商业街管理部门发布通知称:"商业街已完成试运营工作,公司针对运营期间出现的问题,现进行停街休整,正式开街时间另行通知。"
>
> 辽宁社会科学院社会学所副所长王焯认为,对于"文化+"的商旅项目,就市场主体而言,应该进行充分的文化挖掘、文化识别与价值评估工作,同时对经营、相关方、舆论等方面的风险进行识别、评估和管控,尊重社会文化认同,尊重消费者消费习惯,避免消费"民族情感"。作为消费者,要以客观、公平的消费理念来推动市场主体的发展,为企业履行社会责任提供良好的发展环境。
>
> 资料来源:人民日报客户端.大连日本风情文旅项目惹争议宣布停业[EB/OL]. https://www.guancha.cn/politics/2021_09_03_605621.shtml.[访问时间:2021-09-16]

任何文化创意如果对民族团结、民族信仰、民族历史等民族情感产生破坏与危害,不仅会受到国家法律法规的制裁,也会受到群众的厌恶与抛弃,最后不仅使得该文创成果得不到社会的广泛认同,而且会加深广大群众对其的负面评价。任何破坏民族情感的文化创意,最后只会搬起石头砸自己的脚。

"盛唐·小京都"商业街之所以会引起社会的广泛争议,正是因为对民族情感以及民族历史缺乏全面考虑,未顾及该商业街主题的推出与民族记忆中的苦难经历的冲突性与伤害性。任何商业性的文创作品如果背离了民众的心理诉求,最后也只会成为被民众抛弃的对象。

二、文化创意不得违反公平竞争

公平竞争权是指经营者在市场竞争过程中,依据法律所享有的要求其他经营者及相关主体进行公平竞争,以保障和实现经营者合法竞争利益的权利。[1] 公平竞争权受到法律的有效保护,通常涉及的法律包括反不正当竞争法、反垄断法等。在法律范畴中的不正当竞争行为主要包括以下7种情形[2]:①欺诈性交易方法,即假冒他人的注册商标、擅自使用知名商品的名称、擅自使用他人企业名称或姓名、在商品上伪造或冒用认证标志等。②商业贿赂行为,即经营者为了推销或者购买商品,采用行贿手段以获得竞争优势的行为。③虚假广告,即经营者利用广告或者其他使公众知道的方法,对产品的质量、制作成分、性能、用途、生产者、有效期限、产地等进行引人误解的虚假宣传。④侵犯商业秘密,商业秘密是指不为公众所知悉,能为权利

---

[1] 王显勇.公平竞争权论[M].北京:人民法院出版社,2007.
[2] 律图.不正当竞争行为包括哪些?[EB/OL]. http://www.64365.com/zs/857354.aspx.[访问时间:2021-09-16]

人带来经济效益,具有实用性并经权利人采取保密措施的技术信息和经营信息。⑤掠夺定价行为,即经营者以挤垮对手为目的,以低于成本的价格销售商品的行为。⑥欺骗性有奖销售和巨奖销售,即经营者采用谎称有奖或者让内部人员中奖的欺骗方式销售商品,利用有奖销售的手段推销质次价高的产品,均构成欺骗性有奖销售的不正当竞争行为。⑦诋毁竞争对手的商业信誉,商业信誉是社会对经营者从事的经营活动所做的全面评价。

在文化创意违反公平竞争的情形中,通常会出现两大行为:①对文化创意的内容进行虚假宣传;②以文化创意的内容对他人的合法商誉进行不法侵害。违反公平竞争的文化创意不仅是不符合公序良俗的无道德行为,同时也是违反反不正当竞争法的违法行为。

(一) 文化创意不得进行虚假宣传

文化创意的虚假宣传通常出现在企业经营者以文化创意内容为品牌、产品宣传的场景之中。企业经营者对文化创意进行虚假宣传的目的在于通过虚构、伪造、夸大事实对文化创意的受众即消费者进行误导与引诱,从而提高企业的产品销售与经济利益。

文化创意虽然通常需要对客观现象或客观事实进行创意加工,通过更加艺术化的表现手法与表达方式展现具有创意性的文创作品,但当文化创意的成果被企业经营者用于广告宣传或品牌营销的时候,文化创意的艺术性手法并不应该成为误导公众的"作假"方式,而应在真实性的前提下体现表达的艺术性。

文化创意不得以使公众产生误解为目的夸大事实。以广告创意为例,新广告法明确规定不得使用"最""一""首""极"等过度夸张的表达词汇,其目的就在于防范企业在广告宣传的过程中过分夸大事实,使消费者产生严重误解。

文化创意不得以使公众产生误解为目的虚构事实。如针对产品的功效、功能、成分、安全等客观要素时,基于文化创意的品牌宣传不得虚构不存在的客观事实,以免使消费者产生误解。

文化创意不得以使公众产生误解为目的颠倒事实。不得黑白不分、正反不分,以哗众取宠、博人眼球为目的进行无限度的文化创意,从而使得公众对创意内容中所表达的事实或观点产生重大误解。

研读材料

> 2018年,苏泊尔在电视上投放了苏泊尔全静音破壁机JP96L-1300和JP98LV-1300的广告。广告展现了两款破壁机与另一款型号JP01-1500运行的画面,其中在展示JP01-1500破壁机时,这款破壁机运行声音巨大,同时还混入了冲击钻的声音,而在展示全静音破壁机时,打碎巴旦木仁和核桃仁,都没有发出声音。
>
> 有媒体报道称,苏泊尔家电所谓的"静音"是指破壁机在最低档位搅拌纯牛奶时的噪声小于60分贝,而在广告中,苏泊尔隐藏了该条件,有误导消费者认为在任何情况下这两款破壁机都是"静音"状态的嫌疑。
>
> 这则广告引起了上海市杨浦区市场监管局的关注,认定苏泊尔的广告违反广告法,苏泊尔发布的广告以虚假或者引人误解的内容欺骗、误导消费者,构成虚假广告,并对其作出348万余元的行政处罚决定。

> 虚假宣传在广告法的监管之下依然没有止息,而在野蛮生长的"直播带货"的助力下,虚假宣传更拥有了一片肥沃的生长土壤。
>
> 2020年,一时风头无两的快手头部主播被指控售卖的燕窝实际上是糖水。经过检测后发现,其直播间销售的燕窝存在夸大宣传问题,产品的燕窝成分不足2克。随后广州市市场监督管理局根据反不正当竞争法等规定,拟对其作出责令停止违法行为、罚款200万元的行政处罚。同时,快手平台也对主播的账号予以封号60天的处罚。
>
> 而TriPollar代理商初普美容仪公司虚假宣传事件同样起于"直播带货"。2020年7月,中国消费者协会发布的《"6·18"消费者维权舆情分析报告》显示,"6·18"促销活动期间收集有关直播带货类负面信息超过11万条,其中包含产品质量货不对板等虚假宣传问题。
>
> 虚假宣传行为无疑侵害了消费者的合法权益,然而大多数消费者没有专业知识,很难发现企业的造假行为,而且维权成本也高,维权困难,因而应尽早完善消费者合法权益的保护机制。
>
> 资料来源:西柚财经.315系列报道——虚假宣传泛滥[EB/OL].https://www.sohu.com/a/454867364_115489.[访问时间:2021-09-16]

文化创意具备自由创意性、表达艺术性、内容抽象性的特征,文化创意的内容通常是在客观现象或事实的基础上进行艺术化加工,因而文化创意的作品在某些程度上与真实的客观现象会存在一定的差异性。然而,这种差异性并不能成为文化创意创作主题进行虚假宣传的理由与工具,尤其是企业在进行产品、服务等商品公众宣传时,不得以文化创意的艺术性和抽象性特征对自身产品的客观属性进行夸大、虚假宣传。

苏泊尔"静音破壁机"的广告宣传中,利用声音、画面展示以及对产品运行客观条件的选择性忽略,使得广告形式的文创作品对消费者进行了误导。该类文化创意的虚假宣传均是典型违反公平竞争原则的行为。

(二)文化创意不得损害他人商誉

损害商誉行为是指经营者为了获得竞争利益,捏造、散布虚假事实,损害他人商誉、侵犯他人商誉权的行为。在法务实践中,诋毁他人商誉的行为主要包括:①利用散发公开信、召开新闻发布会、刊登对比性广告、发布声明性公告等形式,制造、散布诋毁竞争对手的虚假事实;②组织人员以顾客的名义,向有关经济监督管理部门进行声称竞争对手产品、服务质量低劣的虚假投诉;③唆使他人在公众中制造有损于竞争对手商誉的谣言等。[1]

在文化创意中,通常损害他人商誉行为主要是指通过特定对比、他人评价、负面宣传等方式对竞争对手或其他第三方主体进行不正当的攻击与诋毁,从而凸显自身的优势与特色,尤其是在未经过对方允许的前提下,将第三方作为自身文化创意内容中的创作元素进行恶意的负面评价与有失公允的对比。

---

[1] 侯丽艳,梁平.经济法概论[M].北京:中国政法大学出版社,2014:37-38.

文化创意对他人商誉的侵害违反公序良俗的相关要求,同时从法律范畴来看亦是对他人名誉权的不当侵害,通常构成违反反不正当竞争法的行为。

 研读材料

> 2015年7月23日,中兴官方发布邀请函,宣布中兴将于7月29日发布新机中兴V5,并且在邀请函中附上了一部砸碎的诺基亚1110。这一做法无疑吸引了网友的眼球,网友纷纷惊呼:这不是公开撕逼的节奏吗?魅族向手机销量冠军致敬,中兴则大刀阔斧一气砸坏,这到底是对魅族公开发出挑战,还是暗示对诺基亚旧日辉煌的不屑?而且,在这场奇特的营销战中,善良的网友还注意到了无辜躺枪的诺基亚1110,纷纷评论以示同情。
>
> 在发布会邀请函中使用砸坏的诺基亚涉嫌构成不正当竞争。我国反不正当竞争法第11条规定,"经营者不得编造、传播虚假信息或误导性信息,损害竞争对手的商业信誉、商品名誉"。经营者实施商业诋毁的目的通常在于,通过诋毁行为以损害他人的商誉,降低其竞争力,从而直接或间接提升自己的市场优势。禁止商业诋毁的立法目的即规制通过进行不正当的评价而损害他人商誉的行为。如果经营者依据真实的事实对其他经营者进行客观、公允的评价,即使这种评价会给其他经营者的竞争力带来负面影响,但由于所依据的事实是真实的,也并不具有不正当竞争意义上的可归责性。
>
> 中兴在发布会中使用砸坏的诺基亚,在客观上可能会向消费者传递出3层意思:第一,作为对魅族营销行为的回应和挑战;第二,其产品质量或销量会超越诺基亚的这款成功产品("砸坏"会让人联想到"完胜""完爆"等含义);第三,在新的通信时代,曾经辉煌的功能机应当被抛弃和取代。从这一角度而言,诺基亚的这款销量冠军实质上完全成为中兴发布新产品的营销道具,并且在这一充满创意和戏谑的过程中,躺枪的不仅仅是诺基亚曾经的销量冠军和辉煌,还有它的品牌和商誉。
>
> 资料来源:袁博.被砸坏的NOKIA:在创意营销中躺枪的商誉[EB/OL].https://www.sohu.com/a/26780881_223993.[访问时间:2021-09-16]

文化创意是提升自身形象的有力工具,而不应该是丑化他人的不法手段。在中兴发布会砸毁诺基亚手机事件中,作为一个知名度极高的商标,诺基亚的商誉凝聚了多年的努力和海量的劳动,而这种商誉不能被恶意搭乘或矮化,这本身就是反不正当竞争法的题中应有之义。未经许可在商业营销中使用他人的注册商标或商品,非法攀附、利用、矮化相关商品的声誉和知名度,实质上是以不支付对价的方式不合理地利用他人为建立商标声誉而付出的经济投入,无形地吞噬、损害商标权人的合法权益,已经涉嫌不正当竞争。近年来,企业的各种营销手法花样翻新,令人眼花缭乱,然而,无论如何创新,都不能以侵害他人合法权益为前提。在诚实守法的轨道内创意营销,才是企业发展的可靠之路。[1]

---

[1] 袁博.被砸坏的NOKIA:在创意营销中躺枪的商誉[EB/OL].https://www.sohu.com/a/26780881_223993.[访问时间:2021-09-16]

三、文化创意不得丑化传统文化

传统文化与文化创意并非矛盾的对立关系,而是传承与创新的联动关系。传统文化为文化创意提供了丰富的文化素材、强大的文化内涵和积极的文化精神,文化创意产业为传统文化提供了全新的展现方式、表达方式与传播方式,让传统文化更加广泛地为现代大众所理解、感知与认同。

传统文化与文化创意相辅相成,互为促进。文化创意与传统文化的结合,不仅能够更大限度地挖掘新的创意内核,也能进一步提升文创成果的文化厚度。因此,文创工作不得恶意对历史文化、宗教文化等中华民族宝贵的文化财富进行恶意的丑化、污化,应弘扬文化主旋律,为中华民族的文化繁荣添一把火。

(一)文化创意不得丑化历史文化

文化创意与历史文化的融合过程中,不得对历史文化进行肆意丑化。尤其如今新媒体平台越来越热门,视频创作工具越来越强大,在对历史文化的再创造过程中不得无端恶搞、鬼畜加工,以丑化污化的形式对历史文化成果进行再造。在文化创意与历史文化的结合中,应积极发扬中华民族文化正气,传递中华民族核心价值,打造新成果,弘扬正能量。

在文化创意与历史文化的融合过程中,不得对历史文化进行恶意篡改。尤其是针对自古以来公众认同的历史事件、文化著作、革命历程等各类重大历史文化成果,文化创新可以采取结合主题、结合内容、结合精神、结合人物等各类融合方式,而不得对其客观历史事件、人物形象、精神品格进行恶意的篡改,从而影响当代公众对中华宝贵历史文化的一致认同。

在文化创意与历史文化的融合过程中,不得对历史文化进行无端指责。不少文化创意工作者为了标新立异、哗众取宠、博人眼球,以过于绝对化的全盘否定对中华民族历史文化进行无端指责与攻讦。该类行为方式不仅不会获得当代公众对其文化创意成果的积极评价,反而会使公众对其产生反感、厌恶的评价态度。因此,在文化创意与历史文化的结合过程中,应遵从历史规律,尊重历史事实,以积极向上的态度与立场进行文化创意的成功再造。

 研读材料

"近年来,我国文化产业发展快速,取得了骄人成绩,但不足也同样明显。"全国政协十二届三次会议上,全国政协委员、安徽省政协副主席李修松带来了十多份提案。其中,文化创意产业发展仍然是他最为关注的话题。在他看来,我国文化产业与发达国家相比,主要差距体现在缺乏自主创新和未能彰显自身特色,"中国有大量优秀、特色的传统文化资源,不应该就这么被忽视和浪费"。

"我国传统文化资源在有效转化为文化产业资源方面存在'肠梗阻',文化创意产业当前存在浑、浅、泛、滥、抄、乏、畸等问题。"李修松认为,我国文化创意产业总体来看缺乏品牌产品,很多处于低水平的生产和服务状态。有些地方对文化创意产业的定义含混不清,创意层次浅,手段单一,很多直接抄袭效仿国外模式,一哄而起,盲目泛滥,甚至迎合低级趣味,恶搞历史文化。

"缺乏创新,文化产业质量和效益很难提升,创新如果不能自主,就难以形成中国特色,

> 我们文化产业就很难形成民族品牌和产业优势,不仅会在世界上难以立足,即便在国内,也很难与外来产品抗衡。"李修松说,"中国的文化创意产业必须走自主创新的中国特色之路,要有'中国味'。"
>
> 李修松认为,我国传统文化资源丰富,只是大多尚未得到有效利用。他举例说:"在中国搞主题公园,我认为《西游记》这个名著就是第一资源。用集成创意和多种科技手段,让孙悟空带领孩子们穿越于西游神话之中,去上天、入地、下海、伸张正义、传播正能量。在这个过程中,训练孩子的胆识,磨炼他们的毅力,培养他们吃苦耐劳和合作的精神。这样一个主题公园,从外形设计到主题公园项目所体现的价值观、思维方式、审美情趣等等,都是中国式的,无形中就把中国的文化种到了孩子心田。"
>
> 资料来源:腾讯.政协委员:文化创意产业不能恶搞历史文化[EB/OL].https://news.qq.com/a/20150313/018765.htm.[访问时间:2021-09-16]

中华民族的历史文化为当代文化创意提供了大量的内容宝藏。在传承的历史文化中,有各类丰富多彩的内容可以被当下文化创意产业所借鉴再创作,包括文化名著、英雄人物、历史故事、古代文物、诗词画作以及各类非物质文化遗产。文化创意与历史文化的融合不仅能够进一步发扬中国自古传承的文化财富,同时也能让当代公众对历史有更进一步的深刻认识,除此之外,还能将中华五千年的历史文明以更加创新、多变的展现方式进一步发扬光大。

(二)文化创意不得丑化宗教文化

宗教是人类社会中一种重要的文化现象。宗教的产生本身就是人类文化活动的结果,是人类文化发展史上的一个重要环节。宗教是以异化的方式反映现实生活而被实体化了的一种社会体系和文化生活方式,这便是宗教的文化属性。从外延的角度看,宗教文化包括器物文化、制度文化和精神文化3个方面的内容。宗教的器物文化包括进行宗教活动所需的用物、工具和场所。宗教的制度文化包括构建宗教活动的一切形式和方法。[1]

根据我国《宗教事务条例》第45条,涉及宗教内容的出版物,应当符合国家出版管理的规定,并不得含有下列内容:①破坏信教公民与不信教公民和睦相处的;②破坏不同宗教之间和睦以及宗教内部和睦的;③歧视、侮辱信教公民或者不信教公民的;④宣扬宗教极端主义的;⑤违背宗教的独立自主自办原则的。

因此,文化创意在与宗教文化结合的过程中,应更加关注文化创意内容是否会对宗教文化的评价产生负面影响,对宗教和谐的关系产生不利因素,对社会的整体稳定发展产生不安定的要素。文化创意的内容并非对各宗教的理念与信仰都要认同,但对于在中华人民共和国内成立发展的合法宗教要有充分的尊重与客观的认识。在文化创意与宗教文化结合的过程中,更应防范涉外势力利用文化创意的自由性与开放性,将文化创意成果利用为干预并影响中国宗

---

[1] 综合快报.浅谈:宗教文化的特征[EB/OL].https://baijiahao.baidu.com/s?id=15921931184671658877&wfr=spider&for=pc.[访问时间:2021-09-16]

教事务管理的挑拨工具。

> 近年来,个别歪曲宗教教规教义、"恶搞"宗教神灵和宗教人物、冒犯宗教感情和宗教禁忌的影视作品,接连引起宗教界不满。不久前,一部在网上收费播出、使用《西游记》人物形象的影视作品,因出现贬低丑化道教神仙情节引发道教人士抗议。发现问题后,相关视频平台立即下线该片,并和制片方到中国道教协会送交道歉信,向道教界郑重致歉,深刻反省,尽力消除不良影响。这种有错即改的态度值得肯定。但与此同时,另一部改编自民间神话白蛇传的网剧及相关手机游戏、网络电影、漫画先后上线或公测。佛教界一些人士认为其中"大肆渲染佛教出家僧人情欲纠缠"而表示不满,目前该剧已暂停播出调整内容。
>
> 2017年修订实施的《宗教事务条例》第2条规定,信教公民和不信教公民、信仰不同宗教的公民应当相互尊重、和睦相处。第4条规定,任何组织或者个人不得在不同宗教之间、同一宗教内部以及信教公民与不信教公民之间制造矛盾与冲突,不得宣扬、支持、资助宗教极端主义,不得利用宗教破坏民族团结、分裂国家和进行恐怖活动。《中华人民共和国电影产业促进法》第16条规定,电影不得有煽动破坏国家宗教政策或宣扬邪教、迷信的内容。《电视剧内容管理规定》第5条规定,电视剧不得载有下列内容:违背国家宗教政策,宣扬宗教极端主义和邪教、迷信,歧视、侮辱宗教信仰的。《专网及定向传播视听节目服务管理规定》第17条规定,专网及定向传播视听节目服务单位传播的节目应当符合法律、行政法规、部门规章的规定,不得含有以下内容:宣扬宗教狂热,危害宗教和睦,伤害信教公民宗教感情,破坏信教公民和不信教公民团结,宣扬邪教、迷信。
>
> 资料来源:张弩.影视作品"恶搞"宗教可以休矣[J].中国宗教,2018(8):14-15.

文以载道,笔墨抒情。习近平总书记指出,追求真善美是文艺的永恒价值。艺术的最高境界就是让人动心,让人们的灵魂经受洗礼,让人们发现自然的美、生活的美、心灵的美。好的文艺作品就应该像蓝天中的阳光、春季里的清风一样,能够启迪思想、温润心灵、陶冶人生,能够扫除颓废萎靡之风。尊重、保护宗教信仰自由是我国宪法确立的原则,也是党和政府对待宗教问题的基本政策。随意歪曲宗教教规教义和宗教禁忌,伤害信教公民感情的言行是不被允许的。我国有关法律法规对此均有规定。[1]

因此,文化创意应充分尊重合法宗教的宗教文化、宗教特色、宗教历史,不得通过文化创意的艺术表达对合法宗教的文化内容进行恶意贬低;不得未经过合法宗教的允许对宗教文化与历史内容进行肆意编造;不得因个别文化创意创作者对合法宗教的文化不认同而进行大肆否定与传播。

---

[1] 张弩.影视作品"恶搞"宗教可以休矣[J].中国宗教,2018(8):14-15.

四、文化创意不得鼓励射幸行为

射幸行为,即侥幸行为。射幸行为的本义即碰运气、赌运气的行为。在法律范畴中,射幸行为通常是指以他人的损失而得到偶然利益的行为,常见的行为包括保险、彩票、赌博、巨奖销售等。其中保险、彩票为政府特许经营行为,因而是合法行为;而赌博、巨奖销售等行为因违反民法中公序良俗的原则,对社会公序有负面危害,因而不受法律保护。

文化创意产业中涌现了众多存在射幸行为争议的现象。典型案例如部分经营者的"盲盒"销售。盲盒是指消费者不能提前得知具体产品款式的玩具盒子,具有随机属性,只有打开才会知道自己抽到了什么。不确定的刺激会加强重复决策,因而一时间盲盒成了让人上瘾的存在。就这点来看,这和买彩票颇为相像,都有赌运气的成分。[1]

北京师范大学法学院教授刘德良认为,在盲盒购买中,消费者能否买到自己想要的款式是具有不确定性的,其本质上是一种射幸行为,也就是一种机会行为。根据市场监管总局发布的《规范促销行为暂行规定》,抽奖式有奖销售是指经营者以抽签、摇号、游戏等带有偶然性或者不确定性的方法,决定消费者是否中奖的有奖销售行为。所以说,盲盒"隐藏款"的销售行为类似于抽奖式有奖销售。[2]

 研读材料

> 盲盒是一种时下热门的销售方式,指的是将不同的商品装进外观相同的盒子里,消费者购买拆开后才能知道盒中内容。虽然在拆盒前一切都是未知的,却有一定的概率拆出自己心仪的商品,很多年轻消费者乐于为这种惊喜刺激买单。以泡泡玛特、52TOYS等品牌为首的玩具盲盒热度激增,国内盲盒行业市场规模急速扩张,各行各业商家发现有利可图,纷纷进军盲盒市场。除玩具外,文具、美妆等多类商品都曾推出系列盲盒,引发了不少的讨论。
>
> 盲盒在被购买并拆开前,其中的商品种类是未知的,买家是否能抽到所期待的商品尚不确定。因此,买家购买的不仅仅是盲盒本身,更是一种不确定的"偶然性"。这符合学界通说的射幸合同特征,即买卖双方就不确定发生的"幸运"或"希望"达成交易,而买受人必须承担"幸运"和"希望"未发生的风险。
>
> 我国成文法中暂无关于射幸行为的明文规定。民法典第8条规定,民事主体从事民事活动,不得违反法律,不得违背公序良俗。第153条亦规定,违反法律、行政法规的强制性规定的民事法律行为无效。但是,该强制性规定不导致该民事法律行为无效的除外。违背公序良俗的民事法律行为无效。在这种情况下,如射幸合同不违背公共秩序和善良风俗,即在盲盒定价合理、商家营销适度且消费者知情权能够得到保障等情况下,盲盒的买卖可以获得法律上的正当性。
>
> 资料来源:王凡.别让盲盒成为灰色交易的保护盒[EB/OL].https://www.lawtime.cn/article/lll126921389126926483oo733852.[访问时间:2021-09-16]

---

[1] 凤凰网.盲盒奇迹的现状与启迪[EB/OL].https://cci.ifeng.com/c/80AGVb4DCmu.[访问时间:2021-09-16]
[2] 中国经济网.盲盒促销,切勿玩出了边界[EB/OL].https://baijiahao.baidu.com/s?id=1695883228687976885&wfr=spider&for=pc.[访问时间:2021-09-16]

我们可以发现,"盲盒经济"的兴起实际上是文化创意产业的一大现象级事件,不仅受到广大年轻消费者的追捧,同时也带动整个盲盒文创产业链经济的发展。但随着盲盒市场的扩张,越来越多的消费者意识到不少不良商家在盲盒的名义之下暗藏着众多消费陷阱,市场监督机构亦开始提示公众消费风险。

射幸行为不仅是公序良俗中不被允许,也是反不正当竞争法中明令禁止的行为。文化创意在创造性、开放性、自由性的基础上,也不得逾越法律的相关规定。

第三节 文化创意不得危害良俗

文化创意工作应维护整体社会的道德要求,不得对社会公德、商业道德和良好社会风尚产生破坏行为。文化创意对良俗的挑战不仅与公众长期秉承的价值观、道德观相违背,同时也更加容易引起社会公众对该文化创意成果的反感与厌恶。

因此,文化创意应对社会公德予以充分的尊重,不仅不能违背一般社会公德底线,同时也应在文化创意的内容中大力发扬积极的道德风范,传递正能量,弘扬新风尚。

在本节中,我们将从家庭关系、性道德、人权人格等典型良俗范畴探讨文化创意的要求与原则。

一、文化创意不得危害家庭关系

民法典第 1043 条规定:家庭应当树立优良家风,弘扬家庭美德,重视家庭文明建设。夫妻应当互相忠实,互相尊重,互相关爱;家庭成员应当敬老爱幼,互相帮助,维护平等、和睦、文明的婚姻家庭关系。

家庭关系是公序良俗中十分重要的组成部分。家庭是社会最小的基本单元,家庭的和睦关系到社会的稳定,家庭的道德关系到社会的公德。因此,在民法典对公序良俗的规定中,对家庭关系的良俗也尤为重视。

文化创意内容常常会以家庭、家人等话题为主题,进行文化内容的创作以及文创成果的传播,因此,文创工作尤其需要传递正确的家庭观、婚姻观、亲子观等价值观念,不为了博关注、博眼球而传递低俗以及恶趣味的价值导向。

(一)文化创意不得传递不良婚姻观念

婚姻关系是家庭关系的重要组成部分,婚姻观是家庭观的核心价值观念。当下,以婚姻关系为主题的网络文字、影视剧作、娱乐节目等内容创作十分热门,主要原因在于婚姻题材与公众生活的联系十分密切,也是普通老百姓十分关注的生活主题。

文化创意应鼓励积极的婚姻人生观。文化创意应对公众积极的婚姻人生观进行正面鼓励,提倡自由、沟通、和谐的婚姻关系;不应宣扬陈旧、腐朽、低俗的婚姻观念,而应该向社会公众宣扬具有正能量的婚姻人生观。

文化创意应树立健康的婚姻经济观。文化创意应对公众健康的婚姻经济观进行树立引导,树立独立、互助、平等的婚姻观念;不应将"拜金""包养"等主题以哗众取宠的方式作为主旋律引导,而应该为公众在恋爱选择、婚姻相处方面做出健康的价值引导。

文化创意应宣扬正确的婚姻价值观。文化创意应对公众正确的婚姻价值观进行宣扬引导,树立担当、责任、包容的婚姻态度;不应将"二奶""小三"等主题以博人眼球的方式作为价值观引导,而应该为当代年轻人的婚姻价值观念树立正确的标杆。

 研读材料

> 2021年3月25日,椰树集团在其官方微博发布直接推介企业、产品及招生的图片广告,广告中用黑底白字介绍招生的内容"入学就有车、有房、有高薪,肯定有美女帅哥追",同时还以红底白字介绍企业及产品"中国饮料十强企业,连续11年位列海口市工业产值第二名、税金第三名,椰树牌椰汁是中国名牌"等内容。
>
> 3月29日,海南省市场监管局执法人员根据网络舆情,对椰树集团所发布的广告进行检查,发现涉嫌违法广告线索,执法人员对该广告内容进行截屏后,作为案件来源登记,并进行立案调查。同时,还约谈了椰树集团的有关负责人。
>
> 在这次椰树集团发布的广告案调查终结后,4月26日,海南省市场监管局向椰树集团送达了行政处罚听证告知书,将拟作出行政处罚的事实、理由、依据及处罚内容告知椰树集团,并告知椰树集团有权进行陈述、申辩,也可要求听证,但椰树集团并没有提出陈述、申辩,也没有要求举行听证。
>
> 海南省市场监管局认为,椰树集团发布的"入学就有车、有房、有高薪,肯定有美女帅哥追"等内容的广告,传递的是一种拜金的低俗婚恋观,误导社会价值导向,违背社会良好风尚,违反广告法中"广告应当真实、合法,以健康的表现形式表达广告内容,符合社会主义精神文明建设和弘扬中华民族优秀传统文化的要求"的规定,构成了"妨碍社会公共秩序或者违背社会良好风尚"所指的违法行为。
>
> 4月30日,海南省市场监管局对椰树集团发布违背社会良好风尚内容的广告处38万元罚款,同时对椰树集团发布未表明颁发荣誉证书的机构、使用的统计资料出处、荣誉证书的获奖期限等内容的广告处2万元罚款。两项罚款合计40万元。
>
> 5月22日,海南省市场监管局对椰树集团的行政处罚书在"国家企业信用信息公示系统"开始进行公示。
>
> 资料来源:消费者报道.椰树集团广告传递拜金低俗婚恋观被罚40万[EB/OL].https://baijiahao.baidu.com/s?id=17028985907149028858&wfr=spider&for=pc.[访问时间:2021-09-16].

文创作品的内容对社会公众的家庭关系以及婚姻观念的树立都具有潜移默化的影响。这也使得以婚姻关系为主题创意的文创内容更应该关注正确婚姻观念的宣扬与引导,为社会公众提供具有精神价值与道德价值的文创作品。

椰树以"入学就有车、有房、有高薪,肯定有美女帅哥追"的噱头进行招生宣传,虽然赚足了公众的眼球与关注,但是却未能在社会价值导向、正确婚恋观上做出积极的引导,反而向公众传递了追求拜金的低俗价值观念。

(二)文化创意不得传递不良亲情观念

文化创意作品应引发公众对亲情的关注。随着当前生活节奏的不断加快,人们之间的关系也日益淡薄。家庭、亲人是人们生活的重要组成部分,创建和谐家庭关系、传递亲情的文化价值,对构建社会主义和谐社会具有重大的意义。例如,众多文化创意公益广告以亲情为命题,呼吁大家"常回家看看",就是对正确亲情观的积极引导。[1]

文化创意作品应思辨热点的亲情命题。亲情关系往往错综交织、复杂难辨,在不同时期,人们对亲情关系关注的命题也有所不同。文化创意作品在以亲情为主题的时候,可关注公众关心的重要亲情命题,以艺术性的表达激发人们正向性的启发。例如,鲁迅在《明天》与《弟兄》等小说作品中,启发人们反对当时长者与幼者的不平等地位以及前者对后者的压制[2];又如,当下众多影视作品通过对"扶弟魔""妈宝男"等热点的艺术化创作,启迪人们如何在亲情关系中选择正确的处理方式。

文化创意作品应拒斥不良的亲情风气。当前众多小说文学、影视剧等类型的文创作品关注亲情关系在工作中的负面干扰与腐败影响,这些不仅是当代公众关注的重大社会命题,也是文创作品应该给予正向引导的良好素材,通过反映现象、引发思考、提出方法等方式激发人们的正确亲情观。

 研读材料

家庭成长治愈剧《以家人之名》正在湖南卫视播出,凭借细腻温馨的故事、乐观向上的人物、质朴温暖的情感,满足了不少剧迷对家庭以及亲情的美好想象。谈及这部戏的创作初衷,该剧导演丁梓光透露,创作团队是在讨论中发现了原生家庭对成长的影响,也发现血缘并不是定义家人的唯一标准,由此为起点创作出这部温情脉脉的暖心家庭剧。

《以家人之名》讲述了李尖尖、凌霄和贺子秋三个没有血缘关系的小孩,因为各自的家庭变故成为彼此新的家人,兄妹三人在成长中彼此扶持,逐渐用爱治愈了内心的伤,最终与过去的自己和解的故事。剧中,观众看到了一个快乐阳光的非血缘家庭,在这个由两个奶爸、三个萌娃组成的特别家庭里感受到了真挚的情感。剧作不以血缘定义家人,表达了家人不应仅限于血缘之间的联系,可以用爱与陪伴重新定义"家人"和"家庭",打破了传统伦理意义上的家人观念。

导演丁梓光表示,《以家人之名》试图通过展现剧中角色面对亲情的爱与难,启发观众

---

[1] 孙建中.电视公益广告中亲情观念的回归和重塑[J].中国广告,2013(9):141-142.
[2] 阎浩岗.鲁迅的亲情观及其在小说创作中的表现[J].中国现代文学研究丛刊,2013(11):82-92.

> 在现实生活中珍惜当下、珍惜家人。"我们希望表达一种质朴温暖的家庭观,并传递出具有正能量的亲情观以及'不怕磨难、乐观进取'的人生态度。"
>
> 丁梓光带领的整个创作团队都很年轻,近年来却打造了多部年轻观众喜爱的影视作品,相比影视前辈,这股正在崛起的影视新势力似乎更懂年轻观众的喜好。在丁梓光看来,这要归功于当下的创作环境,"互联网的发展让年轻创作者有了更多的机会,也让他们能更大胆、更自由地展现自己的想法,创作来源于对生活的感悟,也许每一代人都更能讲述当代人自己的生活"。
>
> 资料来源:环京津网.《以家人之名》导演:希望传递正能量的亲情观[EB/OL]. https://baijiahao.baidu.com/s?id=1676777135879956227&wfr=spider&for=pc.[访问时间:2021-09-16]

中国自古有着优良的亲情观念和传统,把亲情、友情看得比什么都重要。好的亲情观念和处事方式如果能够很好地运用到工作、生活、社会当中,就必然会产生巨大的正能量,反之,倘若在工作中掺杂很多感情,就容易破坏规则,影响工作的开展。[1] 父母之情、子女之情、兄弟姐妹之情是亲情观的重要组成部分,同时也是当代社会矛盾较为突出的内容。

影视作品、文学作品、舞台作品、广告作品等各类文创形式的作品成果,在体现家庭这一重大社会命题时,不能只是突出矛盾、问题等现象,而是应该在展现这类现象的基础上引导公众进行正面积极的思考。只有这样的文创作品才能具备内容的深度、思考的深度以及正面的价值度。

二、文化创意不得侵犯性道德

在法律范畴中,性道德是指人类调整两性性行为的社会规范的总和。为了维持社会秩序的稳定、保证社会生活的正常进行,需要用这种规范来约束人们的性行为。在道德层面,性道德则指规定每个人性行为的道德规范。性道德主要集中地表现在家庭婚姻道德领域,其内容较广,从恋爱、结婚、生育到抚养后代,经历漫长的岁月,需要维护家庭、忠贞配偶、繁衍后代、白头偕老的信念和意志。[2]

在文化创意作品中,通常产生的违反性道德行为主要是文创作品的主题、内容、设计、风格等各方面在与"性"主题的结合方面突破底线,通过越线行为博人眼球,从而引起公众的关注。殊不知,该类行为不仅违反了公序良俗的要求,往往也会引起公众的反感以至厌恶。

(一)文化创意不得进行低俗"性暗示"

文化创意中的"性暗示"往往会出现在广告创意中。广告创意企业会选择"性暗示"的内容植入,从营销理论的范畴来看,主要是为了获取公众对广告的关注度。

对于企业来说,在产品销售前如何让消费者对品牌产生关注、产生兴趣并且产生购买的欲

---

[1] 树立正确亲情观,激发社会正能量[EB/OL]. https://baijiahao.baidu.com/s?id=16612114497455436918&wfr=spider&for=pc.[访问时间:2021-09-16]
[2] 性道德的概念[EB/OL]. http://www.yy966.com/ation/ck/4410.html.[访问时间:2021-09-16]

望与记忆,这是最大的难点。最常见的方式是通过广告宣传与投放同步配合销售动作,但是在宣传和投放方面最大的问题就是花了大价钱投放的广告宣传无法让消费者关注、记忆与转化,因为如今每个人每天都受到无数信息的狂轰滥炸,品牌方希望能够在众多的无效广告信息中脱颖而出获得用户的关注,这就需要在品牌营销的技巧、内容与方式上进行与众不同的创新。传统的品牌理论讲求品牌的知名度、美誉度与忠诚度,然而所有的前提其实是要先实现关注度。[1]

"性"主题作为在中国传统观念中过于敏感且隐私的话题,在文化创意中公开展现,在极大程度上可以唤起公众的关注与兴趣,因而众多企业在广告创意中不断使用"性暗示"的方法。得体的"性暗示"手法往往可以获得公众的关注和口碑,但是过于低俗甚至无底线的"性暗示"只会让公众产生反感。

因此,文化创意的内容应合理把握"性边界",不得把艺术变为恶俗,把文创变得低俗;否则不仅无法获得公众的正面评价,往往也会受到监管机构的处罚。

 研读材料

2017年3月15日,上海工商局责令"叫了个鸡"停止宣传,并罚款50万元,店招被拆。浦东法院认为:易产生不良社会影响的商品或服务的商业标识因存在法律瑕疵而不具有合法性,不受反不正当竞争法保护。

原告主张保护的涉案服务名称标识"叫了个鸡",由谓语动词"叫"、助词"了"、量词"个"和名词"鸡"四个汉字组成,"鸡"本身的含义为一种家禽,但在"叫了个"+"鸡"的特殊构词方式形成的语境下,容易使人将"鸡"与民间约定俗成的隐晦含义相联系,从而容易使人产生购买色情服务的低俗联想。

原告在创业之初为博取消费者和合作伙伴的关注,通过官网、微信公众号、合作门店等,对外发布并大量使用"叫了个鸡""没有性生活的鸡""和她有一腿"等广告宣传语,并将"叫了个鸡"文字和图案组合使用于店招等处。作为以广大普通公众为消费群体、向其提供快餐服务的服务名称,如此意图迎合低级趣味、有伤社会风化的不良商业标识,严重违背了社会公序良俗。

事实上,在案证据显示,原告的该行为的确引起了社会公众的哗然和不满,多家媒体纷纷谴责和批评。工商行政机关以原告的上述行为违反广告法为由给予其行政处罚并责令整改。此后,即便原告的相关广告宣传语已被撤换,但"叫了个鸡"标识给相关公众带来的不良联想依旧存在。原告亦曾就"叫了个鸡""叫了个鸡炸鸡店"的文字标识申请商标注册,皆因其易产生不良社会影响而被国家工商行政管理总局商标局驳回并被禁止使用,故该文字标识为禁用标识,与该标识相关的服务名称不受反不正当竞争法保护。

同理,原告通过将该禁用标识与图案组合的方式继续在商业经营中加以使用并不断宣

---

[1] 陈治任.日化品牌如何进行品牌营销的创新[J].日用化学品科学,2021,44(2):4.

传、推广的行为,亦不能因此又产生一个新的、合法的商业标识利益,原告的行为违背了经营者应当守法的竞争原则,应予禁止。

资料来源:每日普法.最高法一锤定音!"叫个鸭子"终于和"叫了个鸡"同等待遇了[EB/OL].https://www.sohu.com/a/317767716_100276917.[访问时间:2021-09-16]

"性"主题是文化创意作品中较为敏感且容易博彩的话题,尤其是一些本身与"性"相关的产品往往会在"性"主题相关的宣传中获得广泛的关注。"性"是一个中性的命题,文化创意从积极正面的角度对"性"主题进行合理妥当的创作,能够发挥正面的影响;但是如果只是为了哗众取宠而不顾其造成的社会负面影响,只会为自己带来无穷无尽的麻烦。

研读材料中原告对"叫了个鸡"服务名称的使用的确承载了一定的社会评价、造成了一定的社会影响,但该种评价、影响均为基于其违法行为的负面、消极的市场声誉,并非源自优质服务所产生的市场美誉。因此,这种社会评价无法得到法律的保护,同时企业需要因其违背公序良俗的宣传行为付出应有的代价。

(二)文化创意不得进行"性歧视"

文化创意中的"性歧视"常常也出现在广告创意中。性别歧视问题具有非常高的敏感性与热度性,极易引发公众的关注与议论。因此,不少企业利用"性歧视"话题的敏感性,在广告创意中肆意炒作该话题,并且在媒体大量传播的情况下,吸引公众的关注。

"性歧视"的类别主要可以分为两种情形,即直接性歧视与非直接性歧视。[1] 其中,直接性歧视指的是一种性别的人在相同或类似的环境中所获得的待遇因性别而差于另一种性别的人;非直接性歧视指的是一条中性的规则对一种性别中大部分人产生不利影响。"性歧视"在法律定义中主要指代一种性别群体受到的不公正或有差别的对待。

文化创意中的"性歧视"往往会把这种不公正以及差异性的对待上升到"性侮辱"层面,如文创内容中将女性物化、突出女性隐私部位、暗示与情色相关的女性主题等。

文化创意不应将性别差异作为恶意创作的素材,不应将歧视性态度作为文创作品的卖点吸引力,不应将性侮辱作为文创的噱头。文化创意应该注重性别的平等,保护弱势的群体,以积极向上的正能量进行内容创作。

研读材料

2021年,"长沙名片"茶颜悦色因广告创意被指侮辱女性,被推向舆论的风口浪尖。"来茶颜买奶茶的美女很多,如果你碰巧认识了一个,你可以小声告诉我们的小伙伴:'我捡了一个篓子'。"茶颜悦色马克杯上这一段广告创意文案被网友认为有物化女性、不尊重女性之嫌。此外,还有网友举报,茶颜悦色其他一些周边产品也存在类似不妥文案。

2月19日晚、2月20日凌晨,茶颜悦色在其官方微博就广告创意被指侮辱女性连发两

---

[1] 张馨予,胡大为.反思广告性别歧视现象[J].市场观察,2007(1):62-63.

则道歉声明。茶颜悦色在其 2 月 19 日的道歉声明中解释称,作为长沙品牌,茶颜很多文案和设计作品都以长沙方言为灵感来源,其在创作过程中使用"捡篓子"是想搞得特别一点,并表示其在上市后发现不妥,迅速进行了自查和修改,将文案替换成打折积分等相关话题。但由于修改过程没有做好内部共识,导致仍有不妥文案流出。

该致歉声明还称:"我们将立即召回这一批长沙话主题马克杯。我们还会认真反思这次事件产生背后的原因,从创作尺度、创作管理、产品管理等各个环节去改进我们的工作。"

不过,这则声明发出后,网友们又扒出更多疑似文案不妥的产品。其中公布的一种茶包的图片,上面印有"官人我要"四个大字,下方的小字体为"饮茶",一旁的英文为"I want you"。茶包下方一段关于"套路"的文字结尾为"撩人从这一套开始吧!"众多网友在评论区表示对此感到不适。2 月 20 日凌晨,茶颜悦色在其官方微博再次就内容创作不当致歉:"接上篇我们自打板子,对不起。"

人民网评官微也对此事做出了评论,指出"品牌营销也要把握好幽默的边界",任何试图挑战公众底线、突破幽默边界的手段、套路,不仅添不了彩,反而会起到反作用。

资料来源:BMR 商学院.茶颜悦色文案被指"侮辱女性"饥渴营销 & 过度营销边界在哪里?[EB/OL].https://baijiahao.baidu.com/s?id=1693101832712060215&wfr=spider&for=pc.[访问时间:2021-09-16]

利用"性歧视"的方式获得公众关注的做法是极其不道德的行为,一方面可以反映出企业对公众的极度不尊重,另一方面也反映出企业文创工作者的工作素养、社会道德与职业素养具备较大的提高空间。

茶颜悦色的宣传翻车事件也反映出当前众多企业在文创宣传工作中易触碰的道德红线。企业在进行文创品牌营销时,不能为了所谓的幽默、娱乐而不断触碰公众的道德底线。借助"性歧视"的文创文案不仅得不到消费者的任何一点好感,只会损伤企业多年建立的品牌口碑。

三、文化创意不得侵犯人权人格

人权是所有人与生俱来的权利,它不分种族、性别、性倾向、国籍、族裔、语言、宗教或任何其他身份地位。[1] 人权包括生命和自由的权利、不受奴役和酷刑的权利、言论自由的权利、获得工作和教育的权利以及其他更多权利。人人有权不受歧视地享受这些权利。

人格权是一种非财产权,因而与财产权相区别。人格权是一种支配权,因而具有排他的效力。[2] 人格权是一种绝对权,因而任何他人都不得妨碍其行使。人格权还是一种专属权,即他人不得代位行使。

(一)文化创意不得进行人格侮辱

文化创意对人格的侮辱是严重违背公序良俗的恶劣行为,通常也是违反法律的侵权行为。

---

[1] 联合国.人权[EB/OL].https://www.un.org/zh/sections/issues-depth/human-rights/index.html.[访问时间:2021-09-16]

[2] 吴祖谋.法学概论资料选编[M].北京:法律出版社,1984.

文化创意中对人格侮辱的行为不仅不能为文化创意成果带来正面的社会评价,而且只会增加公众对其负面的认知。如果企业在品牌宣传、广告营销等文化创意中涉嫌人格侮辱,只会使得品牌口碑一落千丈;如果文化创作者在内容作品中肆意运用人格侮辱的创作主题,也只会使得其文创作品变得低俗廉价。

文化创意不得对特定个人对象进行侮辱。文化创意不得通过明示或暗示的方式对个人及特定对象进行侮辱行为,如对他人的打击报复、戏谑调侃、名誉攻击等行为。这不仅不符合文化创意创作的基本道德,同时也是违背公序良俗的侵权行为。

文化创意不得对外部广泛群体进行侮辱,如在广告创意中对女性群体、疾病人群、种族人群、其他民族等广泛群体进行侮辱行为。

文化创意不得对特定内部员工进行侮辱。文化创意不得以损害内部员工名誉权及人格权的方式进行展现,如个别企业以丑化、贬低内部员工的行为作为文创活动的形式进行宣传。这些都是人格侮辱的违法侵权行为。

 研读材料

> 2021年,全棉时代发布了一则广告,内容是一位女子深夜回家,被黑衣人尾随,女生拿出全棉时代的卸妆湿巾,使自己变丑,最后吓走了歹徒,在视频中还能听到尾随者看到女生真容后的呕吐声。很快,这则引发观众不适的广告被骂上了热搜。
>
> 随后,全棉时代先后两次发文道歉,在名为《歉意表白》的道歉信中,1 800字中仅有321字为致歉内容,其余大段内容都是介绍企业创立初衷、专利技术、质量把控、原料选材、公益活动等等。网友表示,全棉时代创立了道歉新流派,一个道歉信生生搞成了宣传文案。消费者纷纷表示没看到对于消费者的尊重,不接受全棉时代的道歉。
>
> "这叫作受害者有罪论,是很严重的价值观问题。"左曦表示,自己从业15年来,经手的广告文案有很多,这样一眼就能看出问题的广告还能被消费者看到,企业方没有什么说辞可以解释。
>
> 《中国妇女报》就此事发表评论表示:"如此严重恶性的事件关系到女性安全,但商家却以所谓的'创意'花言巧语,美化犯罪分子,并且丑化受害者,充满偏见、恶意和无知。妇女是消费者,不是消费品。侮辱女性的'创意'广告难免受到舆论的批评。"
>
> 全棉时代于晚间在其官方微博发布致歉声明,就"广告涉嫌侮辱女性"致歉。全棉时代在致歉声明中表示:"我们立即成立整改小组,对出现的问题进行严格问责,同时完善内容制作和审核机制,杜绝此类事件再次发生。"
>
> 资料来源:中国新闻周刊.广告涉嫌丑化侮辱女性,全棉时代道歉信变宣传文案[EB/OL].https://baijiahao.baidu.com/s?id=1688652820577059037&wfr=spider&for=pc.[访问时间:2021-09-16]

文化创意不是企业推脱责任的挡箭牌。全棉时代在事件发生后对公众的回应中提到原意仅为突出商品功能,而并非对女性不尊重。然而,文化创意的人格侮辱行为并不以创作者的主观意图为判断,而是以客观事件的结果为依据。女性是消费者,而不是消费品,不应该成为企业为营销宣传而恶意丑化的工具。尤其女性是全棉时代的目标消费者,用该种方式来宣传产品最后也无法吸引目标消费者。

文化创意只有积极倡导与传播正确的价值观念以及性别观念,对公众人格做到充分的尊重与爱护,才能够体现出企业正确的价值观念与道德理念。文化创意者只有充分尊重公众的人格,公众才有可能对文化创意作品施以尊重与回报。

(二) 文化创意不得进行人权侵犯

民法典第990条规定:人格权是民事主体享有的生命权、身体权、健康权、姓名权、名称权、肖像权、名誉权、荣誉权、隐私权等权利。其中,肖像权、名誉权、隐私权是文化创意过程中最有可能被侵犯的人格权利。

文化创意不得侵犯公民的肖像权。在文化创意过程中,公民的肖像权未经本人同意,不得以营利为目的使用。当前不少不法分子在文化创意的人物形象使用上,往往会未经他人允许就使用肖像图片,是典型的侵权行为。

文化创意不得侵犯公民的名誉权。如上文所述,文化创意对人格的侮辱、歧视都是对人格名誉权的侵犯。当文化创意对特定公民进行上述行为时,是直接侵犯公民名誉权的违法行为。

文化创意不得侵犯公民的隐私权。文化创意需要对事实素材进行最大限度的隐私保护,尤其在创意灵感源于真实事件、案例、情景的情况下,对真实事件中所出现的人物画面、名称、身份等个人隐私信息未经同意不得加工与曝光。

研读材料

> 百雀羚的一则创意广告刷屏。广告内容为,美女特工梳妆完毕,走出石库门小洋楼。屋外,商铺、建筑、贩夫走卒、正在游行的学生,构成一幅"清明上河图"式的20世纪30年代上海全景风俗画。"长卷"最后,美女特工完成"组织任务",说出"我的任务就是与时间作对",并引出百雀羚的广告。自2021年5月7日推送起,上述广告即被多方转载,并创造出多个"10万+"及数万点赞,成为现象级产品。
>
> 争议很快到来。5月9日,自媒体公号"罗盘邦compass"发文称,百雀羚的创意广告多处人物形象来自明星剧照、淘宝模特,涉及郑爽、李东学、刘诗诗、董洁、茅子俊等人,涉嫌侵权。该文还截取广告中人物形象,并与原图进行对比。对比可见,广告中部分人物形象由剧照抠像而来,而另有一部分,则是翻转后的镜像。
>
> 一名广告界业内人士告诉新京报记者,利用网络图片、剧照等公开素材"移花接木"进行再加工,目前在广告业界已是常态。"利用现有素材,如照片、剧照等进行再加工,是广告业界常用的方式。"北京中闻律师事务所律师赵虎表示,百雀羚广告制作涉及的问题具有较为普遍的意义。
>
> 民法典第1019条规定,公民享有肖像权,"未经本人同意,不得以营利为目的使用"。赵虎表示,构成侵犯他人肖像权需要满足两个条件:未经同意使用他人肖像;以营利为目的。

就百雀羚的广告而言，对素材的使用属于商业用途，可认定为"以营利为目的"。

因此，百雀羚创意广告中的部分素材涉嫌侵犯明星肖像权和侵犯影视作品的著作权。一旦权利人提出主张，广告发布方可能需要承担法律责任。

资料来源：新京报.百雀羚创意广告"移花接木"被指侵权[EB/OL].https://baijiahao.baidu.com/s?id=1567035301020490&wfr=spider&for=pc.[访问时间：2021-09-16]

文化创意对人权的侵犯主要涉及对公民基本权利的伤害。广告界常用的"移花接木"等方式往往会对公众的肖像权、名誉权、著作权等基本权利产生不法侵害。这不仅违反公序良俗的基本要求，而且大多情况下会违反相关法律规范，具有承担法律责任的风险。

因此，文化创意工作者除了本身的创作工作以外，也需要具备基本的法律素养和道德涵养，对自我的创作内容与创作形式作出基本的规范要求。文化创意工作者要具备法律和道德的边界感，不碰底线，不越红线，遵守国家法律，符合公序良俗，才能真正为广大公众带来喜闻乐见的优秀文创作品。

案例研读

频频"翻车"的车企营销

"立刻开除市场负责人彭某，群里所有发表不当言论的人员同时开除。"

2021年8月3日晚，哪吒汽车一工作人员提议"请吴亦凡做代言人"后，哪吒汽车及其投资方接连发声。一系列迅速的处置措施让网友质疑哪吒汽车品牌是否在恶意营销。一名客服人员向南都记者表示："对于社会造成的不良影响，我们已经进行检讨，公司已经对发表不良言论的员工进行了开除并且永远都不会再聘用。"

南都记者注意到，此前，哪吒汽车经销商曾因在国旗上不当标注文字饱受争议。除哪吒汽车之外，近年来，不乏车企开展低俗的营销活动。有专家向南都记者表示，有关部门应该严格整治处罚，对于违反公序良俗、占用公共资源传递不良价值观的企业和个人应该依法追究责任。

（1）开除发表不当言论的员工，哪吒汽车被指"炒作"。"是不是给吴亦凡一个机会，官宣请他做代言人，告诉大家坏人也需要机会。"网传截图显示，在一个名为"哪吒品牌中心管理群"的14人微信群内，昵称为"彭某"的群成员做出了上述提议，"这事五分钟出圈，其实可以试试，大不了，回头官方道歉开除相关人员。"

彭某的发言很快一语成谶。8月3日23时19分，"哪吒汽车"官方微博发布声明称，据查，当晚，哪吒汽车个别人员相关言论严重挑战社会价值观，决定立刻开除市场负责人彭某，群里所有发表不当言论的人员同时开除。

哪吒汽车声明发布20分钟后,23时39分,"360公司"转发该声明并表示,作为哪吒汽车投资方,360坚决反对这种恶意炒作行为。对此,公司坚决要求开除该市场团队及负责人。

23时58分,哪吒汽车首席执行官CEO张勇也迅速表态,在微博上表示:"我们的回应是把出这个主意的市场部负责人和参与讨论并发表不当言论的半个品牌公关团队负责人团体开除掉,让他们为自己的言论付出代价。"

迅速的处置措施、连续发声回应,让哪吒汽车品牌迅速获得关注,也让不少网友质疑,此举是否为哪吒汽车自编自导的营销炒作行为。

有网友发现,最早发布的声明中,哪吒汽车对彭某的职位表述为"公司特别顾问",之后,彭某的身份变为"市场负责人",这也加剧了"炒作"的质疑。

对于"炒作"质疑、涉事员工的身份、此次事件开除的具体人数等问题,8月4日,南都记者多次致电哪吒汽车,对方未予回应。

一名客服人员向南都记者表示:"对于社会造成的不良影响,我们已经进行检讨,公司已经对发表不良言论的员工进行了开除并且永远都不会再聘用。我们也会深刻反省,坚定不移地履行企业的责任和义务。再次表示抱歉。"

(2)经销商曾在国旗上不当标注文字。公开资料显示,哪吒汽车是浙江合众新能源汽车有限公司旗下的汽车品牌。合众新能源汽车于2014年10月成立于浙江省桐乡市,注册资金6.26亿元人民币。2018年11月,哪吒汽车首款车型上市。

南都记者注意到,此前,合众新能源汽车将目标放在三四线的下沉市场。2019年,哪吒汽车宣布实施"极致云海计划",通过创建汽车销售、线上购物等场景,实现用户无缝体验;海量布设线下门店,引入"直营、联营和加盟"多种经营模式,实现农村、城镇的渠道下沉,其目标为"力争3年实现3000家门店,触达一县一店"。2020年,哪吒汽车生产的N01车型进入"汽车下乡"第一批补贴目录,补贴后售价集中于10万元内,最低6万余元。

2021年4月26日,哪吒汽车宣布启动D轮融资,融资额约30亿元,由互联网安全公司三六零(360)战略领投此轮融资。5月10日,360公司发微博表示,将携手哪吒汽车进军智能汽车领域,并配图"360集团智能汽车战略"。5月11日,360集团创始人、董事长周鸿祎正式宣布联合造车新势力的哪吒汽车造车。

此后,哪吒汽车和周鸿祎及360公司频繁互动,出现在公众视野。

据哪吒汽车公开的信息,目前,其销量一直保持良好的增长势头:2021年上半年,哪吒汽车累计售出21 104台,同比增长高达478%;5月销量4 508台,同比增长551%。6月销量5 138台,同比增长536%,刷新月度销量纪录。7月交付量为6 011辆,同比增长392%。

这不是哪吒汽车第一次营销"事故"。此前，哪吒经销商曾因在国旗上不当标注文字引发争议，哪吒汽车也在事后致歉。

2019年，一张网传图片显示，一面五星红旗上印着"少年强则国强"字样，落款为"哪吒汽车赠"。而根据法律规定，不得在公共场合故意损毁、涂划国旗，也不得用于商业活动。

对此，当时哪吒汽车湘潭地区一名负责人回应当地媒体称，这是由于广告公司失误造成的。哪吒汽车也发表道歉声明称，此事是湘潭哪吒经销商在自发举办的一个公益活动中发生的，将与全体经销商一起对涉及企业和品牌的行为进行严格审核和监管。

（3）数字营销从业人员的素质培养迫在眉睫。南都记者注意到，近年来，不乏车企开展各类营销"翻车"的现象。

2020年12月，新能源汽车公司广汽蔚来在官方微博上宣布成为中国首家"接受比特币支付购车款"的汽车企业。随后，广汽蔚来将"比特币"改为了"数字货币"，不过配图仍有比特币标志。当日，广汽蔚来致歉称，已在内部自查自纠，严肃处理相关责任人。

2021年5月，长安福特汽车有限公司在官方微博发布视频，文案写道："日本动漫中男生高速奔跑掀起女生的裙子，是真的吗？"并在其后附上"带你一饱眼福"等话题词，被指低俗、不尊重女性。随后，长安福特声明称，已立刻删除发布内容并诚恳道歉。

如今，汽车行业竞争非常激烈。为了抢占市场份额，强刷存在感的"出圈"营销频现。但是，不是所有的曝光都是好的，比如这次哪吒汽车事件，非但不能帮助哪吒汽车品牌达到营销目的，反而成为恶臭营销，伤害了自身品牌。

有关部门应该严格整治处罚，对于违反公序良俗、占用公共资源传递不良价值观的企业和个人应该依法追究责任。此外，也要加强对数字营销从业人员的培养、培训。

"这件事的发生本质上是真正懂数字营销的专业人员太少，导致以为只要能够吸引眼球，就达到目的，结果得不偿失。真正的数字营销每一步都应该是有价值的积累，依靠数据，依靠数字化的支撑和体系化的策划传播。不应该是拍脑袋做决定、靠投机搏出位。"

公共关系专家黄涛进一步向南都记者表示，从传播学角度来看，近几年，信息越来越海量，营销段子和新闻事实让人真假难辨，网络热点和舆情瞬息万变，改变了传统的传播机制、评价标准和认知。为规范不当营销行为，应加强媒介素养教育，从营销、传播和教育学的角度，提高平台、企业、相关行业、员工的传媒素养，培养其对媒介的正确判断和理解。

资料来源：南方都市报.哪吒汽车开除员工被指恶意营销背后：车企低俗营销频"翻车"[EB/OL].https://view.inews.qq.com/a/20210806A0A8DS00.［访问时间：2021-09-16］

请思考以下问题：

1. 案例中的车企分别违反了哪些公序良俗行为？

2. 企业应如何防范员工个人违反公序良俗的行为发生？

3. 当发生违反公序良俗行为之后，企业应该如何救济？

4. 公众遇到违法公序良俗行为时，应如何应对？

5. 监管部门针对企业违反公序良俗行为应如何进行事前和事后的监管？

本章参考文献

［1］高思凡.论公序良俗[J].东方企业文化，2012(6)：123.

［2］贾莉莉.侵害国家尊严的不良"精日"行为的规制探讨[J].视界观，2019，(23)：1.

［3］林崇德，杨治良，黄希庭.心理学大辞典[M].上海：上海教育出版社，2003.

［4］郝志英，庞占川.浅析如何处理广告创意与民族情感、文化的关系[J].艺术科技，2019(21)：2.

［5］王显勇.公平竞争权论[M].北京：人民法院出版社，2007.

［6］侯丽艳，梁平.经济法概论[M].北京：中国政法大学出版社，2014.

［7］国家宗教事务局政策法规司.《宗教事务条例》相关法律法规及政策手册[M].北京：宗教文化出版社，2010.

［8］张弩.影视作品"恶搞"宗教可以休矣[J].中国宗教，2018(8)：14-15.

［9］孙建中.电视公益广告中亲情观念的回归和重塑[J].中国广告，2013(9)：141-142.

［10］阎浩岗.鲁迅的亲情观及其在小说创作中的表现[J].中国现代文学研究丛刊，2013(11)：82-92.

［11］陈治任.日化品牌如何进行品牌营销的创新[J].日用化学品科学，2021，44(2)：4.

［12］张馨予，胡大为.反思广告性别歧视现象[J].市场观察，2007(1)：62-63.

［13］吴祖谋.法学概论资料选编[M].北京：法律出版社，1984.

第四章

文化创意与知识产权

学习目标

学习完本章,你应该能够:

(1) 掌握知识产权的基本内涵和类别,并且能够灵活运用以保障文化创意知识产权;

(2) 分别掌握著作权、专利权和商标权对文创知识产权的保护流程和效力;

(3) 在文创市场中,能够辨析特定的文创产品应当受何种知识产权保护;

(4) 当文创产品的知识产权受到侵害时,能够正确运用法律法规予以制止与防范;

(5) 在文创企业经营过程中,能够运用相关知识有效预防潜在的对知识产权的侵害。

基本概念

知识产权　著作权　专利权　商标权　文化创意产业　权益保护

第一节 | 知识产权的内涵

1883 年的《保护工业产权巴黎公约》(以下简称巴黎公约),是世界上第一部有关知识产权的国际公约。知识产权是文化创意产业的核心,尤其在文化创意产业蓬勃发展的当下,文创产业的从业者有必要对知识产权的内涵有一个概括性的认识。

一、知识产权的概念与范围

(一)知识产权的概念

1474 年,威尼斯共和国颁布了一项有关专利的法令,智力成果首次获得承认。17 世纪中叶,法国学者卡普佐夫第一次提出了"知识产权"这一概念,他将一切来自知识活动领域的权利概括为"知识产权"。[1] 1967 年,世界知识产权组织(World Intellectual Property Organization, WIPO)依据在瑞典斯德哥尔摩签订的《建立世界知识产权组织公约》成立,自此,知识产权这一概念在全球盛行。

我国学界对知识产权的概念仍存在分歧,主要有两种代表性的有关知识产权的定义。一种是将知识产权定义为人们对其创造性的智力成果依法享有的专有权利。《中国大百科全书》法学卷中,知识产权(intellectual property right)也被称作智力成果权、智慧财产权,指的是基于智力的创造性活动所产生的权利。[2]《知识产权法教程》一书中,将知识产权定义为人们可以就其智力创造的成果所依法享有的专有权利。[3] 另一种将知识产权定义为人们对其创造性的智力成果和商业标记依法享有的专有权利。如刘春田主编的《知识产权法教程》对其的定义是"知识产权是基于创造成果和工商业标记依法产生的权利的统称"。[4] 吴汉东主编的《知识产权法》对其的定义如下:知识产权是人们对于自己的智力活动创造的成果和经营管理活动中的标记、信誉所依法享有的专有权利。[5] 纵观这两类知识产权的定义,主要由两部分组成:一是对知识产权客体的描述;二是将知识产权视为关于知识产权客体的权利或专有权利。

在理解知识产权这一概念时,需要注意与相关概念的区分。第一,知识产权不同于物权。物权是指权利人依法对特定的物享有的直接支配和排他性的权利,包括占有、使用、收益、处分 4 项权能。从客体上而言,知识产权的客体是智力成果或者商誉等非物质性的客体;物权的客体是可直接支配的客观存在的物。从保护期限上而言,知识产权的保护是有期限的保护,超过

---

[1] 吴汉东.知识产权基本问题研究(总论)[M].北京:中国人民大学出版社,2009(2):3.
[2] 中国大百科全书出版社编辑部.中国大百科全书·法学[M].北京:中国大百科全书出版社,1984:751.
[3] 郑成思.知识产权法教程[M].北京:法律出版社,1993:1.
[4] 刘春田.知识产权法[M].北京:高等教育出版社,2015:5.
[5] 吴汉东.知识产权法[M].北京:北京大学出版社,2014:2.

法定期限的知识产权,其权利人的权利就归于消灭;而物权通常被认为是一种无期限的权利,与物的存在直接挂钩。文创产业的从业人员在发现知识产权遭受侵害时,要注意及时使用法律的武器来保护自己的知识产权,避免权利消灭。第二,知识产权不同于"对知识的财产权"。只有符合知识产权法规定的特定形态和特征的知识形态才可能成为知识产权,因而不是所有的知识都可以获得知识产权以及相应的保护。对于文创产业而言,"创意"在一定程度上不受知识产权的保护,如仅停留在思想层面的创意。第三,知识产权的客体不必然需要智力创造。例如,文创产业从业者将客观存在的物体或是词汇作为注册商标,在这里作为商标权客体的商标,并不体现智力创造。

(二)知识产权的范围

传统意义上,知识产权被分为两大类别:工业产权(industrial property)与文学产权(literature property)。权利的应用领域不同是进行上述划分的主要原因。文学产权主要适用于能够给人带来美感和精神享受的文学艺术作品;工业产权保护的是能够在工农业等领域进行实际应用的发明创造和工业品外观设计,以及在商业流通领域使用的商标标识所体现的商誉。工业产权通常由专利权与商标权组成。但各个国家对于权利客体所包含内容的规定不一。所有国家都将"发明"视作专利权的客体,但具体到哪些"发明",则尚无统一的标准。有关于药品能否获得专利权的争议一直存在。对于实用新型专利,中国、德国等国将其纳入知识产权保护范围,而美国、英国等国则没有。1967年修订的巴黎公约斯德哥尔摩文本的第1条规定:工业产权的保护对象有专利、实用新型、外观设计、商标、服务标记、厂商名称、货源标记或原产地名称和制止不正当竞争。这被认为是对工业产权内容的最广泛定义。文学产权的主要内容是著作权以及与著作权有关的邻接权。著作权又称版权,是指创作者对文学、艺术和科学作品依据著作权法规定所享有的权利。1971年《保护文学和艺术作品伯尔尼公约》巴黎文本中规定,该公约保护在文学、科学和艺术领域内的一切文学和艺术作品,包括书籍、小册子和其他文学作品等在内的10项内容。公约要求成员国至少要保护权利人的翻译权、复制权、表演权、无线广播与有线传播权、公开朗诵权、改编权、录制权和制版权。

随着科学技术发展和社会进步,现代知识产权概念应运而生。新型知识产权,如集成电路布图设计权、植物新品种权、地理标志权和商业秘密权等应运而生;同时,传统知识产权也在不断扩张,如随着复制和传播技术的发展,著作权人被相应地赋予了控制新型复制和传播行为的专有权利,如信息网络传播权。截至2020年2月,WIPO已拥有192个成员。世界上绝大多数国家认同上述知识产权的范围。同样,在《与贸易有关的知识产权协议》(Agreement on Trade-Related Aspects of Intellectual Property Rights, TRIPS)与国际保护工业产权协会(International Association for the Protection of Intellectual Property, AIPPI)在1992年东京大会上的规定中都有对知识产权范围的列举。在TRIPS协议中,将集成电路布图设计权以及地理标志纳入知识产权的范围。AIPPI中知识产权的范围涵盖了集成电路权以及植物新品种权。随着时间的推移,会有越来越多的新型知识产权被纳入法律保护,这就提醒文创产业从业者需要始终关注知识产权范围的更新。

二、知识产权的性质与特征

（一）知识产权的性质

在许多知识产权法教材中，知识产权都是一种民事权利，适用私法的基本原则与保护方式，这一直是主流观点。随着"知识产权"这一概念的不断发展，出现了"私权的公权化"的观点。同时，还有一种崭新的观点——"权利互赋论"。

通常，学者使用公权与私权这个基本的分类来划分权利的基本属性。私权源于私法关系，公权源于公法关系，很容易同古罗马法中公法与私法的划分相联系。不同的学者对公法与私法的区分标准有不同的看法，并且随着国家对经济市场的干预以及"社会法"等法律部门的出现，公法与私法的界限越来越难以划清。但是典型的公法与私法关系依然比较容易分辨，处理民事关系的基本法律大体上可以将其归属于私法范畴，私法上设定的权利一般而言也是一种私权，如财产权与遗嘱能力。当公民的基本权利被规定于宪法和行政法中，这属于典型的公权范畴。根据上述基于权利属性的基本分类，许多学者认为知识产权属于私权，主要理由如下：

（1）知识产权是一种新的财产性权利，即使在客体上不同于过往有形客体的财产性权利，但是它与其他民事权利如所有权具有相同的属性。

（2）权利的基本内容决定权利的属性，而不是权利的产生方式。知识产权虽然起源于中世纪的特许权利，但现代的知识产权已经进行过彻底的革命，需要重新认定其性质。知识产权的私人占有决定了知识产权的私权品性。[1]

（3）知识产权的国际立法与国内法律皆从私权属性出发构建知识产权法体系。中国的知识产权法主要调整平等主体间（公民之间、法人之间、公民与法人之间）围绕智力成果、商业标识和其他非物质成果形成的财产关系。该财产关系建立在等价有偿、意思自治的私法原则之上，权利行使以意思自治为主。知识产权虽然受到国家公权力的调整和干预（如著作权法规定了合理使用和法定许可制度、专利法规定了强制许可制度），但是公权力对知识产权依法进行的调整和干预并不能改变知识产权的私权性质，其调整的关系主要还是民事主体之间等价有偿的财产关系。

"私权的公权化"观点的提出者也并未否认知识产权的私权属性，相反是一种基于特定语境的观察，对私权发展所做的补充。随着国家对社会生活尤其是对经济领域愈加广泛的干预，出现了公私融合的"第三法域"，知识产权公权化的趋势愈加明显。[2]"在现代市场经济和法治社会条件下，知识产权制度的发展已经越来越多地突破传统私法的领域，其个性化表现越来越突出，而这明显地表现为国家或政府干预不断强化对知识产权制度的公权力干预，我们将之归结为知识产权制度的公权性质。"[3]这种趋势在美国最高法院的司法实践中有具体体现。专利或著作权被认为是公共性很强的私权，商标权不仅在强化私权，同时也在保护消费者利益和促进有效竞争，从而也具有相当程度的公权属性。但这种趋势并未被私权的公权化这一观

---

[1] 吴汉东.关于知识产权私权属性的再认识——兼评"知识产权公权化"理论[J].社会科学，2005(10):58-64.
[2] 冯晓青，刘淑华.试论知识产权的私权属性及其公权化趋向[J]. 中国法学，2004(1):63-70.
[3] 李永明，吕益林.论知识产权之公权性质——"知识产权属于私权"的补充[J].浙江大学学报（人文社会科学版），2004(4):61-68.

点的持有者视作对知识产权私权属性的颠覆,而是在私权发展中新植入了公共性这一重要因素。总之,知识产权私权的公权化趋势表明,知识产权法已不是传统的私法,政府在其中所扮演的角色愈加明显,知识产权开始成为国家战略的一部分。

权利互赋论是由法理学家提出的。"权利互赋"是指,知识产权是社会主体之间相互承认、彼此赋予的产物,它并非"天赋",也并非国家独断创设,因为国家作为一种政治共同体,也是社会主体之间相互承认而加以建构的产物。[1] 这个理论的目的不在于简单地指出知识产权的属性,相反,是要重构知识产权正当性的基础。

(二) 知识产权的特征

特征是指一事物区别于其他事物的本质属性。知识产权不同于其他民事权利的特征主要体现在创造性和客体非物质性方面。

1. 创造性

从知识产权的概念以及范围可知,知识产权保护的对象是人们创造性劳动的成果。因此,不同于物质产品,知识产品必须有所创新、有所突破,而非简单重复甚至抄袭模仿,或者由自然规律自然产生出来,这也是知识产权成为一个独立的民事权利、受到法律保护的先决条件。[2] 需要注意的是,基于知识产权所涵盖的不同内容,对于创造性程度的要求在客观上存在差异。依据 AIPPI 1992 年东京大会对知识产权的分类,"识别性标记权利"(如商标权)对于创造性的要求只要达到易于区别、不至于发生混同即可,但对于"创作性成果权利"而言,其对于创造性的要求更高,如发明专利需要新颖性。

2. 客体非物质性

客体非物质性又称无形性,是知识产权最重要的本质特征。理解知识产权客体的非物质性,关键在于明确"知识产权的客体与其载体具有可分离性"。例如,可口可乐配方与可口可乐产品中,可口可乐的配方才是受到知识产权法律保护的内容。基于可口可乐产品所发生的纠纷,不受知识产权法律的调整。知识产权与物权最大的不同就在于二者的客体不同。物权的客体是物,主要是有体物,而知识产权的客体是具有非物质性的作品、发明创造和商誉等。

在这个层面,文创产业的从业者需要注意以下 4 点:①获得物质载体不等于享有物质载体上承载的客体的知识产权;②转让知识产权不等于同时转让物权,反之亦然;③侵犯知识产权不等于同时侵犯物权,反之亦然;④占有知识产权客体的物质载体只能公示载体的归属,而不可能对知识产权的归属进行公示,这也是知识产权客体非物质性的体现。

(1) 专有性。知识产权客体的专有性是指非经知识产权人许可或法律的特别规定,他人不得实施知识产权专有权利控制的行为。对于知识产权的客体,只有经过知识产权人的许可或在有法律特别规定的情况下,他人才能以特定方式加以利用,否则即构成侵权。具体理解如下:一方面,知识产权为权利人所独占,权利人垄断这种专有权利并受到严格保护,没有法律规

---

[1] 鲁楠.迈向信息社会主义:中国知识产权法的理论反思与战略勾画[J].战略与管理,2016(2):2.
[2] 王志广.中国知识产权刑事保护研究(理论卷)[M].北京:中国人民公安大学出版社,2007:5.

定或未经权利人许可,任何人不得使用权利人的智力成果;另一方面,对同一项智力成果,不允许有两个或两个以上同一属性的知识产权并存。由此可见,知识产权的专有性包含"权利使用的独占性"以及"权利授予的唯一性"两个方面内容。但在实际操作中,出于对社会发展以及公共利益的考量,往往会通过类似合理使用、强制许可等特殊制度的设计以及"行使权利时不得损害公益"的禁止性规定,限制独占权的无限行使。

(2) 地域性。知识产权的地域性是指除非有国际条约、双边或多边协定的特别规定,否则知识产权的效力只限于本国境内。知识产权具有地域性的原因在于,知识产权是一项法定权利,同时也是一国公共政策的产物,必须通过法律的强制规定才能存在,而各国法律规范各不相同,对其权利的范围和内容的规定亦不相同。但有两项特别的规定,需要提醒文创产业的从业者注意:①根据《保护文学和艺术作品伯尔尼公约》的规定,一个成员国国民作品在其他成员国自动受到保护。这一规定在一定程度上削弱了著作权的地域性,但削弱不代表消除地域性,各国著作权法对部分权利仍存在不同规定。②巴黎公约未取消专利权和商标权的地域性,专利权和商标权之地域性仍然十分突出,因为专利权与商标权须经国家法定机关的授权或注册,而各国专利法和商标法对授权或注册的标准各不相同,所以,在一国获得的专利权和注册商标权仅在本国受到保护。

(3) 时间性。为了限制知识产权专有性,知识产权在时间的保护上是有期限的,不是一项永恒的权利。一旦超过法定期限,知识产权就不再受到保护。在理解这一特征时,文创产业的从业者需要注意3点。第一,不同类型的知识产权基于获取知识产权要求的不同,其获取保护的时间点也不同。例如,著作权的取得并不需要同专利权一样经由申请以及其他授予或登记程序,著作权在其依附的客体产生的同时自然取得。商标权取得权利的时间要晚于依附客体诞生的时间。第二,失去保护的时间点是指法律所规定的保护期间的届满,而不是权利所依附客体灭失的时间。第三,基于不同类型知识产权保护的需要,法律对不同类型知识产权保护期限的规定有很大的差异。例如:著作权、专利权等在保护期限届满后,法律并未规定续展权,但商标权可以在法定期限内进行续展以得到持续性的保护。区别的原因在于"标识性知识产权的财产价值的产生方式来源于产品或服务的质量,以及由产品或服务质量和其他经营手段而树立起来的经营者商业信誉,此点与创造性智力成果的财产价值系直接来源于对成果的商业性利用存在显著不同"。[1] 可见,"标识性知识产权有公共价值存在,除了有维护私人利益功能之外,更重要的是它还起着维护公共秩序和保护公共利益的作用,终止其产权不仅给产权人造成损失,更会破坏这些标识维护的市场公共秩序和损害广大消费者的利益"。[2]

三、知识产权的法律保护

(一) 知识产权的国际法保护

自1883年第一个有关知识产权的公约制定以来,国际社会一直在国际法层面上加大对知

---

[1] 赵秉志,田宏杰.侵犯知识产权犯罪比较研究[M].北京:法律出版社,2004:7.
[2] 温芽清,南振兴.知识产权特性新探[J].河北法学,2010,28(7):116-121.

识产权的保护。中国文创产品"走出去"的规模将会逐渐增大,那么对于文创产业的从业者而言,对有关知识产权保护的国际公约的了解必不可少。以下将介绍3个在知识产权国际法保护方面较为重要的公约。

巴黎公约制定于1883年,历经数次修订,最新的文本为1967年修订后的斯德哥尔摩文本。该公约于1985年3月19日起对中国生效。巴黎公约是目前工业产权保护领域中最重要的国际公约,确立了各成员国在保护工业产权方面需要遵循的基本原则、规则以及最低标准。巴黎公约中确立了3个基本原则。第一,国民待遇原则,即在保护工业产权方面,各成员国必须在法律上给予其他成员国同等于本国国民的待遇。同时非成员国的国民,如果在某一成员国的领土内设有住所或有真实和有效的工商业营业场所,也应享有同成员国国民同样的待遇。第二,优先权原则,是指享有国民待遇的人,就一项发明首先在某一成员国提出专利申请,或者就一项商标提出注册申请,自该申请提出之日起一定期限内(发明或实用新型专利12个月,商标或外观设计6个月),又就同样的申请向其他成员国提出的,该其他成员国必须以第一个申请日作为本国的申请日。第三,专利权、商标权独立原则。专利权独立是指享有国民待遇的人就其同一发明在不同成员国内申请及享有的专利权,彼此独立,互不影响。商标权独立原则是指一个商标未能在本国获得注册或者在本国的注册被撤销,不影响该商标在其他成员国的注册申请。但存在一个例外,即某一商标在本国获得了注册,通常情况下,其他成员国不应当拒绝注册申请。巴黎公约规定了临时性保护,即公约成员国应按其国内法律对在公约各成员国领域内举办的官方或经官方认可的国际展览会上展出的产品所包含的专利和展出产品的商标提供临时法律保护。临时保护的期限与优先权的保护期限相同。巴黎公约中还规定了对工业产权的最低保护标准。巴黎公约的内容中还有关于救济手段的规定,如起诉权。

《保护文学艺术作品伯尔尼公约》是著作权领域最重要的国际公约。中国于1992年12月15日成为该公约的成员国。该公约主要包括4个方面的内容:基本原则、受保护的作品、最低保护限度的规定以及对发展中国家的特殊规定。公约有3个基本原则:国民待遇原则、自动保护原则和版权独立原则。这里着重介绍自动保护原则。公约规定,享有及行使依国民待遇所提供的有关权利时,不需要履行任何手续。享有国民待遇的人,其作品自创作完成时起,自动享有版权;非成员国国民,在成员国又无惯常居住地的,自其作品首先在成员国出版时即享有版权,而无须履行任何手续,包括不必注册或登记,不必交存样书,也无须在作品上加注版权保留登记。

《保护表演者、录音制品制作者与广播组织的国际公约》是世界上第一个关于邻接权国际保护的国际公约。公约保护的主要内容包括表演者权、录音制品制作者权以及广播组织权。为防止任何依据该公约做出的解释妨碍对著作权的保护,公约的第1条规定:本公约对表演者权、录音制品制作者权和广播组织权的保护不影响也不改变对文学和艺术作品的著作权保护。该公约不实行自动保护,即受保护的录音制品的一切复制件上必须标有"录制品邻接权保留"符号、首次发行年份和主要表演者及权利人姓名。

(二) 知识产权的国内法保护

中国知识产权立法相较于欧美国家而言起步较晚,在知识产权法律体系构成上主要由专利法、著作权法和商标法组成。著作权法中规定了 10 项需要承担民事责任的侵权行为,同时规定了 8 项可能同时承担民事、行政以及刑事责任的侵权行为。在损害赔偿方面,依照权利人的实际损失进行计算,当实际损失难以计算时,赔偿数额按照侵权人违法所得计算,若以上都难以确定,则由人民法院确定具体的赔偿额。著作权人或者与著作权有关的权利人有申请诉前禁令和诉前保全的权利。在我国,著作权的诉讼时效为自权利人知道或应当知道权利被侵害时起 2 年。在专利侵权上,民事责任主要包括诉前禁令、停止侵害、赔偿损失、消除影响以及赔礼道歉。赔偿额的计算按照权利人的实际损失、侵权人的非法所得、参照许可使用费的合理倍数确定、法院酌定赔偿额的顺序进行确认。行政责任包括管理专利工作的部门责令改正并予以公告、没收违法所得并可以处违法所得 4 倍以下的罚款,当没有违法所得时,可以处 20 万元以下的罚款。当假冒他人专利,情节严重时,侵权人会受到 3 年以下有期徒刑或拘役,并处或者单处罚金的刑事处罚。专利侵权的诉讼时效为从专利权人或利害关系人知道或应当知道之日起 2 年;发明专利公布前至授权之间使用他人专利未支付费用的,自专利权人知道或应当知道之日起 2 年;专利权人在授权前即已得知的,从其授权之日起 2 年;基于连续并正在实施的专利侵权行为已超过诉讼时效进行抗辩的,法院可以根据原告的请求判令侵权人停止侵权,但侵权损害赔偿数额应当自原告向人民起诉之日起向前推算 2 年计算。

在商标侵权的行政责任方面,商标法规定工商行政管理部门可以处理侵犯注册商标专用权行为引起的纠纷,当侵权行为成立时,应当责令立即停止侵权行为,没收、销毁侵权商品和专门用于制造侵权商品、伪造注册商标标识的工具,并可处以罚款;同时,县级以上工商行政管理部门根据已经取得的违法嫌疑证据或者举报,对涉嫌侵犯他人注册商标专用权的行为进行查处时可以询问、查阅、复制相关资料,对涉嫌从事侵权活动的场所实施现场检查以及检查与侵权有关的物品,有证据证明是侵犯他人注册商标专用权的物品,可以查封或者扣押。

在民事责任上,民法典关于民事责任的一般规定都适用于商标侵权,商标法中额外规定了赔偿数额的确定方式、即发侵权的制止以及证据保全的特殊规定。刑事责任上,我国刑法规定了 3 类与侵犯商标权有关的刑事犯罪:假冒注册商标罪,伪造、擅自制造他人注册商标标识或者销售伪造、擅自制造的注册商标标识罪,以及销售明知是假冒注册商标的商品罪。

在知识产权的行政执法方面,相关行政管理部门可以依据知识产权法律开展工作。《中华人民共和国专利法实施细则》《中华人民共和国著作权法实施细则》等一些行政立法则从审查、授权等一些方面做了明确的规定,使行政执法做到有法可依。同时,国家成立了国家知识产权局负责保护知识产权工作,推动知识产权保护体系建设,负责商标、专利、原产地地理标志的注册登记和行政裁决,指导商标、专利执法工作等。

在知识产权的司法方面,以江苏省为例,2017 年 12 月,出台了《关于完善产权保护制度依法保护产权的实施意见》,有多处提及省检察院关于知识产权纠纷案件的办理工作。在 2014 年年底,北京、上海和广州设立了专门的知识产权法院以加大对知识产权的保护。《中国法院知识产权司法保护状况(2019)》显示,2019年,人民法院共新收一审、二审、申请再审等各类知识产权案件481 793件,审结475 853件(含旧存,下同),比2018年分别上升44.16%和48.87%。可见,我国知识产权保护的形势依然严峻。

文创产业的从业者需要在遵守法律法规对于知识产权的相关规定的同时运用法律法规保护自己的知识产权不受他人的侵犯。在具体的实践中,与文创产业息息相关的主要有3类知识产权,分别为著作权、专利权和商标权。在提纲挈领地介绍了知识产权这一总体概念之后,本书拟就这3类具体的知识产权与文创产业的关系展开论述。

第二节 | 文创与著作权

文化创意产业的核心是"创意价值"本身,而对于创意知识的开发运用、延伸拓展和法律保护则成为文化创意企业立足市场的根基,也成为文化创意产业健康可持续发展的保障。知识并非是无形的,作品、技术、标记等都是承载知识的有形载体,[1]而作为知识产权的重要组成部分,著作权保护即对知识及其有形载体进行法律保护。因此,著作权保护对于文化创意产业的发展之重要性已无须赘述。本章节将从著作权的起源开始,由理论转向实务,以期对文化创意产业中的著作权保护进行全面的介绍。

一、文创著作权的概念与内容
(一)著作权的产生与发展

著作权制度的诞生及其发展从历史视角出发,其实相较于其他财产权制度是较短的。1688年,英国资产阶级和新贵族发动光荣革命,标志着英国资产阶级革命的结束和封建统治的瓦解,随之在1694年,英国特许出版制度被废除。但关于出版物保护的呼声并没有停止,1709年,英国议会通过了《安娜女王法》,确定了两项具有革命性的原则:其一是承认作者本人而非出版商才是保护的本源,对作者的核心利益进行了立法保护;其二是改变特许出版权作为公权力的性质,赋予了作者本人对作品的法定权利,即由民法调整的可转让的财产权。因此,《安娜女王法》也被公认为历史上第一部现代意义的版权法,标志着著作权制度的诞生。受英国的广泛影响,18世纪末欧洲大陆各国也相继建立了著作权保护制度。但与英国不同,受到资产阶级启蒙思想的影响,这些国家在对著作权进行立法保护时,不仅将作品视作普通的财产,而且将其作为作者人格的延伸和精神的反映进行保护。其中,1793年法国制定的《著作权法》即大陆法系国家著作权法的典范,与英美法系国家形成了不同的著作权保护侧重。

随着科学技术的不断发展,著作权制度也在逐步完善。在当今的法律体系中,著作权是民

---

[1] 刘春田.知识产权法[M].北京:法律出版社,2009:10.

事主体对作品及其相关客体所享有的一系列专有权利,广义上还包括表演者权等邻接权,相关内容后文会展开详细介绍。通常情况下,"著作权"常与"版权"一词交替使用。究其词根和词源可以发现,"版权"一词源于英美法系,沿用于《安娜女王法》,原意是对书籍的复制权,更多侧重于将作品视为作者的财产进行保护,因而能够自由地转让;"著作权"一词则是大陆法系国家的概念,原称"作者权",与版权不同,作者权更倾向于对作者人身权利进行保护,将作品视为作者人格的延伸,因而大陆法系的著作权法将人格权放于首位,而财产权次之。1886年签订的《保护文学和艺术作品伯尔尼公约》,两大法系国家陆续加入,成为世界上第一个国际版权公约,"版权"和"著作权"的概念差异随之逐渐缩小。"著作权"一词自20世纪初由日本传入我国后,1910年《大清著作权律》首次采用,虽然在正式立法中我国一直使用"著作权",但其内涵则同时借鉴了两大法系,既保留了部分大陆法系著作权制度,也体现了不少欧美法系版权法中的规则和观念。我国1991年的著作权法规定"本法所称的著作权与版权系同义词";2001年的著作权法亦明确规定"本法所称的著作权即版权"。

(二) 文创著作权的保护对象

如前文所述,著作权的概念有狭义与广义之分,狭义上仅指民事主体对作品所享有的一系列专有权,而广义上则指民事主体对作品之外的客体所享有的一系列专有权利,还包括邻接权。本部分所叙述的著作权的保护对象只有著作权法意义上的作品,而对作品以外的智力成果只能享有邻接权。因此,文创工作者应重点关注工作中的何种劳动成果才能成为著作权法意义上的作品,从而更好地运用著作权法保护自己的知识产权。

"作品"在我国著作权法第3条中明确定义为"文学、艺术、科学领域内具有独创性并能以一定形式表现的智力成果"。对此概念,我们需要注意的是,首先,作品必须是文学、艺术、科学领域内的智力创作成果,其他如体育竞技领域等所产生的舞蹈动作、表演组合等则不构成著作权法意义上的作品。典型的案例如1997年NBA诉摩托罗拉案,美国第二巡回法庭就指出,体育比赛并不属于版权法保护的客体,若将体育比赛及特技动作组合纳入保护则可能会限制其他选手的技术动作选择,从而对未来的比赛公平性产生影响。[1] 其次,著作权法中明确指出作品必须"以一定形式表现",即说明了作品必须是内在创意的外在表达,需要有一定的载体使大众能够对作品加以阅读、观赏和感知。因此,作者内心的想法和创意思想本身是无法受著作权法保护的,只有将想法付诸实践以具体的形式进行表现才能受著作权保护。最后,作品必须是人类的智力成果,自然景观、动物的杰作等均不构成著作权法意义上的作品。在文化创意过程中需要注意,对于纯粹大自然的景色、声音等,任何人都无法享有著作权,但是以大自然的风光为基础进行相应的创意和改造,如绘制的油画、拍摄的照片等,则可以作为文创工作者的作品,享受著作权保护。

就作品的类型而言,著作权法进行了明确的划分,说明了可受保护的表达形式。我国著作权法第3条规定了9类作品的表达形式,其中包括文字作品、口述作品、音乐、戏剧、曲艺、舞

---

[1] *National Basketball Association v. Motorola, Inc*, 105 F.3d 841, at 846(2nd Cir., 1997).

蹈、杂技艺术作品，美术、建筑作品，摄影作品，视听作品，图形作品和模型作品，计算机软件，以及 2020 年修订中增加的兜底性作品类型"符合作品特征的其他智力成果"。由此我们可以发现并非所有的由人类创造的智力成果都受到著作权法的保护，而不受著作权法保护的客体主要包含以下 3 类：[1]其一，法律、法规和国家机关的决议、决定、命令，其他具有立法、行政、司法性质的文件及其官方正式译文；其二，时事新闻；其三，历法、通用数表、通用表格和公式。在文创实务中需要注意，若相关文化创意设计、作品等未能通过大众传播媒介的审查，被拒绝采用，这些设计或作品等只要符合上述著作权法保护的条件，亦受到法律保护，只是不能进入流通领域。

（三）文创著作权的内容

著作权的内容即著作权人所享受的专有权利，也是著作权法中最核心的部分，包括著作人身权和著作财产权。

1. 著作人身权

著作人身权，依据传统大陆法系的著作权理论，是作者对作品中所表达和传递出的人格及精神所享有的权利，因而具有民法中一般人身权的特性，即不可转让、继承或受遗赠。这一特性在著作权法及其实施条例中也有所体现。德国、法国等大陆法系国家亦有相似的著作人身权规定。著作人身权中著作权人所享有的专有权利如下。

（1）发表权。发表权是著作权人决定是否将作品公之于众的权利。所谓"公之于众"，是指著作权人自行或经著作权人许可将作品向不特定的人公开，但不以公众知晓为构成要件。[2]发表权具有"一次性权利"的特征，所谓"一次性权利"，是指作品公之于众的状态是不可逆且不可改变的，一部作品仅能发表一次。发表权应当由作品的作者享有，但在特定情况下，可以推定作者将相应作品的发表权转移给他人行使，如：作者生前对作品发表与否没有明确表示的，推定其同意发表，可由著作权继承人在著作权保护期内行使；若无人继承，则由作品原件合法所有人行使；若作者生前已将著作权转让给他人或许可他人使用，如作者生前该作品尚未发表，则推定作者已经行使发表权。需要特别注意的是，在文创实践中往往相关作品和产品会涉及作者外的第三人，则该作品的著作权往往受到第三人权利的制约，如对模特的肖像画作为文创产品，其发表需要考虑模特肖像权等模特所具有的相关权利。

（2）署名权。署名权作为著作人身权的核心，是标明作者身份、在作品上署名的权利。其实质是确认作品创作者的资格，保证作者与其精神活动成果之间的正当联系。署名权为著作权人的利益提供两方面的保护。其一是作者可以在任何时间确认自己的作者身份并且对抗任何干扰行为，因而即使作者在发表作品时选择不署名亦不意味着作者放弃了署名权，在日后的任何时间作者均有权重新行使署名权。其二是作者有权使用署名权来对抗任何一个使用自己作品的人。就其具体内容而言，首先，作者可以决定在作品上的署名方式，既可以积极行使署

---

[1] 华律：《不适用著作权法保护的》[EB/OL]. https://www.66law.cn/laws/118185.aspx. [访问时间：2021 - 09 - 23]
[2] 《最高人民法院关于审理著作权民事纠纷案件适用法律若干问题的解释》第 9 条相关规定。

名权,即在作品上署以真名、假名、艺名、笔名等,也可以消极行使署名权,即不在自己的作品上署名。其次,作者可以主张自己作为作品作者的身份,即当作品未被署名的时候,要求确认作者身份或禁止他人在自己的作品上署名,以恢复作品和作者之间的真实联系。同时,虽然作者对其作品具有署名权,但在行使署名权时应当符合社会惯例,以适当的方式行使,如在文创行业中,对于产品、文字作品、影视作品等,往往会按其目的、使用情况、交易习惯的不同,对署名权有不同的限制。

（3）修改权。修改权是著作权人修改或授权他人修改作品的权利。就其具体内容而言,作者有权修改自己的作品或授权他人修改自己的作品,同时也具有禁止他人修改、增删自己作品的权利。此外,对于已发表的作品,作者仍保留修改权。在文创实践中需要注意,图片、绘画、文字稿件等文创产品若需要公开发表,报纸、杂志、出版社等通常可以对作品进行一定程度的修改和删减;而著作权人许可他人将相关作品摄制成电影、电视、录像作品的,则视为已同意对其作品进行必要的改动。

（4）保护作品完整权。该权利是保证作品不受歪曲、篡改的权利,也称为作品受尊重权。这一权利保护的利益是作品中表现出来的创作者的荣誉、观点以及他所享有的精神方面的利益。其中,对作品改动是否构成"歪曲、篡改"的判断,主要依据改动是否属于实质性变更:若只是对词句的修正,则不属于实质性变更;若涉及作品中心思想或作者原意的变更或重要内容的改变,一般属于实质性变更,即构成歪曲、篡改。

2. 著作财产权

著作财产权是著作权中的"经济权利",即作者自己使用或许可他人采取一定方式使用其作品而获取经济利益的权利。不同于著作人身权,著作财产权与作者可相互分离,即著作财产权可转让、可继承,著作权人可授权他人在一定期间内行使某项专有权利。同时,著作权法也对著作财产权明确规定了相应的保护期限,超过期限则任何人都可以自由使用作者的作品。依据我国著作权法,著作权人享有以下著作财产权,本部分将分以下五大板块进行介绍。

（1）复制权。复制权作为著作财产权中最核心的权利,是指"以印刷、复印、拓印、录音、录像、翻录、翻拍、数字化等方式将作品制作一份或者多份的权利"。[1]复制权所要控制的即复制行为,而所谓"复制",其基本含义是"重复、再现"和"非创造性"。其中,在"有形物质载体"上再现作品是复制行为与其他再现行为的根本区别,若仅是对作品内容的再现而未借助于有形物体的展现,便可能构成表演、广播等其他公开传播行为而非复制行为。"非创造性"是指产生与原作品内容相同的复印件,因而在文创实践中,若文创工作者基于某项原作品而在其中增加了自己具有独创性的新的创作内容,如翻译、改编等,则构成演绎行为,产生演绎作品,可产生一个独立的著作权。

（2）发行权。发行权包含了复制和发行两个行为,是以出售或赠与方式向公众提供一定作品的原件或者复印件的权利,可以理解为著作权人有权控制与作品复制品流通有关的一切行

---

[1] 我国著作权法第10条第1款第5项。

为。发行权具有"一次用尽原则",即著作权人对首次发行享有控制权,但为了不影响正常交易活动,首次发行之后,作品复制品的进一步流通则不再受著作权人的控制,也被称为"首次销售原则"。因此,从不同的身份出发,若文创工作者是作品的作者,则只能控制作品的首次销售并由此获得经济利益;而若文创工作者是作品的第三人,则只要合法取得了相关作品的复制品,进一步的转售、出借、赠与等行为都不会侵犯发行权。

(3)出租权。出租权是有偿向公众提供作品原件或复印件的权利,相比上述发行权,出租行为是有偿地"转让作品原件或复制件的占有",而发行权则可以是有偿的也可以是无偿的,是转让作品原件或复制件的所有权。依据著作权法第10条第7项的规定,出租权涉及的对象是视听作品和计算机软件,而不适用于其他作品。同时,只有转移作品有形载体占有的行为才构成出租行为。[1]

(4)传播权。传播权控制的是"传播行为",具有"不存在作品有形载体的重复、再现""以无形的方式进行"的特征,因而传播权也与数字技术发展所带来的传播手段有密切的关系。从我国法律规定的财产权利来看,属于传播权类型的权利有表演权、广播权、展览权、放映权、信息网络传播权5项权利。

(5)演绎权。所谓"演绎",是指一种在原作品基础上进行再度创作的行为,因而演绎权又称改编权,即控制他人在原作品基础上二次创作产生的演绎作品的利用,也就是许可或禁止演绎作品发表和利用的权利。在文创实践中,需要注意的是,通常情况下仅对已有作品进行翻译、改编、注释、整理是不受著作权控制的,即使未经过作者许可,演绎作品仍产生著作权。但是发表和利用译作、改编,即行使演绎作品著作权时,须征得原作品作者的同意。我国著作权法将演绎行为分解为改编权、摄制权、翻译权和汇编权。

本部分讲述了我国法律所规定的著作权人能够行使的著作财产权及其具体表现。在文创实务中,从业者应关注著作权法中著作权人所拥有的各项权利及其能够控制的特定行为,进而学会判断自己对于作品的运用是否符合著作权法的相关规定,在明确法律底线的情况下规范自己作为著作权人的行为,也更好地防范市场竞争者对于己方的侵权行为。

研读材料

> 在由张艺谋担任编剧和导演的电影《千里走单骑》中,出现了8位安顺地戏演员表演的安顺地戏剧目剪辑。但该电影并没有将之正确地称为"安顺地戏",而是张冠李戴地以画外音的形式称之为"云南面具戏"。安顺市文化局认为,电影将特殊地域性、表现唯一性的"安顺地戏"误导成"云南面具戏",构成对其"署名权"的侵犯,因而提起著作权侵权之诉。
>
> 资料来源:王迁.知识产权法教程[M].北京:中国人民大学出版社,2014:112-128.

---

[1] 王迁.论著作权法中"发行"行为的界定——兼评"全球首宗BT刑事犯罪案"[J].华东政法学院学报,2006(3):57-64.

本案的关键问题在于：被告"张冠李戴"的行为是否构成著作权法意义上的"署名"？本书作者认为，原告混淆了两个不同的概念——著作权法意义上的"署名"和戏种的起源地标志。著作权法意义上作者的"署名"只能针对特定的"作品"，我国著作权法对"署名权"的定义清楚地揭示了这一点——"在作品上署名的权利"。"安顺地戏"本身并不是一部作品，甚至也不是多部作品的汇编或集合，而只是戏种的名称，其中"安顺"为地名，指示了这一戏种的起源地（有时也可指发展繁荣地）。按照"安顺地戏"的特征所创作的每一部剧本都是作品（戏剧作品），作者当然享有对作品的"署名权"。演员按照"安顺地戏"的表演风格，对该剧本以特定的道具、服饰和唱腔进行的演出，构成了著作权法所保护的"表演"，演员作为著作权法意义上的"表演者"享有"表明表演者身份"的权利，可被称为表演者的"署名权"。上述两种"署名权"指向的是特定的作品或表演，均受著作权法保护。但"安顺地戏"只是具体作品和表演的上位概念。电影《千里走单骑》将相关剧目称为"云南面具戏"，并非在为作品或表演"署名"，也即并非表明作者或表演者的身份，而是在昭示相关剧目的起源地或发展繁荣地。既然这一行为并非著作权法意义上的"署名"，又谈何对"署名权"的侵犯呢？

因此，"署名"解决的问题是谁为作品的作者。"安顺地戏"这样的戏种起源地标志解决的问题则是该戏种来源（或发展繁荣）于哪里。这样的区分在地方戏之外的领域同样存在。称张三"画了一幅金山农民画"，其中的"张三"是"署名"，而"金山"则是画种的起源地，并非著作权法意义上的"署名"。标错了戏种的来源地与标错了有形物的产地并没有实质区别。如果将原产于黄山的毛峰茶称为"福建铁观音"，或将原产于太湖的大闸蟹标为"阳澄湖大闸蟹"，均只有侵犯注册商标权（证明商标）和违反原产地管理规定的问题，与著作权法意义上的"署名"相去甚远。

二、文创著作权的主体与归属

（一）文创著作权的主体

著作权的主体，即上文中所述"著作权人"或"作品的作者"，是对作品享有著作权的"人"，其中自然人、法人、非法人组织或国家都可以成为著作权主体。同时，根据著作权法的规定，我国采用著作权自动取得和保护制度，即通常情况下作者将自动取得对自己创作作品的著作权并受到法律的保护。本部分即从著作权人和著作权的取得两个部分展开论述。

1. 著作权人

著作权人可分为"作者"和"非作者"两类。其中，作者是指作品的生产者，即创作作品的自然人，必须是"公民"且"直接产生创造性劳动成果的人"。著作权法规定："著作权属于作者，本法另有规定的除外。创作作品的公民是作者。"因此，创作作品的自然人作者是第一著作权人，因为作品所体现的灵感、看法、创新点等均属于该创作者，而辅助创作的人承担的是辅助性工作，没有对作品产生直接的创造性，因而不构成著作权法意义上的作者。此外，在实践中我们常会遇到文创从业者为他人进行作品的创作，而根据著作权法相关规定，在一定条件下，相关作品的著作权可能并非归作者所有，因而存在作为"非作者"的著作权人。《最高人民法院关于审理著作权民事纠纷案件适用法律若干问题的解释》第 13 条、著作权法第 18 条第 2 款等相关规定指出，在特定条件下，真正动手从事创作的作者可能并不享有著作权，此类情况在后文中将展开详细论述。

获得著作权的主体还可分为原始取得与继受取得。对于原始取得著作权的主体而言，其在作品创作完成之时就取得了著作权，既可以是创作作品的自然人作者，也可以是相关法律规定的非作者著作权人，如职务过程中所创作的作品在未有约定的情况下，供职单位即成为原始取得著作权的主体。同时，著作权也可以通过继受取得，即著作权中的财产权通过继承、转让、赠与等方式移转给除作者以外的其他主体，但需要注意的是，著作权中的人身权不能继承、转让、赠与。

2. 著作权的取得

我国采用著作权自动取得制度，我国著作权法第 12 条第 2 款规定："作者等著作权人可以向国家著作权主管部门认定的登记机构办理作品登记。"其中，"可以"二字说明著作权进行登记并非取得著作权的必要条件。著作权因作品创作完成这一法律事实的出现而自动取得，是自动由法律给予的而不需要其他任何手续。办理作品登记是自愿行为，而且发表与否同样不影响著作权的自动取得。对于文化创意过程中的相关作品和行为，文创工作者需要注意，著作权法所规定的"作品完成"并非指作品的最终完成，即使作品处于阶段性完成状态，只要符合著作权法意义上"作品"的独创性要求，作者都自动取得著作权，与作品的好坏、优劣、完成程度无关。

著作权法第 12 条规定，当作品上出现署名，则在通常情况下根据署名推定该作品的作者身份，如果存在相应证明（如著作权财产权转让协议等）则不再以署名认定。此项规定尤其要引起文创工作者的重视，在文创实践中很多设计往往会根据已有的图片等进行改编或直接将其作为设计中的元素加以运用，此时需要注意该图片是否有相应署名，若具有署名则在使用前应取得作品作者的许可，若不具有署名则应溯源其发布的原始地址或网站，联系相关发布者获取转载或使用许可。

（二）文创著作权的归属

根据上述内容我们已经了解到，一般情况下，作者自作品创作完成之时就自动取得作品的著作权，并可以根据法律规定行使相关的专有权利。同时上文也提及了，还有一些特殊情况，如"特殊职务作品"归属供职单位所有，此外，我国著作权法还规定了如下 6 类作品的著作权归属问题。

1. 演绎作品

所谓演绎作品，是指在已有作品基础上所创作的新的作品，典型的演绎行为有改编、翻译等，但此类演绎行为必须满足著作权法意义上独创性的要求，因而演绎活动的最终结果是产生独立于原作之外的一个新的作品，可独立获得著作权保护。根据著作权法第 13 条，演绎作品的著作权归属于演绎者，而且赋予演绎者的著作权与其他作品的著作权相同。在实践中，文创工作者需要注意，在以他人作品为基础进行演绎创作时，应当得到原作者著作权的许可。

2. 合作作品

两个以上作者共同创作所形成的作品方可称为合作作品,其必须建立在就共同任务达成一致以及隶属于某个共同思想指引的基础之上,同时,各作者对作品的创作均有直接的实质性贡献且不可分割使用。通常情况下,合作作品的著作权属于全部合作者共同共有,而该共同共有关系存在于发表权和财产权之上,对于作品的使用或发表等应当在所有合作者协商一致、达成共识的基础上进行。

3. 汇编作品

汇编作品指汇编若干作品、作品的片段或者不构成作品的数据库或者其他材料,对其内容的选择或者编排体现独创性的作品,因"辛勤收集"原则[1]和著作权法意义上的独创性而赋予汇编作品独立的著作权。[2]汇编作品可分为集合作品(由若干受著作权保护的作品或作品片段而汇编成的新作品,如期刊、文集、影集、辞典等)和信息汇编作品(由不受著作权保护的事实、信息、数据汇集而成的作品)。汇编作品由汇编者享有著作权,但在实践过程中,文创工作者若因工作需要进行相应汇编行为,应当取得原作者的许可,同时不得对被汇编的作品或材料本身进行改编。

4. 视听作品

视听作品是对电影、电视剧、录像作品的统称,其著作权归属于制片人,而编剧、导演、摄影、作词、作曲等作者享有署名权。剧本、音乐等可以单独使用的作品的作者有权单独行使其著作权。

5. 职务作品

职务作品是指公民为完成法人或非法人工作单位任务而创作的作品,即创作作品本身属于本职工作或既存义务。职务作品的著作权归属分一般职务作品和特殊职务作品两种情况而论。[3]对于一般职务作品,其著作权由作者享有,自作品完成之日起2年内单位在其业务范围内享有优先使用权,之后单位仍有权在其业务范围内继续使用,但不得禁止作者自由地许可第三人使用。对于特殊职务作品,著作权法第18条第2款进行了明确的规定。

6. 委托作品

委托作品是作者基于他人委托而创作的作品,即受托人按照委托人的要求、使用目的、作品题目等指示进行创作的作品。按照著作权法第19条规定,委托创作的作品著作权(包括著作人身权和著作财产权在内的全部著作权)归属由委托人和受委托人通过合同约定,若合同没有约定或约定不明,著作权属于受托人,即创作作品的作者。在实践中,文创企业的部分作品或设计往往会委托第三方进行,需要注意的是,若委托合同中未对著作权归属进行明确,则作品著作权归属于受托人,但委托方即文创企业出于对外宣传的目的对该作品进行展示、印刷等

---

[1] "辛勤收集"(industrious collection)原则是英美法系的概念,该原则认为汇编者在收集、选择、编排信息的过程中付出了辛勤劳动,因而作品应得到著作权保护。
[2] 卢海君.辛勤收集原则在汇编作品版权保护中的地位和影响[J].中国出版,2011(3):65-67.
[3] 郑其斌.论我国职务作品利益分享机制研究[J].暨南学报(哲学社会科学版),2010,32(5):33-38.

行为无须再获得第三方受托人的许可,亦无须支付额外报酬。[1]

此外,在文创实践过程中,往往会遇到无法确定作者的作品,根据我国著作权法实施条例第13条,此时文创工作者能够行使除署名权以外的著作权,但若在后期确定了作品原作者的身份,则应由作者继续行使作品的著作权。

 研读材料

> 富有传奇色彩的上海某饭店创始人董某君撰写了一部自传作品《我的一个世纪》,并于1997年将作品的电视连续剧拍摄权独家转让给上海谢晋中路影视有限公司,该影视公司在根据《我的一个世纪》改编的电视连续剧《世纪人生》拍摄完成之后,又许可他人将《世纪人生》制成VCD光盘发行,但没有向董某君就VCD发行额外支付报酬。董某君的继承人董某认为:董某君仅许可影视公司使用《我的一个世纪》拍摄电视连续剧,影视公司对《世纪人生》电视连续剧的发行方式仅限于作为电视节目在电视台播映,并不包括制作成VCD销售及其他发行方式。影视公司将改编、摄制而成的电视连续剧《世纪人生》交由他人以VCD光盘方式出版、发行,超越了原作品作者许可使用的方式和范围,构成侵权,应当承担相应的法律责任。
>
> 资料来源:王迁.知识产权法教程[M].北京:中国人民大学出版社,2014:165-167.

本案的关键在于:作者在授权影视公司将其作品拍摄成电影作品之后,影视公司将摄制而成的电影制作成VCD并出版发行是否还需要经过原作品作者的许可。根据我国著作权法第15条的规定,原作品作者并非电影作品的合作作者,而且电影作品的整体著作权归属于制片人。这暗示了制片人在经过作者许可将其作品拍摄成电影之后,对电影的使用无须再经过作者许可。即使在承认原作品作者为电影作品合作作者的法国、西班牙和意大利等国,其著作权法也规定推定原作品作者已将对电影作品的财产权转让或许可给制片人,因此,原作品作者也无权在合同约定不明的情况下,阻止电影作品制片人以VCD方式发行电影作品。当然,在意大利等国,原作品作者有权从电影公司对电影的商业性利用中获得报酬。换言之,原作品作者在许可将其作品拍摄成电影之后,对于电影作品的利用虽然没有"禁止权"但却有"获酬权"。但我国著作权法并未赋予原作品作者这项"获酬权"。

三、文创著作权的保护与限制

(一)对文创著作权的法律保护

根据著作权法第22条,作者的署名权、修改权、保护作品完整权作为著作人身权,其保护期不受限制,永远受到保护。出于对个人权利和公共权利的平衡,著作权法对著作财产权的保护期限进行了规定,以自然人作者为著作权人的作品,其著作财产权的保护期限为自然人作者终

---

[1] 王迁.知识产权法教程[M].北京:中国人民大学出版社,2021:219.

生及其死亡后50年;以法人或非法人组织为著作权人的作品,其著作财产权的保护期限为作品首次发表后的50年。对于作品存在著作权转让的,其保护期限由著作权原始归属的情况决定。

在文创实践中需要注意,以法人或非法人组织为著作权人的作品及视听作品的保护期限为作品首次发表后第50年的12月31日,但是作品自创作完成后50年内未发表的,著作权法不再保护。对于合作作品的著作权保护,截止于最后死亡的作者死亡后的第50年的12月31日。对于以自然人作者为著作权人的作品,若作者生前未发表且未明确表示不发表的,作者死亡后50年内其发表权可由继承人或者受遗赠人行使,若无继承人又无人受遗赠的,由作品原件的所有人行使。

(二)对文创著作权的限制

著作权法的宗旨是通过保护作者利益而促进知识产品的生产和传播,提高国民在科学文化教育方面的福利。为了实现著作权法的根本宗旨,其制度设计一方面赋予作者对其创作作品特定的专有权利,另一方面也从社会公众角度出发对权利进行了一定的限制,体现出了平衡作者利益和公众利益的立法取向。对于著作权的限制分为"合理使用"和"法定许可"两类。

1. 合理使用

所谓合理使用,是指在法律明文规定的范围内,无须征得著作权人的同意,不必向其支付报酬,基于正当目的而使用他人作品的合法行为,包括如下13类。

(1)为个人学习、研究或欣赏,使用他人已经发表的作品,如阅读书籍过程中对其中的段落或文字进行摘抄以供个人使用等行为。需要注意的是,即使目的为个人使用,但仍需要注意复制作品的来源、方式和数量,如复制整本书籍、大量复制视听作品等仍可能构成侵权行为。

(2)为介绍、评论某一作品或说明某一问题,在作品中适当引用他人已经发表的作品,以及在通过网络向公众提供的作品中适当引用已经发表的作品。需要注意,在引用他人作品时,应当注明出处和作者姓名。

(3)为报道时事新闻,在报纸、期刊、广播电台、电视台等媒体中不可避免地再现或者引用已经发表的作品,以及在通过网络向公众提供的作品中不可避免地再现或者引用已经发表的作品。在此情况下,仍应注意注明出处及作者姓名,而且不得侵犯作者依照著作权法享有的其他权利。

(4)报纸、期刊、广播电台、电视台刊登或播放其他报纸、期刊、广播电台、电视台已经发表的关于政治、经济、宗教问题的时事性文章,以及通过网络向公众提供已经发表的关于政治、经济问题的时事性文章,但作者声明不可刊登的作品除外。

(5)报纸、期刊、广播电台、电视台刊登或播放或者通过网络传播在公众集会上发表的讲话,但作者声明不许刊登、播放的除外。

(6)为学校课堂教学或科学研究,翻译或少量复制已经发表的作品,供教学或科研人员使用,但不得出版发行,以及通过网络向少数教学、科研人员提供已经发表的作品。

(7)国家机关为执行公务使用已发表的作品,包括在合理范围内通过网络向公众提供已经发表的作品。

(8) 图书馆、档案馆、纪念馆、博物馆、美术馆等为陈列或者保存版本的需要,复制本馆收藏的作品,以及通过网络向服务对象提供特定作品。

(9) 免费表演已发表的作品,该表演未向公众收取费用,也未向表演者支付报酬。需要注意的是,不向表演者支付报酬但向公众收取费用的"义演"不适用合理使用制度。

(10) 对设置或陈列在室外公共场所的艺术品进行临摹、绘画、摄影、录像。

(11) 将中国公民、法人或其他组织已经发表的汉语言文字创作的作品翻译成少数民族语言文字在国内出版发行。

(12) 将已经发表的作品以阅读障碍者能够感知的无障碍方式向其提供,包括通过网络,但不得以营利为目的。

(13) 法律、行政法规规定的其他情形。作为著作权法的兜底性规定,对上述 12 种"合理使用"情形进行了补充,以更好地实现著作权法对公众利益的保护。

2. 法定许可

法定许可是指根据著作权法或相关法律的规定,以特定的方式使用已发表的作品,可以不经著作权人的许可,但应向著作权人支付使用费,并尊重著作权人的其他权利的法律制度。与合理使用不同,法定许可制度规定下的对已发表作品的使用,须向著作权人支付报酬且任何使用都不得损害作者的精神权利。为减少著作权交易费用,促进作品广泛、迅速地传播,法定许可的受益者主要是专事传播的表演者、音像制品制作者、广播组织和出版者,这些使用者需要大量而频繁地使用作品,如果每一次使用都要得到著作权人的同意过于烦琐,也会阻碍作品的顺畅传播。对于文创工作者而言,作为文创产品的著作权人,有权声明排除法定许可,即事先声明不许他人使用其作品,但若著作权人未声明不得使用,使用者可以自由使用。具体而言,可以分为如下六大类型。

(1) 编写出版教科书法定许可。该法定许可使用的主体是教科书编撰出版者,而教科书是指为实施义务教育和国家教育规划而编写的教科书。同时,使用数量上仅限于"片段""短小""单幅",使用者应当指明作品作者的姓名及作品名称并支付相应报酬。

(2) 制作和提供课件的法定许可。该项法定许可与上述"编写出版教科书法定许可"的立法目的相同,将上述法定许可延伸到网络传播媒介,均是为了促进义务教育的发展。

(3) 报刊转载法定许可。由于报纸、杂志等汇编物出版周期短、更新速度快,一些涉及政治、经济的时事、评论等通过转载、摘编的方式能够让更多的公众了解其内容。需要注意,许可使用的主体仅限于报纸、杂志,不包括图书之间、图书和报刊之间,而且进行转载使用的必须是报纸、期刊的出版者,被转载的作品必须是已经刊登在报纸或期刊上的。依据法定许可使用作品,付酬标准是确定的。根据国家版权局颁布的《出版文字作品报酬规定》,报刊转载、编摘其他报刊已经发表的作品,应按每千字 50 元付酬。

(4) 制作录音制品法定许可。该法定许可亦称"机械复制法定许可",为防止个别录音制作企业通过独家许可形成垄断,同时鼓励音乐产业的合法竞争,录音制作者(唱片公司、音像出版者)对于已经合法录制为录音制品的音乐作品,可以再次录制而不必经过音乐作品著作权人的同意,但需要支付作品使用费。同时,制作录音制品法定许可适用于已被合法录制为唱片的现场表演、录制唱片、影视配乐等。法律允许自由使用的音乐作品必须是已经著作权人许可"录制"为录音制品的,而且"录制"以外其他使用方式不适用此种法定许可。文创工作者应注意,对于已经公开播映的电影、电视剧等作品,若其中的音乐作品专为该作品配乐而作,则要将该音乐作品录制为唱片必须经过音乐作品的著作权人授权许可。

(5) 播放作品法定许可。著作权法第46条第2款规定:"广播电台、电视台播放他人已发表的作品,可以不经著作权人许可,但应当按照规定支付报酬。"此处所指的"已发表作品"是除录音制品、视听作品之外的一般作品。对于录音制品,著作权法第45条规定:"将录音制品用于有线或者无线公开传播,或者通过传送声音的技术设备向公众公开播送的,应当向录音制作者支付报酬。"对于视听作品,著作权法第48条规定:"电视台播放他人的视听作品、录像制品,应当取得视听作品著作权人或者录像制作者许可,并支付报酬;播放他人的录像制品,还应当取得著作权人许可,并支付报酬。"

(6) 通过网络向农村提供特定作品的法定许可。需要注意的是,《信息网络传播权保护条例》第9条规定,自公告之日起30日内,著作权人不同意提供的,网络服务提供者不得提供其作品;著作权人没有异议的则可以提供,并按公告标准向著作权人支付报酬。

研读材料

> 　　原告朱某自1989年起就开始以"火柴棍小人"作为主题人物形象创作了《小小特警》等一系列网络动漫(flash),并对这些动漫进行了著作权登记。2003年,美国耐克公司及其在中国的子公司为了推广新产品,通过网络、电视和地铁发布了其拍摄的宣传广告片,其中含有与"火柴棍小人"相似的"黑棍小人"形象。朱某认为耐克公司侵犯了自己对"火柴棍小人"平面形象的著作权。一审法院判决朱某胜诉。二审法院审理后指出:根据现有证据,在"火柴棍小人"和"黑棍小人"形象出现之前,即已出现以圆球表示头部、以线条表示躯干和四肢的创作人物形象的方法和人物形象,但是从"火柴棍小人"的创作过程及表达形式看,该形象确实包含朱某的选择、判断,具有他本人的个性,朱某力图通过该形象表达他的思想,因此,"火柴棍小人"形象具有独创性,符合作品的构成条件,应受著作权法保护。由于用"圆形表示人的头部,以直线表示其他部位"方法创作的小人形象已经进入公有领域,任何人均可以此为基础创作小人形象。另外,"火柴棍小人"形象的独创性程度并不高。因此,对"火柴棍小人"形象不能给予过高的保护,同时应将公有领域的部分排除出保护范围。将"火柴棍小人"形象和"黑棍小人"形象进行对比,二者有相同之处,但相同部分主要存在于已进入公有领域、不应得到著作权法保护的部分,其差异部分恰恰体现了各自创作者的独立创作,因此,不能认定"黑棍小人"形象使用了"火柴棍小人"形象的独创性部分,"黑棍小人"形象未侵犯朱某"火柴棍小人"形象的著作权。
>
> 资料来源:王迁.知识产权法教程[M].北京:中国人民大学出版社,2014:218-237.

在本案中,"火柴棍小人"与"黑棍小人"确实很像。但问题在于:这种相似度来自何方?《福尔摩斯探案集》中"跳舞的小人"、"男厕所"标志、"注意行人"交通标志和"紧急出口"标志等所使用的"小人"图形,均是以实心圆球表示头部,以线条表示躯干和四肢,而且时间均远早于朱某的"火柴棍小人"。因此,这一基本形象并不源自朱某。当然,"火柴棍小人"仍然有一些自身的特点,如与"男厕所"标志相比,"火柴棍小人"的头部与躯干是相连的,用于表示躯干和四肢的线条粗细是相同的,而且多了两只"脚"。与"跳舞的小人"相比,"火柴棍小人"的头部(实心圆形)更大些,用于表示躯干和四肢的线条更粗些。正如法院所言,这其中包含了朱某的选择、判断,具有他本人的个性,因此"火柴棍小人"是作品。但该作品应被视为建立在原先各种"小人"形象基础之上的演绎作品。朱某仅能就源自其本人的部分享有权利,对于"小人"的基本形象则不能享有任何权利。"火柴棍小人"与"黑棍小人"的相似之处却并非"火柴棍小人"的独创性部分。这是法院判决耐克公司胜诉的根本原因。

四、文创著作权的邻接权

(一)邻接权的概念及特点

邻接权是指作品的传播者和作品之外其他成果的创造者依法对其劳动成果享有的专有权利的总称。其产生的主要原因是某些有价值的成果由于独创性不足或不符合著作权法规定的其他作品构成条件,而无法受到著作权法的保护。随着数字技术的不断发展,若无法对表演者、录制者等作品的传播者就其为传播作品而形成的新成果提供保护,会导致极为不公平的社会结果,也会使人们放弃对此类产业的投资从而影响作品的传播。但由于表演、录制等活动的独创性相对较低,无法达到著作权法意义上"作品"的标准,因而在著作权法中新设了一种与传统著作权不同的新型权利类型即邻接权,专用于保护独创性程度不高但又与作品存在一定联系的成果。[1]

邻接权是基于作品而派生出的权利,其客体为作品以外的其他客体。邻接权对于作品原有的著作权又具有相对的独立性,一旦获得原著作权人的授权,新的权利人就赋予了作品新的外在表现形式。与著作权相比,邻接权的权利主体不同,保护对象不同,权利内容亦不同。著作权的权利主体是作品的作者,而邻接权的权利主体则是作品的传播者,一般以具有公司、法人身份的机构为主;著作权的保护对象是符合独创性要求的文学、艺术和科学作品,而邻接权的保护对象则是作品的传播媒介或传播形式,其不受独创性要求的限制;著作权的权利内容分为著作人身权和著作财产权,邻接权的权利内容则仅有著作财产权。

(二)邻接权的内容

对于邻接权的内容,在我国著作权法中特指表演者对其表演活动、录音录像制作者对其制作的录音录像制品、广播组织对其播出的广播以及出版者对其版式设计所享有的专有权利,因此,可分为如下4类。

---

[1] 王迁.知识产权法教程[M].北京:中国人民大学出版社,2021:246–249.

1. 表演者权

表演者权是指表演者依法对其表演的作品所享有的权利,其主体是"表演者",即演员、演出单位或者其他表演文学、艺术作品的人;其对象是"表演",即表演者以自身形象、动作、声音或其组合再现作品的活动。表演者权包括表演者的人格权和财产权。对于人格权而言,其一是表明表演者的身份,通常以载明表演者姓名的形式进行表现,其二是保护表演者形象不受歪曲,是表演者维护其表演完整性以及作为表演者威望与名声不受损害的权利。表演者的财产权则是表演者控制其表演活动的利用和传播并因此获得收益的权利,包括"现场直播权""首次录制权""复制发行权""出租权""信息网络传播权"。就表演者与著作权人的关系而言,著作权人对作品享有表演权,有权许可或禁止他人以表演的方式使用自己的作品;表演者公开表演他人的作品,应当取得著作权人的许可,并支付报酬。若使用改编、翻译、注释、整理作品进行演出,则应当取得改编、翻译、注释、整理作品著作权人和原著作权的双重许可,并支付报酬。

2. 录制者权

录制者权的主体是录音录像制作者,即首次将声音或图像固定在录制品中并为这种录制活动负责的人,通常情况下,录音录像制作者是具有法人资格的录制企业,而录制者权的对象是音像制品,包括录音制品和录像制品。录制者权的内容为财产性权利,包括复制权、发行权、出租权、网络传播权 4 项权利。其中:复制权是指依母带制作一件或多件复制品;发行权是指将音像制品的复制品提供给公众;出租权是指录制者对其制作的录音录像制品有权许可或禁止他人进行商业性出租;信息网络传播权是指录音录像制作者对其制作的录音录像制品,享有许可他人通过信息网络向公众传播,并获得报酬的权利。就录制者与著作权人关系而言,使用他人作品制作录音录像制品,应当取得著作权人许可,并支付报酬,若使用演绎作品录制,则应取得原作者和演绎作者的双重许可。使用他人已经合法录制为录音制品的音乐作品制作录音制品,则可以不经著作权人许可,但应当按照规定支付报酬,此情况即"制作录音制品法定许可"。就录制者与表演者的关系而言,录音录像制作者制作录音录像制品,应当同表演者订立合同,并支付报酬。若双方没有约定录制者权是专有的还是非专有的,则应当推定为非专有的录制者权。

3. 广播组织权

广播组织权的主体是广播组织,包括广播电台、电视台、有线广播组织等,而其对象则是广播组织播放的"节目信号",广播组织权基于播放产生,而非基于制作产生。广播组织有权许可或禁止下列行为,包括将其播放的广播、电视节目转播(转播是指播放的节目由另一广播者同时播放),将其播放的广播、电视节目录制在音像载体上。广播组织播放他人未发表的作品亦即作品的发表,应当取得著作权人同意并支付报酬;播放他人已发表的作品,可以不经著作权人许可,但应向其支付报酬,即"播放作品法定许可"。对于广播组织与录像者间的关系而言,广播组织播放他人的电影作品和以类似摄制电影的方法创作的作品、录像制品,应当取得制片者或者录像制作者的许可,并支付报酬;播放他人录制的录像制品,还应当取得著作权人的许可,并支付报酬。

4. 出版者权

出版者权是图书、期刊的出版者享有的对特定版本的权利,其主体是图书出版社或期刊杂志社的出版者。就其内容而言,出版者享有的邻接权意义上的权利仅有版式设计权,因而出版社权又可称"版式设计权"。版式设计是出版者具有独创性的智力劳动成果,版式设计权意味着由出版者控制出版物版式设计的使用,他人未经许可不得按原样复制,如出版同一作品则必须独立排版。出版者以被许可人的身份所取得的专有出版权是相对权,是基于出版合同取得的一种对作品的使用权。在文创实践中,文创从业者在签署出版合同时往往会涉及"脱销"的问题,此处对脱销进行相应解释,即著作权人寄给图书出版者的两份订单在 6 个月内未能得到履行即构成脱销。同时,报纸、杂志社拥有先载权,其对于著作权人的投稿作品在一定期限内享有先载权,如作者将作品投稿 A 报刊,则在 A 报刊登报之前,作者不能在其他报纸先行刊登该作品。最后,图书出版社、期刊杂志社经作者许可,可以对作品进行修改、删节,但实质性修改须经过作者同意。

第三节 | 文创与工业产权

工业产权是指人们依法对应用于商品生产和流通中的创造发明和显著标记等智力成果,在一定地区和期限内享有的专有权,是国际通用的法律术语,是发明专利、实用新型、外观设计、商标的所有权的统称。根据我国现行法律法规的相关内容,工业产权的主要类型分为专利权、商标权、厂商名称、货源标记、原产地名称、制止不正当竞争等。

在对文化创意产品进行保护的实际过程中,工业产权是极为重要的一个部分,同时也是最为具体且具有现实价值的一个部分。工业产权中的专利权和商标权最为常用且发挥着相对重要的作用,基于此,本节选取了工业产权中的专利权和商标权,结合文创产品知识产权保护的实际经验展开进一步的论述。

一、文创与专利权

专利权(patent right),简称"专利",是发明创造人或其权利受让人对特定的发明创造在一定期限内依法享有的独占实施权,是知识产权的一种。在具体实践中,与文化创意产品相关的专利权的保护对象主要分为发明、实用新型和外观设计 3 类。

在所有的法律保护形式中,专利法的保护力度是最强的。与著作权法限于对表现形式的保护不同的是,专利法对产品的保护是内在的、实质的。专利法重点保护权利所有者的思想和该思想所蕴含的实质性内容,在面对纷繁多样的文化创意产品时,专利权往往能够最为直接地保护专利所有者的切身利益。[1]因此,充分认识专利权并且能够初步利用专利权的保护机制是文创工作者必要的技能。

下面,我们将从与文创产品专利权相关的3个主要方面——专利权申请、专利权期限和专利权的保护与管理,结合实际案例,展开详细论述。

(一) 文创专利的申请

专利申请是发明人、设计人或者其他有申请权的主体向专利局提出就某一发明或设计取得专利权的请求。依中国专利法规定,专利申请应向专利局提交申请书、说明书、权利要求、摘要、附图、优先权请求。专利申请案中,申请书应以书面形式,主要载明授予专利的请求,发明或设计名称,申请人姓名及身份,代理人姓名及身份、签名等内容。[2]

专利权的申请作为一种法律程序是严谨而较为复杂的,因而在实际操作过程中,为了更快且稳妥地获取专利权,取得法律上的保护,申请专利的发明人往往会选择委托专利事务所的专利代理人为申请人提供法律和技术上的帮助。申请人选择委托代理人的方式,不仅是出于专业分工和降低潜在风险的考量,一个优秀的专利代理人还会帮助发明人对需要申请专利的技术进行二次开发,如挖掘可替代方案等,同时发明人需要给代理人提供技术支持,并及时提供所需要的相关资料。

一名优秀的文创工作者必须熟知申请专利的流程。这不仅在于申请专利权能够使得文化创意产品得到切实的法律保护,更在于专利权的申请流程要求及时且保密,完成专利权的申请同样需要一定的业务能力和认知水平。

下面,本节将根据我国现行的法律法规,简要介绍在申请专利权时的主要流程和步骤。

1. 咨询

在文创产品专利权的申请过程中,咨询是首要环节,咨询的目的和作用可主要分为如下两类:①确定发明创造的内容是否属于可以申请专利的内容;②确定发明创造的内容可以申请哪一种专利类型(发明、实用新型、外观设计)。

如果说第一项的咨询目的在于确认文创产品能否依法得到专利权的保护,那么第二项就涉及对文创产品专利权的具体保护方式。因此,在实际操作的过程中,文创工作者更应该关注第二项咨询目的。专利类型的判断失误将有可能直接影响所申请专利权的保护对象,导致保护的失效和争议的产生。对此,较为稳妥的做法应是在咨询阶段尽可能咨询更多的专利代理机构,在横向对比之后进行综合考量并得出正确结论,尽可能避免因个别专利代理人不恰当的判断而影响整体专利申请的过程。

由此也可以推知,文创工作者在设计一款文创产品时,需要首先对处于设计阶段的产品类型有一个大致但相对清晰的预估,为日后申请专利权保护该产品的知识产权做好前期的铺垫工作,也能够有效避免日后由于产品专利类型的模糊而产生的经济损失。

---

[1] 孙玉荣.大数据时代我国文化创意产业知识产权保护的路径选择[J].北京联合大学学报(人文社会科学版),2014,12(2):54-59.
[2] 唐春,金泳锋.企业跨国专利申请程序及其使用策略研究[J].电子知识产权,2008(5):25-29.

2. 签订代理委托协议

签订代理协议的目的在于明确申请人与代理人之间的权利义务关系,协议的作用不仅在于促使代理人或代理机构及时有效地负起为申请人代理专利申请的义务,更在于约束和规制申请人和代理人各自的行为,包括代理人承担相应保密义务等,并且在保障双方权利的同时,维护正常的市场秩序。

3. 技术交底

根据我国现行的法律法规,所谓技术交底可主要分为以下两类:①申请人向专利代理人提供有关发明创造的背景资料或委托检索有关内容;②申请人详细介绍发明创造的内容,帮助专利代理人充分理解发明创造的内容。

文创产品的设计背后往往具有一定的文化历史内容和背景,因而在技术交底环节中,申请人应清晰明确地告知代理人或代理机构相关想法、理念及创意来源、参考,尽可能地避免专利申请时的创新性疏漏和日后关于文化内容归属权的争议。

此外,文创工作者还应该关注,对于一款或一个系列的文创产品,在设计时需要有一个相对清晰的产品内容定位。在使产品的文化内容丰富的同时,力求精简,避免日后由于过于繁杂的背景文化内容产生不必要的纠纷。

4. 确定申请方案/准备申请文件

在完成了前期的咨询、签订协议和技术交底等工作后,在正式向国家有关部门递交专利权申请之前,申请人与代理人或代理机构间还应共同确定申请方案并准备好相关申请文件。

首先,在申请方案的确定过程中,代理人或代理机构常会在理解发明创造的基础上,对专利申请的前景做出初步的判断和预测,对专利授权可能性很小的申请将建议申请人撤回。

其次,在确认了专利授权前景较为明朗之后,专利代理人将会提出明确的申请方案、保护范围及具体内容,并在征得申请人同意的条件下开始准备正式的申请工作。此时所形成的方案应当是申请人和代理人双方共同协商同意的成果,若未经申请人同意,代理人无权私自确定、实施申请方案。在实务操作过程中需要注意,若出现撤回专利申请等情况,此阶段中代理机构仅能收取少量的咨询费用,申请代理费应当返还申请人,文创工作者应当关注避免产生不必要的损失。

最后,在确定了专利申请的方案后,相关的申请文件也同样需要申请人和代理人共同准备完成。尽管委托专利代理是非强制性的,但考虑到撰写专利申请文件的专业性及审批程序的法律严谨性,对专利申请经验不足的申请人来说,委托专利代理仍是值得提倡的。文创工作者所应当做到的,是及时关注和审阅申请书的内容是否合理、能否切实维护自身利益,并在必要时以申请人的身份介入做出调整。

5. 审查

此环节的行为实施主体为国家专利局,国家专利局将会对专利申请文件进行审查,在审查过程中,专利代理人会根据需要和要求进行专利补正、意见陈述、答辩、变更等工作。如有需要,申请人应配合专利代理人完成以上工作。

6. 审查结论

国家专利局根据审查情况将会作出授权或驳回申请的结论,这一过程需要的时间一般如下:外观设计申请3~6个月;实用新型申请6~10个月;发明专利申请2~4年。

7. 办理专利登记手续或复审请求

若专利申请被授权,则在根据专利授权通知书的要求办理登记手续后,即可领取专利证书;若专利申请被驳回,则应根据具体情况确定是否提出复审请求。至此,专利申请过程结束。

此外,除了具体的专利申请步骤流程外,申请人还应关注文创产品专利权的申请时间。根据我国现行的相关规定,对于发明专利而言,除一些需要保密的发明专利外,一般的发明专利需要经过受理、初审、公布、实审和授权公告5个阶段,一般情况下,自受理起18个月内会对申请结果进行公布,然后进行实审阶段,需要约3年才能获得最终授权,但不排除更长的时间。因此,为了加快获得专利权的进度,申请人可以申请提前公开,在初审合格后,即进行公布,而后进入实审阶段,如此做法可在一定程度上加快授权。另外,在部分特殊情况下,如《专利优先审查管理办法》中规定的几种情形,可以提出加快审查的请求。于实用新型和外观设计而言,需要经过受理、初审和授权公告阶段,由于不需要进行实质审查,实用新型和外观设计获得授权需要的时间较短,一般在6~10月。

随着全球化和我国文化创意国际化进程的日益深入,我国文创产品走向国际成为目前文创行业发展的大势所趋。在此过程中,为了更好地保护文创产品权利所有人的正当权利,同样需要通过申请专利权予以保护。然而,国际上对于专利权的申请途径与我国略有不同,对此文创工作者也应该给予适当的关注。本书拟就此做简单介绍,现阶段在国外申请文创产品的专利权主要存在以下3种途径。

(1) 巴黎公约途径。根据巴黎公约关于优先权的规定,在任一缔约国提出发明或实用新型申请后,再向其他缔约国提出申请时可以享有12个月的优先权,对于外观设计申请,可以享有6个月的优先权。在此期间内有关该申请的任何公开或使用等,不影响该申请的新颖性。巴黎公约是国际上适用最为广泛也最为实用的与知识产权保护相关的法律,世界上的绝大部分国家也都是巴黎公约的缔约国。因此,在海外申请文创产品的专利权时,应优先考虑适用巴黎公约。然而,不可排除有一小部分国家仍然未成为巴黎公约的缔约国,因而不受巴黎公约的约束。因此,在对文创产品进行跨国营销时,文创工作者应对此给予一定的关注,在开展工作之前首先明确目标国家是否受到巴黎公约的约束。

(2)《专利合作条约》(Patent Cooperation Treaty, PCT)途径。《专利合作条约》是专利领域的一项国际合作条约。自巴黎公约以来,它被认为是该领域进行国际合作最具有意义的进步标志。但是,它主要涉及专利申请的提交、检索和审查,以及其中包括的技术信息传播的合法性和合理性。PCT不对国际专利授权,授予专利的任务和责任仍然只能由寻求专利保护的各个国家的专利局或行使其职权的机构承担。PCT并非与巴黎公约竞争,而是对巴黎公约的补充。它是在巴黎公约下只对巴黎公约缔约国开放的一个特殊协议,目前已有152个缔约国。按照PCT的规定,在任何一个PCT缔约国提出一项专利申请,可以视为在指定的其他缔约国同时提出了申请。换言之,借助 PCT,实现了一国申请,多国有效。PCT 申请的审批程序分为国际阶段和国家阶段。国际阶段进行受理、公布、检索和初审,国家阶段由具体的国家局进行审查和授权。一项 PCT 申请进入具体国家阶段的时间为自申请日起 30 个月内。鉴于此,若申请人希望以一项发明创造得到多国保护,利用 PCT 途径是很适宜的。因为通过 PCT 途径只需要向目标国家的专利局提出一份国际申请,免除了分别向每一个国家提出国家申请的麻烦,并且有更多时间来考虑最终要进入哪些具体国家。这不仅减少了申请专利所带来的经济成本,也能够为海外的文创工作者带来工作上的便利。

(3) 通过地区条约《授予欧洲专利的公约》(简称"欧洲专利公约")申请欧洲专利。欧洲专利公约缔约方共有 38 个国家,另有 2 个延伸国。通过欧洲专利公约,一次可指定缔约方中的多个国家保护其专利以便于统一管理,专利期限为 20 年。因此,若申请人意欲在 3 个或以上欧洲国家申请专利,相较于向各缔约国逐一提出申请,通过本条约进行申请将更为迅速、便捷和经济。

(二) 文创专利的期限

专利权期限是指专利法规定的专利权的法定期满终止时间。专利权在从授权公告之日起到专利权期限届满之日期间受法律保护。根据专利法第 42 条,发明专利权的期限为 20 年,实用新型专利权的期限为 10 年,外观设计专利权的期限为 15 年,均自申请日起计算。[1] 鉴于专利权是一种无形财产权,与普通财产权不同,不存在因客体消失而权利自然终止的问题,因而各国专利法基于如上事由,均规定了专利权的期限。需要注意的是,虽然专利法第 42 条规定的专利权期限自申请日起计算,但这只是专利权期限的计算起点,并不表示专利权从申请日就开始生效。

根据专利法第 39 条和第 40 条的规定,专利权均自授权公告之日起生效。专利申请必须经过专利局的审查方可获得专利权的保护,因此,考虑到自申请日起至专利局对专利申请作出授权公告需要一定时间,专利权人实际能得到法律保护的有效时间一定少于法律所规定之期限。文创工作者在文创产品的专利权期限的问题上,应先区分文创产品为何种专利法的保护对象,在此基础上有针对性地明确专利权的期限问题。在一些特定情况下,专利权期限届满之前,专利权亦有被终止的情形,文创工作者应对此有一定的认知。专利法第 44 条规定,有下列情形之一的,专利权将在期限届满前终止:①没有按照规定缴纳年费的;②专利权人以书面声明放弃其专利权的。

(三) 文创专利的保护与管理

积极运用专利保护,确立专利保护的战略地位,对于促进文化创意产业的发展具有重要作用。许多学者都就如何对文化创意产品的专利进行保护进行了研究和探讨,综合比较来看,主要应从以下 3 个方面着手。

首先,确定可予专利保护的对象。在文化创意产业之中,由于新技术的使用,往往会形成

---

[1] 侯丽艳.经济法概论[M].北京:中国政法大学出版社,2012:165-177.

新的产品或新的工艺,这些产品和工艺是可以授予发明或者实用新型专利权的。所以,在形成文化创意产品的过程中,应该充分挖掘其中可以授予专利权的对象,在获取居于核心地位的文化版权的同时,对各种形式的专利权的保护同步展开,能够更好地实现对文化创意的保护。

其次,及时申请专利保护。不同于版权法所规定的自动保护原则,专利权的取得必须经过申请、审查、授权等一系列法律程序。因此,对于文化创意产品开发中形成的可予以专利保护的对象,应该积极履行相关的申请手续。同时应当注意,申请专利保护的发明创造必须具备新颖性,所以在申请专利之前相关的产品或者工艺应该保密,一旦公开销售或者使用,即可能导致新颖性的丧失而无法获得专利保护。这也就要求文化创意单位建立有效的内部保密制度和管理制度。

最后,积极运用专利战略,实现专利价值的最大化。专利战略是现代企业竞争取胜的重要法宝,文化创意单位应该注意运用专利防御、专利进攻、专利池、专利转让和许可等一系列专利战略,以实现其专利产品价值的最大化。[1] 迪士尼集团是这方面的成功典范。该集团不仅生产发行了动画片《米老鼠和唐老鸭》,还将这些卡通形象做成有专利权保护的玩具、服装,并建造迪士尼主题公园。迪士尼通过使用许可在全球一年即可获得高达290亿美元的收入。

企业还可以通过跟合作方签署"NNN协议"来保护自己的知识产权,即不允许合作方将知识产权泄露给第三方,不允许合作方将知识产权另作他用,也不允许合作方向消费者直接出售加工剩余产品。专利战略是企业为获取和保持竞争优势,运用专利制度取得最佳经济效益的总体性谋划。文化创意企业应当尤其重视专利战略的制定和实施,主要包括专利调查、专利防御、取消专利战略、公开战略等。[2]

二、文创与商标权

商标权是指商标所有人对其商标所享有的独占的、排他的权利。在我国,由于商标权的取得实行注册原则,商标权实际上是因商标所有人申请、经国家商标局确认的专有权利,即因商标注册而产生的专有权。商标是用以区别商品和服务不同来源的商业性标志,由文字、图形、字母、数字、三维标志、颜色组合、声音或者上述要素的组合构成。[3]

(一)文创商标权的内容

在文化创意产品的产业活动中,商标是一种重要的识别标志,由我国权威的法律辞典的解释可知,商标权保护的是产品的外观、标志等具有相当辨识度的部分。在强调品牌形象的商业环境中,商标对打造产品的品牌力和企业发展具有重要作用。因此,依法切实利用好商标权,便是对文创产品的品牌资产最直接的保护方式。

在我国的法律制度下,商标权具有独占性、时效性、地域性、财产性和类别性等特征。其

---

[1] 孙玉荣.大数据时代我国文化创意产业知识产权保护的路径选择[J].北京联合大学学报(人文社会科学版),2014,12(2):54-59.
[2] 林青.文化创意产业知识产权创新与保护机制研究[J].南京理工大学学报(社会科学版),2018,31(1):39-44.
[3] 侯丽艳.经济法概论[M].北京:中国政法大学出版社,2012:177-185.

中,与文创产业相关、较为重要的是商标权的财产性。具体来看,商标权实际是一种无形的财产权。商标是权利人的一种智力成果,因而不同于有形的财富。在日常强调品牌价值的商业环境中,商标这样一种无形的智力成果往往更加具有经济价值。如"可口可乐""全聚德"等商标,正是由于其商标的力量,使得可乐和烤鸭这类本身并无极高经济利润的产品能产生巨大的经济价值,并且衍生出各种周边用品等产品。

如何取得蕴含着无限经济价值和社会价值的商标,即涉及商标的取得,在我国的法律制度下,首先必须遵循使用原则、注册原则和混合原则这三大取得原则。在具体操作中,商标权的取得主要有两种方式,分别为原始取得与继受取得。在初步认识了商标权的价值、特征和取得方式之后,文创工作者需要进一步详细学习商标权的内容,本书也会对此部分进行详细的论述。根据我国现行的法律法规,文化创意产品的商标权主要包含以下 4 种。

1. 专有使用权

专有使用权是商标权最重要的内容,也是商标权中最基本的核心权利。商标的专有使用权主要表现为,商标权人可在核定的商品上独占性地使用核准的商标,并通过使用获得其他合法权益。在这一点上需要关注的是,专有使用权保护的不仅是权利人排他性地使用商标的直接权利,也同时保护由使用商标所可能产生的其他间接权利。

然而,这并不意味着商标的专有使用权是绝对的,其同样具有相对性,只能在法律规定的范围内使用。我国商标法第 56 条规定:"注册商标的专用权,以核准注册的商标和核定使用的商品为限。"也就是说,注册商标只能在注册时所核定的商品或者服务项目上使用,而不及于类似的商品或者服务项目。文创工作者需要认识到,商标权的保护并不是万能且绝对的,它同样存在一个限度,绝不能被当事权利人所滥用。因此,在借助商标权的专有使用权保障自身的合法权利时,也必须注意到法律所规定的界限。

2. 禁止权

禁止权是指注册商标所有人有权禁止他人未经其许可,在同一种或者类似商品或服务项目上使用与其注册商标相同或近似的商标。与财产权相类似,商标权也具有不受他人干涉的排他性,在实践中,其具体表现为禁止他人非法使用、印制注册商标及其他侵权行为。与上文所介绍的商标专有使用权的主动性不同,禁止权更多地表现出一种被动性。

具体来说,使用权和禁止权的区别在于两者之间有着不同的效力范围。使用权涉及的是注册人使用注册商标的问题,禁止权涉及的是对抗他人未经其许可擅自使用注册商标的问题。我国商标法规定:"注册商标的专用权,以核准的注册商标和核定使用的商品为限。"这就是说,注册人行使使用权时受到两方面限制:第一,只限于商标主管机关核定使用的商品,而不能用于其他类似的商品;第二,只限于商标主管机关核准注册的文字、图形,而不能超出核准范围使用近似的文字、图形。但是,禁止权的效力范围则不同,注册人对他人未经许可在同一种商品或类似商品上使用与其注册商标相同或近似的商标,均享有禁止权。这就是说,禁止权的效力涉及以下 4 种情形:第一,在同一种商品上使用相同的商标;第二,在同一种商品上使用近似商标;第三,在类似商品上使用相同商标;第四,在类似商品上使用近似商标。

鉴于两种权利效力范围的不同,文创工作者在保障产品商标权的实际过程中,需要做到灵活运用各种权利,有效经济地保障自身的合法权益。

3. 许可权

许可权是指注册商标所有人通过签订许可使用合同,许可他人使用其注册商标的权利。许可使用是商标权利人行使其权利的一种方式。许可人是注册商标所有人,被许可人根据合同约定,支付商标使用费后在合同约定的范围和时间内有权使用该注册商标。实质上,许可制度对于企业发展横向联合、发挥优势、扩大名牌商品生产、活跃流通、满足消费者需要、提高社会经济效益,具有积极的意义。如今,大型的商业集团往往会围绕一系列产品打造品牌矩阵,通过横向的彼此联合最大限度地发挥出各类品牌的经济社会价值。可以说,正是许可权的存在,让品牌能够借助商标的横向联合迸发出更大的资产价值。然而,许可不同于转让,获得了许可权并不意味着获得了对商标完全的权利,这也是文创工作者在打造横向品牌联合的过程中需要关注的。

4. 转让权

转让是指注册商标所有人按照一定的条件,依法将其商标权转让给他人所有的行为。转让商标权是商标所有人行使其权利的一种方式,商标权转让后,受让人取得注册商标所有权,原来的商标权人丧失商标专用权,即商标权从一主体转移到另一主体。转让注册商标,应由双方当事人签订合同,并应共同向商标局提出申请,经商标局核准公告后方为有效。[1]

完成商标权的转让之后,继受人便获得了对商标的所有权,对商标便有更大的处置空间。但现实中,实现商标权的转让往往要付出比获得商标的许可权更大的经济代价,因此,在进行商标权的转让之前,文创工作者需要充分评估自身需求和市场现状,决定是否有直接获得商标所有权的必要。

(二) 文创商标的变更、转让和使用许可

诚如上文所述,在文创产业的发展实践中,经常会涉及产品商标权的变更、转让和使用许可,这不仅是由于具体的实践需求而产生,其对于文创产业的壮大、大型文创产业集团的打造也具有极为重要的作用。

鉴于此,本书将在此章节对文创产品商标权的变更、转让和使用许可分别展开论述。

1. 文创产品商标权的变更

商标的变更是指变更注册商标的注册人、注册地址或者其他事项。我国现行的商标法规定:"注册商标需要变更注册人的名义、地址或者其他注册事项的,应当提出变更申请。"也就是说,要实现商标权的变更,必须先由当事人提出变更申请,否则有关部门并不会进行处理。

申请人若意欲变更其名义、地址、代理人,或者删减指定的商品,可以直接向商标局申请办理变更手续。但如果涉及改变商标的文字、图形等,则应当重新提出商标注册申请,此时便不能再称之为商标权的变更,这是文创工作者需要重点关注的。在变更途径上,申请人同样可以

---

[1] 刘永波.注册商标转让中的法律问题[J].中华商标,2003(12):50-54.

选择由专业机构代理或是本人直接进行办理。

2. 文创产品商标权的转让

商标权转让是指注册商标所有人依法将其因注册商标产生的商标权转让给他人的行为。需要注意的是，转让人必须能够证明自己是商标的绝对所有人，并且在签约之前需要说明清楚先前存在的各种类型的商标使用许可。相应地，受让方也不得泄露转让方为转让商标权而一同提供给受让方的商业秘密或技术秘密。

此外，我国法律规定，商标权的转让必须按照相关规定的方式、程序严格执行，禁止转让人与受让人私下自行转让。现实中，往往存在一些当事人为了规避法律规定的转让流程所可能产生的交易成本，私下进行商标权的转让，为日后的纠纷埋下了祸根，可以说得不偿失。

在商标权的转让形式上，主要存在合同转让、继受转让、行政命令转让3类。合同转让中一般都会产生一定的转让费用，而继受转让则不一定会产生费用，主要涉及所有人死亡或所有人的企业被兼并时可能发生的商标权转让。行政命令转让是一种相对特殊的转让形式，一般只会发生在公有制国家中。例如，我国的国有企业可能会由于行政命令发生合并、分立等，这一过程中发生的商标权转让往往呈现为行政命令的形式。

在转让途径上，与商标权的变更类似，申请人既可以寻求相关专业机构的代理，也可以独立前往国家商标局注册大厅直接进行办理。

3. 文创产品商标权的使用许可

商标使用许可是指商标注册人通过法定程序允许他人使用其注册商标的行为。在申请商标权的使用许可时，申请人可以根据自身的需求考虑3种不同的许可类型，分别为普通许可、独占许可和排他许可。

普通许可是指许可人允许被许可人在规定的地域范围内使用合同项下的注册商标，但同时依旧保留自己的使用权利和授权第三者使用该商标的权利。在申请人实力有限或该产品的市场需求巨大的情况下，申请人选择此一许可类型是较为经济的。但也可能因此产生一些纠纷。由于普通许可所赋予申请人的权利是非排他性的，当第三者擅自使用商标时，被许可人通常不能直接对侵权者提起诉讼，而只能通过许可人，由许可人以其名义进行诉讼。考虑到文创产品日新月异的更新发展，这其中所产生的时间成本很有可能会令相关被许可人损失大量经济利益。因此，文创工作者应当慎重考虑。

独占许可是指在规定地域范围内，被许可人对授权使用的注册商标享有独占使用权。这意味着，不仅许可人无法在规定地域范围内使用该商标，并且许可人也不可以将此商标的使用权再次授予第三人。这一类型的许可形式能够最大限度地保障被许可人的权益，但相应地，此种许可形式中，被许可人所要支付的转让费用往往也是最为昂贵的。当被许可人有充足的把握挖掘出商标的价值并且许可人自身难以实现此一目的时，这一类型的许可形式是最为可取的。

介于普通许可与独占许可之间的是排他许可这一类型。在此种情况下，许可人除给予被许可人使用其注册商标的权利外，被许可人还可享有排除第三人使用的权利。这也是一种可供文创工作者选择的使用许可的类型。

(三) 文创商标的保护与管理

文化创意产业之父约翰·霍金斯(John Howkins)指出:"版权产业不仅是法律意义上的,更具产业、商业以及融资方面的意义。"文化创意产业不同于传统文化产业很重要的一点即在于与商业的紧密结合。现代的商业竞争已经不再是单纯的产品或者服务的竞争,在某种程度上已经升级为品牌竞争,所以商标战略已经成为现代企业的重要知识产权战略。

在文化创意产业发展过程中,同样应该重视商标保护的运用。文化创意企业的商标保护主要表现在两个方面。

一方面是文化创意企业自身的商标保护。文化创意企业应该拥有属于自己的商标,此外,文化创意企业还应有效管理商标,并灵活运用商标战略。我国文化创意产业尚处在初级发展阶段,多数文化创意企业规模不大,没有自主商标的现象比较普遍。文化创意企业应该具有长远发展的眼光,积极申请属于自己的商标。商标是一个企业商誉的主要载体,没有商标的企业,其在经营中的努力和消费者的认可都是难以累积的。已经拥有自身商标的企业还应该注意商标的有效管理,其重点是逐步建立完整的商标体系。对于拥有知名或者驰名商标的文化创意企业,还应该建立联合商标和防御商标体系,防范可能发生的各种形态的商标侵权。同时积极运用商标许可使用战略,以获得最大的商业价值。相关统计表明,在迪士尼的全部收入中,电影发行加上后续的电影和电视收入只占30%,主题公园的收入占20%,其余的50%则全部来自品牌的销售。

另一方面是专门从事标识设计的创意企业特有的商标保护。现代企业一般要求所使用的商标标识能够反映本企业的文化或者经营理念,所以商标的设计也需要有创意,能够给人留下深刻印象,从而使之具有较高的显著性和广告性。所以,很多商标都是委托专门的设计公司、文化公司、创意公司等创作的,属于文化创意产业的一个组成部分。对于专业从事商标设计的文化创意企业,应该注意及时进行所设计商标的注册申请,特别是一些富有创意但略显简单的有较高价值的符号设计。因为我国商标法对于商标权取得采取的是先申请原则,一旦他人做出了同样或者近似的设计并申请了商标权,那么本企业的设计将再无用武之地。同时,商标设计成果易于为他人所窃取,唯有及时申请为注册商标才能保证其安全。此外,在设计之后即行申请为注册商标,而后通过商标转让而不是单纯的版权转让为客户提供服务,更能提高服务的附加值。[1]

在探讨了商标保护的主要表现形式之后,回到对商标进行保护的具体做法,主要有如下3点:①专利与商标搭配,即许可他人实施自己的专利,并且要求对方必须同时使用自己的专利产品及商标,通过被许可人的使用,增加自己的专利产品和企业的知名度和品牌效应。②专利与商标交换,即许可他人实施自己的专利,并要求使用对方具有一定声誉的商标,以便专利产品投放市场后更有吸引力。③利用商标延长专利的实际效力,由于专利权的时间性,可能导致

---

[1] 杨德桥,田荣哲.论文化创意产业知识产权保护策略的构建[J].北京邮电大学学报(社会科学版),2013,15(3):31-39.

企业因专利而形成的市场优势的丧失。通过利用商标可以续展的特点,可以使企业在专利权届满后仍旧凭借商标的影响而保持和延续其市场占有率。[1]

案例研读

"斗罗大陆"手游著作权侵权案

《斗罗大陆》系唐家三少(张威)创作的奇幻小说。张威将该小说的游戏改编权独家授予上海玄霆娱乐信息科技有限公司(以下简称玄霆公司)。同时,张威还创作了《斗罗大陆外传:神界传说》。成都吉乾科技有限公司(以下简称吉乾公司)通过多次转授权获得《斗罗大陆:神界传说》的游戏改编权。后吉乾公司开发了新斗罗大陆(神界篇)游戏软件,并与四三九九网络股份有限公司(以下简称四三九九公司)签订了分成合作协议,协议载明游戏的著作权人是吉乾公司。玄霆公司认为,吉乾公司、四三九九公司未经许可,侵害了其对涉案《斗罗大陆》作品的改编权,遂诉至法院。一审、二审法院均认为,涉案游戏属于大型游戏,如对所有章节进行公证,玄霆公司需要支出巨大成本,无疑增加了权利人的举证难度和维权成本,有违公平、效率原则。电子游戏与小说是不同的作品表达方式,判断二者是否构成实质性相似时,不能仅以游戏使用小说文字数量的比重进行判断,应综合判断其是否使用了小说中独创性表达的人物、人物关系、技能、故事情节等元素,并考虑小说中独创性的内容在游戏中所占比重。在判断游戏所使用文字的比重时,可以对游戏资源库文件反编译,以辅助确定游戏是否使用了文字作品中具有独创性的内容。吉乾公司开发的游戏大量使用了《斗罗大陆》小说中人物和魂兽名称、人物关系、技能和故事情节等元素,与涉案《斗罗大陆》小说构成实质性相似。吉乾公司未经玄霆公司许可开发涉案游戏,侵害了玄霆公司享有的改编权,故判决吉乾公司赔偿损失及合理费用共计500万元。[2]

就本案中吉乾公司侵害了玄霆公司涉案作品的游戏改编权进行分析和认定,上海玄霆娱乐信息科技有限公司与成都吉乾科技有限公司、四三九九网络股份有限公司侵害著作权纠纷二审民事判决书显示,依照法律规定,改编是在原作品的基础上,通过改变作品的用途或形式,对原作品中独创性的表达进行再创作而创作出的新作品。改编已有作品,其著作权由改编权人享有,但行使著作权时,不得侵犯原作品的著作权。改编作品应满足两个构成要件:第一,改编行为必须使用原作品中独创性的表达;第二,改编行为需对原作品进行独创性改变而创作出新作品,新作品具有相同或不同的表达

---

[1] 孙玉荣.大数据时代我国文化创意产业知识产权保护的路径选择[J].北京联合大学学报(人文社会科学版),2014,12(2):54-59.
[2] 中华人民共和国最高法院:2020年度知识产权十大案例、五十件典型案件[EB/OL].http://www. http://www.court.gov.cn/zixun-xiangqing-298141.html.[访问时间:2021-10-03]

方式。小说是以文字形式表现的作品,通常是在特定的人物形象、特定的人物关系设置的基础上,与人物融合的情节安排相搭配,并将人物关系以及人物融合的情节安排以一定的逻辑连贯、编排而呈现故事发展的整体。电子游戏是人机交互的游戏,其构成包括游戏引擎和游戏资源库。游戏引擎是为运行某一类游戏的机器而设计,能够被机器识别的代码集合;游戏资源是指游戏中各种素材的集合,包括图像、文字、声音、音乐、动画等,为最终呈现在玩家面前的效果所用。游戏引擎则是按游戏设计的规则调用这些资源。在游戏软件运行过程中,玩家通过控制游戏设定的角色,按照游戏设定的规则进行操作,逐渐在界面上呈现出由人物角色、人物关系、技能等元素融合预设的故事情节。电子游戏与小说是不同的表达方式,判断是否构成实质性相似时,应综合判断其是否使用了小说中独创性表达的人物、人物关系、故事情节等元素,还要考虑该游戏所利用的小说中独创性的内容在该游戏中所占的比重。

首先,涉案《斗罗大陆》小说中人物和魂兽角色,被涉案作品作者赋予了特定性格,融入了特定人物关系,带入了特定故事情节,贯穿整个作品始终,出现频率非常高,对于作品来说具有重要影响。人物角色、魂兽角色、技能方面元素以及人物关系、魂兽关系、故事情节等,反映了作者精心的取舍、选择、安排和设计,体现了作者的艺术品位和风格,吸引了众多读者,因而属于涉案《斗罗大陆》小说独创性的基本表达,应受著作权法所保护。

其次,被诉游戏与涉案《斗罗大陆》作品构成实质性相似,法院具体分析如下:其一,案涉游戏属于大型游戏,体量较大,仅公证涉案游戏17章,即用时10个工作日,如对所有章节进行公证,玄霆公司需要支出巨大成本,对玩家也有较高要求,无疑增加了权利人举证难度和维权成本,有违公平、效率原则。其二,涉案游戏与涉案《斗罗大陆》小说二者表达方式不同,不能仅以其使用涉案《斗罗大陆》小说文字数量来判断二者是否构成实质性相似。涉案《斗罗大陆》实体书共有12册,约264万文字。但考虑到游戏软件通常包含游戏资源库,故在判断被诉游戏所使用的比重时,可以通过对游戏资源库文件进行反编译,提取其中的内容与涉案小说的内容进行比对,以辅助确定游戏是否使用了文字作品的有关内容。涉案游戏《新斗罗大陆(神界篇)》v2.0版系《新斗罗大陆(神界篇)》v1.0版的升级版,前者的内容完全覆盖了后者。前案中,玄霆公司提交的相关公证书中涉案游戏安装包程序解压后,对其资源库文件夹中的文件进行反编译,均显示2—18部分对应的文字内容与被诉游戏1—17章的章节前、后的剧情描述文字内容完全相同,19—71对应的章节标题与老虎游戏网上公布的涉案游戏主线副本的第18—70章章节名称完全一致。其三,人物和魂兽名称、技能等元素是涉案游戏的重要组成部分,贯穿游戏始终,出现频率非常高,还影响着故事整体框架,而且前17章在游戏中属于基础性章节。从人物和魂兽名称来看,被诉游戏中人物和魂兽名称有史莱克七怪——唐三、小舞等,与涉案《斗罗大陆》小说中的人物和魂兽名称完全相同;从技能来看,被诉游戏中技能有融合技之幽冥白虎、海神之光等,与涉案《斗罗大陆》小说中的技能基本相一致;从故事情节来看,游戏主要情节有唐三和小舞来到史莱克学院报名,并通过考核顺利进入学院,与戴沐白以及新结识的奥斯卡、马红俊、朱竹清、宁荣荣组成史莱克七怪,并一起在学院里跟随弗兰德、赵无极、玉小刚等老师学习修炼,与涉案小说自第16章结尾部分开始至第38章部分情节基本相同,故事情节发展的先后顺序亦相同。如被诉游戏其他章节未使用《斗罗大陆》小说中的上述元素,吉乾公司可以提供反证证明,但在诉讼中其并未提供相反证据予以推翻。综合考虑上述事实和相关因素,根据民事诉讼高度盖然性的证明标准,可以认定被诉游戏大量使用了涉案《斗罗大陆》小说中人物和魂兽名称、人物关系、技能和故事情节等元素,一审判决认定被诉游戏与涉案《斗罗大陆》小说构成实质性相似,并无不当。吉乾公司以被诉游戏使用涉案小说文字数量极低为由主张二者不构成相似,于法无据,法院不予采纳。

最后,吉乾公司系一家集网络游戏研发、运营、销售于一体的大型企业。在案证据显示,涉案《斗罗大陆》文字作品于2008年12月首发于起点中文网,《斗罗大陆》实体书于2011年10月由陕西出版集团、太白文艺出版社出版发行,文学价值及社会影响力较高,系具有较高知名度的玄幻小说。据此,可以认定吉乾公司在被诉游戏开发之前已接触了涉案作品。综上所述,吉乾公司未经玄霆公司许可开发涉案游戏,侵害了玄霆公司享有的涉案作品游戏改编权。

此外,涉案《斗罗大陆》讲述的是史莱克七怪在斗罗大陆相识相知,战胜一切困难,由人修炼为神的故事;《斗罗大陆外传神界传说》是《斗罗大陆》的衍生作品,讲述史莱克七怪在神界所发生的故事。根据涉案公证书记载,被诉侵权游戏的主线副本前17章除前序、第1章、第5章少量涉及《斗罗大陆外传神界传说》的内容外,大量使用了涉案《斗罗大陆》小说中独创性的内容。故吉乾公司关于其获得《斗罗大陆外传:神界传说》移动游戏改编权,不侵犯涉案《斗罗大陆》作品的游戏改编权的上诉主张,不能成立,法院不予支持。

本案涉及手机游戏侵犯文字作品改编权的认定问题,首次通过对游戏软件资源库反编译,提取其中的内容与文字作品的内容进行比对的方式,确定侵权游戏利用他人作品独创性内容的比重,提高了审判效率,拓宽了审理思路,是维护文化创意产业健康发展、妥善处理涉互联网著作权保护新问题的鲜活司法实践。

资料来源:上海玄霆娱乐信息科技有限公司与成都吉乾科技有限公司、四三九九网络股份有限公司侵害著作权纠纷二审民事判决书,(2018)苏民终1164号民事判决书。

请思考以下问题:
1. 与文创产业相关的知识产权具有哪些内涵和特征?与一般的知识产权有何不同?
2. 在文创产业中,如何分辨著作权、专利权和商标权?

3. 当文创产业的合法权益受到侵害时,如何运用著作权、专利权和商标权捍卫自身权益?请分别思考。

4. 在文创产业中,如何运用著作权、专利权和商标权等知识产权预防不法侵害行为?

5. 结合文创产业发展现状,请思考对文创产业相关权利的保护与管理策略。

本章参考文献

[1] 王迁.知识产权法教程[M].北京:中国人民大学出版社,2021.

[2] 吴汉东.知识产权法学(第七版)[M].北京:北京大学出版社,2019.

[3] 熊睿.论《著作权法》第16条的存废[J].法制与社会,2015(7):263-264.

[4] 刘亮,王锦贵.新媒体环境下的著作权问题探析[J].情报资料工作,2008(5):63-66.

[5] 刘惠荣,于岚.邻接权的限制与保护[J].中国海洋大学学报(社会科学版),2005(3):32-35.

[6] 周长玲.我国修改后的著作权法中若干问题浅析[J].知识产权,2002(5):7-13.

[7] 陈秀萍,舒心怡.试论文化创意产业知识产权的行政保护[J].行政与法,2019(10):40-49.

[8] 孙一鹤.文化创意产业的知识产权保护研究[J].黑河学院学报,2019,10(8):26-28.

[9] 林青.文化创意产业知识产权创新与保护机制研究[J].南京理工大学学报(社会科学版),2018,31(1):39-44.

[10] 冯晓青,张君蔓.公共领域保留视域下商标权保护问题研究——以"米老鼠"形象注册商标为例[J].武陵学刊,2020,45(6):56-66,76.

[11] 刘亚军.文化创意产业的知识产权保护[J].社会科学辑刊,2015(3):60-65.

第五章

文化创意与人格权

学习目标

学习完本章,你应该能够:
(1) 了解人格权立法的历史、目的和发展趋势;
(2) 了解文创人格权的定义、内涵与特征;
(3) 了解文创与姓名权的内涵、法律规制和风险防范;
(4) 了解文创与肖像权的关系,肖像权在文创领域的运用与经典案例;
(5) 了解名誉权在文创产业中的涉及范畴、责任规定和业界案例;
(6) 了解文创与隐私权的定义、最新规定以及法律风险。

基本概念

文化创意　人格权　法律规制　风险防范

第一节 人格权的内涵

本章在对民法典关于人格权相关法条解读的基础上,结合文创行业的实际案例和判例,提出针对人格权与文创行业紧密相关的权属部分的应用原则与范围。希望各位读者一方面掌握人格权的法律定义,建立底线边界思维,一方面从实际案例和场景分析中理解立法出发点,在文创产业应用中建立伦理价值框架,形成风险意识和规避观念,助力行业可持续发展,打造良好的营商环境。

一、人格权的法律定义

人格权是民事主体所固有的最基本的人身权利,而民法作为中国特色社会主义法治体系的重要组成部分,自然将人格权等基本权利作为法律体系中的核心要素。[1] 在民法典正式施行之前,我国法律对人格权的规定与保护散落在中国民法体系下各个法律法规之中,无法为民事主体的人格权提供系统的有效保护。[2] 因此,民法典中将人格权独立成编不仅是体系上的重大创新,还充分体现了党和国家对人民基本人权价值的重视与保护,并彰显了民法典的人文关怀精神。

(一)一般人格权

一般人格权是涵盖了民事主体固有全部人格利益的概括性权利,以人格尊严为核心,还包含人身自由、人格平等、人格独立等。[3] 民法典第109条明确了法律对人格尊严、人身自由等基本权利的保护并在第四编人格权第一章第990条中再次确认,意味着自然人享有受到基本尊重的权利、人格不受侵犯且由自己支配的权利,并且主体间平等地位均受到法律保护。

相较于具体人格权,一般人格权在权利客体上更具概括性,在权利主体上更具普遍性,当案件涉及的人格权超出具体人格权规定范围时,一般人格权可以作为更基础的判定标准。[4]

(二)人格权的一般规定

人格权的一般规定主要从3个方面展开:人格权的享有制度、人格权的行使制度以及人格权的保护制度。[5]

---

[1] 汪习根.论民法典的人权精神:以人格权编为重点[J].法学家,2021(2):1-12,191.
[2] 肇庆市司法局.解读《民法典(人格权编)》[EB/OL]. http://www.zhaoqing.gov.cn/zqsfj/gkmlpt/content/2/2509/post_2509260.html#5102.[访问时间:2021-10-12]
[3] 华律网.民法典的人格权包括哪些[EB/OL]. https://www.66law.cn/laws/1479889.aspx.[访问时间:2021-10-12]
[4] 王泽鉴.人格权的具体化及其保护范围·隐私权篇(上)[J].比较法研究,2008(06):1-21.
[5] 王利明.体系创新:中国民法典的特色与贡献[J].比较法研究,2020(4):1-13.

1. 人格权的享有制度

人格权的享有制度是指法律通过对权利的正面确认来规定民事主体所享有的人格权利。[1] 不同于侵权法，民法典人格权编是权利法，会对权利主体、范围、内容、效力等做出清晰且明确的规范。例如，民法典第 990 条明确定义了民事主体固有的或被法律所赋予的具体人格权利：

> 人格权是民事主体享有的生命权、身体权、健康权、姓名权、名称权、肖像权、名誉权、荣誉权、隐私权等权利。

这些权益不得放弃、转让或继承，[2] 但主体逝世后，其直接或近亲属有权依法追究侵权者民事责任。[3]

2. 人格权的行使制度

人格权的行使制度体现在民法典对于民事主体在权利行使过程中与他人发生关系的规范。人格权编第 993 条指出，民事主体可以依法依规允许他人使用自己的姓名或名称、肖像等。若有利于公众利益，有关主体也可在新闻报道、舆论监督等过程中合法合理使用民事主体有关信息。[4]

3. 人格权的保护制度

人格权的保护制度旨在明确因侵权行为而产生的主体双方权利义务关系。[5] 法律会综合多方因素判定侵权者的民事责任，并按照民法典第 995 条保障受害人的合法权益：

> 人格权受到侵害的，受害人有权依照本法和其他法律的规定请求行为人承担民事责任。受害人的停止侵害、排除妨碍、消除危险、消除影响、恢复名誉、赔礼道歉请求权，不适用诉讼时效的规定。

若行为人拒不履行有关判决，法院还可通过公开发布有关信息或文件等方式执行，相关费用由行为人承担。[6]

同时由于人格权的特殊性，为保障受害人合法权利，民法典还规定，受害人对人格权侵权事件的诉讼不受诉讼时效的限制。而且，若被侵权者有证据证明民事主体存在或即将产生相关侵权行为，侵犯自身人格权益，可以依法申请阻止对方有关行为。[7]

---

[1] 尹田.论一般人格权[J].法律科学.西北政法学院学报,2002(04):11-18.
[2] 民法典第 992 条.
[3] 民法典第 994 条.
[4] 尹田.论一般人格权[J].法律科学.西北政法学院学报,2002(04):11-18.
[5] 民法典第 999 条.
[6] 民法典第 1000 条.
[7] 民法典第 997 条.

二、文创人格权内涵解读

在设计和制作文化创意内容过程中必然要与人打交道,如邀请演员进行影视创作,在摄影、雕塑创作中涉及名人或素人的形象,在产品中插入著名 IP 形象等。因此,各主体在进行文创内容创作时都需要严格遵守有关人格权的法律规范,保障参与或合作的自然人、法人、非法人组织的合法人格权益,保证主体自身的长远发展利益。对照人格权的一般定义,结合文创行业特点,我们需要特别关注人格权主体、人格权的开放保护模式以及人格权的绝对请求权 3 个方面。

(一) 人格权主体

民法典人格权编中延续了我国民事立法对权利主体规范的一致性态度。[1]法律明确规定了人格权的民事主体为自然人、法人以及非法人组织。其中,自然人享有除"名称权"外所有合法人格权益,而法人以及非法人组织则享有"名称权""名誉权"以及"荣誉权"。

在文创行业中,不同民事主体以不同的形态、不同的商业模式运作于各个产业之间,它们可能是行业的临时参与者或个体工作者,也可能是中小型组织或大型企业、跨国公司等等。[2]在运营过程中,这些主体可能涉及的具体人格权主要包括"姓名权""名称权""肖像权""名誉权"等。因此,个人、组织或企业在创作、宣传过程中应时刻注意生产内容是否侵犯他人人格权益,不得擅自使用自然人姓名、肖像或组织名称,不得恶意侮辱、诽谤他人名誉,在尊重他人人格的同时,也能保障自身的长久商业利益。

2020 年年底,最高法院对于迈克尔·杰弗里·乔丹(Michael Jeffrey Jordan)与国家知识产权局和乔丹体育股份有限公司关于"乔丹体育"商标争议作出终审判决,明确乔丹体育商标侵犯美国篮球明星乔丹的在先姓名权,应停止使用企业名称中"乔丹"二字,以及企业涉及"乔丹"的商标。该案件的最终判决引发网友的广泛关注,这场历时 8 年之久的商标之争见证了我国法律对于民事主体人格权益的持续发展与重视。

(二) 人格权的开放保护模式

人格权的开放保护模式是指法律通过确认对民事主体一般人格权利的保护已达到按侵权法保障更多元人格权益的目的。[3]民法典人格权编中对于一般人格权利的确认正是法律对人格权益保障的兜底依据,[4]意味着即便案件涉及的人格权利超出人格权编所罗列出的具体人格权范围,法院仍可依据一般人格权益对案件作出判决从而保障民事主体的人格权益,进而弥补因法律滞后性而带来的人格权体系规范的不完整性。未来,技术的高速发展必将带来传统人格权利在新技术形态下的升级、转型和异化。民法典对于一般人格权利的保护,在一定程度上体现了法律在人权保护上的超前性。

文化创意行业是与技术紧密结合的行业,大量优质文化创意内容的诞生都离不开先进技

---

[1] 温世扬,李运达.从民事单行法到《民法典》:守成与创新[J].江西社会科学,2020,40(12):134-147,256.
[2] 魏鹏举.文化创意产业导论[EB/OL]. https://wenku.baidu.com/view/a13371c8ef06eff9aef8941ea76e58fafbb045a5.html.[访问时间:2021-10-12]
[3] 金耀.个人信息私法规制路径的反思与转进[J].华东政法大学学报,2020,23(5):75-89.
[4] 王利明.体系创新:中国民法典的特色与贡献[J].比较法研究,2020(4):1-13.

术的支持。继《唐宫夜宴》《洛神水赋》相继出圈后,2021年河南卫视推出的七夕档《龙门金刚》再次得到网友的广泛好评。视频制作过程中,导演组采用了三维建模、电脑着色等技术,将舞台表演与龙门石窟实景相结合,并利用增强现实技术包装视频,[1]最大限度地复原并呈现了大气端庄的中州文化。我们可以大胆预测,在可见的未来,人格权对文创产业的保护将随着技术的发展延伸进以"元宇宙"为代表的虚拟世界。

(三) 人格权的绝对请求权

民法典第995条规定,当民事主体的人格权受到侵害后,受害人可以在任何时间提起诉讼,不受诉讼时效限制,侵权者也不得以超过诉讼时效为理由进行抗辩。从该法条可以看出,法律允许被害人因为年龄、阅历、经历等原因落后于侵权行为发生时间提起诉讼,体现了我国法律对民事主体人格权益的特殊保护。

在文化创意产业中,文化创意内容的传播需要渠道和时间,被侵权者可能无法及时发现文创内容对自己合法权益的侵害。人格权的绝对请求权保障受害者在发现并意识到自己的姓名、肖像或名誉被侵害后,仍能利用法律武器维护自身人格权益的权利。因此,参与文化创意产业制作、生产的个人或组织在创作过程中,不可因为产品或内容传播影响力有限而对自身侵权行为抱有侥幸心理,违法侵权行为终将受到应有的处罚。

部分中小型生产商显然低估了法律保护民事主体人格权的决心。2019年,明星董璇在多家线下超市发现广州市凯维斯化妆品有限公司在代言协议停止后仍在其后续(2017年之后)生产的染发膏产品上使用了自己的肖像和姓名。董璇于2021年向法院提起诉讼,虽然时间已超过民法典规定的3年有效诉讼期,但法院仍依法对侵权人的侵权行为作出了合理判决。[2]。

三、文创产业中人格权与著作权的潜在冲突

权利的冲突是现实世界中存在的一个确定的法律现象。当不同行为主体针对同一客体享有不同权利时,权利间的矛盾与冲突就有可能存在。

目前,学界对于文化创意产业并不存在一个统一定义,但基本认同文化创意产业与知识产权间的强关系。因此,文创产业创作端生产出的文创内容与产品也将受到著作权法的保护。当文创内容与产品涉及其他民事主体时,相关内容或产品也需要保障他人人格权等合法权益。若双方在文创作品的制作、发表等问题上无法达成共识,那么权利的冲突就产生了。

(一) 产生冲突的三要素

判断人格权与著作权间是否产生冲突主要考虑以下3个要素:客体重合、主体相异以及权利内容不相容。[3]

---

[1] 齐鲁晚报.《龙门金刚》再度惊艳,传统+科技的"国风"可以这么美[EB/OL]. https://baijiahao.baidu.com/s?id=1708226883762018004&wfr=spider&for=pc.[访问时间:2021-10-12]
[2] 北京市第三中级人民法院.广州市凯维斯化妆品有限公司与董璇二审民事判决书[EB/OL]. https://wenshu.court.gov.cn/website/wenshu/181107ANFZ0BXSK4/index.html?docId=d9d61450533644b08803ad5f000b2482.[访问时间:2021-10-12]
[3] 余梦成.著作权与人格权的冲突与协调[D].上海交通大学硕士学位论文,2014.

1. 客体重合

权利冲突的基础在于客体重合，只有当多个权利指向同一客体时，才有可能产生权利冲突。在文创产业中，当制作方依法依规设计、创作出某个文创内容时，就被法律赋予了著作权，若此文创内容中包含其他民事主体，通常并非创作者本身，则该作品也需要为作品参与者的人格权负责。此时，两种不同的权利就有了统一的权利客体。

2. 主体相异

主体相异体现于存在冲突的权利必然拥有不同的权利主体。若权利主体为同一人，冲突就没有了诞生的土壤。只有当主体不同时，两者的权利才有可能因为双方诉求的不同而产生冲突。在文化创意产业中，作品相关方可能认为具体文化创意产品侵犯了其肖像权、名誉权、隐私权等人格权益，而创作方认为产品的发布属于其作为著作权人应有的发布权利。由此，针对同一文创产品客体，人格权和著作权的权利主体不同。

3. 权利内容不相容

权利内容不相容是指产生冲突的民事权利无法同时满足，即一方权利的行使必然导致另一方权利受到侵害。比如，在上述情况下，若创作者执意实行文创产品发布权，则作品相关方的人格权益就难以得到保障。若作品相关方想保障自身姓名权、肖像权等合法权益，相关文创产品就无法创作并发布。可见两个主题不同的权益诉求无法同时满足。

当一个案例满足以上3个要素，无论各民事主体是否主张自身权利，权利冲突都将产生。

(二) 文创产业中冲突的表现形式

我国民法典中罗列的具体人格权主要分为三大类：物质性人格权（生命权、身体权、健康权），精神性人格权（名誉权、荣誉权、隐私权），以及标表性人格权（姓名权、名称权、肖像权）。不同类别人格权和著作权产生冲突时，会存在不同的表现形式。

1. 物质性人格权与著作权冲突

物质性人格权和著作权产生冲突在文创产业中是极其少见的，同时，由于物质性人格权与人的生存紧密相连，两者产生冲突时，物质性人格权绝对优于著作权。因此，在文创作品创作过程中，不得以损害合作者的生命或身体健康为代价，意图达成特定艺术效果。

2. 精神性人格权与著作权冲突

在文创产业中，精神性人格权和著作权的冲突主要包含两个角度，一个是文创作品本身是否侵犯民事主体名誉或隐私，另一个则是文创作品著作权维权时是否侵犯隐私权等人格权益。大部分文创作品或多或少会受到真人真事的启发或参与，前者关键点在于，在未经当事人允许的情况下，文创内容是否会让公众普遍将其与当事人联系在一起，或者是否存在披露当事人隐私或诽谤污蔑等情况。但这方面各要素的判断标准较为模糊，需要结合事件实情进行分析。

3. 标表性人格权与著作权冲突

文化创意产业中，标表性人格权和著作权的冲突可以说是最普遍的。在摄影、绘画作品中未经允许呈现了模特的外貌或明显体征，这是著作权和肖像权的冲突；在文学、影视、戏剧作品中使用了某人姓名以及与其相关的典型性经历，这可能涉及著作权和姓名权的冲突；在文创广告中擅自使用其他企业或组织 logo 等象征标识,则会引发著作权和名称权的冲突。随着技术的快速发展,标表性人格权和著作权的冲突可能会呈现出更多元的表现形式。

(三) 协调冲突的一般原则

在协调人格权和著作权的冲突时,首要的一点是保障人身权利,这也是所有法律法规的基础。著作权虽由著作人格权和著作财产权构成,其法律仍然以保护著作财产性权益为核心。人格权是人生来所固有的权利,是一个人生存的根本。因此,当较为明显的人格权和具有较强财产性的著作权产生冲突时,人格权将优先得到保护。[1] 若著作权的财产性并不明显,而且文创作品人格权侵权行为也不明确,法律应协调创作者、人格权权利人和社会公众三方利益,作出合理判决。以下这个案例正是上述原则的现实印证。

2006年,王某璇(女)和王某峥(男)进入恋爱关系,恋爱期间,在王某璇同意的情况下,王某峥拍摄了女方裸照并绘制成油画。此后几年间,男方将以女方部分裸体照片为底本创作的油画作品寄送参展,甚至在网上公开售卖。2011年,女方才从流言中发现此事,并将男方诉讼至法院。此次案件引发了大众对于人格权与著作权冲突的广泛讨论。该案件中男方的一系列行为明显以提高自身名气从而获取更高利益为目的,作品著作权具有强烈的财产性。相关油画作品又明显呈现出了女方面部特征,作品内容及有关行为严重侵害了女方的肖像权、隐私权以及名誉权,因此,法院最终判定女方胜诉。

第二节 | 文创与姓名权

本节开始,将对人格权与文创产业间的联系进行分别的阐述。上文介绍的人格权包含多个自然权利,包括姓名权、肖像权、名誉权、隐私权等。其中,最重要的就是姓名权,姓名权是人出生就被赋予的权利,下文将探究其概念与定义,对文创产业的法律效用,以及未来文创从业人员需要在姓名权领域注意怎样的风险规避。

一、姓名权的法律定义

姓名权作为人格的利益之一,是特殊的被正面赋权的权利之一,在不同的法律体系中,姓名权有着不同的定义与内涵。在德国的法律体系建构中,姓名权被认为是积极意义上的权利,不同于其他人格利益的"防御性法益"。在中国,姓名权也被认为是赋予的权利,而如何定义则更为复杂。

(一) 姓名权的概念

姓名究其本质而言是符号,由姓与名所组成,就中国来看,个体的名一般由家庭中的父母

---

[1] 余梦成.著作权与人格权的冲突与协调[D].上海交通大学硕士学位论文,2014.

或长辈根据某些理念或想法而定,而姓则更多是继承家族的姓氏。根据民法典第1015条,也有例外情况。

> 《中华人民共和国户口登记条例》第七条 婴儿出生后一个月以内,由户主、亲属、抚养人或者邻居向婴儿常住地户口登记机关申报出生登记。弃婴,由收养人或者育婴机关向户口登记机关申报出生登记。

姓名权的概念在我国民法典中有明确的阐述,其第1012条规定:"自然人享有姓名权,有权依法决定、使用、变更或者许可他人使用自己的姓名,但是不得违背公序良俗。"

由此可以看出,姓名权是自然人对自己姓名的专用权利以及使用或者更改的自由决定权。[1] 姓名权被划入人格权的范畴,其原因在于姓名权可以作为标识自然人存在的符号,与自然人之间存在紧密的联系。在文创产业中,姓名权也是项非常重要的权利。在文创产业中出现姓名时,可以帮助人们在理解或者法律交往中互相识别。这种识别功能同样赋予了姓名特殊的意义,对于名人来说,姓名成为其人格象征,具有代表的功能,并对受众产生影响,也因此产生了姓名权保护的议题。在法律体系不完善的时期,第三者非法侵害姓名权的事件频发,因此,姓名权逐渐走入了人们的视野,并被认可为人格权保护中重要的环节之一。

(二)姓名权的意义

姓名权在长时间运用的过程中潜移默化地刻上了自然人的烙印,姓名权不仅代表着自然人决定、使用和更改姓名的决定权,更承载着自然人的个性与意志,并起到了"未见其人先闻其名"的效果。相对应地,姓名权也意义深远,就分类而言,姓名权的意义大体可以分为3类。

1. 生活意义

在生活方面,姓名极大程度地方便了人们的交往,借助姓名人们得以结交更广泛的朋友,建立更加稳固的朋友圈,做到实时信息互通。姓名作为自然人的抽象存在,让自然人即使无法亲临现场,也可以借助姓名这一符号进行谈论与沟通,与他人产生自然的区别。在文创领域,无论在商业的运用抑或日常的交往中,姓名权都是时刻存在的自然人权利。当涉及商业运用时,则更多地与司法意义相结合,此处不赘述。

2. 私法意义

在私法层面,姓名权的存在让商业合作更加可靠而高效,商业中企业与企业、品牌与品牌之间的合作可以通过协议、契约、责任承担等确认合作双方需要承担的法律责任以及义务。在商业使用上,姓名权也保证了自然人姓名不会遭到滥用,尤其名人的姓名权问题是商业使用中的重灾区。文创产品中也会存在名人效应、姓名带来的利好效应,然而在运用的时候一定要注意姓名权的使用规范,合理使用从而避免不必要的法律风险。姓名权与个体的联系非常紧密,因此,它与个体的个性、尊严、名誉等抽象概念有着不可分割的关系。姓名权的存在让个体意志的自由发展、名誉的积累和信用等有了存在的可能。

---

[1] 李永军.论姓名权的性质与法律保护[J].比较法研究,2012(1):24-39.

3. 公法意义

在公法层面,不难理解姓名权对整个社会和国家治理的功用。国家税收、征兵、生育政策等一系列有关于公民的政策和管理制度,都与姓名不可分割。基层政府管理的方式就是基于姓名对人口进行排查。姓名权也让国家的法律体系得以正常实施,姓名可以作为追溯个体过去犯罪记录、信用记录等等一切违法犯罪行为的基点,为组织、单位和个人提供充分的信息来判断个体的身份和人格。

二、文创姓名权内涵解读

姓名权在文化创意产业的情境下又有不同。法律的核心万变不离其宗,但法律针对的对象和行为会根据文化创意产业的特色而有所不同。比如,民法典中规定了对"笔名、艺名、网名、译名、字号、姓名和名称"[1]等姓名权和名称权的保护。

(一)文创姓名权法律责任规定

姓名权中包含了多项内容,包括自我命名权、姓名使用权、改名权,其权利细分也包括姓名决定权(也即命名权)、姓名变更权以及姓名使用权。进入文创的环境时,个体的这部分权利涉及较少,本文不进行深入阐述。

对姓名权的侵害在法律的体系中属于非财产损害,主要以精神损害为内容,具体财产损害较少,这也是由于姓名权属于人格权利范畴而非财产利益范畴。但需要注意的是,虽然姓名权侵权行为与财产并无直接的关系,但会间接地导致自然人财产损失。在这一层面,根据最高人民法院关于确定民事侵权精神损害赔偿责任的司法解释,姓名权受到侵害的有权利申请精神损害抚慰金:

> 《最高人民法院关于确定民事侵权精神损害赔偿责任若干问题的解释》第五条 精神损害的赔偿数额根据以下因素确定:
> (一)侵权人的过错程度,法律另有规定的除外;
> (二)侵权行为的目的、方式、场合等具体情节;
> (三)侵权行为所造成的后果;
> (四)侵权人的获利情况;
> (五)侵权人承担责任的经济能力;
> (六)受理诉讼法院所在地平均生活水平。

姓名权的侵权行为属于民事责任,对文创产品进行商业使用时需要多加小心,如2019年,一家名叫"金海华赫本时光"餐厅所产出的公众号被告侵犯奥黛丽·赫本(Audrey Hepburn)的姓名权,最终被判侵权并赔偿,这就是忽视了在文创领域对姓名权的法律责任。

---

[1]《中华人民共和国民法典》第1017条。

（二）侵权行为构成要件

改名权中，存在影响商业合作的侵权行为。

（1）干涉他人决定、使用、改变姓名。

（2）盗用他人姓名。盗用他人姓名指的是未经他人同意或授权，擅自以他人的名义实施某种活动，以抬高自己身价或谋求不正当的利益。

（3）冒用他人姓名。冒用他人姓名指的是使用他人的姓名，冒充他人进行活动，以达到某种目的。

盗用和冒用姓名的区别是，盗用主要指盗取某人姓名，自己不一定扮演姓名者本人。如 A 盗用 B 的姓名，向 C 说自己是 B 的好友，骗取 C 的信任从而获得某种利益。冒用则是冒用某人姓名，自己扮演的就是姓名者本人。如 A 说自己就是 B，进行欺骗从而获得某种利益。姓名权属于具体人格权，指自然人享有的决定、变更和使用其姓名的权利。姓名包括登记于户口簿的正式姓名，也包括艺名、笔名等非正式姓名。

总体来说，姓名权的侵权行为主要表现在姓名的使用权上，如 1995 年开播的《何嫂五分钟》节目风靡全国，一时间受到了众多人的喜爱。然而由于当时关于姓名权的法律体系尚未完善，出现了以"何嫂"为商标的家庭洗涤用品、周边产品等一系列抢注或未经授权使用的行为，并获得了较好的商业收益，极大侵害了该节目的声誉和形象。

三、文创产业姓名权应用

（一）文创产业应用范围和规则

显而易见，民法典对于姓名权和名称权的规定清晰而完备。在文创行业中，我们需要在实际应用中坚持两大使用原则。

1. 先授权再使用

文创作品中，在出现自然人的姓名和法人的名称时，我们都需要提前从相关民事主体处获得明确的授权，比较合理的方式是获得民事主体的授权书或者与之签署授权协议。其约定可以是一次性的一事一议也可以是框架性的约定。如举办艺术品展览时，将相关支持单位的名称列在现场展板、新闻报道和门票介绍中，以及把艺术家的姓名作为宣传亮点打造时，都需要事先获得授权。

2. 尊重原始署名权要求

这一点与著作权法相一致，即原创作者作品发表时的署名方式应与其要求相符合。无论在具体署名时使用的是自然人个人的姓名、机构的名称，还是相应的笔名、艺名、网名等，只要符合民法典第 1017 条规定的范围，都应该以原创作者意愿或者其他明确的协议约定为准。

（二）文创产业中风险规避与典型案例

一般来说，在文创行业中违反"先授权后使用"的场景比较多。在较多的案件中，被告方正是触犯了"先授权后使用"的原则而受到法律的审判。下文中关于某餐厅自营公众号被告侵犯姓名权的案例就是经典的未经授权而使用的案例。

 研读材料

卢卡·多蒂、苏州工业园区金海华餐饮管理有限责任公司人格权纠纷案

江苏省苏州市中级人民法院　（2019）苏 05 民终 7190 号

1. 基本案情

奥黛丽·赫本于 1993 年 1 月 20 日在瑞士去世，卢卡·多蒂（Luca Dotti）于 1970 年 2 月 8 日出生，为奥黛丽·赫本所生子女。后卢卡·多蒂发现金海华公司经营餐厅的店名、餐厅内大堂、包厢、菜单、宣传单等均多处使用了奥黛丽·赫本的照片及姓名。同时，经公证发现名称为"金海华赫本时光"的微信公众号（账号主体：苏州工业园区金海华餐饮管理有限公司金海华玲珑会所）中存在多篇关于奥黛丽·赫本的宣传文章，多处使用了奥黛丽·赫本的姓名与照片。

2. 法院裁判要旨

（1）关于本案涉外民事法律的查明和适用。根据《中华人民共和国涉外民事关系法律适用法》第 44 条，侵权责任，适用侵权行为地法律，但当事人有共同经常居住地的，适用共同经常居住地法律。因此，本案应适用中华人民共和国法律。

（2）我国司法解释已对死者人格利益给予延伸的民法保护。自然人的民事权利能力始于出生，终于死亡。卢卡·多蒂作为奥黛丽·赫本近亲属，享有请求侵权人承担侵权责任的权利。

（3）金海华公司经营的"赫本时光"餐厅店名、内部装潢、餐厅菜单、宣传材料等在本案诉讼前大量使用奥黛丽·赫本姓名、肖像，两者相互结合，明确、唯一指向奥黛丽·赫本。金海华公司以营利为目的对奥黛丽·赫本的姓名、肖像予以商业化利用，虽有别于侮辱、诽谤、贬损、丑化的侵权方式，但其本质上仍属于未经过死者生前授权、许可或死者近亲属同意且以营利为目的的擅自使用，上述行为放任相关公众误认为金海华公司经营餐厅与奥黛丽·赫本存在特定联系的损害后果产生，而且金海华公司据此获得经济利益，属于侵害死者人格利益的侵权行为。

该案例涉及了奥黛丽·赫本这一名人的姓名权与肖像权，虽然奥黛丽·赫本已故，但其仍然具有延伸的人格利益，其亲属享有请求侵权人承担侵权责任的权利。该餐饮店对其姓名在未经许可和授权的前提下进行商业用途使用，并获得了一定的商业利益。该商业利益与姓名权的侵权行为存在特定联系，因此损害后果成立。

第三节　文创与肖像权

肖像权是与姓名权较为接近的人格权范畴的细分权利之一，它在文创领域中也经常出现，无论在商用意图、广告运用还是其他场景中都有肖像权的身影。但肖像权的本质、定义以及权

能,包括在文创产业领域下的应用和法律风险都尚未明晰,亟待进一步的梳理与整合。

一、肖像权的法律定义

我国民法典中,"人格权"独立成编,拥有了专属的法律体系,其中对肖像权保护的内容、定义、权利范围、法律侵权认定、使用规则和原则等都有了系统性的规定,肖像权有了更完善的法律保障。

(一)肖像权的概念

肖像是一个抽象概念,它必将依托于某一固定载体之上,而且必须具有可识别性才能被认为是肖像。在法律层面,民法典颁布之前,肖像权一般指的是通过绘画、照相、雕刻、录像等方式把自然人的外貌在物质载体上再现的视觉形象,多强调自然人的外貌形象。[1]民法典第1018条规定如下:"自然人享有肖像权,有权依法制作、使用、公开或者许可他人使用自己的肖像。肖像是通过影像、雕塑、绘画等方式在一定载体上所反映的特定自然人可以被识别的外部形象。"

因此,肖像权从主要以面部为中心的概念扩展为具有可识别性的外部形象,肖像延伸的动漫形象、虚拟形象、游戏人物形象、背影、剪影、群像中的个体肖像乃至声音都可以纳入肖像的范畴。因此,运用目前文创行业较为火爆的虚拟IP和虚拟形象技术时需要仔细斟酌,深度伪造技术的侵权案件屡见不鲜,AI换脸所选取的肖像文本若使用了含有权利人面部特征的图片、视频,并具有可识别性,就会卷入侵犯肖像权的漩涡。

(二)肖像权的权能

肖像权如姓名权一样保护的是人格的一部分,其客体为自然人的肖像利益,即自然人对特定肖像利益享有权利。在特殊情况下,如集体肖像、死者肖像利益的保护等案件中,法律也倾向于保护肖像权延续的近亲等人的精神利益与财产利益。[2]就人格权的属性而言,保护自然人的精神利益是肖像权保护的核心,而其带来的财产价值则是在商业环境下产生的派生利益。

肖像权的具体内容也分为积极权能与消极权能。

1. 积极权能

我国民法典第1018条规定:"自然人享有肖像权,有权依法制作、使用、公开或者许可他人使用自己的肖像。"

这规定了肖像权具有积极的权能,即制作权能,权利人有权决定制作或不制作以及允许或禁止他人制作自己的肖像。[3]无论制作肖像还是展示肖像、公开肖像,都是使用肖像的表现形式之一。民法典第1022条指出,权利人与商业合作公司关于肖像权的使用是通过肖像许可使用合同完成的,理解有争议、期限约定不明确或肖像权人有正当理由的,可以解除肖像许可使用合同,但需要在合理期限之前通知对方。这一特殊规定突出了肖像权的许可使用仅代表

---

[1] 刘洁.从民法典"人格权"编看肖像权保护与新闻侵权[J].中国记者,2020(9):79-81.
[2] 张红.死者生前人格上财产利益之保护[J].法学研究,2011(2):13.
[3] 王利明.人格权法研究[M].3版.北京:中国人民大学出版社,2018:424.

使用权的让渡,但肖像权的使用让渡并非永久的分离。这一规定保护了肖像权利人的利益,根据民法典第1022条,有正当理由的,如不可抗力导致合同目的不能实现、迟延履行、对方根本违约等情形,权利人可以解除合同。但需要注意的是,第1022条规定"因解除合同造成对方损失的,除不可归责于肖像权人的事由外,应当赔偿损失"。

但在文创产业中,很多商家看重名人肖像背后的巨大流量与商机,冒着违法的风险未经许可运用名人的肖像制作相关商品,如2018年厦门J大侠中华料理餐厅,由于其浓厚的周杰伦元素,包括其装修、菜品、菜名以及背景音乐等与周杰伦的结合,迅速成为一家爆火的网红店,收获了众多周杰伦粉丝的光顾,但却被周杰伦以侵犯肖像权及姓名权为由起诉(见图5-1)。

周杰伦方表示,无与伦比公司(即J大侠中华料理餐厅的实际经营者),在未经周杰伦许可的情况下,擅自使用其肖像进行商业行为,包括经营场所的设计装潢、网络营销和宣传噱头以及菜品包装等,其中涉及周杰伦肖像权的包括餐厅电子屏、菜谱、菜品名称等。该案又涉及餐厅实际经营者曾与北京魔天伦餐饮管理有限公司签订的J大侠中华料理餐饮加盟协议书等复杂问题,因而目前尚未得到定论,但这也给文创产业从业者敲响警钟:名人肖像虽能带来巨大效益,但合法合规的使用才是长久发展之道。[1]

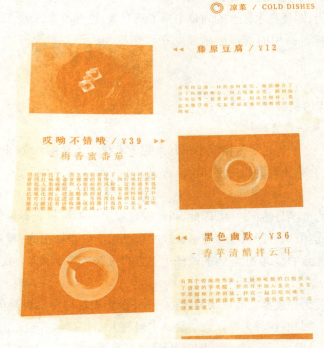

图5-1　J大侠中华料理餐厅菜谱
(图片来源:周杰伦起诉餐厅侵权,姓名、肖像被侵权如何维权?[EB/OL]. http://www.bjnajie.com/a/banquandengjixinwen/6149.html.[访问时间:2021-12-15])

---

[1] 周杰伦起诉餐厅侵权,姓名、肖像被侵权如何维权?[EB/OL]. http://www.bjnajie.com/a/banquandengjixinwen/6149.html.[访问时间:2021-12-15]

2. 消极权能

肖像权的消极权能则在民法典第1019条中明确规定：

> 任何组织或者个人不得以丑化、污损，或者利用信息技术手段伪造等方式侵害他人的肖像权。未经肖像权人同意，不得制作、使用、公开肖像权人的肖像，但是法律另有规定的除外。
>
> 未经肖像权人同意，肖像作品权利人不得以发表、复制、发行、出租、展览等方式使用或者公开肖像权人的肖像。

这部分突出了肖像权作为人格权的细分权利，需要保障权利人的精神利益，包括第1019条中提及的禁止他人丑化污损，或者利用信息技术手段伪造等进行肖像侵权行为。根据法益位阶，作为被民法保护的人格权之一的肖像权具有优先保护的地位。在《国家版权局关于对影楼拍摄的照片有无著作权的答复》中，这一优先地位有着较为明显的规定，其第三项规定："由于照片还可能涉及顾客的肖像权，因此影楼在行使著作权时应遵守民法通则第一百条的规定，即营利性使用照片，须事先取得肖像权人的许可。"

该规定可解释为，即便征求顾客的同意拍摄了其肖像，也并不意味着可以自行将其肖像公开甚至商用。公开或者商用的前提必须建立在肖像权利人已知并允许的基础上，才能合法使用。

二、文创肖像权内涵解读

（一）文创肖像权法律责任规定

民法典第995条详细规定了人格权中权利人的请求权。下文结合文创的特性以及肖像权侵权行为要素，主要介绍4种责任规定和承担方式。

1. 停止侵害

肖像权侵权行为可能是持续性的，因此，肖像权侵权案件中权利人有权要求侵权人停止侵害肖像权的行为。比如，未经同意将侵犯肖像权的作品用于广告播出的，权利人有权要求停止播出该广告。值得注意的是，停止侵害的责任承担方式可以与其他承担方式并用。

2. 赔礼道歉

侵犯肖像权的行为一般都会有一定程度的传播，在传播过程中不可避免地对肖像权人的精神利益有所侵害。因此，权利人可以向法院请求侵权人赔礼道歉。赔礼道歉的方式有多种，可以当面道歉，也可以通过不同媒介如报纸、网络等刊登道歉声明。如陈莎莎案中，经法院审理，原告要求被告赔礼道歉的行为于法有据，被告未经原告同意在网络中传播其肖像，构成了对原告肖像权的侵犯，理应承担相应的责任。

3. 消除影响、恢复名誉

消除影响和恢复名誉的责任承担方式多出现于名誉权侵权案件，肖像权侵权案件中，该类责任承担方式的应用多见于侵害肖像权或侵害死者肖像利益等情形中。如周海婴诉绍兴越王珠宝金行侵犯鲁迅肖像权一案,被告未经同意将鲁迅肖像印在销售的金卡上,违背了鲁迅生前的意志。其子周海婴诉请恢复名誉并进行赔礼道歉。值得注意的是,消除影响、恢复名誉这一责任承担方式较难以单独的责任承担方式出现,往往结合赔礼道歉等相关的责任承担方式共同达到消除影响、恢复名誉的目的。

4. 赔偿损失

损失赔偿责任在民法典"肖像权"一章中未明确规定,因此,侵害肖像权的赔偿损失责任承担方式适用人格权的一般规定。赔偿损失一般可分为财产损害赔偿和精神损害赔偿。财产损害赔偿经常发生在商业环境下,如广告侵权等,但由于目前民法典未明确规定肖像权的赔偿损失,如何在具体案件中确定这一损失以及其应该赔偿的金额是众多肖像权侵权案件的关键。[1]

(二)侵权构成要件

根据民法典关于肖像权的若干规定可以得出,侵害肖像权之构成要件包括以下4项。

1. 侵犯或妨害肖像权的行为

即存在未经许可使用权利人肖像或丑化、污损,或者利用信息技术手段伪造权利人肖像的行为。

2. 肖像权侵害之后果

该后果根据人格权的精神利益和财产利益可以分为两方面:一方面,权利人的精神损失是否对其名誉、个人意志和个性产生严重影响;另一方面,财产利益上,是否对肖像进行了违法商用,并获得了一定商业收益。

3. 二者具有因果关系

因果关系是判断权利人是否被侵犯肖像权时非常重要的一个环节,只有侵犯肖像权和产生结果之间存在必然联系和因果关系,才能认为肖像权的违法使用造成了严重后果并需要进入司法程序进行审判。

4. 未经肖像权人授权或同意

此前,《中华人民共和国民法通则》第100条确认"营利目的"为肖像侵权责任之要件。在这一规定下,对于非营利目的的肖像权使用无法追责。很显然,这与民法典的规定相冲突,因此,法院判决时会将商业运用和营利目的作为考虑因素之一,但使用肖像进行侮辱、诽谤和诬告陷害的,无须营利目的即构成侵权。

在业界,有些案例就因为上述这4项构成要件中有一项或若干项未达标而败诉,如叶璇诉安贞医院、交通出版社、广告公司肖像权纠纷案中,原告称医院和交通出版社存在用她治疗的照片作为病案广告的现象,并且已经十几次刊登该照片,侵犯了其肖像权。被告以刊登的广告照片中人物的眼睛被遮挡,肖像只占海报的很小部分,而且被告未直接通过该照片营利,反驳

---

[1] 张红.民法典之肖像权立法论[J].学术研究,2019(9):11.

叶璇。最终,法院认可被告三方运用了叶璇的照片,但由于照片不具有可识别性,判决原告败诉。[1] 在此案件中就可以看到,侵犯或妨害肖像权的行为是判定是否侵权的重要构成要件之一,在文创产业进行广告、营销等形式的宣传时,也需要注意选用的照片是否存在可识别性问题,以判断是否侵害了他人的肖像权,及时规避法律风险。

三、文创产业肖像权应用
(一) 文创产业肖像权应用规范和规则
民法典第1020条规定了肖像权的合理使用原则:

> 合理实施下列行为的,可以不经肖像权人同意:
> (一) 为个人学习、艺术欣赏、课堂教学或者科学研究,在必要范围内使用肖像权人已经公开的肖像;
> (二) 为实施新闻报道,不可避免地制作、使用、公开肖像权人的肖像;
> (三) 为依法履行职责,国家机关在必要范围内制作、使用、公开肖像权人的肖像;
> (四) 为展示特定公共环境,不可避免地制作、使用、公开肖像权人的肖像;
> (五) 为维护公共利益或者肖像权人合法权益,制作、使用、公开肖像权人的肖像的其他行为。

具体而言,前4项都为具体使用场景进行解释,并为该类型的合理使用提供法律保障,包括新闻报道、履行职责、艺术学习、课堂分析、教学研究、为自身利益使用、介绍作品、馆藏为保存或陈列需要、工作单位、拍摄公共环境等,而第5项则是兜底条款。该条总结学理和审判实践经验,考虑与纳入各种类型,尽可能完善肖像权的合理使用范畴。

总而言之,合理使用的实质其实就是"正当使用","正当使用"可以从社会公共利益、商业性质利益等层面考量其使用的正当性。在社会公共利益层面,并非所有对社会有益的事物皆符合社会公共利益目的。"在公众人物与公共利益间,应根据公众人物的身份不同对其肖像予以不同程度的保护力度;就偷拍与公共利益而言,应谨慎'社会执法'之倾向。"[2]商业性质层面则相对简单,凡是商业性质的对他人肖像的使用,若未经许可,则合理使用必然不成立。但哪怕是非商业性使用他人肖像权的行为,如将某人的肖像放于洗手间用于区分性别,也是明显的侵权行为,因此,商业性质是非合理使用的充分非必要条件。

(二) 文创产业中肖像权风险规避与典型案例
若肖像权人有充足证据证明自己肖像权遭受侵害所造成的损失数额,则侵权人应依此数额进行赔偿。根据前文可知,民法典第1019条确立了获利视为损害的规则,符合完全赔偿原

---

[1] 叶璇诉安贞医院、交通出版社、广告公司肖像权纠纷案[EB/OL]. http://gongbao.court.gov.cn/Details/6486e038824. [访问时间:2021-12-15]
[2] 张红. 民法典之肖像权立法论[J]. 学术研究,2019(9):11.

则。据此,实践中肖像权人难以证明自己所遭受的损失,但侵权人获利相对容易证明的,可依此主张财产损害赔偿。有的法院因缺乏财产损失的事实证明而驳回经济损失赔偿诉求,如徐珂蒙案中,法院认为"因未提供证据证明经济损失的存在,对损失的真实性无法确认,故对原告的诉讼请求不予支持"。[1] 但被告"未经许可"侵害原告肖像权,怎能要求有利益分配约定? 因此,要考虑的只是赔偿数额而已。在难以确定侵权人具体获益数额时,法官应酌定赔偿数额,而不能因此拒绝受理案件或无理由驳回经济损失赔偿的诉讼请求。酌定赔偿数额应具体考量个案具体情节。结合现行法律规定,侵犯肖像权的经济损失赔偿的数额确定方法如表 5-1 所示。

表 5-1 侵犯肖像权经济损失赔偿数额确定方法 [2]

肖像权人经济损失:A 侵权人因侵权而获益:B 经济损失赔偿数额:C	情形	处理
	A>0,B=0	根据具体情节酌定 C,尽可能达成 C=A
	A=0,B>0	C=0,非法所得予以收缴
	A>B 或 A=B	C=A
	A<B	C=A
	A 难以确定	C=B
	B 难以确定	双方协议,否则根据具体情节酌定 C

研读材料

"葛优躺"侵权案落判 葛优获赔 7.5 万元

演员葛优曾在电视剧《我爱我家》中扮演纪春生,该角色在剧中将身体完全躺在沙发上的放松形象被称为"葛优躺",成为 2016 年网络热传的形象。

2016 年 7 月 25 日,艺龙网公司发布微博,文字内容包括直接使用"葛优躺"文字和在图片上标注文字,该微博共使用 7 幅葛优图片共 18 次。葛优认为该微博中提到"葛优"的名字,并非剧中人物名称,宣传内容为商业性使用,侵犯了其肖像权,遂将该公司诉至法院,要求其赔礼道歉并予以赔偿。

此后,艺龙网公司于同年 8 月 18 日删除了上述微博。2016 年 12 月 7 日,艺龙网公司未经葛优审核同意,在其微博发布致歉信,葛优认为该致歉信中艺龙网公司承认了侵权事实,但就此致歉实为再次利用其进行商业宣传,致歉没有诚意。

---

[1] 吉林省四平市中级人民法院(2015)四民一终字第 279 号民事判决书。
[2] 张红.民法典之肖像权立法论[J].学术研究,2019(9):11.

图 5-2　猫咪的"葛优躺"

（图片来源：深巷酒喵.田园橘猫大胖纸，不仅胖，而且还能压倒炕，猫界中的胖纸战斗机[EB/OL]. https://baijiahao.baidu.com/s?id=16618676413029794022&wfr=spider&for=pc.[访问时间：2022-07-08]）

一审法院经审理认为涉案微博侵犯了葛优的肖像权，艺龙网公司应当承担法律责任，判令艺龙网公司在其运营的微博账号公开发布致歉声明并赔偿葛优经济损失及维权合理支出共 7.5 万元。

判决后，艺龙网公司不服，诉至北京一中院。该公司认为，一审法院不应判决其在微博中赔礼道歉，而且赔偿数额过高。

北京一中院经审理后认为，该案争议焦点为一审法院判决艺龙网公司在其微博中向葛优赔礼道歉是否适当，以及一审法院认定的赔偿数额是否过高。

关于一审法院判决艺龙网公司在其微博中向葛优赔礼道歉是否适当，法院认为，赔礼道歉行为既是道德责任，也是法律责任，作为民事法律责任承担方式，法律赋予了其强制性的力量；当赔礼道歉作为民事责任承担方式以法院判决的形式作出时，能够更有效地平息当事人之间的纷争，并对社会形成行为指引，其起到的社会效果、公示效果及法律效果与当事人在诉讼之外的道歉显然不同。

因此，艺龙网公司认为其诉讼之外的主动道歉等同于法院判决赔礼道歉的观点不能成立。另外，赔礼道歉作为民事责任承担方式的一种，具有承认错误、表示歉意并请求对方谅解的功能，是对被侵权人内心伤害的一种填补，赔礼道歉的效果难以量化。

本案中，艺龙网公司确实发布了含有致歉内容的微博，但在葛优不认可该致歉微博且坚持要求法院判决赔礼道歉的情况下，法院认为，上述致歉微博不能达到相应的

> 致歉效果。故在艺龙网公司确实侵犯了葛优肖像权的情形下,一审法院判决艺龙网公司在其微博上公开发布致歉声明并无不当。
> 据此,北京一中院判决驳回上诉,维持原判。
> 资料来源:"葛优躺"侵权案落判 葛优获赔 7.5 万元[EB/OL]. http://www.xinhuanet.com/legal/2018-02/24/c_1122444750.htm.[访问时间:2021-12-15]

第四节 | 文创与名誉权

民法典第五章名誉权和荣誉权第一次系统地对名誉权进行立法,名誉权隶属人格权范畴,同时其又涉及多个问题,包括言论自由等,因此需要深度考虑其立法的意图与效果。在文化创意产业,名誉权侵权事件并不少见,特别是公众人物的名誉权在文创产品、文创广告中如何妥善处理是值得讨论的话题。

一、名誉权的法律定义

(一) 名誉权的概念与意义

民法典第五章第 1024 条规定:"民事主体享有名誉权。任何组织或者个人不得以侮辱、诽谤等方式侵害他人的名誉权。名誉是对民事主体的品德、声望、才能、信用等的社会评价。"

名誉就其定义而言,是指公众对某一主体的社会评价,通常名誉是指积极性的正面社会评价。名誉由多个要件构成,如主体的德行、声望、才能等评价指标,均受名誉权所保护。随着网络技术的不断发展,Web3.0 时代下,有学者提出在虚拟网络空间的"社会评价"也是个体名誉权的组成要件之一,应当受名誉权的保护。[1] 法人的名誉则区别于个体的名誉,属于商业名誉,包括相关的职业道德、商业信用、商品质量、服务体系等多方面的社会评价标准。[2]

名誉其实是一种较为内化的评判体系,它属于个体的内心自我感受,从其本质而言是指个体对于自我价值的评估与评价。但名誉感受损并不意味着名誉权受损,因为名誉权属于人格尊严的范畴,是一般人格权的客体。

(二) 名誉权的权能

根据民法典第五章第 1024 条,名誉权的权能属于消极防御权能:"民事主体享有名誉权。任何组织或者个人不得以侮辱、诽谤等方式侵害他人的名誉权。"

根据上文的定义,名誉权属于人格权、绝对权的类型,具有高度的支配性和排他性。

---

[1] 葛江虬.论网络虚拟名誉及其民法保护[J].河南大学学报(社会科学版),2017,57(4):11.
[2] 梁慧星.民法总论[M].北京:法律出版社,2009:96.

在有关名誉权的研究中,王利明教授认为名誉权包括保有权、利用权、维护权、排斥侵害的权利；[1]而张新宝教授则指出名誉权"是由民事法律确认的民事主体所享有的"。[2] 其他关于名誉权特点的研究论述也较多,除名誉权作为民事权利所共有的法定性、客体性以及作为具体人格权享有的绝对性以外,主体专属性也是名誉权的特点之一。

如 2012 年 5 月,最高院在处理汉王科技案时,更加明确且肯定地认为:"本案中,南开越洋对汉王科技、天津汉王提起计算机软件著作权侵权之诉,系法人之间的其他财产权益纠纷,属于仲裁法规定的可以仲裁的范畴。……本案系使用、复制、传播该协议约定的 TRK 计算机软件所引发的侵权纠纷,应受仲裁条款的约束。"[3]

二、文创名誉权内涵解读

（一）文创名誉权法律责任规定

名誉权的绝对性意味着需要为权利人排除对名誉权造成负面影响的行为,因而也有学者认为:"民事主体的名誉为社会评价,而社会评价源于社会公众之言论。言论可分为事实陈述和意见表达。"[4]

但在文创领域,名誉权的侵权问题较为模糊,最为突出的一点即二改产品的侵权定义,如今网络上同人小说、同人漫画盛行,然而这些嫁接在某些名人或某些形象上的二次创作是否涉嫌侵犯名誉权问题至今仍然未有定论,法律也尚未做出完善的规定。

（二）侵权行为构成要件

名誉权侵权行为构成要件包括以下 3 点。

1. 侵权行为

名誉权侵权行为包括侮辱、诽谤等方式。侮辱行为是指在公共场合中或可传播的场景中使用暴力手段或谩骂等贬低权利人人格和名誉的行为,概括来讲可以归为恶意的表达,如使用侮辱性词汇、肮脏的语言等。[5] 诽谤行为则是指编造事实并进行传播,故意损害权利人名誉,包括口头和书面两种形式,如捕风捉影地捏造他人私生活混乱、作风不良等败坏名誉之言行。[6] 诽谤行为必须要有第三人知悉。

2. 过错

过错则是指行为的违法性,考虑到实际侵权责任法应用的层面,过错还分为主观过错性和

---

[1] 王利明. 人格权法研究[M]. 北京:中国人民大学出版社,2018:472 - 473.
[2] 张新宝.名誉权的法律保护[M]. 北京:中国政法大学出版社,1997:29.
[3] 何薇,陈军.侵权纠纷可否突破仲裁协议的约束[EB/OL]. https://www.chinalawinsight.com/2014/09/articles/intellectual-property/%e4%be%b5%e6%9d%83%e7%ba%a0%e7%ba%b7%e5%8f%af%e5%90%a6%e7%aa%81%e7%a0%b4%e4%bb%b2%e8%a3%81%e5%8d%8f%e8%ae%ae%e7%9a%84%e7%ba%a6%e6%9d%9f/. [访问时间:2021 - 12 - 15]
[4] 张红. 民法典之名誉权立法论[J]. 东方法学,2020(1):15.
[5] 陈某某诉莫某某、莫某某、邹某某侵犯健康权、名誉权纠纷案,《最高人民法院公报》2015 年第 5 期(总第 223 期).
[6] 田宁、浙江盘石信息技术有限公司与沈某某名誉权纠纷案,浙江省杭州市中级人民法院(2014)浙杭民终字第 1106 号二审民事判决书.

客观违法性。客观上,行为者侵犯了名誉权这一绝对权利,就会被推定为具有违法性。同时,侵权人的内心状态也会在案件审判中进行考量,主要可分为故意和过失。故意侵犯权利人名誉权,即侵权行为。但若存在过失状态,如有错指他人、他物等行为时,过失侵权行为在名誉权侵权的实际认定中已经被我国司法实践承认。

3. 因果关系与损害事实

因果关系与损害事实是名誉权侵权案件审理的重点也是难点,其原因在于名誉权侵权案件的损害事实通常并非具体的物件或身体损害,而是社会评价降低,而权利人所感受到的名誉感受损并不一定意味着存在侵害名誉权的损害事实。[1] 根据法律规定,名誉权的损害事实一般分为两类:第一类是社会公众对于权利人的评价降低,即社会评价损害;第二类则是精神存在损害事实,特殊情况下会附带财产的损失。[2]

三、文创产业名誉权应用

名誉权的应用范围受名誉权规定的免责事由限制,免责事由的制定也是避免名誉权滥用的保护伞措施之一。免责事由主要包括文学创作、舆论监督、新闻报道、职务行为与消费者评价等。[3]

根据民法典第 1025 条和第 1026 条,成立免责事由要求履行合理核实义务,包括多项要求:

> 行为人为公共利益实施新闻报道、舆论监督等行为,影响他人名誉的,不承担民事责任,但是有下列情形之一的除外:
> (一)捏造、歪曲事实;
> (二)对他人提供的严重失实内容未尽到合理核实义务;
> (三)使用侮辱性言辞等贬损他人名誉。
> 认定行为人是否尽到前条第二项规定的合理核实义务,应当考虑下列因素:
> (一)内容来源的可信度;
> (二)对明显可能引发争议的内容是否进行了必要的调查;
> (三)内容的时限性;
> (四)内容与公序良俗的关联性;
> (五)受害人名誉受贬损的可能性;
> (六)核实能力和核实成本。

在文创领域中,文艺创作产品也涉及名誉权免责事由,民法典第 1027 条指出:"行为人发表的文学、艺术作品不以特定人为描述对象,仅其中的情节与该特定人的情况相似的,不承担民事责任。"但是是否所有的文学、艺术作品都可以纳入免责事由?自 2018 年以来,短视频的二

---

[1] 见"武某某与毕某等名誉权纠纷案",北京市第一中级人民法院(2019)京 01 民终 654 号民事二审判决书。
[2] 张新宝.侵害名誉权的损害后果及其民事救济方式探讨[J].法商研究,1997(6):6.
[3] 张红.民法典之名誉权立法论[J].东方法学,2020(1):15.

次创作引起了网络热潮,对于影视作品的二次创作逐渐成为商业行为,它属于文化创意的延伸品,但这种"二次创作"门槛低,制作数量庞大,因而出现了大量侵犯名誉权、著作权、肖像权的事件。

针对这种现象,《光明日报》指出:"行业主管部门陆续出台相关政策、法规,进一步规范网络视听内容创作传播秩序,明确'不得擅自对经典文艺作品、广播影视节目、网络原创视听节目重新剪辑、重新配音、重配字幕',针对非法抓取、剪拼改编、丑化恶搞的'二次创作'行为进行监管,从顶层推动国内网络版权市场的规范,营造自主创新的行业氛围。"[1]

别让表情包成"侵权包"

在社交平台、即时通信平台等表情包"市场"或"秀场"中,大多数表情包在具备独创性特征后可以受著作权法保护。但对于独创性的认定仍需要具体情况具体分析,而且独创性的高低不影响是否将其作为作品保护,仅对保护程度和范围产生影响。

对于表情包制作者来说,除了要注意著作权侵权风险外,还要注意不能侵犯公民的肖像权和名誉权。

对于以真实形象设计的表情包,脱离原有使用方式使用该类表情包,会涉嫌侵犯该真实人物的肖像权。事实上,不仅是公众人物,将任何普通自然人肖像制成表情包进行传播均可能侵犯肖像权,只是基于互联网的信息海量性和传播隐蔽性,侵权行为难以发现、侵权主体难以确认,很多隐藏的侵权行为并未被及时有效制止,但不维权、维权少并不代表其人格权不受法律保护。此外,真人表情包著作权人行使权利需要严格依照其与肖像权人的约定,未经肖像权人同意,该表情包不得发表、传播或销售。

此外,根据《最高人民法院关于审理名誉权案件若干问题的解答》,如果表情包对他人形象的使用存在歪曲、丑化等损害人格尊严的情形,并通过传播使第三人知晓,降低他人社会评价并造成其精神痛苦,则构成名誉权侵权。

表情包作为一种网络流行符号,商业价值不断被挖掘并形成商业链条。越来越多的表情包在商业软文广告、营销文案和周边衍生品中以生动活泼的形象出现,企业利用表情包进行宣传推广的过程中"打擦边球""蹭热点"现象大量存在。很多表情包制作者也通过用户打赏或付费使用的方式获取较大利益。根据所涉及的权利,制作表情包可能需要征得原有作品著作权人和肖像权人的许可,使用他人制作的表情包亦可能需要征得表情包制作者、原有作品著作权人和肖像权人的许可。但目前的实际情况是,表情包是否均获得完整的著作权、肖像权合法授权不得而知。

---

[1] 网络视听作品"二次创作"须依法依规[EB/QL]. http://www.gov.cn/xinwen/2018-04/17/content_5283077.htm. [访问时间:2021-12-15]

> 表情包作为网络时代的"新表情",在丰富人们话语表达形式、共享娱乐价值和市场价值的同时,应朝着更加规范化的方向发展。
>
> 互联网并非法外之地,言论自由也并非没有边界,莫让表情包成为"侵权包"。只有权利人合法权利得到保护,各方主体利益得到平衡,才能更好地鼓励高质量表情包的创作与传播,推进表情包商业市场高效有序发展,满足公众多元化表达需求。
>
> 资料来源:别让表情包成"侵权包"[EB/OL]. http://media.people.com.cn/n1/2019/0815/c14677-31298131.html. [访问时间:2021-12-15]

第五节 | 文创与隐私权

随着21世纪互联网、网络通信技术、计算机技术等的高速发展,人们开始担心个人隐私保护与数据泄露问题。在这一层面,人格权中也细分出隐私权,但人格权中隐私权的定义、内涵以及法律应用都处于发展期,在民法典完善之后,如何看待隐私权、如何在文创生产中合理防范侵犯隐私权的法律风险也是从业者必须知道的信息。

一、隐私权的法律定义

(一)隐私权的概念

不同于生命、健康、身体、自由等自始至终是人格权不可分割的一部分的人格权益,隐私权是在不断的发展中逐渐演变为独立的具象人格权的,并存在较多的适用范围。就隐私权的概念而言,隐私权是权利人对其具有私密性的私人空间、私人活动和私人信息等享有支配并排除他人非法公开和侵扰的权利。[1]

隐私权的商业化利用具有较大的商业价值,个人的隐私数据将对文创产品的销售产生巨大的营销促进作用。民法典从正面对隐私权的外延做出规定,强化了隐私权的保护。在我国正式通过立法对隐私权做出规定之前,我国在司法实践中长期以损害名誉权的审理机制和责任承担方式来保护隐私权利益。但是,名誉权的侵权因果关系要求侵权事实必须导致权利人的社会评价降低,而侵害隐私权并不要求具备这一侵权要件,因此,实践中的做法是存在一定问题的。

(二)隐私权的意义

在网络技术尚未发达的年代,姓名、身份证号码、手机号码、家庭住址、个人肖像、财产信息等隐私性信息就已经存在,但当时由政府等主体负责收集、保管和分析。当时的个人信息分类

---

[1] 王利明.人格权法的新发展与我国民法典人格权编的完善[J].浙江工商大学学报,2019(6):5-19.

仍然相对简略，信息提供和生产的渠道以及空间有限，对这些信息的收集、保管和分析的手段也较为单一。因此在过去，仅仅通过姓名权、肖像权、名誉权等具体人格权的侵权法律规定，就足以满足个人隐私的保护需要。但是，进入信息社会之后，尤其是大数据和人工智能的出现，使个人信息的产生和收集方式有了更多的可能。

在互联网时代，人们的生活中充满了数据和信息，个体的个人隐私信息每天都在不同的软件中被收集、储存和利用，这一现象已经成为既成事实。然而，企业、政府或者其他组织在个人信息的收集、保管和分析使用过程中，极有可能对个人产生前所未见的侵权行为，危害其人身权、财产权乃至人格权等权利。

第一，个人信息的收集、保管和分析与自然人的生命权、健康权、名誉权、隐私权等人格权损害具有因果关系，如信息被非法买卖或交易给犯罪分子，会在无形中提高诈骗案件等的成功率。

第二，歧视性行为。通过合法的信息收集处理，对信息所属自然人进行分类或分级，其中就会出现歧视性行为，包括根据既有病史、家庭背景、残障情况等进行一系列的区别对待，存在对自然人人格尊严的侵犯。

第三，人格自由损害。即通过大数据进行人格画像或人工智能画像，随意使用自然人的信息并侵害其客体信息，进而损害自然人的人格自由。

除了以上3种，还有更多新型的犯罪和违法方式，因此，为了消除此类危险，法律必须保护隐私权，承认自然人对其个体信息具有防御性的权利。

二、文创隐私权内涵解读

（一）文创隐私权法律责任规定

隐私权的客体较为复杂，其既保护隐私性信息如个体的资料，也保护"具有私密性的私人空间、私人活动"。隐私权保护侧重的是自然人对其身体和家庭等隐私空间平静安定的决定自由。

隐私权属于具体人格权，法律上给予的保护密度或强度明显不同于其对个人信息的保护：在隐私权遭受侵害进而给权利人造成损害时，被侵权人当然有权要求侵权人承担侵权损害赔偿责任。即便在侵权人的侵权行为没有给隐私权人造成损害但存在妨碍或侵害的危险时，隐私权人也有权依据民法典第1032条行使人格权保护请求权，请求侵权人承担停止侵害、排除妨碍、消除危险等侵权责任。

民法典第1035条规定了法律责任：

> 处理个人信息的，应当遵循合法、正当、必要原则，不得过度处理，并符合下列条件：
> （一）征得该自然人或者其监护人同意，但是法律、行政法规另有规定的除外；
> （二）公开处理信息的规则；
> （三）明示处理信息的目的、方式和范围；
> （四）不违反法律、行政法规的规定和双方的约定。

同时，民法典第 1036 条规定了处理个人信息时的免责事由，防止隐私权过于扩大，包括自然人同意行为、信息已经公开，为维护公共利益或者该自然人合法权益，合理实施的其他行为。

（二）侵权行为构成要件

隐私权的侵权行为构成要件与名誉权的构成要件相似，主要为侵权行为、过错、因果关系以及损害事实。侵权行为即违反民法典在第 1033 条规定的隐私权危害行为：

> 除法律另有规定或者权利人明确同意外，任何组织或者个人不得实施下列行为：
> （一）以电话、短信、即时通讯工具、电子邮件、传单等方式侵扰他人的私人生活安宁；
> （二）进入、拍摄、窥视他人的住宅、宾馆房间等私密空间；
> （三）拍摄、窥视、窃听、公开他人的私密活动；
> （四）拍摄、窥视他人身体的私密部位；
> （五）处理他人的私密信息；
> （六）以其他方式侵害他人的隐私权。

文创领域的隐私权纠纷案大多集中于游戏和视频领域，如"开心消消乐"移动软件被告在搜集用户个人隐私方面存在诸多问题，涉嫌严重侵犯原告的隐私权，包括案件中指出的：自原告下载并成功安装"开心消消乐"游戏后，首次打开运营之前，原告查看了所使用的华为手机设置中的权限管理功能，查看"开心消消乐"游戏权限，原告发现在首次使用前，该应用在未向原告进行任何告知、询问的情况下，开启了全部可授权的应用权限，包括"存储""位置""电话""相机""短信""通讯录"等。最终，被告被判侵权，需要进行道歉和赔偿。

三、文创产业隐私权应用

（一）文创产业隐私权应用范围和规则

民法典第 1034 条规定：

> 自然人的个人信息受法律保护。
> 个人信息是以电子或者其他方式记录的能够单独或者与其他信息结合识别特定自然人的各种信息，包括自然人的姓名、出生日期、身份证件号码、生物识别信息、住址、电话号码、电子邮箱、健康信息、行踪信息等。
> 个人信息中的私密信息，适用有关隐私权的规定；没有规定的，适用有关个人信息保护的规定。

这是民法典中对于个人信息的定义，与《中华人民共和国网络安全法》规定的"个人信息的定义"基本相同，其定义核心是"以电子或者其他方式记录的能够单独或者与其他信息结合识别特定自然人的各种信息"。网络安全法第 76 条对"个人信息"的规定是："个人信息，是指以电子或者其他方式记录的能够单独或者与其他信息结合识别自然人个人身份的各种信息，包括但不限于自然人的姓名、出生日期、身份证件号码、个人生物识别信息、住址、电话号码等。"虽然对个人信息的定义类似，但民法典与网络安全法对"识别自然人信息"的表述有所区别，民法典着重强调"识别特定自然人的各种信息"，网络安全法的表述则是"识别自然人个人身份的各种信息"。

事实上，自然人的个人信息并非仅包括与自然人个人身份相关的信息，它还包括部分与自然人身份无关的信息。具体可参见民法典，它将个人信息定义为"以电子或者其他方式记录的能够单独或者与其他信息结合识别特定自然人的各种信息"，其保护的内容和范围比网络安全法更宽泛。

（二）文创产业中隐私权风险规避与典型案例

在大数据时代，每个行业从业者都需要树立起隐私权的法律风险防范意识。信息时代下，金融法院、互联网法院和知识产权法院等的陆续设立是针对时代特性做出的回应，也是我国司法体系和司法系统在时代的大背景下，适应大数据、人工智能等技术做出的制度安排，希望能够以效率优先的原则，更好地保护自然人的权利不受侵害，并有效规制违法行为。在隐私权的权利保护范畴内，从业者需要吸收域外合理经验，根据现有的法律，积极发挥行业自律优势，以市场的优良运转带动发展。

在中国 cookie 隐私第一案中，二审法院在终审判决中认为："百度网讯公司利用网络技术通过百度联盟合作网站提供个性化推荐服务，其检索关键词海量数据库以及大数据算法均在计算机系统内部操作，并未直接将百度网讯公司因提供搜索引擎服务而产生的海量数据库和 cookie 信息向第三方或公众展示，没有任何的公开行为，不符合利用网络公开个人信息侵害个人隐私的行为特征，百度网讯公司利用网络技术对朱烨提供个性化推荐服务并未侵犯网络用户的选择权和知情权。"[1]在这一案件中，法院在一审判侵权，但二审又做出了不侵权的判决，究竟怎样的行为属于侵权行为，如何定义用户隐私仍需要时间和经验的不断积累，帮助行业不断向好发展。这也给文创行业带来了启示，当"精准营销""用户画像"成为常态，如何保护隐私权，防范隐私权的法律风险是企业和产品长久发展必须要考虑的重要因素。

案例研读

网上公开拍卖他人家信侵犯个人隐私

丁某诉赵某某、北京古城堡图书有限公司侵害隐私权纠纷案

未经授权在交易平台公开展示他人书信及具有自我思想表达内容的手稿，构成对他人隐私的侵害。交易平台明知侵权行为而未加以审核、制止的，与侵权人承担连带

---

[1] Cookie 技术与隐私权纠纷第一案——法院为何判百度不侵权？[EB/OL]. http://www.chinaiprlaw.cn/index.php?id=2024. [访问时间：2015-06-24]

责任。本案裁判涉及"名人隐私"保护范围的界定，强调名人的隐私权可以被合理限缩，但不等同于私人生活可以被完全曝光，与公共利益无关的私人信息应当受到充分保护。

原告丁某系已故著名漫画家丁聪、沈峻夫妇独子。2016年9月，原告发现古城堡公司经营的"孔夫子旧书网"上出现大量丁聪、沈峻夫妇及其家人、朋友间的私人信件以及丁聪手稿的拍卖信息，涉及大量家庭内部的生活隐私，其中的18封书信和手稿由赵某某拍卖。原告认为赵某某未经授权公开丁聪书信和手稿，古城堡公司未对赵某某的出售行为进行审核，构成对丁聪、沈峻的隐私及原告隐私权的侵犯，请求法院判令：二被告停止侵权行为、删除拍卖的书信和手稿、公开赔礼道歉；赵某某赔偿原告精神损害抚慰金和律师费共计9万元，古城堡公司承担连带责任；赵某某返还涉案书信和手稿。赵某某辩称，涉案书信和手稿系以合理对价购买，本人无侵权故意，且公众人物的隐私权要部分让渡于社会公共利益，故不构成侵权。古城堡公司辩称，其作为网络服务提供者，仅需履行"通知—删除"义务，并无主动审核义务，不应承担连带责任。

书信和手稿可能同时承载物权、隐私权、著作权。家信往往涉及家庭生活和个人感情，具有明显的私密性，很可能涉及个人隐私。隐私权的认定还应当适当考虑当事人合理的主观因素，在符合社会公众普遍价值判断标准的同时，尊重当事人对于私人空间范围的划定。名人的公众属性不等同于私人生活可以被完全曝光，与公共利益无关的私人信息应当受到充分保护。

涉案书信中有一部分涉及丁聪及其家庭成员之间的亲密交流，属于个人隐私；另有一部分系他人写给丁聪的书信，内容属于公开事务，未涉及丁聪、沈峻、原告的隐私。涉案手稿未公开发表，其内容涉及丁聪在当时历史时期的思想表达，仍属丁聪的隐私。赵某某出售丁聪家信和手稿，完全基于营利目的，与社会公共利益无关。由于涉案书信和手稿已交付买家，而且占有物返还请求权与隐私权并非同一法律关系，故对原告要求返还书信的请求不予支持。古城堡公司对在其平台出售的书信和手稿等涉及隐私属性的内容应当尽到合理的审核义务，其对交易双方均收取成交价一定比例的佣金，并组织丁聪书信拍卖专场活动，应认定其明知涉案书信和手稿涉及隐私而没有尽到相应的审核义务，故古城堡公司应对赵某某的侵权行为承担连带责任。

资料来源：网上公开拍卖他人家信侵犯个人隐私——丁某诉赵某某、北京古城堡图书有限公司侵害隐私权纠纷案[EB/OL]. https://www.bjinternetcourt.gov.cn/zn/case-9.html.[访问时间：2021-12-15]

请思考以下问题：
1. 文化创意产业与人格权的关系是什么？
2. 文化创意如何运用好姓名权和肖像权？需要注意哪些法律风险？
3. 文创领域下的人格权法律体系是否完善？还有哪些方面可以进一步优化？
4. 怎样的文创作品将会受到名誉权的规制？如何避免该类法律风险，谈谈你的看法。
5. 在大数据语境下，你认为该如何兼顾文创的商业性与隐私保护？

本章参考文献

[1] 汪习根.论民法典的人权精神:以人格权编为重点[J].法学家,2021(2):1-12,191.
[2] 王利明.体系创新:中国民法典的特色与贡献[J].比较法研究,2020(4):1-13.
[3] 李永军.论姓名权的性质与法律保护[J].比较法研究,2012(1):24-39.
[4] 刘洁.从民法典"人格权"编看肖像权保护与新闻侵权[J].中国记者,2020(9):79-81.
[5] 王利明.人格权法研究[M].3版.北京:中国人民大学出版社,2018:424.
[6] 张红.民法典之肖像权立法论[J].学术研究,2019(9):65-74,177.

第六章

文化创意与广告法规

学习目标

学习完本章,你应该能够:
(1) 了解广告法的历史、目的和发展趋势;
(2) 了解文创广告的主题规范和内容规范;
(3) 了解文创与产品广告的行业发展和风险防范;
(4) 了解代言广告在文创中的运用与法律规制;
(5) 了解文创儿童广告的特殊法律保护和经典案例解析;
(6) 了解文创公益广告的最新法律规制与意义。

基本概念

文化创意　广告法规　法律规制　风险防范

第一节 广告法规的内涵

文化创意是一种创意样式,是一种文化加持,它需要依附于某种产业业态而存在,从而形成独特的文化创意产品或服务。2016年以来,我国的文化创意产业持续向好,到2020年,中国文化及相关产业营收已达98 514亿元,比2014年增长近40.96%[1]。随着市场的不断扩大,文创广告也通过大众媒体、社交媒体等媒介走进大众视线。文创广告,顾名思义就是通过不同的内容、形式、媒介向受众推荐文化创意产品或服务的一种创意形式。它不仅向用户介绍产品或服务,也宣传了产品或服务背后的文化概念和创意。作为广告下的细分方向,文创广告自然也要遵守中国广告法律法规的规范与管理,在保护文化创意知识产权的同时,保障中国广告行业健康蓬勃地发展。

一、中国广告法规的发展

广告行业和商品市场是密不可分的。随着经济的快速发展,市场上同质性产品增多,带动了广告内容、形态上的创新;而广告的丰富多彩又进一步推动了商品经济的繁荣发展。一则优秀的广告能让商品从众多同类产品中脱颖而出,给商家带来巨大的经济收益。然而随着广告的经济效益日渐显著,部分企业试图通过过度美化自家产品、贬低竞争对手、宣传假冒伪劣产品等方式误导甚至欺骗消费者,[2]以增加自家产品销量。这样的行为违反了党和国家所制定的一系列法律法规。十一届三中全会后,我国开始重视广告行业法律法规的建设,出台了广告法和多部相关管理条例,逐渐加强了对于广告行业的规范和管理。

(一)广告法的确立

1982年,国务院颁发《广告管理暂行条例》,这是新时期中国广告发展中第一部较为完善的法规性文件。[3] 在该条例的基础上,国务院于1987年又颁布了《广告管理条例》,有效缓解了当时广告行业自卖自夸、虚假广告横行的乱象。[4] 随后几年,有关部门针对《广告管理条例》制定了一系列配套的规章制度,为之后《中华人民共和国广告法》的制定打下了坚实的基础。1990年,由国家工商行政管理局牵头,数十名法学界专家学者共同参与讨论,中国第一部广告法的编纂工作正式启动,法案对广告准则、广告活动、审查机制、法律责任做出根本性规定。1994年10月27日,全国人大常委会正式审议通过《中华人民共和国广告法》。中国广告行业的法治建设逐渐步入正轨。

---

[1] 艾媒咨询.2021年中国5G+新文创产业研究报告[EB/OL].https://www.iimedia.cn/c400/78789.html.[访问时间:2021-09-20]
[2] 雷体华.《广告法》知识讲座(一)[J].适用技术市场,1995(6):28-30.
[3] 崔银河.广告法规与广告伦理[M].2版.北京:中国传媒大学出版社,2017:5.
[4] 雷体华.《广告法》知识讲座(一)[J].适用技术市场,1995(6):28-30.

(二) 广告法的目的

制定广告法的目的正如该法总则所言,主要涉及以下4个方面:规范广告活动,保护消费者的合法权益,促进广告业的健康发展,维护社会经济秩序。

第一,广告是由多元主体参与,具有巨大市场经济效益或能起到道德示范作用,对用户消费行为具有指导作用的一种活动。广告法的制定明确且具体地指出各主体的行为规范,对"什么不能做""应该怎么做"都做出了详细规定,为各主体的经营活动提供了有效指导。

第二,规范、健康的广告能为用户提供更准确、更清晰的产品信息,大大降低了消费者被误导的风险,帮助消费者做出更合适的消费决策,保障消费者权益。

第三,广告法对广告的相关规范也减少了商家间相互贬低、过分夸大等不正当竞争行为,缓解各主客体间矛盾,为广告行业的有序发展和社会经济的稳定运行保驾护航。

(三) 广告法的补充与完善

广告是经由不同的媒介传递给受众的,因而不同的媒介形态会产生不同的广告样态。这使得有关部门也必须随广告行业发展而不断修改、补充广告法中相关法条,力求更贴近社会现实,为广告行业提供更有效的指导和更完备的保障。21世纪互联网的快速发展给人们的生活带来了翻天覆地的变化,互联网广告的数量也呈指数级增长,广告的呈现形式和发布渠道日新月异。因此,广告法的全面修改刻不容缓。2015年4月24日,全国人大常委会第一次修订了广告法,完善了广告准则,丰富了广告代言制度有关规定,增加了对网络广告的关注与监管,细化了广告细分领域的管理要求,强化了监管部门责任和行业道德自律的约束,[1]如对公益广告这类过去较为模糊的广告类别,明确了其性质、主体行为以及法律规制,防范不法分子借用公益广告的名义进行商业性活动。这一修订体现了党和国家在广告行业法治体系建设中与时俱进的积极态度。[2]此后,该法又于2018年和2021年进行了2次修正。

法律的制定是存在相对滞后性的,面对新型的广告形式和不正当广告行为,国家有关管理部门积极制定相关管理文件,如《市场监管总局关于加强网络直播营销活动监管的指导意见》等,在当前法律无法触及的领域打上补丁以保障有关主体的权利。除此之外,权威性的行业自律规范也是必不可少的。只有在法律法规强制规范和行业道德自律的双重要求之下,中国广告行业才能快速、健康地发展。

二、广告法对文创广告主体的规范

文创广告行业的发展离不开广告主、广告经营者、广告发布者和广告代言人等主体的共同努力。随着媒介技术的不断发展,有的组织或个体"身兼数职"独自完成广告从设计、拍摄到发布的全流程;有的则由多组织或个体合作,共同协商完成以实现效益最大化。广告法将参与广告活动的主体分为广告主、广告经营者、广告发布者,并于2015年修订后增添了广告代言人。各主体间关系如图6-1所示。

---

[1] 刘双舟.《广告法》修订后的十大变化[J].青年记者,2015(16):17-20.
[2] 邵国松.网络广告管制中的问题和对策——兼评我国《广告法》首次修改[J].江淮论坛,2015(4):79-83,193.

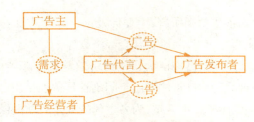

图 6-1 广告主体关系图

广告主可以自行制作广告或委托广告经营者按需制作广告,部分广告制作方会与广告代言人合作,邀请其在广告中为产品或服务代言。最终,广告成品会由广告发布者经由媒介分发给不同的用户或受众。

(一) 文创与广告主

广告主是市场中提供产品或服务的个体或组织,处于广告行业的下游。其根据自身需求,自行或委托广告经营者制作广告。[1]广告主作为广告服务的需求方,在产品生产和广告合作过程中,应诚实守信,以保证广告行业的公平健康发展为己任。[2]除此之外,部分文创广告中会邀请明星、红人为商品代言,或和其他品牌联名,在广告中融入对方品牌 IP 或视觉形象。此类行为必须征得对方企业或品牌许可,[3]不得擅自盗用或冒用,同时在广告中应清晰标注合作方相关信息。如国内新零售独角兽企业 KK 集团最新推出的创新品牌 X11,它创造了国内首个全球潮玩平台,联合动漫、潮玩、优秀 IP 和设计师等概念,创造年轻世代的潮玩艺术文化。在它的相应广告中也出现了相应品牌合作方等的标注,保障其顺利发展与推广。

(二) 文创与广告经营者

广告经营者指根据广告主需求,围绕产品或服务内容、特性、效果等设计并制作广告的个人或组织,[4]主要是各类广告公司或广告代理公司。广告的独立商业属性随着广告经营者的出现而逐渐确立。[5]作为被委托方,广告经营者一旦发现文创广告产品或服务存在欺骗消费者等情况,应立即停止提供有关服务,否则必须与广告主一同承担民事责任。[6]随着新媒体的不断发展,广告设计与制作已经不独属于传统广告公司,越来越多的自媒体也加入了广告经营者的行列。

(三) 文创与广告发布者

经广告主或广告经营者委托,通过媒介向大众发布广告内容的个人或组织即广告发布者。[7]如今,"90 后"消费者是中国文创产品消费的主力军,[8]而这一群体又恰好是图文、视频等媒

---

[1] 邵国松.网络管制中的问题和对策——兼评我国《广告法》首次修改[J].江淮论坛,2015(4):79-83.
[2] 2021 年修正版广告法,第 3 条。
[3] 2021 年修正版广告法,第 68 条。
[4] 2021 年修正版广告法,第 2 条。
[5] 崔银河.广告法规与广告伦理[M].2 版.北京:中国传媒大学出版社,2017.
[6] 2021 年修正版广告法,第 59 条。
[7] 2021 年修正版广告法,第 2 条。
[8] 杨越明.文化文物文创产品消费需求的九大特征——基于全国文博文创消费者的实证调研[EB/OL].https://mp.weixin.qq.com/s/z_rnnE_hAbAGWrQjBMv_gw.[访问时间:2021-09-20]

体平台的主要用户群体,因而大量广告主选择和自媒体创作者合作发布产品或服务广告。在这里创作者或创作者团队往往兼顾广告经营者和广告发布者两个角色,他们结合自身频道特色,为广告主定制商品广告,并利用社群影响力,触发部分粉丝的购买行为,在帮助商家提高销量的同时,证明了自己的商业价值,实现双赢。

(四)文创与广告代言人

广告代言人通常为明星或机构,是以自己的名义或形象向受众推荐产品或证明产品效果的个人或组织。从法律角度而言,广告代言人只可对自己使用过的文创产品或服务代言;[1]从用户角度来看,文创产品广受热捧背后是消费者对于产品或服务背后文化背景、形象 IP 的热爱与期待,因此,制作方在选择广告代言人时,需要保证代言人气质、经历与所推荐商品相符。2020 年,花西子签约杜鹃为其代言人,这位极具东方魅力的女演员和靠传统文化元素频频出圈的花西子品牌可谓相得益彰。

三、广告法对文创广告内容的规范

广告法中对于"什么样的内容可以定为广告"和"广告内容应该符合什么标准"这两个问题做了较为明确的规定。文创广告作为广告下的细分方向,不但应该严格遵守有关法律法规,更应该在广告内容和形式设计过程中准确且健康地呈现产品或服务的文化创意属性。

(一)广告法与文创广告的特征

广告法在总则第 2 条中明确指出该法对广告的界定:"在中华人民共和国境内,商品经营者或者服务提供者通过一定媒介和形式直接或者间接地介绍自己所推销的商品或者服务的商业广告活动,适用本法。"从中我们可以总结出广告的 3 个特征:主体性、媒介性和目的性。[2]

1. 文创广告的主体性

主体性即该广告活动必须基于商品经营者或服务提供者的主观意志,不论是自行还是委托他人进行设计、制作、发布等一系列行为。从 2013 年开始,故宫的文创产品逐步出圈,引发网友热捧,越来越多的博主出于喜爱在各大短视频平台发布视频,向大众介绍、推荐故宫文创产品。这些视频虽然可以扩大故宫文创的知名度,间接带动文创产品的销售额,但由于视频的制作发布均为博主自愿行为,因而并不符合广告法中对于商业广告的定义。若应故宫博物院的委托而制作并传播文创视频,则相关视频属于文创广告。

2. 文创广告的媒介性

文创广告的媒介性是指相关内容必须通过媒介发布。以泡泡玛特为例,你走进泡泡玛特专卖店,店里的服务员跟你介绍 Molly×米奇家族系列产品,墙上的电视播放着系列宣传视频。不管服务员的介绍还是宣传视频都是在向顾客推销文创产品,但其中服务员的口头介绍就不属于广告。广告法并没有对媒介做出具体的规定,具有更好的适应性。除了传统媒体外,以互

---

[1] 2021 年修正版广告法第 38 条。
[2] 何茂斌.什么是广告?广告法规制对象的内涵与外延[EB/OL]. https://www.sohu.com/a/217332630_174744.
　　[访问时间:2021-09-20]

联网、虚拟现实(virtual reality, VR)、增强现实(augmented reality, AR)等技术为载体进行传播的推销信息都属于广告法所规定的商业广告的范畴。

3. 文创广告的目的性

文创广告的目的性意味着广告内容必须是为了直接或间接介绍自己所推销的商品或者服务。相比直接介绍，间接介绍的广告会更难界定和辨别。2021年6月底，人民日报和网易文创合作推出H5《我的红色气质》，以庆祝中国共产党成立100周年。H5并没有提及网易相关产品，但整个答题活动不仅提高了网易整体品牌调性，也借人民日报扩大了网易的影响力。因此，这支H5对于网易来说是一支商业广告。

(二) 广告法与文创广告的内容准则

广告法对广告内容的总体性要求大致可以总结为3点：真实健康，准确清晰，具有可识别性。[1]

1. 真实健康

真实且合法是广告内容需要遵守的第一原则，[2]要做到这一点，广告文案或画面上就不应该包含虚假的或者容易误导消费者，[3]从而可能导致消费者错误的购买决断的信息。广告的表达形式还要健康，要符合社会主义精神文明建设要求，并弘扬优秀传统文化，[4]起到广告应有的宣传和教化作用。对于文创广告而言，除了产品表达、介绍需要真实健康外，广告对于中国文化的介绍、解读或者改编，更需要符合中国历史和传统文化，不得存在歪曲、污蔑或恶意丑化历史人物等情况。若广告真实性存在问题，广告主需要负全部责任。其他主体知道广告真实性存疑仍然制作、发布或代言者，需要承担连带责任。[5]

2. 准确清晰

广告法要求，广告中有两类信息需要准确且清晰地标明。一类是和商品相关，能帮助消费者做出正确判断的内容，如商品的性能、成分、允诺、获得附赠商品的方式等；[6]另一类则是广告中引用的参考性信息，如数据、调查结果、引用语等。[7]文创广告中容易涉及大量诗词歌赋、人物传记、编年史册等史实数据，在制作过程中应对相关引用来源做出明显标注。和影视传媒行业IP联名制作的产品，也应在明显的地方标注上合作单位的具体信息，防止触犯相关法律法规。

3. 可识别性

广告的可识别性体现在，当广告信息通过文字、图片、视频等方式传递给受众时，不得以新闻报道的形式发布，防止误导受众。[8]同时，通过电视等大众传媒发布的广告，无论是否具有明显广告特征，均须在明显的位置标注"广告"二字，[9]以帮助受众正确认识视频性质，降低内

---

[1] 徐卫华.广告法规教程[M].杭州:浙江工商大学出版社,2018.
[2] 2021年修正版广告法第3条.
[3] 2021年修正版广告法第4条.
[4] 徐卫华.广告法规教程[M].杭州:浙江工商大学出版社,2018.
[5] 2021年修正版广告法第56条.
[6] 徐卫华.广告法规教程[M].杭州:浙江工商大学出版社,2018.
[7] 2021年修正版广告法第11条.
[8] 2021年修正版广告法第14条.
[9] 徐卫华.广告法规教程[M].杭州:浙江工商大学出版社,2018.

容对受众选购意愿的影响。这一点在文创广告中需要格外注意。文创广告大多涉及中国传统文化,若没有明确标识,受众极容易将广告画面和内容视为历史史实,从而对相关历史人物、事件或文化产生偏差性甚至错误的认识。

第二节 | 文创与产品广告

广告是营销的重要部分,而广告根据对象和内容的不同,可以分为多种不同的形式。其中,产品广告在广告制作初期乃至现在的商品时代都占据了主导地位。在文化创意的不断发展中,产品广告也起到了至关重要的作用,如何运用产品广告的特征更好地传播文创的特色,吸引大众关注并形成消费欲望是产品广告的核心问题。然而,产品广告的盛行也带来了诸多法律问题,广告法也针对产品广告进行了诸多规制与管理,完善我国产品广告的法律体系。

一、产品广告的内涵与特征

要想更好地了解文创与产品广告的结合与法律规制,必须先宏观把握产品广告的内涵与特征、目前文创与产品广告的运用概况,以及在文创领域产品广告所能起到的效用,才能理解广告法对文创产品广告规制的原因与需要规避的风险。

(一)产品广告的概念与范围

产品就其内涵而言较为广泛,广义上它包括了所有可以触摸的实体物品,以及无形的劳动所得,如服务、信息、研究成果等。因此,产品广告顾名思义即广告主为某一目的而对外宣传产品信息的广告,其主要内容就是宣传的产品本身。在商业性质广告中,借助某种特定或多种媒介向消费者传播企业产品信息的商业广告即目前最常见的产品广告。

(二)文创产品广告的特征

尽管产品的形式各异,但所有的产品都具有共同的特质,必须具有一定的实用性与价值性,从而达到满足受众需求的效用。产品广告的特征也跟随产品改变,产品广告的主要特征即宣传性和实用性,产品广告中出现的文字、图片乃至视频、音效等都以宣传产品为主要目的,将产品的价值与实用性传递给大众。随着科学技术的不断发展,人们不再局限于纯粹的产品元素广告,其宣传主体也随着广告界的不断更新迭代而发展壮大。文创产品广告是崛起的一支新秀,如"朕知道了"纸胶带(见图6-2)、"咖啡与书"结合的西西弗书店、"三段式书封"的企鹅出版社等,相继出现了创意无限的产品广告,根据自身的文化底蕴和无限想象,在广告中突出自身的独特优势。

文创产品自身将文化特征与创意趣味进行了有机结合,因而文创产品广告也呈现出文化性与趣味性并举的特征,相较于过去单一形式的产品广告,文创产品广告更具新意,同时具有内化的知识底蕴与文化共振感。一则优秀的文创产品广告不仅能让消费者感受到产品的魅力与效用,更能传递出一种独一无二的历史与现实、文化与产品的共鸣与融合。

图6-2 "朕知道了"纸胶带

(图片来源:朕知道了胶带两岸爆红[EB/OL].collection.sina.com.cn/yjij/20130805/0948122624.shtml.[访问时间:2021-12-15])

(三) 文创产品广告的意义

1. 文化传承

文创产品广告具有强文化性。文创产品广告由于以其背后的文化底蕴作为支撑,而表现形式又独具创意而兼有文化与创意的特征,其意义不仅仅局限于传递某一种产品信息。在每一则文创产品广告的背后,都是某一文化的对外传播,它悄无声息,宛若春雨"润物细无声"。

2. 跨文化传播

文创产品广告融合了趣味元素与创新IP。一如大英博物馆的"Manga"漫画专题广告(见图6-3),它以大英博物馆的主要藏品与凯蒂猫(Hello Kitty)等IP合作,不仅活灵活现地呈现了文创产品本身,而且融合动漫风格后的文创设计更拉近了文创与受众的距离,它的漫画纪念品商店、漫画周边、日本小吃、书籍,以及与日本相关的文化服饰,都充分挖掘展览背后的文化内涵,把"日本漫画"的外延扩展到"东方美学",将受众扩大至整个亚洲市场,引起不同文化之间的碰撞与火花。

图6-3 大英博物馆"Manga"漫画专题广告

(图片来源:玩转创意,大英博物馆文创设计新方式[EB/OL].ipmaker.3deazer.net/blog/cf9bbcff1f9.[访问时间:2021-12-15])

二、文创产品广告的管理与法律规制

行业的发展需要政府、企业、社会、个人等多方面的协同配合,产品广告蓬勃发展至今,针对不同细分类型的产品广告,政府也出台了不同的法律法规。例如,食品细分领域的产品广告不仅需要遵循广告法,在《中华人民共和国食品安全法》中也有相关规制措施。为了更好地管理食品细分产品广告,我国还制定了《食品广告监管制度》《保健食品监督管理条例》等,完善相关法律依据与管理部门。[1]

(一)文创产品广告的法律责任规定

目前,专门针对文创产品广告的法律法规还尚未完善,文创产品广告主要依据的法律仍然为广告法,针对文创产品广告中存在的违法产品广告(包括产品广告制作中出现的图片、文字和用语的违法行为)、虚假产品广告等有专门的法律法规。

1. 违法产品广告

违法产品广告不仅仅是文创领域中产品广告的主要问题,更是如今大环境下产品广告普遍存在的问题。此处所指的违法广告仅指在广告制作中出现违反广告法制作规定的广告,如发布违禁广告、夸大宣传等。据不完全统计,2010 年上半年工商部门处理的违法广告中有保健食品广告 9 324 个,药品广告 33 039 个。[2]违法产品广告以成千上万的数量倍增,然而究竟何种内容与方式违反了广告法,广告主与运营商却鲜少了解,因此,本书将根据法律规制的范围进行解释。

2. 虚假产品广告

虚假产品广告在文创产品广告领域中较为少见,但在普遍的产品广告中,广告真实性是一直被业界和学界质疑的问题之一,包括代言行为导致的法律责任人混淆等复杂法律问题,下文介绍文创代言广告时将详细阐述。

(二)侵权行为构成要件

在产品广告违法案件中,最严重后果是侵权,对于产品广告侵权行为,法律中有明确规定。从侵权行为的定义来说,在一般情况下,构成侵权行为民事责任所必须具备的条件包括主观要件和客观要件两个方面。[3]主观要件主要分为故意和过失两种情况,而客观要件则包括存在侵权行为和存在利益的损害两方面。

1. 存在产品广告侵权行为

在产品广告侵权行为中,第一构成要件为存在产品广告侵权行为,侵权行为就表现形式而言有很多种类型,如上文提及的夸大宣传等。在文创产品广告领域,侵权行为如广告生产者为产品的知名度和占据更大的市场和利益,通过广告媒体发放广告,然而其文创产品自身存在质量问题甚至是安全隐患等。

---

[1] 傅根清.广告法规与管理[M].济南:山东大学出版社,2007:92-94.
[2] 杨秋萍.产品广告法律问题研究[D].济南:山东大学硕士学位论文,2011:23.
[3] 彭万林.民法学[M].北京:中国政法大学出版社,1999:168.

2. 侵权行为人存在主观过错

侵权行为人存在主观过错,侵权行为人包括广告主、广告经营者、广告发布者和广告代言人。具体而言,包括:提供虚假或违法广告,明知广告存在虚假却故意发布,放任其传播的个人或单位;为自身利益故意发布不符合规范广告,因审核过失发布违法广告的广告发布者和经营者等;侵权产品的广告代言人,主观上也存在过失。

3. 广告侵权需要造成损害事实

消费者购买或使用违法产品广告宣传的产品后,导致了消费者生命、健康、财产、名誉等方面的损害。

4. 产品广告侵权行为和损害存在因果关系

因果关系在侵权行为认定中起着重要作用,只有两者存在因果关系,法律才能认定侵权行为成立。因果关系在业界和学界有多种界定,主要包括相当因果关系和必然因果关系。在广告界,相当因果关系更多被采用,即当产品广告侵权行为在一般情况下被认为可能存在造成损害的事实时,因果关系成立。

三、文创产品广告的法律风险防范

文创产品广告的管理与法律规制目前主要集中在广告法中,其法律风险主要为产品广告制作过程中出现的违法行为,以及产品广告本身真实性问题。本节主要集中讨论广告制作过程中出现的违法行为,虚假广告、夸大宣传等侵权行为将在后文具体介绍。

(一)违反图片、字体应用规定

根据广告法相关要求,产品信息中不允许使用未经授权的图片或字体,在商业性广告中先授权后使用乃是基本原则。文创产品广告中,该类侵权则更为复杂,往往涉及著作权等知识产权的范畴。如2019年3月21日,颐和园和某国货品牌卡婷推出的彩妆"颐和园口红"(见图6-4)就被卷入了侵权风波。

图6-4 颐和园口红系列

(图片来源:颐和园口红引发著作权"宫斗"？被疑是假货[EB/OL]. chinaxiaokang.com/caijingpindao/gongsichanye/20190401/659138.html. [访问时间:2022-01-09])

据报道,该案件的起因并不复杂。当时,颐和园将旗下IP同时授权给2家公司运营,分别是与卡婷合作的"荣钥科技"和运营某电商颐和园旗舰店的"中创文旅"。据有关媒体报道,中创文旅在国家版权登记中心登记成为"百鸟朝凤"美术作品的著作权人。在事件发生后,颐和园官方却回复称,"百鸟朝凤"唯一合法的著作权所有人是颐和园。此类事件在早前故宫口红身上也发生过,只不过,彼时是两个故宫文创机构同时发布"自家"口红,被外界比喻为宫斗,尚未被上升到著作权的高度。

在文创产品广告中,不仅文字、图片,乃至文化本身都可能引起著作权侵权的纠纷,然而业界目前仍然没有一个很好的标准来处理文创产品广告的侵权纠纷,包括知识产权、著作权和专利权的纠纷。

(二)违反广告用语规定

根据广告法相关要求,产品信息中不允许使用与商品本身无关或与实际情况不符的最高、唯一、第一、顶级、最新等极限关键词和夸大虚假宣传行为。

广告法规定:不得在产品包装或宣传信息中使用最高级、唯一性等绝对化的语言或表示用语(包含但不限于以上词汇)。不得在商品包装或宣传页面上使用驰名商标、中国名牌字样、图案等。不得违反广告法进行夸大虚假宣传。针对一般产品,不得在包装或宣传信息中使用或者变相使用国旗、国徽、国歌、军旗、军徽、军歌;不得使用或者变相使用国家机关和国家机关工作人员的名义。广告使用数据、统计资料、调查结果、文摘、引用语等引证内容的,应当真实、准确,并标明出处。引证内容有适用范围和有效期限的,应当明确表示。在促销活动中,请谨慎使用原价字样,原价是指经营者在本次促销活动前7日内在本交易场所成交,有交易票据的最低交易价格;如果前7日内没有交易,以本次促销活动前最后一次交易价格作为原价。经营者采用与其他经营者或者其他销售业态进行价格比较的方式开展促销活动,应当准确标明被比较价格的含义,而且能够证明标示的被比较价格真实有依据,否则构成价格欺诈行为。

针对文创类化妆品:①化妆品不能使用纯天然制品、无副作用等绝对化语言。②化妆品广告不得涉及特殊用途化妆品性能或者功能、销量等方面的数据,其中非特殊用途化妆品,不得宣传"育发、染发、美白、烫发、脱毛、美乳、健美、除臭、祛斑、防晒"功效。③化妆品名称、制法、成分、效用或者性能不得有虚假夸大。④化妆品广告不得宣传医疗作用或者使用医疗术语。⑤化妆品不得以他人名义保证或者以暗示方法使人误解其效用等。[1]

第三节 | 文创与代言广告

广告代言行为越来越普遍,食品、汽车、酒类、化妆品等各种类型的广告都逐渐习惯于聘请明星代言人为其品牌和产品代言,从而借助明星的广告效应达到营销和品牌塑造的效果。然而由于立法上的空白,广告代言行为产生了一些严重侵害消费者合法权益的案件。随着文创广告的兴起,广告代言行为也将是大势所趋,然而如何运用好明星代言,如何有效做到广告代言的法律规制与风险防范,是学界和业界共同关注的话题。

---

[1] 鲸量链.广告法相关规则常见违规场景和案例解读[EB/OL].https://zhuanlan.zhihu.com/p/269375245.[访问时间:2021-09-22]

一、代言广告的内涵与特征

代言广告在 1994 年颁布的广告法中有着较为简单的规定,其第 38 条第 3 款规定:

> 社会团体或者其他组织,在虚假广告中向消费者推荐商品或者服务,使消费者的合法权益受到损害的,应当依法承担连带责任。

该版广告法中对代言虚假广告的法律责任进行了明确规制,然而仅仅局限于"社会团体和其他组织"的法律责任,漏掉了代言人的法律责任。对于在代言广告中广告代言主体如何定位概念不明,因而导致广告代言行为中权利义务无法划分清晰。

(一) 代言广告的概念与范围

20 世纪 30 年代,大中华布匹公司将中国电影明星胡蝶的形象置于广告牌中,同时用"阴丹士林色布是我最喜欢的衣料"作为广告语,以胡蝶亲笔题写的形式进行展出。这也是中国第一个正式展出的明星代言广告。之后,代言行为不断出现,各种各样的品牌选择与自己品牌调性一致的代言人进行合作。然而,究竟代言广告的定义为何,只有将学界中的"广告代言行为"与"广告表演行为"的区别辨析明确,才能解析其行为背后的法律规制。根据 2021 年修正版广告法第 2 条第 5 款的规定,代言行为是指:

> 在广告中以自己的名义或者形象对商品、服务作推荐、证明。

广告代言属于说服性行为,代言人的自我展示与信息传播将借助媒介以及其自身带有的社交属性对消费者产生积极影响,促进消费者信任广告并刺激认购行为。[1] 但广告代言与广告行为则有着本质的不同,广告表演指"表演者在广告中处于被利用的地位,并不存在主观意见的表达,无法清晰展现个人身份或人格特质,其作用仅在于引起消费者对商品或服务的关注"。[2] 因此,在广告代言行为中,广告代言人需要对自己的行为负法律责任,但表演者则无该法律责任。

(二) 文创代言广告的特征与意义

由于文创行业尚处于发展阶段,文创广告的代言行为还较为少见,目前更多的是纯粹的产品概念广告和品牌广告。为数不多的文创代言广告采用的代言人也局限于线上虚拟代言人。大部分文创产品具有自己的品牌 IP 与内部文化,因而明星代言人等代言行为在文创产业中仍然处于摸索阶段,如何将名人效应与产品传统文化结合是需要克服的主要问题之一。

文创广告不可避免地具有文化的属性,因而名人的选择也对文创代言广告至关重要。在一般的代言广告中,广告代言行为将会产生双赢效果。名人效应既有利于企业品牌的建设,也能帮助明星优化自身形象和个人声誉。广告大师大卫·奥格威(David Ogilvy)认为:"每一次广告都应该为品牌形象做贡献,都要有助于整体品牌资产的积累。"[3]

---

[1] 苏昊.运动员虚假广告代言的法律规制——新《广告法》的变革与超越[J].武汉体育学院学报,2018,52(11):43-49.

[2] 陈甦.明星广告的广告责任分析[N].人民法院报,2007-04-19(1).

[3] 刘蒲英.影视明星广告代言行为失范治理研究[J].晋阳学刊,2020(5):2.

1. 有利于企业品牌建设

文创代言广告将为广告主带来明显的借势效用，利用广告代言人自身的明星效应和社交属性有助于企业树立品牌意识，将名人的特征与企业的品牌文化相结合，有效创造品牌价值，促使品牌 IP 化、人格化。

广告代言人还能使消费者产生移情作用，将消费者对代言人的喜爱之情通过代言行为转移至企业品牌，快速拉近品牌与消费者之间的距离，加深品牌记忆度。

2. 有利于明星优化自身形象和个人声誉

对于广告代言人来说，广告代言为他们提供了高曝光度和丰厚的酬金，品牌的定位和特征也将为代言人赋能，优质的企业形象和产品反馈将进一步提升代言人的声誉和个人形象。

在文创代言广告中，这种明星效应与人格化的效果需要再三斟酌。由于文创自身的文化属性过强，不恰当的代言行为极易导致与文创品牌调性的不一致，从而引起消费者的反感甚至抵制。因此，在文创广告中，特别是目前盛行的线上新媒体广告，大部分选择了一种更加聪明的做法——虚拟 IP 或品牌 IP，从而规避明星代言将会产生的风险。

 研读材料

虚拟博物官 IP，博物馆的"二次元"文化代言人，博物馆创新运营方式

（一）虚拟博物官 IP

虚拟博物官 IP 就是根据博物馆定制个性化的虚拟解说员，也可以理解为博物馆的"二次元"文化代言人。广州虚拟动力依托自主研发的动作捕捉技术与虚拟 IP 服务能力和虚拟直播技术，为博物馆行业提出"虚拟博物官"创新运营方案（见图 6-5）。

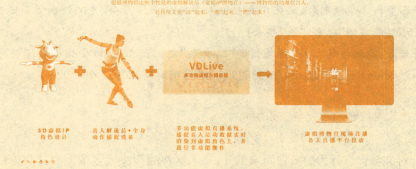

图 6-5　虚拟博物官 IP 打造流程图

（图片来源：虚拟博物官 IP，博物馆的"二次元"文化代言人，博物馆创新运营方式[EB/OL]. http://zhuanlan.zhihu.com/p/335230592.[访问时间：2021-09-22]）

基于内容和故事进行 IP 开发,博物馆具有先天性优势。博物馆的每件藏品、每个元素背后,都有一个活生生的故事,它们更加厚重,更加独一无二,"虚拟博物官"概念的提出,核心便是根据博物馆的文化内核去为博物馆设计一个"文化 IP 角色"。

(二) 让历史活起来,让文化动起来

博物馆虚拟 IP 的设计,可以代表着某一场展览的意义,可以还原某一位历史人物或文物故事,也可以是博物馆的形象象征等等,通过打造这样一个具备本馆特色、独特意义的虚拟博物官 IP,并依托广州虚拟动力创新研发的动作捕捉技术,便可以让虚拟博物官 IP 像真人讲解员一样解读历史,与观众互动(见图 6-6)。

图 6-6 互动虚拟 IP

(图片来源:虚拟博物官 IP,博物馆的"二次元"文化代言人,博物馆创新运营方式[EB/OL].http://zhuanlan.zhihu.com/p/335230592.[访问时间:2021-09-22])

打造虚拟博物官 IP,使其成为博物馆的"文化代言人",赋予其极具本馆文化属性的人设,更利于新媒体推广宣传。通过创新有趣的服务内容和形式,更有助于吸引公众注意力,与公众产生互动,促进完成艺术与文化的传播和普及教育。

虚拟博物官 IP 可用于科普视频、文化宣传广告制作:虚拟博物官 IP 既融合了博物馆的文化内涵,又兼容了现代潮流的时尚人设,形象优良,更受年轻人欢迎,用虚拟博物官 IP 人设进行各类科普视频创作、文化广告宣传等各类内容传播,将更酷炫和吸引眼球。真正让文化"活"起来,"潮"起来,"燃"起来!

资料来源:虚拟博物官 IP,博物馆的"二次元"文化代言人,博物馆创新运营方式[EB/OL].http://zhuanlan.zhihu.com/p/335230592.[访问时间:2021-09-22]

二、文创代言广告的管理与法律规制

(一) 文创广告代言行为的法律责任规定

专门针对文创代言行为的广告尚未细分,基本案件的判决大多依据的是广告法中对广告代言制度及广告代言人法律责任的认定,其中涉及文创领域的规定包括以下 3 个方面。

第一,广告法明确将广告代言人纳入广告活动主体范围,规定"广告代言人,是指广告主以外的,在广告中以自己的名义或者形象对商品、服务作推荐、证明的自然人、法人或者其他组织"。

第二，广告法规定了不得利用科研单位、学术机构、行业协会、专业人士、用户或受益者代言的广告范围。因此，当文创广告涉及农产品、教育行业、投资产品或与该类品牌进行联名时，需要注意代言人的选择范围。

第三，广告法针对代言人需要承担的法律责任也进行了清晰界定，针对行政法律责任、无过错民事连带责任和过错民事连带责任，一一在第56条中进行规定。

（二）侵权行为构成要件

广告法第38条规定了广告代言的先期条件，即广告应当依据事实代言、依法代言，并且代言人只有在使用产品后才能进行代言行为。

> 广告代言人在广告中对商品、服务作推荐、证明，应当依据事实，符合广告法和有关法律、行政法规规定，并不得为其未使用过的商品或者未接受过的服务作推荐、证明。

广告代言侵权的构成要件与产品广告侵权相似，分为四部分，即存在违法代言行为、存在主观过错、存在损害事实以及违法代言行为与损害事实的因果关系成立。其中较为特殊的一点在于，广告法第56条第2款明确了代言人应承担的无过错民事连带责任，即代言人不存在过错行为，但当产品关系消费者生命健康，造成消费者损害的，其广告经营者、广告发布者、广告代言人应当与广告主承担连带责任。

三、文创代言广告的法律风险防范

过去的十年间，一般产品的代言广告风波频出，如成龙"霸王"洗发水、邓婕为三鹿慧幼婴幼儿奶粉代言风波等问题层出不穷，因而如何有效防范代言广告为文创产业带来的法律风险值得一提。

代言广告中最为普遍，损害最为严重的当属虚假广告行为。虚假广告行为在2015年以前并没有具体的规定，1994年版仅要求"广告不得含有虚假内容，不得欺骗和误导消费者"。由于该界定的笼统，在虚假广告的定义以及判定构成虚假广告所需要件和情形方面存在较大的法律空白，严重影响了广告市场的健康发展。

2015年修订后的广告法在1994年原则性规定的基础上，在第28条中明确了虚假广告的定义和侵权构成要件，以及五种具体情形。在法律责任章节的第55、56条中，明确规定："违反本法规定，发布虚假广告的，由市场监督管理部门责令停止发布广告，责令广告主在相应范围内消除影响，处广告费用三倍以上五倍以下的罚款……前款规定以外的商品或者服务的虚假广告，造成消费者损害的，其广告经营者、广告发布者、广告代言人，明知或者应知广告虚假仍设计、制作、代理、发布或者作推荐、证明的，应当与广告主承担连带责任。"为打击虚假广告完善了法律体系，加强了执法可操作性，有利于广告市场健康长期发展。

因此，在文创领域中，广告经营者与广告代言人在新媒体的视域下地位逐渐模糊。其发表的对产品的个性化言论将和品牌代言人的行为产生相同甚至更深远的效果。2021年5月，就有网友质疑薇娅在直播间售卖山寨联名款产品,根据薇娅直播视频回放片段,薇娅在直播间售卖了一款 Supreme x GUZI 联名挂脖风扇,薇娅与直播间工作人员多次强调该商品为爆款,宣称是美国联名,非香港代理。然而,该品牌却被爆出根本没有与 Supreme 联名,涉嫌售假。在这一案件中,薇娅作为广告经营者对产品的性质、质量等信息作虚假或者引人误解的商业宣传,误导了消费者,已经触犯了反不正当竞争法第 8 条第 1 款的规定以及广告法第 56 条,主播承担连带责任。

在文创广告代言行为中,不仅品牌方需要注重代言人的形象。名人本人也应十分注重自己的形象。如果被消费者发现代言虚假广告,那么代言人将会受到法律和舆论等多方面的规制,自身的名誉将会受到毁灭性的打击。虚假广告将导致消费者对代言人好感度直线下降甚至产生排斥感,因而代言人在选择品牌和产品上也会趋于保守,通常一些法律风险系数小的服装、饰品类广告较为受欢迎。

第四节 文创与儿童广告

儿童广告是众多广告细分类别中较为特殊的一种类型,由于儿童广告对象与内容的特殊性,法律对其进行了专门的规制与管理。在 2021 年修正版广告法出台之后,儿童广告的管理更加严格,对儿童广告代言人、儿童广告内容、儿童广告对象等多方面进行了约束。儿童广告在文创领域也有着一定的运用,针对一些儿童品牌的跨界联名和文创产品,如何进行有效安全的广告行为需要对文创儿童广告进行清晰界定后再做定论。

一、儿童广告的概念、内涵与特征

在过去,中国的广告法规中只有少数是针对儿童广告进行设置的,与西方发达国家如英国和美国相比,在儿童广告的规制管理上存在一定的差距。1993 年出台的《广告审查标准》规定:"儿童广告是指儿童使用的产品或有儿童参加演示内容的广告。"

该规定没有提及任何目标是儿童或者目的在于侧面说服儿童的广告,因而在这些领域我国的管制还很不到位。

(一)儿童广告的概念与内涵

我国目前尚无正式的儿童广告定义,学界一直沿用的是《国家工商行政管理局广告审查标准》(1994)第 37 条中的定义:儿童广告,是指儿童使用的产品或有儿童参加演示内容的广告。

儿童广告的一般属性即广告对象为儿童,一类是直接以儿童为诉求对象,另一类是出现在儿童可能大量接触到广告的场合,如儿童电视节目时段。我国儿童广告的定义相比之下缺乏第二类——出现在儿童可能大量接触到广告的场合。广告媒介的选择中包括各种媒介,在 20 世纪中期,儿童电视广告为重中之重,因为电视是当时孩子接触最多的媒介之一。然而随着时代的变迁,Z世代的儿童从孩提时代开始就已经习惯互联网、新媒体的存在,因此,新兴媒体如社交媒体等也是目前儿童广告需要关注的新的传播渠道。

(二) 文创儿童广告的特征与意义

文创儿童广告与一般儿童广告的特征与意义近乎相同。儿童广告的受众儿童自身就具有非常鲜明的广告接受特点,因此,儿童广告与面向成年人的广告有着较大的区别。

1. 趣味性强

文创儿童广告趣味性更强。儿童(通常指12岁以下的孩子)情绪易变,具有很强的模仿能力,因此,一则广告鲜明的色彩、绚丽的图画以及欢快的音乐节奏都能吸引儿童的关注并产生模仿行为,久而久之形成品牌记忆。

2. 文创儿童广告门槛低

无论是其广告语的设置、海报的设计还是情节的展示都会以最简单、最易理解的方式进行,虽然有些儿童广告在成年人眼中显得过于直白或缺乏新意,但对儿童来讲,朗朗上口的广告词和消费情境、视觉冲击力强的海报等就足以拥有一批忠实的"小粉丝"。

3. 需要注意儿童特殊保护

文创儿童广告需要注意,儿童自身在思维方面还处于成长阶段,因而他们的辨别能力较弱,非常容易被广告所误导。这种误导包括了观念、行为和语言等诸多方面,在目前一般儿童产品宣传活动中较为普遍。[1] 因此,儿童广告的制作相对于成人广告而言难度更高,复杂程度也更高,稍有不慎就易对企业产生负面影响。诚然,一则优秀的文创儿童广告将为文创产业开拓更为广阔的儿童市场。但一则不良的儿童广告会造成儿童在认知、理解甚至行为过程中出现令人难以想象的信息误解。为了避免这些后果,在创作儿童文创广告时需要时刻注意广告的内容呈现方式以及儿童受众的信息接收特点,将广告的收益与社会效果相结合,进而综合评估儿童文创广告的价值。

二、文创儿童广告的管理与法律规制

由于儿童群体的特殊性,对于儿童广告的法律规制一直在不断的完善中。除了西方发达国家的法律法规,我国儿童广告的法律管制在经过了十几年的演变后,在21世纪的今天也已经较为完善。目前确实尚未明确文创儿童广告在法律规制中与儿童广告的区别,因此,下文将展示一般儿童广告中的法律管理规制。

2015年修订后的广告法中明确指出广告不得损害未成年人和残疾人的身心健康。儿童广告的法律规制主要集中在广告的播出时间、广告时长、广告数量、广告主体内容、广告呈现形式以及儿童代言形象的运用等方面。

第一,广告法要求"广告不得损害未成年人和残疾人的身心健康"。这是2015年修订后的广告法对广告的总体要求。

---

[1] 张津.儿童广告创意浅谈[J].媒介营销,2006(10):7-9.

第二,广告法要求"大众媒体不得以任何形式向未成年人传播任何烟草广告"。对广告的内容进行了限制。

第三,广告法规定,酒精、烟草和药品的商业广告,在未成年人收看的频道、在儿童相对集中收听或收看节目的节假日时期禁止出现。

第四,广告法规定"不得在中小学、幼儿园开展广告宣传活动,不得利用中小学生和幼儿的教材、教辅材料、练习册、文具、教具、校服、校车等发布或者变相发布广告,但公益广告除外"。[1]

广告法对未成年人保护做了全面的规定。内容主要包括:广告不得损害未成年人和残疾人的身心健康;禁止在大众传播媒介或者公共场所发布声称全部或者部分代替母乳的婴儿乳制品、饮料和其他食品广告;使用无民事行为能力人、限制民事行为能力人的名义或者形象的,应当事先征得其监护人的书面同意;不得利用不满10周岁的未成年人作为广告代言人;不得在中小学校、幼儿园内开展广告活动,不得利用中小学生和幼儿的教材、教辅材料、练习册、文具、教具、校服、校车等发布或者变相发布广告;在针对未成年人的大众传播媒介上不得发布药品、保健食品、医疗器械、化妆品、酒类、医疗、美容广告,以及不利于未成年人身心健康的网络游戏广告;针对14周岁以下未成年人的商品或者服务的广告不得含有劝诱其要求家长购买广告商品或者服务的内容和可能引发其模仿的不安全行为。[2]

从2015年修订后的广告法可以看出,对儿童广告的保护力度进一步加强,为了避免小观众被误导而产生负面效应,广告法通过多个方面的严格把控遏制误导性儿童广告的产生。这也告诫儿童文创广告的创作者和从业者们,在设计儿童文创广告时主基调一定要健康,提倡和宣扬健康的观念,切勿为增强宣传效果而给儿童灌输攀比心理、超前消费等观念。在广告语和广告词的选择上也需要慎重,不符合主流核心价值观的广告语言不可取。儿童如若出于好奇模仿了不健康积极的广告语将导致严重的后果和后续的负面效应。为了孩子们的健康成长,应减少不恰当的广告给孩子带来的身心消极影响,实现商业效应和社会效用的双赢。

三、文创儿童广告的法律风险防范

正如上文所说,儿童广告的制作成本和制作难度较高,也因此会比一般的广告带来更大的法律风险。特别在文创领域,文化与创意的核心特质让文创产品更容易吸引儿童受众,然而稍有不慎,不恰当的广告设计就容易让自身陷入法律纠纷与舆论风波。

根据广告法的多种规制,在制作儿童广告时,有两个重要核心点需要关注,分别是是否违反儿童特殊保护,以及是否违反儿童广告代言人规定。在文创广告的制作中同样应将重点放在对这两个主要法律风险的防范。

(一)违反儿童特殊保护

2015年广告法中修订的多条规定均围绕未成年人的特殊保护而展开。针对广告内容而

---

[1] 毛晴,雷宇.新广告法中儿童广告管理的问题与建议[J].文学教育,2016(4):2.
[2] 窦锋昌.新《广告法》的规制效果与规制模式转型研究——基于45起典型违法广告的分析[J].新闻大学,2018(5):10.

言,药品、保健食品、医疗器械、化妆品、酒类、医疗、美容广告,以及不利于未成年人身心健康的网络游戏广告都被禁止投入未成年大众传播媒介。同时,针对 14 周岁以下未成年人的商品或者服务的广告不得含有劝诱其要求家长购买广告商品或者服务的内容和可能引发其模仿的不安全行为。举例而言,一些儿童向 app 大肆投放类似"腹黑老公""契约萌妻"等具有强烈两性关系的广告。又如,某类儿童益智游戏的 app,包括涂色 app、换装 app,它们的主要功能是让孩子们给卡通模板填色、给一般的模特进行换装,然而免费模板和装扮有限,当孩子想要使用更多不同的涂色模板或是装扮服饰时,就需要购买游戏包或观看广告。在这些广告中,各种与儿童游戏相距甚远的广告视频随意地播放,长达数十秒的广告视频,其展示内容包括"频繁/强烈的成人/性暗示题材""血腥暴力"等不适合儿童观看的广告。

针对传播渠道而言,广告主也需要注意不得在中小学、幼儿园开展广告宣传活动,除了公益广告,不得在儿童教材、教辅材料、练习本、文具、校服、校车等上进行广告宣传。因此,对于文创儿童广告而言,文创的形式与广告投放的范围需要慎重考虑。儿童互动类文创产品(见图 6-7),如与北京 2008 年奥运会金镶玉奖牌联动的绘本、奖牌 T 恤,包括线下的儿童文创产品体验店等,都是较为优秀的儿童文创线上、线下广告的案例。

图 6-7 儿童绘本广告

(图片来源:儿童剧+绘本,玩转河南文创新思路? [N].河南日报,2019-08-17,AI15)

(二) 违反儿童广告代言人规定

广告法还特别规定了儿童广告代言人的年龄限制:不得利用不满 10 周岁的未成年人作为广告代言人。

在一般儿童广告代言中,利用 10 周岁以下儿童以受益者的身份宣传产品的优势或者对产品的喜爱都属于违法行为,对于 14 周岁以下的孩子,若未获得家长或监护人允许,将儿童的个人信息如姓名、面部信息、年龄等在网络进行传播也将触犯《儿童个人信息网络保护规定》和《中华人民共和国未成年人保护法》。

在儿童广告代言的纠纷中，与一般代言广告相似，也存在如何界定儿童表演行为与代言行为的讨论。有人认为，不满10周岁的儿童可以因表演的需要出现在广告中，而且只要不出现姓名，不以自己的名义做宣传，就属于表演。[1] 业界承认儿童可以出现在广告的宣传里，作为广告表演者传达愉快、满足等情绪，或者做一些简单的动作或情节展示来配合产品特性的展出，带给消费者不一样的纯真体验。儿童广告代言人是明显以自己的形象或姓名对商品、服务向家长或儿童进行推荐，且在广告中明确自己的身份、姓名等，以自己的亲身体验宣传它的好处；若不存在上述行为，只是在广告中出现儿童的照片或者别的形象，就可能被认定为普通的表演者。[2]

目前市面上存在的儿童文创产品，其广告对于儿童代言人的运用还在少数。然而随着亲子综艺节目等的更新迭代、儿童明星IP的不断强化，在不久的将来，儿童文创产品也将走向代言的道路，借助儿童代言人的明星效应扩大受众群体，树立儿童品牌形象。在这一过程中，除了上述提及的广告法对代言人的规制之外，广告主还需要关注如《儿童个人信息网络保护规定》《中华人民共和国未成年人保护法》等一系列围绕未成年人的法律保护措施，从而有效防范法律风险。

第五节 文创与公益广告

改革开放以来，随着我国广告业的不断蓬勃发展，公益广告也逐渐兴起，然而学界对于公益广告的定义还是较为模糊。虽然公益广告在中国的发展已经经过了几十年的时间，然而公益广告的概念、特征及意义，以及公益广告需要注意的法律风险防范都尚未被大众熟知。

一、公益广告的概念、内涵与特征

公益广告具有公益性，因此与商业性广告具有旗帜鲜明的区别。但公益广告与公益宣传又存在着不同，公益广告究其根本仍然是一则广告，它是基于付费、自愿的原则展开的；而公益宣传的主体则可以有许多个，大多情况下政府会为公益宣传提供一定的资金支持。那么，究竟什么是公益广告呢？它又具有怎样的特征与意义？

（一）公益广告的概念与内涵

根据广告法，公益广告是指政府、社团、媒体、企业及广告公司等主体单独或者合作实施的，为促进社会公益，提高全民素质，宣扬社会主义核心价值观，具有导向性的非营利性的广告活动。[3]

公益广告的核心在于公共利益，广告主体内容围绕社会生活中产生的问题和矛盾，通过广告的艺术形式与改编起到警醒的作用，帮助大众进行正确的价值选择，营造符合社会公德和社

---

[1] 腾讯网.用不满10周岁儿童"代言"，童程童美被指涉嫌违法[EB/OL]. http://new.qq.com/omu/20210328/20210328A0161400.html.[访问时间：2021-09-25]
[2] 同上.
[3] 刘双舟.广告法修订后的十大变化[J].中国工商管理研究，2015(4):5.

会主义核心价值观的社会风气,具有传播信息、教育受众和价值导向的功能。就我国的公益广告现状而言,市场总体发展平稳,但从发展程度、法律体系以及应用机制而言都与发达国家有着较大的差距。在 2015 年广告法修订之前,公益广告仅受相关部门的规范性文件和地方政府规章限制,法律体系的建构与保障都有待进一步提升和完善。

(二)文创公益广告的特征

既然文创公益广告的重心在于公共利益,即为公众谋福利,那么它最大的特征就是社会性,无论文创公益广告的主体是政府、社会团体还是企业,都需要明确文创公益广告对社会的效用与担负起的责任。应通过文创公益广告表达出广告主体不仅追求商业利益,更注重社会的长久良好发展,关注社会中的重大问题如道德、环境、可持续发展等,充分展示企业或社会主体的责任意识与使命担当。

文创公益广告不以营利为目的,从其出发点、效果与形式来看,它具有社会效益性、内容现实性和表现号召性三大特点。

1. 社会效益性

文创公益广告从性质上来说隶属非商业性广告,它的出发点在于服务社会,对社会公益事业而言是一个不可或缺的板块,因此,相较于其他广告,它具有鲜明的社会效益性特征。这种特征也是文创企业选择做公益广告的重要原因之一。企业借助优秀的非营利性的文创公益广告,实现自身企业的形象建立,在大众心中树立具有社会担当和时代使命的品牌 IP,传播企业的品牌理念和品牌内涵。

2. 内容现实性

社会效益的特征又要求文创公益广告的内容必须具有强现实性,其主题内容需要反映社会目前存在的深刻问题,在深厚的社会基础上,实现问题解决与社会导向的功能。文创公益广告内容取材于日常生活,以大众百姓的眼睛看世界,并借助具有趣味性、创意感、深刻性等的广告手段正确引导社会公众,表达企业鲜明的立场及坚定的信念。

3. 表现号召性

文创公益广告的另一个特征是表现号召性,这一特征具体体现在文创公益广告的受众上。文创公益广告面对的是整个社会,因而其广告内容的诉求对象是所有广告中最为广泛的。举例而言,针对生态环境保护、野生动物保护的文创公益广告,虽然其内容针对的是生态环境和野生动物保护的涉及人群,但生态环境和野生动物保护涉及社会中的方方面面,无论是直接受众还是间接受众都有观看的需求和义务。内容的现实性也为这一特征赋能,社会性题材的公益广告参与和解决社会问题尤为重要,也更容易引起受众的共鸣,因而文创公益广告的二次传播功能与效果是难以估量的。

(三)文创公益广告的意义

公益广告最早出现在 20 世纪 40 年代初的美国,亦称公共服务广告、公德广告,是为公众服务的非营利性广告。我国通过电视媒体播出公益广告,最早出现的是 1986 年贵阳电视台摄制的《节约用水》。之后,1987 年 10 月 26 日,中央电视台开播《广而告之》栏目,揭开了我国公益广告新的一页。

1. 引导社会方向

公益广告传达的是符合大众利益的基本观念,即主流核心价值观,其包括个人的自身完善、社会行为规范、人与社会、人与自然等多方面的基本观念问题。因此,公益广告最大的意义就在于引导社会的方向,从社会道德以及法律等多个层次影响社会大众的行为和做法。一些具有创意又暖心的文创公益广告越来越多地受到人们的广泛关注和认可,实现了线上线下破圈层传播,为抵制社会不良风气起到了规劝和引导的作用。文创公益广告不仅有利于社会公民的发展,对社会文化的传承作用也是巨大而长远的,借助中华文化和创意展示的结合,它可以积极弘扬优秀传统文化,将现代社会与传统文化相结合,提高社会整体精神文明建设的水平。

2. 优化企业形象

公益广告的主体仍然是广告主,以非政府机构作为主要广告生产者的公益广告还可以起到提升品牌形象的效果。公益广告具有公益性的特征,它以其深刻的理念、浓郁的情感、平和的倡导方式以及形象化和个性化的特点,已经深入广大民众的心中,借助公益广告的属性可以使商业广告公益化,让企业在更广、更深的层次上塑造企业形象,创造与公众沟通的新平台,从而创造商业价值。

研读材料

2017年8月29日,一个名叫"小朋友画廊"的H5(见图6-8)在很多人的朋友圈悄然传播开来。这个H5展示了36幅画作,用户点开H5可以购买自己喜欢的画作,得到电子版。值得注意的是,36幅画作均由患有自闭症的特殊人群创作而成,也正因如此,这些作品别具吸引力。

据了解,"小朋友画廊"H5是腾讯公益、深圳市爱佑未来慈善基金会和WABC无障碍艺途公益机构联合出品的线上线下互动公益项目,是2017年99公益日的预热互动之一。

图6-8 "小朋友画廊"H5传播

(图片来源:腾讯网.关于刷屏的"小朋友画廊"你想知道的东西都在这里[EB/OL].http://tech.qq.com/a/20170829/096774.htm.[访问时间:2021-09-25])

小朋友画廊包含了线上和线下互动体验。线上画廊 H5 于 8 月 28 日上线。用户可以在线上看到精心挑选的 36 幅作品，大部分作品都有作者亲自录制的语音，向大家说明画作的心意并表达感谢。通过 H5 可以轻松一键直接捐款给 WABC 无障碍艺途项目，用户也可以通过 H5 给这群特殊的小朋友文字留言鼓励和支持他们。更有趣的是，用户"购买"后可以将电子画作保存为屏保。

这些精彩绘画作品也将在上海南京东路地铁站被展出，让画作得以充分展示，比在手机上看得更清晰。画框上同时也呈现画作介绍和作者简介。线下用户可以通过扫描电子画框内的二维码，进入"小朋友画廊"H5，了解更多信息，倾听作者心声和真挚的感谢语音，并一键捐赠支持该公益项目。

此次活动吸引了大量网友参与，也募集到了可观的资金，根据介绍，用户每购买一幅自闭症儿童的电子画作，就相当于向腾讯公益平台上的"用艺术点亮生命"公益项目进行了捐赠。该项目旨在消除社会偏见，帮助患有自闭症、脑瘫、唐氏综合征等精智障碍的特殊人群改善生活、融入社会、实现自我价值，相关善款将用于帮助这些受助群体。

资料来源：腾讯网.关于刷屏的"小朋友画廊"你想知道的东西都在这里[EB/OL]. http://tech.qq.com/a/20170829/096774.htm.[访问时间：2021-09-25]

二、文创公益广告的管理与法律规制

过去的公益广告大部分形式为观念灌输型，缺乏创意和新颖性，而如今随着消费者观念的不断发展，公益广告的表现形式有了很大的创新。尤其在文创与公益广告的结合方面，如腾讯等千余家机构及企业参与的 99 公益日宣传（见图 6-9），乃至各种类型的文创产品募捐、公益活动，都为公益广告注入了新鲜血液。

图 6-9　99 公益日宣传

(图片来源：南方网.99 公益日来了，腾讯智慧零售携手百家零售企业一起做好事[EB/OL]. https://finance.southcn.com/node_20343d0eff/71d3ae8455.shtml.[访问时间：2022-07-08])

然而,广告的日益发展需要不断完善的法律体系保驾护航。2015年修订以前,广告法对广告的规制适用范围仅局限于商业广告活动,过去有研究者在分析公益广告管理的现状时提出,由于当时我国还没有管理公益广告的法律、法规,所以现实中的公益广告市场秩序较乱:一是存在多头管理现象,即公益广告管理主体不明;二是认识不一,对于公益广告功能、性质究竟该如何定位尚未明确;三是管理依据有别,不同法律法规的规制不同,导致难以形成统一决断;四是管理到位率和监管力度不适应形势发展要求。上述种种问题,无疑正阻碍着公益广告的前进步伐。因此,解决问题的当务之急在于尽早为公益广告提供一座法的"靠山",或者为公益广告插上一双法的翅膀[1]。对此,一些研究者也提出有必要设定法律责任来规范公益广告,加强对公益广告的法律规制,保障公益广告有序开展。[2]

在公益广告立法中,也应注意以下几个问题:一是要规范公益广告活动的规划工作;二是设立公益广告基金会,并且规定公益广告基金的权利和义务,把公益广告基金的资金来源和支配纳入法治的轨道;三是从法律上鼓励公益广告活动;四是明确公益广告的构成要件,防止公益广告与商业广告混同;五是公益广告中禁止任何丧失国格、损害中华民族尊严的内容。

因此,在2015年修订时,广告法最后对公益广告的内容以"附则"中的一个条文加以规定,表明了国家"鼓励、支持开展公益广告宣传活动"的态度。同时,将发布公益广告明确规定为大众传播媒介的一项法定义务,要求广播电台、电视台、报刊出版单位应当按照规定的版面、时段、时长发布公益广告。考虑到公益广告行为规范与商业广告行为规范之间存在着较大差异,广告法没有直接对公益广告进行具体规定,而是授权由国务院工商行政管理部门会同有关部门通过制定专门的公益广告管理办法来规范公益广告活动。[3]

三、文创公益广告的法律风险防范

(一)混淆公益广告主体构成

混淆公益广告主体构成,即公益广告主体与商业广告主体相混淆。依照传统定义,公益广告是非商业广告,非商业意指不以商业意图为目的,商业性机构不应该作为行为者出现。如果以公益广告的名义呈现商业性产品或具有商业营销目的,将构成严重的违法行为。

这种以公益广告名义违法发布商业广告的行为将会受到严厉打击,从2018年开始,河南省等地明确加强公益广告监管的3项重点工作。

一是加强公益广告导向管理。强化公益广告监管,对价值导向不正确、违反国家法律法规和社会主义道德规范要求,以及语言文字使用不规范、文化格调不高的公益广告进行整治和规范。二是严厉打击以公益广告名义变相发布商业广告的行为。三是督促媒体公益广告的制作发布。对广告媒介单位发布公益广告情况进行监测和检查,定期公布公益广告发布情况;配合相关部门对媒体不按规定要求发布公益广告,或发布公益广告条次、时长不达标,时段和版面

---

[1] 赖俊杰.关于公益广告管理几个问题的思考[J].广告大观,2000(8):60-61.
[2] 卓龙华.浅析公益广告的法律特征[J].中国工商管理研究,1997(2):35.
[3] 刘双舟.广告法修订后的十大变化[J].广告法解读,2015-4.

不合规的行为予以纠正。[1]

尽管公益广告背后出资的多为商业性机构,但公益广告的根本属性即公益性是不可动摇的。这也是经济发达国家以公共广告协会等组织来运作公益广告的一个原因。中国目前的发展状态是,企业的经济行为还不发达,价值观还不够宏大,以及由个体构成的社会价值意识还处于较低水平,所以要群起成立共同的协会还不太现实。

不仅在文创领域,每个细分市场中企业竞争都需要寻求新的突破空间,而这也导致了中国公益广告目前被斥为功利广告的现象,公益广告虽然能够有效解决企业对公益形态广告需求的出口,但是微薄的收益却不足以让企业满足。

(二)违反商标标识规定

《公益广告促进和管理暂行办法》第 7 条规范了公益广告商标标识:

> 企业出资设计、制作、发布或者冠名的公益广告,可以标注企业名称和商标标识,但应当符合以下要求:
> (一)不得标注商品或者服务的名称以及其他与宣传、推销商品或者服务有关的内容,包括单位地址、网址、电话号码、其他联系方式等;
> (二)平面作品标注企业名称和商标标识的面积不得超过广告面积的 1/5;
> (三)音频、视频作品显示企业名称和商标标识的时间不得超过 5 秒或者总时长的 1/5,使用标版形式标注企业名称和商标标识的时间不得超过 3 秒或者总时长的 1/5;
> (四)公益广告画面中出现的企业名称或者商标标识不得使社会公众在视觉程度上降低对公益广告内容的感受和认知;
> (五)不得以公益广告名义变相设计、制作、发布商业广告。
> 违反前款规定的,视为商业广告。

大多数公益广告的违法行为都集中于商标标识的违规呈现以及隐形营销的存在,这不仅侵犯了消费者的合法权益,更伤害了公益广告的权威性与可信度。在文创公益广告制作中,我们需要着重关注商标标识要求,在体现合理合法品牌意识的基础上引导社会道德风尚,发挥企业的责任担当与社会价值。

案例研读

味全每日 C"创意瓶",成功让果汁卖到脱销!

说到在产品上玩"拼字"创意营销,最常见的发生在饮料行业,如我们熟知的味全每日 C

---

[1] 河南严厉打击以公益广告名义违法发布商业广告的行为[EB/OL]. hn. ifeng. com/a/20180513/6571187 - 0. shtml.[访问时间:2021 - 09 - 25]

拼字瓶,在瓶身上玩出了花样。味全每日C的这一创意之举不仅为各大超市带来一道靓丽的风景线,更成功使这款果汁卖到脱销。

在瓶身上做文章最出名的大概是可口可乐,其2013年夏季推出的昵称瓶为品牌带来了当年同比10%以上的销量增长,后来的歌词瓶和台词瓶也在年轻人中掀起了收集狂潮。

味全每日C在此基础上又出奇招,将日常中的一句话拆分成单个字印在不同的瓶身上,把瓶子排列在一起,包装上的汉字可以排列组合成各种句子。

味全把这一系列包装命名为"拼字瓶",有7种口味的果汁,每种都有6款不同的汉字包装,一共42款。可想而知,这样的瓶子自然逃不掉被人们玩坏的命运,如"你好色,别抱我"的搭配。相比之下,官网发布的"我养你""你好美"的拼法,则显得保守多了。

当然,"拼字瓶"被玩坏正是味全喜闻乐见的,这波操作实际上更助推了品牌的知名度,各种奇奇怪怪的拼字组合已经成为网友分享到网络上的快乐源泉。

图6-10 味全每日C"拼字瓶"

(图片来源:EMBA.味全每日C"创意瓶",成功让果汁卖到脱销![EB/OL].https://baijiahao.baidu.com/s?id=1636460936451721685&wfr=spider&for=pc.[访问时间:2022-07-08])

(一) 延续拼字瓶梗,建构多样营销场景

冬天是冷藏果汁的销售淡季。为了提高淡季销量,味全希望换一种"不说教"的方式传达"即使是冬天,人们也需要喝果汁补充维生素,预防感冒"的广告信息。但是,直接在果汁瓶身上印"抵抗力"3个字是不能通过审核的,味全"拼字瓶"高明之处在于,将"抵抗力"3个字分开放在3个瓶子上,既达到了想要的传播效果,又打造出一批好玩的互动瓶,拉近了与消费者的距离。

接着味全又顺势推出了更多包装:空白的"Say Hi"瓶,让人们在瓶身上DIY,鼓励自发传播;还配合电视剧《微微一笑很倾城》的植入,推出了电视剧同款台词瓶。

图 6-11　味全每日 C "Say Hi" 瓶

（图片来源：味全每日 C 手写瓶，用果汁和你 Say Hi [EB/OL]. https://www.digitaling.com/projects/18437.html.[访问时间：2022-07-08]）

味全高频更新包装，实际上是品牌年轻化的尝试。味全品牌相关负责人曾表示："每日 C 在许多人眼里变成了有年代感的品牌，销量也没有大幅突破，所以我们把目标消费者年龄从 25~35 岁调整到 20~30 岁，用年轻人熟悉的语言鼓励他们喝果汁。"

在味全看来，比起强调"成分、高品质"的厂商语言，如今年轻人更容易被品牌所传递的关怀性语言所打动。这么做的确给味全每日 C 的销量带来了大幅提升。根据味全提供的数据，创意瓶推出后，味全每日 C 果汁每个月的销售额都有同比 40% 的增长，市场占有率从 7 月到 10 月都是国内 100% 纯果汁品类的第一名。

味全每日 C 作为国内瓶身"内容营销"最为成熟且成功的品牌之一，已将瓶身作为自己常规的营销武器，长期与消费者保持感性沟通。

（二）创意的本质是"旧元素的新组合"

前不久《第一财经周刊》权威颁布的"金字招牌"调查中，味全每日 C 一举拿下消费者最喜欢的果汁品牌 Top 1，这已经是味全每日 C 连续第 4 年获得该殊荣。

2017 年入冬之后，面对即将来临的传统新年营销旺季与新鲜冷链纯果汁产品销售淡季的矛盾，味全每日 C 再度打造"每日宜"瓶，将中国传统形式"黄历"中寄托美好愿望的"宜"字文化，与时下年轻人喜好和生活场景相结合。

从线下到线上，在社交媒体平台的传播部分，味全每日 C 以"晒"为核心，通过瓶身与热点的巧妙结合、恰到好处的场景搭配、戏剧性地营造反差感等形式，将瓶身的内容创意转化成有趣的社会化传播内容。

相对于强调互动交流的微博，在微信平台，味全每日 C 选择了有的放矢的点对点策略，针对味全每日 C 销售量最大的 5 个城市地域大号进行营销内容下沉与精耕。据了解，地域生活类大号拥有一般营销类账号无法比拟的打开率和销售转化力，是极具性价比的下沉式营销选择。

图 6-12　味全每日 C "每日宜" 瓶

（图片来源：财汇科讯.味全每日 C "每日宜" 瓶开启新年新玩法[EB/OL].https://zhuanlan.zhihu.com/p/33428562.[访问时间：2022-07-08]）

从拼祝福贺新春的 2017 年"拼字瓶"，到配合 IP 热剧《求婚大作战》推出"Say Love"瓶，再到紧跟网易云音乐营销热潮联合推出"音乐刻度瓶"，味全每日 C 瓶身总能及时做出反应，出现在大众视野，时效性便是味全每日 C 瓶身创意的取胜之匙。

资料来源：EMBA.味全每日 C "创意瓶"，成功让果汁卖到脱销！[EB/OL].https://baijiahao.baidu.com/s?id=16364609364517216858&wfr=spider&for=pc.[访问时间：2022-07-08]

请思考以下问题：

1. 文化创意广告创作与法律法规的关系是什么？
2. 如何制作一则出色的文创产品广告？需要注意哪些法律风险？
3. 文创代言广告目前的法律体系是否完善？还有哪些方面可以进一步优化？
4. 在儿童文创广告和公益文创广告的法律规定下，该怎样制作一则优秀的广告？
5. 在新媒体环境下，你认为文化创意广告的法律法规将会受到哪些冲击与改变？

 本章参考文献

［1］崔银河.广告法规与广告伦理[M].2 版.北京：中国传媒大学出版社，2017.
［2］雷体华.《广告法》知识讲座（一）[J].适用技术市场，1995(6)：28-30.
［3］张津.儿童广告创意浅谈[J].媒介营销，2006(10)：7-9.

[4] 刘双舟.《广告法》修订后的十大变化[J].青年记者,2015(16):17-20.
[5] 邵国松.网络广告管制中的问题和对策——兼评我国《广告法》首次修改[J].江淮论坛,2015(4):79-83,193.
[6] 毛晴,雷宇.新广告法中儿童广告管理的问题与建议[J].文学教育,2016(4):2.
[7] 窦锋昌.新《广告法》的规制效果与规制模式转型研究——基于45起典型违法广告的分析[J].新闻大学,2018(5):10.
[8] 苏昊.运动员虚假广告代言的法律规制——新《广告法》的变革与超越[J].武汉体育学院学报,2018,52(11):43-49.

第七章

文化创意与反不正当竞争法

学习目标

学习完本章,你应该能够:
(1) 掌握反不正当竞争法的基本内涵,并且能够在文创产业中灵活运用;
(2) 在文创产业的市场竞争中,能够正确辨析各类不正当竞争行为;
(3) 作为一名文创从业者,能够在面对各种不正当竞争行为时灵活有效地借助法律保障自身合法权益。

基本概念

不正当竞争行为　文化创意　混淆行为　侵犯商业秘密　虚假宣传　商业诋毁

第一节 反不正当竞争法内涵

1993年9月2日,全国人大常委会八届三次会议通过了我国首部反不正当竞争法。历经多次修改,反不正当竞争法旨在以法律的手段,促进社会主义市场经济健康发展,制止不正当竞争行为,鼓励和保护公平竞争,对规范我国市场中的行业竞争具有重要意义。文化创意产业作为一个蓬勃发展的产业,在快速拓展的同时,业内不可避免地存在诸多不正当竞争的行为。这些不正当竞争行为不仅损害了部分经营者和消费者的合法权益,更为整个行业的发展埋下了祸根。

虽然文创产业是一个新兴产业,但是在实际的法律适用和实务操作过程中,反不正当竞争法依旧对其大部分不正当竞争行为具有一定程度的规制效力,作为一名合格的文创工作者,必须对此有充分的认识。本章将在详细介绍反不正当竞争法的内涵的基础上,结合实际案例,从文创产品的设计、传播、销售3个角度对文创产业中可能出现的不正当竞争行为的表现形式和法律规制进行论述。希望文创从业人员能够在实际工作中避免不正当的竞争行为,也能够在遭遇不正当竞争行为之际,借助法律法规有效保护自身的合法权益。

一、不正当竞争行为的概念和特征

在市场经济中,各种经济组织的经营者为追求自身的经济利益,必然会采取一系列的竞争行为与其他经营者展开竞争。市场竞争本就无可厚非,然而部分经营者会采取非法或是明显有悖于公认的商业道德的行为开展竞争活动,即不正当竞争行为。在现实中,不正当竞争行为形形色色、五花八门,心怀鬼胎的经营者会挖空心思地采取不正当竞争行为。对此,世界各国的法律制度往往对不正当竞争行为首先做出概括性的规定,制定一些具有普遍意义的法律原则以指导具体实务。在实际规范过程中,再视具体情况列举出典型的、突出的不正当竞争行为,并且在此基础之上予以明文禁止。[1]

根据我国现行反不正当竞争法中第二章的规定,目前不正当竞争行为主要有7种,依次为市场混淆、商业贿赂、引人误解的虚假宣传、侵犯商业秘密、低价倾销、违反规定的有奖销售和商业毁谤。但需要注意的是,上述7种不正当竞争行为只是目前由官方列举出的较为典型、突出的不正当竞争行为,并不意味着仅此7种。随着市场经济的发展,必然会有层出不穷的不正当竞争行为出现。因此,文创工作者身处随时可能遭遇不正当竞争行为的市场环境中,不仅应当对既有的不正当竞争行为有清晰的认识和分辨能力,同时也应该能够及时透过事物的表象分辨出其不正当竞争的本质。为达到这个目标,在认识和理解不正当竞争行为的基础之上,文创工作者还需要对不正当竞争行为的特征具有大致的了解。下文将对此略述一二。

1. 目的性

不正当竞争行为具有一定的目的性。既然是一种市场竞争行为,不正当竞争行为的根本目的就在于非法获取经济利益或市场优势,其行为的根本落脚点在于潜在的经济利益。现实中,确实会存在一些单纯的、不出于经济利益的扰乱市场竞争的行为,对于此类缺乏经济目的的不正当行为,诉诸民法典来保护相关当事人的权益往往更为有效和普遍。

---

[1] 韦之.论不正当竞争法与知识产权法的关系[J].北京大学学报(哲学社会科学版),1999(6):25-33.

2. 主体性

不正当竞争行为具有明确的主体性。所谓主体性,是指该行为为某行为人或组织的意志所支配,相应的追责必然可以追溯到违法行为的当事人。若缺乏主体性,不仅被损害的当事人的权益和赔偿无处追诉,不正当竞争行为本身也难以形成。

3. 时代性

不正当竞争行为具有时刻变化的时代性。某一竞争行为之所以构成不正当性,除了其自身违背基本的法律原则和商业道德之外,必然还具有时代性的原因。例如,在资本主义野蛮生长的原始积累时期,倾销垄断往往是为世人所接受的一种竞争行为。但是,当市场经济的制度和机制日趋完善之后,这一类的竞争行为便自然被认定为不正当的行为。同样,当下被认为合理合法的竞争行为,不代表在将来依旧合理合法。这就要求文创工作者不仅要对历史和当下有充分的认识,更要对未来有预见性的把握,从而使得自身经营的企业能够立于不败之地。[1]

综上所述,在详细了解不正当竞争行为的基本概念和特征之后,文创工作者应当能够在纷繁复杂的市场竞争中及时地分辨出何为不正当的竞争行为,由此为后续维权、保护自身合法权益打下基础。

二、不正当竞争行为的界定与辨析

在了解不正当竞争行为的概念和特征之后,对于文创工作者而言,界定不正当竞争行为、辨析不正当竞争行为与正当竞争行为同样是十分重要的技能。对此,本节将对这一问题略述一二。

(一) 不正当竞争行为的界定

不正当竞争行为的主体是违法竞争经营者。违法竞争即如上文所述,是非法或明显有悖于公认的商业道德的竞争行为。对于经营者的概念,反不正当竞争法第2条第3款明确指出:"本法所称的经营者,是指从事商品生产、经营或者提供服务的自然人、法人和非法人组织。"在司法实践中,事业单位也同样能够成为经营者,如医院、学校等从事营利性或收费性活动的事业单位可以被视为经营者。这就启示文创工作者,当面临学校等一些事业单位的不正当竞争行为时,同样可以依法对相关单位提起侵权诉讼。

不正当竞争行为必然是发生在市场竞争中的一种竞争行为,非市场竞争行为不能成为不正当竞争行为。之所以强调不正当竞争行为的此一特征,意在与一般的民事侵权行为进行区分。当事人双方之间不构成竞争关系或不处于市场竞争之中时,反不正当竞争法并不能成为保护相关当事人合法权益的法律依据,此时往往以一般的侵权行为而论。只有在侵权人与受害人存在竞争关系、以此损害受害人的竞争优势时才构成不正当竞争。

不正当竞争行为必须是一种违法行为。但应当注意的是,此处所谓的"违法",绝不仅仅意指违反了相关法律法规的列举性规定。除此之外,还包括违反一般性规定以及基本法律原则

---

[1] 焦海涛.不正当竞争行为认定中的实用主义批判[J].中国法学,2017(1):150-169.

或商业道德两类。诚然,法律的规定与具体的实务往往在现实中存在出入,借助一般性规定或者基本法律原则来保护经营者合法权益在实际操作中具有相当大的难度。这既是相关法律法规解释的滞后,亦是法律条文语义模糊不可避免的缺陷。因此,对于文创从业者来说,面对可能遭遇的不正当竞争行为,应当优先适用法律的列举性规定来保护自身的合法权益,在不得已的情形下再考虑诉诸一般性规定或者基本法律原则。

不正当竞争行为还必须是一种侵权行为。一方面,此处所谓的侵权必然指代对相关经营者造成损害的侵权行为。过去,常常有学者认为,此处必须是对同业经营者造成损害的行为,否则不构成不正当竞争行为。然而,随着市场经济和细分市场的发展,竞争逐步呈现出广泛性的特征,不同行业的经营者之间时常也会存在不正当竞争的可能。因此,只要一类竞争行为对相关经营者造成了损失,就完全可能构成不正当竞争行为。另一方面,侵权还意指对社会经济秩序的损害。对于阻碍市场公平运行、扰乱市场经济秩序的不正当竞争行为,其危害更甚于针对单一经营者的不正当竞争行为,其所将承担的法律后果也必然更为严重。[1]

(二)不正当竞争行为的辨析

除了应当能够辨析不正当竞争行为与正当竞争行为,文创工作同时也应当能够进一步辨析不正当竞争行为与垄断行为、限制竞争行为的区别。

一方面,考察不正当竞争行为与垄断行为的区别。垄断指的是经济力高度集中的一种状态,一般表现为少数企业通过自身经济增长或合并等方式扩大规模形成对国内某一市场或某一行业的独占与控制,垄断组织凭借其强大的经济实力支配着市场,获取垄断利润,排斥市场有效竞争。也就是说,垄断行为从本质上来看,是根本上排斥、意图消除竞争的。相较而言,不正当竞争行为并不排斥竞争,它是在承认竞争行为存在的前提之下,采取不正当、不合法的竞争手段。从我国的法律制度也可以窥见一斑,我国现行的反不正当竞争法和反垄断法各自针对不同的调整对象,其虽具有一定程度上的相似性和共通度,但区分也是比较明显的。

第二,考察不正当竞争行为与限制竞争行为的区别。限制竞争行为是一种妨碍甚至完全阻止、排除市场主体进行竞争的协议和行为。限制竞争行为和垄断行为具有一定的相似度,二者的共同目的都在于尽可能地减少市场竞争,以此来谋取市场支配权和更大的经济利益。同理,限制竞争行为与不正当竞争行为的区别同样也是较为明显的,不同之处在于,限制竞争行为的限制程度不及垄断行为,其意图与目的往往无法达成完全的一致,并且限制竞争行为的行为主体除了普通的市场参与者,还可以是政府等握有公权力的行为主体。当文创从业者面临限制竞争行为的侵害时,不仅应当考虑借助一般的民事侵权诉讼保护自身的合法权益,行政侵权诉讼亦应在考虑范围之内。[2]

通过本节内容的学习,文创从业者应当能够有效地界定和辨识各类可能存在的不正当竞争行为,为之后针对性地保障自身的合法权益打下基础。

---

[1] 吴汉东.论反不正当竞争中的知识产权问题[J].现代法学,2013,35(1):37-43.
[2] 卢修敏,王家田.垄断、限制竞争行为、不正当竞争行为的区分及其对立法的意义[J].中外法学,1995(4):49-52.

三、反不正当竞争行为的法律原则

除了法律法规的明文规定和禁止,具有一般性意义的法律原则亦是维权和规制不正当竞争行为的重要法律依据。我国现行反不正当竞争法第 2 条规定:"经营者在生产经营活动中,应当遵循自愿、平等、公平、诚信的原则,遵守法律和商业道德。"固然,在目前的司法实践中,法律原则往往难以成为判决的法律依据,但是随着我国司法体系的日趋完善,法律原则作为辅助性、补充性的判决依据,能够在复杂的权利纠纷中发挥作用。因此,本节将就反不正当竞争行为的法律原则展开详细论述,希冀文创从业者能够借此更好、更有保障地捍卫自身的权益。

(一)自愿原则

所谓自愿原则,是指经营者能够根据自己内心的真实意愿来参与特定的市场交易活动,设立、变更和终止特定的法律关系。自愿原则不仅是反不正当竞争法的基本原则,更是一切市场活动的根本前提。市场经济假定每一个经营者都是理性的个体,都会自发地选择最有利的交易方式和市场活动来实现自身利益的最大化。这一内在的逻辑假设,就必然要求排除对经营者意志自由的限制。违背自愿原则,必然会导致垄断、限制竞争、扭曲市场等行为结果。

具体来看,自愿原则包含 3 层含义:

(1) 经营者可以自主决定是否参与某一市场交易活动,这是经营者的权利和自由,他人无权干预;

(2) 经营者可以根据自己的意愿自主地选择交易对象、交易内容和交易条件以及终止或变更交易的条件;

(3) 经营者之间的交易关系反映了双方真实的意思表示。

因此,只要是违反了相关经营者的真实意愿而且构成不当得利的行为,都可能构成不正当竞争行为。此外,不正当竞争行为的直接作用对象也可以是消费者,例如,某一公司在销售一款文创产品时,违背消费者真实意愿,强行搭售另一款滞销产品。这一行为同样是一种不正当的竞争行为,因为此行为间接地损害了其他市场参与者公平竞争的权益。[1]

(二)平等原则

平等原则是指任何参与市场交易活动的经营者的法律地位平等,享有平等的权利能力。此外,平等原则一般还要求市场协商必须在平等的基础上开展,任何一方不得借其势力将自己的意志强加给另一方。

与自愿原则相似的是,平等原则同样体现了对经营者主体性的尊重和保护,可以说,平等是自愿的基石,只有平等才会有真正的自愿。然而,这里需要文创工作者注意的是,平等原则不仅指各类市场参与主体之间的平等,在市场经济的环境下,政府等公权力部门与市场经营者同样具有平等的地位。现实中,由于文创产品时常具有鲜明的地域性和历史性,某些地方政府及有关部门有利用行政权力对市场进行分割和封锁,进而保护某些特定的市场经营者的动机。

---

[1] 吴莉娟.互联网新型不正当竞争行为的类型化研究——兼论《反不正当竞争法》类型化条款之完善[J].竞争政策研究,2019(6):29-58.

此类行为明显违背了反不正当竞争法中的平等原则,被侵害的经营者完全可以借此规定提起行政诉讼。[1]

(三)公平原则

公平原则指在市场交易中应当公平合理、权利义务相一致。通常来说,公平公正是一种社会道德观念,往往用于对法律尚未明确规范的行为进行规制。此外,公平的内涵也会随着时代背景和公认价值观的变化而变化,单单强调公平难免显得模糊不清。因此,在实践中,往往将公平原则与平等原则联系在一起,即只有在平等基础上展开的竞争,才有可能称得上是公平的竞争。

具体而言,我国现行的反不正当竞争法的公平原则主要有两个方面的含义:

(1) 交易条件的公平,交易条件应该是真实的并且交易机会是平等的,反对任何采取非法的或不道德的手段获取竞争优势的行为;

(2) 交易结果的公平,交易双方交易以后对权利和义务的设定大致相当,不能显失公平,更不能一方只享有权利,另一方只承担义务。[2]

因此,在评判某一市场竞争行为是否违背公平原则时,文创从业者应当从交易条件和交易结果两个角度进行考量,无论违反了哪一点,都将构成违背公平原则的不正当竞争行为。

(四)诚实信用原则

诚实信用原则,亦可简称为诚信原则,是对市场经济中公认的商业道德和道德规范的总称。我国现行反不正当竞争法将此原则设定为法律的基本原则。诚然,诚实信用原则在司法实践中由于其自身的模糊性和不确定性,往往缺乏具体的适用案例。但是,我国的反不正当竞争法根据此原则在具体条款中做出了规定。下面,将结合文创产业的相关特性,简要列举几类违背诚实信用原则的不正当竞争行为:[3]

(1) 假冒他人注册商标;

(2) 擅自使用知名企业的名称、商标;

(3) 违反相关保密义务,故意泄露他人的商业秘密;

(4) 对商品进行虚假宣传。

上述4种行为仅仅是较为典型和突出的行为类型,并不意味着违反诚实信用原则的行为仅限于此。可以说,诚实信用原则是所有反不正当竞争法的法律原则中适用范围最广的一项法律原则。也正因为其覆盖范围之广,在实际适用中往往存在一定的难度。然而,若文创工作者能够适时采用,借助诚实信用原则辅佐其他更为具体的诉讼行为,将会取得事半功倍的效果。

---

[1] 丁晓东.互联网反不正当竞争的法理思考与制度重构——以合同性与财产性权益保护为中心[J].法学杂志,2021,42(2):70-86.
[2] 张占江.论反不正当竞争法的谦抑性[J].法学,2019(3):45-59.
[3] 杨信,曹文娟.民族传统工艺传承与发展中的反不正当竞争[J].湖北民族学院学报(哲学社会科学版),2018,36(3):94-98.

第二节 | 文创设计与经营中的不正当竞争行为

设计是文创产业中的首要环节,具有相当重要的地位。文创产品的设计具有文化性与艺术性、地域性与民族性、纪念性与实用性、经济性与时代性等诸多基本特征。可以说,设计的好坏,直接影响相关文创产品销售的成功与否,因此,必须对设计这一环节予以重视。

然而,也正是因为一个好的设计对文创产品具有极为重要的作用,在文创产品的设计中存在一部分的经营者采取非法的竞争行为为己谋利。如何辨识和借助法律手段规制这一类文创产品设计中的不正当竞争行为,是文创工作者必须掌握的技能。

此外,在具有一个好的文创设计的基础上,得当的经营也是文创企业获得成功的关键。经营文创企业不可避免地需要面对纷繁复杂的市场竞争环境,往往存在一些不法商家使用不正当的手段开展经营活动,对合法合规的文创经营者形成侵害。因此,使用正当的方式经营产业、防范可能存在的不正当经营手段也是文创工作者必须具备的基本能力。

在这一节中,本书将选取混淆行为和侵犯商业秘密行为这两类典型、突出的非法行为,以此为切入点,论述对于文创设计与经营中可能存在的不正当竞争行为的辨识与规制。

一、市场混淆行为

所谓混淆行为,指的是在市场经营过程中,经营者采用种种不实的手段对自己的产品或服务进行虚假的宣传、说明、销售,或是借助不正当的手段利用他人的智力成果来推销自己的产品,从而使购买者产生误解、侵害同业竞争者的合法权利、扰乱正常的市场秩序的行为。

诚然,市场混淆行为仅仅是对一系列不正当竞争行为的统称,其中包含了已经被列举和尚未被列举或是发现的不正当行为。根据我国现行反不正当竞争法,有以下4种行为被我国正式法律文件收录为市场混淆行为:

(1) 假冒他人的注册商标;

(2) 擅自使用知名商品特有的名称、包装、装潢,造成和他人的知名商品相混淆,使购买者误认为是该知名商品;

(3) 擅自使用他人的企业名称或姓名,引人误认为是他人的商品;

(4) 在商品上伪造或者冒用认证标志、名优标志等质量标志,伪造产地,对商品质量作引人误解的虚假表示。

可以看出,根据官方法律文件的定义,市场混淆行为的行为客体通常是注册商标、企业名称和商品品牌等具有无形财产性质的智力成果,在文化产业领域,往往是指一些文创产品的商品名称、商品外形或功能的设计、文创产品的商标等等。诚如上文所述,商标、品牌等无形财产在当下对一个企业的长远发展起着至关重要的作用。因此,要想打造高价值的品牌形象,就必须警惕市场中的混淆行为。

然而，单纯地根据官方法律文件的概念定义，在纷繁复杂的市场环境中难以真正及时发现和区分可能存在的混淆行为。这一方面是由于法律语言的模糊性和一般性，另一方面是由于相关概念相较于日新月异的市场发展而呈现出的滞后性。因此，下文中，本书将详细论述市场混淆行为的构成要件和行为类型，以期培养文创工作者对于此类不正当行为的辨识能力。

（一）市场混淆行为的构成要件

在司法实践中，要确定某一行为是否构成法律规定的违法行为，首先需要将某一特定违法行为拆分为多个构成要件。若某一行为满足所需的要件，即可被认定为违法行为。

对于市场混淆行为而言，依据当前的法律法规和学界的共同观点，主要有以下 3 项构成要件。

第一，市场混淆行为的行为主体必须是经营者。此处的经营者可以指自然人、法人、社会组织等等，但它们共同的特点是以获取经济利益为根本目的。也正是因为对行为主体的严格要求，如果行为主体不属于经营者，或是说行为主体不是以盈利为目的，那么其行为便不会构成反不正当竞争法中规定的市场混淆行为，也就不能以此法提起诉讼或作为判决依据。当面临这种情况时，文创工作者往往可以提出一般的民事侵权诉讼，借助侵权法保障自身的权益。

第二，经营者在客观上确实实施了不正当竞争行为，如假冒他人企业名称、仿冒驰名品牌商标等行为，否则不构成市场混淆行为。这里所谓的客观，即经营者在现实中做出了切实的行动，若只是经营者的口头表示或以文字形式形成的计划，由于都仅仅停留于主观构想层面，缺乏实际行动，皆不构成不正当竞争行为。

第三，经营者的行为确实具有一定的欺骗性，使消费者产生误解或误认，进而对相关经营者的经济利益造成了损害。现实中，往往会存在一些影响范围较小、欺骗程度较低的混淆行为，由于这类行为难以产生明显的混淆效果，国家出于司法成本和社会成本的考量，通常并不将其归为市场混淆行为。对此，文创工作者也应当予以关注，对于一些欺骗程度较轻的混淆行为，尽可能地通过私下沟通解决，诉讼往往由于成本过高而不经济。[1]

（二）市场混淆行为的行为类型

第一类，根据我国现行反不正当竞争法第 6 条第 1 款，擅自使用与他人有一定影响力的商品名称、包装、装潢等相同或者近似的标识，构成市场混淆行为。显然，此种混淆行为意图擅自使用具有一定影响力和知名度的商品名称、包装或标识，以此欺骗消费者，从而获取不正当的经济利益。在商品经济时代，商标的包装、标识等具有设计属性的智力成果，对于提高商品附加值、提升商品销量具有极为重要的价值。也正因此，此类针对商品的混淆行为会给相关经营者的产品形象造成极大的损害。

第二类，根据我国现行反不正当竞争法第 6 条第 2 款，擅自使用他人有一定影响的企业名

---

[1] 杜军.侵犯商业秘密行为的法律救济[J].现代法学，2000(1):79-82.

称、社会组织名称、姓名,构成市场混淆行为。第一类行为的行为客体是具体商品,而此类行为是针对企业名称而为的不正当竞争行为。通常来说,此类行为的危害更甚于第一类行为。冒用企业名称的经营者所销售的低劣产品,其不良影响会作用到拥有真正企业名称的企业,给企业形象造成不可挽回的影响。在当下如此重视企业形象建设的商业环境中,文创工作者对于此类混淆行为必须时刻警惕,一旦发现应立刻制止、提起诉讼。

第三类,随着互联网等新兴技术的不断发展,擅自使用域名、网站名称或网页等行为,同样可能构成市场混淆行为。一些无良的市场经营者常常会通过技术手段,制作一些和知名企业相似度极高的产品展示、销售网站,以此欺骗消费者。对于这类混淆行为,除了传统意义上的协商、诉讼之外,文创工作者也应当学会借助互联网技术手段,为自己的官方网站加密,防止被不法商家冒用。可以说,这种手段不仅具有很强的预防性,也是最为经济高效的保护手段。[1]

(三)市场混淆行为的法律规制

从学理上来说,对市场混淆行为的法律规制主要分为立法规制、行政规制和司法规制3类。本节主要论述实践中对市场混淆行为的行政规制和司法规制。[2]

一方面,行政规制主要指我国行政机关在执法过程中做出的指导和行政处罚。目前,国家工商行政管理局发布的《关于禁止仿冒知名商品特有的名称、包装、装潢的不正当竞争行为的若干规定》对"知名商品"和"特有"作出了解释,介绍了"近似"应如何判断,并将销售明知或应知是仿冒知名商品的行为认定为市场混淆行为。可以说,行政规制在我国的商业环境中所起到的作用是较为显著的。相较于司法和立法规制,行政规制的时间成本和经济成本都更低,适合文创工作者在面临程度不高的市场混淆行为时采用。然而,既然是行政规制,其实施的效果和范围自然会受到事发当地行政机关的制约,对此,文创工作者也应当随机应变,适时采用此种方式。

另一方面,司法规制即通过司法手段规制市场混淆行为的一种方式。在司法实践中,法官们依照反不正当竞争法第2条中的诚实信用原则,采用扩大解释的方法,对市场混淆行为进行认定与规制。在司法解释中,《最高人民法院关于审理不正当竞争民事案件应用法律若干问题的解释》对"知名""特有""相同或近似"的认定作出了解释,拓展了"装潢"的定义,明确了市场混淆行为的表现形式。诚然,司法规制的流程和手段都具有较强的专业性,因此,建议文创工作者在与相关专业机构充分沟通协商之后,以委托代理的形式诉诸对市场混淆行为的司法规制。

研读材料

深圳市景田食品饮料有限公司(以下简称深圳景田公司)是"景田"和"百岁山"的注册商标专用权人,经过多年的市场沉淀和"百岁山"品牌矿泉水的销售,已经在国内瓶装矿泉水行业中具有较高的知名度。在2009年前后,石桂花(以下简称石某)在第3类、第5类、

---

[1] 王丽君.浅析市场混淆行为的认定[J].市场周刊,2020(2):167-168.
[2] 邢卓尔.刍议针对市场混淆行为的反不正当竞争法规制[J].职业技术,2019,18(1):97-100.

第29类、第30类、第33类商品上抢注"景田百岁山"商标,并在2013年以此标识成立商丘市景田百岁山食品有限公司(以下简称商丘百岁山公司)。此后,石某以商丘百岁山公司的名义对外经营销售"景田百岁山维生素饮料(营养饮料)"并使用深圳景田公司注册的商标。对此,深圳景田公司请求判令石某与商丘百岁山公司立即停止商标侵权及不正当竞争行为(包括停止使用并且变更其企业名称中的"景田""百岁山""景田百岁山"商业标识,停止在经营活动中使用"景田""百岁山""景田百岁山"商业标识)并赔偿经济损失。

资料来源:石桂花、商丘市景田百岁山食品有限公司与深圳市景田食品饮料有限公司不正当竞争纠纷民事判决书,(2014)豫法知民终字第136号。

下面就案中石某与商丘百岁山公司的涉案行为是否构成市场混淆行为进行解析,期望能从实践视角出发厘清对市场混淆行为的认定及判决。根据上文对市场混淆行为的论述,在本案中,深圳景田公司对"景田百岁山"等商标注册及使用均在先,而且具有一定的消费者认知度和市场知名度,而石某申请的"景田百岁山"等商标在后。虽然石某注册的商标"景田百岁山"五字与深圳景田公司注册的"景田"和"百岁山"商标分属不同商标类目,但文字相同,按照诚实信用的原则,石某需要尊重深圳景田公司的在先权利,有义务在经营中与深圳景田公司保持差距,积极避免社会公众的混淆认知。但本案中,石某利用"景田百岁山"标识成立商丘百岁山公司(食品行业)且与深圳景田公司(食品饮料)保持在相近行业,可以认定石某在主观上具有造成市场混淆的故意,引导消费者误解,恶意利用深圳景田公司已有的市场优势,以为自己带来市场竞争优势。因此,法院终审判定石某的涉案行为对深圳景田公司构成不正当竞争并判令其进行经济赔偿。

总结来说,文创工作者在实践中应关注和注重己方品牌独创性和差异性的打造,而非投机取巧利用其他品牌的现有市场地位非法"搭便车"以期获得更好的市场竞争优势。谨记只有做出自己品牌的差异化内容及创意特色,才能从根本上避免消费者对商品和品牌发生混淆,在避免法律风险的同时更好地赋能品牌的发展与成长。

二、侵犯商业秘密行为

商业秘密指的是不为公众所知悉,能为权利人带来经济利益,并且由权利人采取保密手段的技术信息和经营信息。商业秘密具有秘密性、价值性、保密性等特点,商业秘密对于企业具有十分重要的意义,已经成为民法典中所规定的知识产权保护的客体。

商业秘密是最终权利人重要的智力劳动成果,是一种无形的财产。尤其在日益强调知识产权、企业文化和品牌形象价值的商业环境中,反不正当竞争法将侵犯商业秘密的行为视作不正当的竞争行为加以禁止是十分必要的。

文创产品时常包含非物质文化遗产等无形财产,某些产品的加工、设计工序可能构成商业秘密,因而文创工作者也必须对可能存在的侵犯商业秘密行为予以重视。本节将分别介绍对侵犯商业秘密行为的界定、分类和法律救济,并且结合相关文创案例帮助读者更好地理解本节内容。

(一) 侵犯商业秘密行为的界定

对于什么是侵犯商业秘密的行为,现行的法律难以给出具有高度概括性的定义,往往是采取列举式的方式,但这显然是不够的。本节内容结合各国的法律规定,简要介绍侵犯商业秘密行为的一般构成要件。[1]

第一,行为的作用对象,即商业秘密,必须确实存在。所谓商业秘密,必须具有秘密性和价值性。文创产品的外观设计等不具有秘密性,因而对于外观设计的抄袭等行为自然无法构成侵犯商业秘密行为。所谓价值性,则包含了经济价值和社会价值,要求被保守的商业秘密确实具有为所有者创造价值的能力,否则,同样难以被称为商业秘密。

第二,侵犯商业秘密的行为主体是一般主体。所谓一般主体,不仅包括市场经营者,其他的自然人或者法人组织同样可以作为行为主体。这点与上文中介绍的市场混淆行为限定行为主体仅包括经营者不同,也就意味着文创工作者需要警惕的范围更大。现实中,经常存在经营者雇佣不相关的个人或组织,帮助其利用不正当手段获取竞争对手的商业秘密。

第三,行为主体在客观上确实做出了不法行为。具体的实施手段,根据法律法规的列举,主要有盗窃、利诱、胁迫或不当披露、使用等。

第四,不法行为已经或可能给权利人造成损害后果。已经造成损害比较容易理解,需要重点关注的是何种情况可以算作"可能"。一般认为,根据常人的认知,具有造成损害的可能性即可算作"可能"。诚然,在司法实践中,这一条件往往难以成为判决的依据,但确实可以辅助判决。

(二) 文创产业中侵犯商业秘密行为的分类

现实中,侵犯商业秘密的行为多种多样、层出不穷,抽象地论述侵犯商业秘密行为的构成要件不免显得流于书本,因此,本节将简要介绍几种侵犯商业秘密行为的主要类型。

从行为特征来看,侵犯商业秘密行为可分为非法获取商业秘密、非法泄露商业秘密、非法使用商业秘密 3 种。根据实施侵害行为的主体不同,侵犯商业秘密行为可分为雇员实施的侵害行为、合同当事人实施的侵害行为以及第三人实施的侵害行为 3 种。根据侵害的对象不同,可将侵犯商业秘密行为分为侵犯技术信息行为和侵犯经营信息行为两种。根据行为的性质不同,可将侵犯商业秘密行为分为侵犯商业秘密的违约行为和商业秘密侵权行为两种。[2]

需要注意的是,以上列举的行为类型只是大致的罗列,并没有对行为细节的论述。在实际的工作中,文创工作者需要具有发现和辨识侵犯商业秘密行为的敏锐性,在诉讼和维权的具体过程中还需要进一步咨询相关专业机构。

(三) 侵犯商业秘密行为的法律救济

随着我国立法司法体系的日益完善,针对侵犯商业秘密这一不正当的竞争行为,已经存在

---

[1] 杨凯.析侵犯商业秘密罪的定义与构成要件[J].湘潭大学社会科学学报,2001(1):78-84.
[2] 卢岳峰.浅谈侵犯商业秘密行为[J].法制与经济(下旬),2013(3):56,58.

多种诉诸法律救济的手段,简单来说,主要分为责令停止违法行为、罚款、赔偿损失和追究刑事责任。现实中,采用行政命令的手段进行法律救济不仅更为常见,相较之下也更为经济便捷。文创产业中对于故意窃取商业秘密行为,极少出现追究刑事责任的情况,因此,本节主要介绍责令停止违法行为、罚款、赔偿损失这3类较为实用的救济形式。[1]

第一,责令停止违法行为是一种典型的行政处罚,反不正当竞争法规定"违反本法第九条规定侵犯商业秘密的,由监督检查部门责令停止违法行为"。制裁侵犯商业秘密的行为,最重要的是应当及时制止正在进行的商业侵害行为。可以说,不论程度轻重,制裁侵犯商业秘密行为的第一步都应当是责令停止。考虑到文创产业中的商业秘密往往具有较强的可复制性和可操作性,及时向工商管理部门申请责令停止侵害,是最为重要的救济形式。

第二,罚款同样是一种行政处罚的手段,往往会与责令停止违法行为同时并行。但是不同的是,对于侵犯商业秘密的违法行为,责令停止是必须适用的行政措施,而罚款相反,并不是必须适用的。也因此,文创工作者应当注意,罚款只是一种次要的行政措施,考虑到企业长远的企业形象、经济利益等,罚款并不是最优的行政规制措施。首先依旧必须确保违法行为被制止,其次再借助行政罚款对侵害人进行惩罚。

第三,赔偿损失是对被侵害人给予一定经济赔偿的行政手段。反不正当竞争法第17条规定:"经营者的合法权益受到不正当竞争行为损害的,可以向人民法院提起诉讼。因不正当竞争行为受到损害的经营者的赔偿数额,按照其因被侵权所受到的实际损失确定;实际损失难以计算,按照侵权人因侵权所获得的利益确定。"赔偿损失在一定程度上确实可以减少商业秘密被泄漏或盗用者的经济损失。但在以高附加值、高原创性为特点的文创行业,依据相关法律法规给付的赔偿金额远远无法弥补因为被侵害而造成的损失。因此,文创工作者意图通过事后救济挽回损失,通常难以实现。这也就是强调在事前和事中要随时高度重视对商业秘密的保护的原因,对于侵犯商业秘密的行为要具有一定的预防措施。

第三节 | 文创传播与销售中的不正当竞争行为

传播与销售在文创产业中是两个紧密相连的环节:良好的传播渠道、传播内容、传播形式能够助力文创产品的销售;良好的销售成果能够检验传播环节的质量,推动传播环节的完善。因此,对于一家文创企业而言,传播与销售这两个环节必须等量齐观,同等重视。

然而,在纷繁复杂的市场环境中,正是由于传播与销售环节所取得的良好效果能够给企业带来巨大的经济效益和社会效益,一部分不法商家采取不正当的竞争行为谋求传播与销售的商业效果。文创工作者必须予以重视,做到防患于未然。

---

[1] 杜军.侵犯商业秘密行为的法律救济[J].现代法学,2000(1):79-82.

本书结合文创产业目前所遭遇的现实问题,选取了传播与销售环节中存在的虚假宣传行为、商业诋毁行为和不正当有奖销售行为这3类不正当行为,分别展开具体论述,并辅以案例研读材料,以期实现理论与实务的融会贯通。

一、虚假宣传行为

反不正当竞争法第8条规定:"经营者不得对其商品的性能、功能、质量、销售状况、用户评价、曾获荣誉等作虚假或者引人误解的商业宣传,欺骗、误导消费者。"同时,发布虚假广告的,依照广告法的规定处罚,对于文创传播中涉及广告法的行为在第六章中已经进行了详细的阐述,本节对不正当竞争行为中的误导性宣传行为展开论述,并会在后续部分详细讨论反不正当竞争法中的误导性宣传行为与虚假广告间的异同。

(一)虚假宣传的行为界定

在虚假宣传行为的界定方面,与文创传播息息相关的主要可分为在商品上的误导性宣传行为和在广告传播中的误导性宣传行为。"在商品上的误导性宣传行为"主要是指以商品及其包装或商品标签为载体,用文字、图形等对商品信息进行误导性标注的行为,包括:伪造或冒用认证标志、名优标志等质量标志的行为;伪造产地而损害了消费者及其他竞争者的合法权益的行为;对商品质量作出引人误解的虚假表示的行为,此类行为又可分为积极的虚假表示,即主动发布引人误解的虚假性信息,以及消极的虚假表示,即对应当标注的商品事项故意不表示从而引人误解。"引人误解的广告宣传行为"则是指对有关商品质量、制作成分、性能、用途、生产者、有效期限、产地等作引人误解的虚假宣传的行为,需要重点就相关宣传的方式、内容和行为特点进行判定和分析。

虚假宣传行为还可以根据类型和内容分为欺骗性虚假宣传和误导性虚假宣传。"欺骗性虚假宣传"是经营者对商品的质量、性能等商品内容或者服务项目、内容、方式和质量等作出完全不符合真实情况的宣传,致使消费者误解的行为。需要明确的是,欺骗性虚假宣传是指经营者所做的宣传与事实完全不符,而且其目的是使消费者受骗从而牟利。"误导性虚假宣传"则是指经营者运用广告形式或其他形式对商品内容或服务所创作的宣传导致消费者对商品或服务的真实情况产生误解或错误的联想,从而影响其购买决定。其中,经营者的宣传内容并非一定不具有任何事实依据,但其目的在于使公众产生误解或错误联想。误导性宣传行为也是在文化创意的传播中较为常见的不正当竞争行为。[1]

在文创实践中需要注意,有一些运用夸张手法的宣传行为,如通过图片或文字等方式展示某品牌的辣椒酱吃了可令人喷火,看似符合上述虚假宣传行为的界定,但根据我国相关司法解释,此类以明显夸张的方式宣传商品,不足以导致消费者受骗上当的,不属于引人误解的虚假宣传行为。因此,在文创传播中具有一定艺术性的宣传方式并不被法律所禁止,而且富有创意往往可以对商品宣传起到意想不到的正面效果。

---

[1] 蒋强,陈勇.反不正当竞争纠纷:新型典型案例与专题指导[M].北京:中国法制出版社,2009:210-211.

（二）虚假宣传行为的判定标准

基于上述文创宣传中的案例，我们可以发现，对于虚假宣传行为的判断，不仅需要认定宣传内容是否"虚假或引人误解"，还需要判断所宣传的内容是否"足以引起公众的误解"。判断是否构成"虚假宣传行为"一般可以通过如下原则开展。[1]

1. 一般消费者普通注意原则

该原则以一般消费者在一般注意力的条件下对宣传内容是否会产生误解为标准，其中，"一般消费者"是指相关产品的目标消费人群，既可能是普遍大众，也可能是具有一定专业经验的消费者；而"普通注意"则是指消费者对商品宣传不进行严密的考察，而凭借第一感觉做出的判断。结合如上两个概念，当一般消费者对商品宣传施以一般注意力时容易产生对商品的误解，即可认定该行为属于虚假宣传行为。

2. 整体观察原则

所谓整体观察，是指消费者在接触广告时往往只会对广告图片或文字内容进行整体性的浏览，从而留下粗略的、模糊的印象，在此情况下是否会引起消费者的误解即判断经营者是否存在虚假宣传行为的标准。在文创设计中，同样需要注意一般情况下消费者并不会对广告或商品内容的细节进行详细分析，因而在进行产品宣传时需要注意重点的突出，核对重点内容的真实性，避免出现虚假宣传。

3. 比较主要部分原则

在广告宣传或者商品信息的传播中，往往会存在多样的文字或图片内容，此时判定是否构成虚假宣传行为应依据内容的主要部分是否会造成误解进行判断，即比较主要部分原则。同理，在文创实践中，如果广告或商品宣传内容的次要部分存在一定的误解性，但主要部分属实，不会引起消费者的误解，则不会被判定为虚假宣传行为，但这仍应该被重视和避免。

 研读材料

广州医药集团有限公司和广州王老吉大健康产业有限公司（以下简称王老吉品牌方）是生产"王老吉"品牌凉茶的主体公司，2008—2012年，中国行业企业信息发布中心将罐装饮料市场销售额第一名的证明颁发给王老吉凉茶。加多宝（中国）饮料公司（以下简称加多宝品牌方）原为王老吉凉茶的生产方，在2012年5月推出"加多宝凉茶"，并自2014年3月25日起多次在报刊媒体发布"国家权威机构发布：加多宝连续七年荣获'中国饮料第一罐'""加多宝荣获中国罐装饮料市场'七连冠'""中国第一罐"等宣传信息。王老吉品牌方认为加多宝品牌方的上述宣传系故意混淆是非，让消费者误认为加多宝凉茶就是王老吉凉茶，因而请求判令加多宝品牌方停止虚假宣传行为并进行澄清道歉和赔偿经济损失。

资料来源：加多宝（中国）饮料有限公司等与广州医药集团有限公司等虚假宣传纠纷二审民事判决书，(2015)高民（知）终字第879号。

---

[1] 王喆.论比较广告的法律规制[J].电子知识产权，2019(5):72-81.

就本案王老吉品牌方和加多宝品牌方的虚假宣传纠纷,下面就加多宝品牌方的广告宣传行为是否构成虚假宣传进行分析和讲解,希望能通过对现实案例的具体分析使所有文创从业者对虚假宣传行为有更为生动和形象的认知。首先,在本案的语义分析上,如前文所述运用"一般消费者普通注意原则",消费者针对系列广告语,并不会对宣传词中的细节加以过多的分析和考量,而只形成一个整体上的观感和印象,因此就加多宝品牌方发布的广告语而言,"加多宝""中国第一罐""七连冠"可以被认作广告语的主要部分,也是后续判定加多宝品牌方是否构成虚假宣传行为的内容核心。其次,我们需要关注广告语的主要部分所表达内容的真实性,加多宝品牌方广告语的核心内容强调了"加多宝连续七年荣获'中国饮料第一罐'",而事实上加多宝品牌 2012 年才正式投入使用,2014 年发布相关广告时其品牌历史并不足 7 年,而且在此广告语中加多宝品牌方向公众隐瞒了 2007—2011 年其生产的凉茶实为王老吉品牌凉茶的事实,因此,系列广告语的表达确实存在与事实不符之处。对于广告内容中"中国饮料第一罐"将国家和最高级的用语进行关联的结合使用,涉及的广告法相关规定已在第六章中已经进行了详细的介绍,本部分不再赘述。最后,辨析加多宝凉茶的广告语叙述是否会由于真实性的不足和表达的偏差导致消费者对加多宝凉茶这一产品出现错误认知,从而使加多宝品牌方获得竞争优势,是判断加多宝品牌方相关广告语是否引人误解、构成虚假宣传的关键。综合上述分析,我们发现,"加多宝连续七年荣获'中国饮料第一罐'"等广告语对于一般消费者而言,并不会被判断为"加多宝生产的凉茶(实为王老吉品牌)"连续 7 年获奖,因而该系列广告语足以误导消费者认为加多宝凉茶品牌已有 7 年之久,而且连续 7 年获得该荣誉,从而使加多宝凉茶方获得了不正当的竞争优势,构成不正当竞争行为。

总结来说,反不正当竞争法的立法目的是保障市场经济健康发展,鼓励和保护公平竞争,制止不正当竞争行为,保护经营者和消费者的合法权益。[1]因此,在文创宣传中以诚实信用为原则,以真实的文化创意为核心进行宣传,公平地与竞争者开展竞争,才能真正确保文创企业的健康发展和品牌信誉的不断积累与提升。

二、商业诋毁行为

随着数字经济的不断发展,保护企业无形资产如商业信誉和商品声誉的重要性越来越强。与此同时,在文创实践中,竞争对手运用商业诋毁手段损害企业商业信誉的案件时有发生,因此,只有对商业诋毁行为有清晰的了解和认识,才能更好地在实践中保护文创企业的利益。

(一)商业诋毁行为的界定

商业诋毁又称诋毁商誉、商业诽谤,具体是指在市场交易中,捏造、散布虚假事实,损害竞争对手的商业信誉和商品声誉,削弱竞争对手竞争能力的行为。[2]分词解意,"商业"是该行动的范围,"诋毁"是行为本身,而"商业信誉和商品信誉"则是行为的客体。可见,诋毁作为一种民事侵权行为,只有在商业领域损害了另一方的"商业信誉和商品信誉"才能构成商业诋毁

---

[1] 刘华俊.反不正当竞争诉讼:典型案例指引[M].北京:知识产权出版社,2017:146-155.
[2] 王先林.竞争法学[M].北京:中国人民大学出版社,2009:191.

行为。从商业诋毁的发展历程来看,该行为亦缘起于民事诽谤,其中诽谤是对于名誉权的损害,但随着商品经济的不断形成,市场竞争中利用"诽谤"行为损害他人商誉从而获取竞争优势的行为逐渐增多,而随着网络的发展,商业诋毁行为的成本不断下降,效果却愈加显著。仅仅通过民法对此行为进行调整已经略显不足,因此,商业诋毁行为被纳入反不正当竞争法,并被认定为最典型的不正当竞争行为之一。[1] 就其构成要件而言,可以从以下3点展开探讨。

1. 存在竞争关系

构成商业诋毁行为,其原告与被告间必须存在"竞争关系",反之,其行为可能涉及侵犯名誉权而非商业诋毁。

2. 诋毁行为

诋毁行为是指通过捏造、散布虚假事实进行不利于竞争对手商誉的宣传、陈述等行为。其中包括散布不真实、虚假信息,以及以各类形式使他人知晓两个环节。若宣传、陈述行为本身客观真实地揭露了竞争对手的商业恶习,则并不构成商业诋毁行为。

3. 商誉受损

构成商业诋毁行为,必须对竞争对手的商业信誉造成损害,一般而言,商业诋毁行为一旦发生,其行为的有害性不需要实际损害结果的证明,因为它会破坏市场竞争秩序,这就被认可为损害后果。

(二) 商业诋毁行为与名誉权及言论自由

如上文所述,商业诋毁行为本质是由民事诽谤发展而来,两者均会对名誉造成损害,但两者又存在受侵害主体上的不同,适用不同的法律。对于商业诋毁行为而言,其损害的是竞争对手的商业信誉,既是品牌通过其经营活动而积累的信用与声望,也是企业增加品牌商业吸引力的无形资产;而对于民事诽谤而言,损害的是个人的名誉权。因此,商业诋毁行为必须发生在商业领域,在经营者与经营者之间发生,破坏的是竞争关系,若任何一方都不是经营者,则无法构成商业诋毁行为。例如,消费者出于对品牌的不满,捏造、散布虚假事实破坏品牌的商业信誉,这一行为本身看似满足"诋毁行为"和"商誉受损"两个要件,但由于消费者本身并非商业主体,所以该行为并不构成商业诋毁行为。侵害名誉权行为则是"用侮辱、诽谤等方式损害公民、法人的名誉",其受侵害主体是公民或法人的个人名誉,而非企业或品牌的声誉。有人提出,应将受侵害主体以自然人、法人、其他组织进行分类,受害者属于自然人的认定为侵犯隐私权,反之则认定为侵害商业信誉。其实,不论是自然人还是法人或其他组织都不能与反不正当竞争法意义上的"经营者"画上直接的等号,自然人可能成为经营者,法人也可能不是经营者,因而商业诋毁行为和侵害名誉权行为是以"经营人"的认定划分界限的。同时,名誉权是人身权,不包含财产权,而商业信誉既有人身权属性又具有财产权属性,因而商业信誉受到侵害后,除了要求恢复名誉、消除影响外,还可以索要相应的经济赔偿。[2]

言论自由是受宪法保护的公民权利,然而随着互联网技术的兴起,发表言论的方式和途径

---

[1] 范长军.德国反不正当竞争法研究[M].北京:法律出版社,2010:125-140.
[2] 蒋强,陈勇.反不正当竞争纠纷:新型典型案例与专题指导[M].北京:中国法制出版社,2009:280.

开始多样化且呈现出传播范围广、影响力大的特征。因此,商业范畴内的言论自由伴随着经济的发展和网络技术的更新被日益关注,对商业诋毁行为的规制是否可能在一定程度上限制了言论自由的基本权利需要被探讨。从文创实践的角度出发,经营者对自身业务的宣传、广告等均属于言论自由的范畴,但若相关传播内容中涉及其他竞争者的不足或产品劣势,就可能涉及对其他经营者商誉的损害。通常来说,针对不同的主体所应尽的注意义务也是不同的。对于经营者而言,因为处于同等的市场竞争环境中,对于竞争对手的负面言论在一定程度上会提升自己的市场竞争优势,因而基于诚实信用原则,需要承担较高的注意义务,对陈述内容的真实性、客观性有充分的把握和证据。对一般消费者而言,因其与经营者相比处于弱势地位,而且往往存在双方信息不对称的情况,消费者无法对经营者的情况、产品的具体数据等有清晰的掌握和了解,因而往往只需要承担较低的注意义务,若非恶意对企业进行诋毁,则其行为一般不会被认定为对商业信誉的损害。

(三) 商业诋毁行为与对比广告

所谓对比广告(comparative advertising),是指经营者在广告中将自己的产品与其他同类竞争产品进行优缺点的对比,即将产品或品牌的比较作为宣传策略的广告形式。这一广告形式虽能够很好地突出自己产品某一方面的特色,但在文化创意的传播中,不恰当地运用对比广告也有可能构成商业诋毁行为。结合我国的司法实践以及文创的传播特征,我们可以简要地将不正当的对比广告理解为经营者通过与竞争者的广告比较,以误导消费者或诋毁其他品牌或产品为目的,明显背离诚实信用原则的广告行为,可以将其主要分为"引人误解型"和"商誉诋毁型"。其中,广告法的具体原则及在文创传播中的注意要点第六章已经进行了详细论述,本部分将在反不正当竞争法的视域下讲解对比较广告形式的商业诋毁行为的规制。

对于"引人误解型"的不正当对比广告而言,其本质是通过虚假内容传播或运用文字技巧为传递不实信息提供掩护,从而达到使消费者误解事实真相的广告方式。[1]对于这一类型的不正当对比广告,其对于特定竞争对手的商业信誉一般不构成损害,而更多与前文提到的市场混淆或虚假宣传的不正当竞争行为相关。例如:通过将己方产品与同类型竞争的知名品牌产品进行绑定,或通过广告文字描述或图片编辑、视频剪辑等方式使消费者误认为双方存在关联,则可能构成市场混淆行为;若虚构己方产品不存在的优势、品牌历史、产品数据等,则无疑会构成虚假宣传行为。对于市场混淆行为和虚假宣传行为,上文均已做详细的讨论,故本部分不再展开。

引人误解型对比广告是对于经营者自身产品的夸大宣传,而"商誉诋毁型"对比广告则是通过虚假内容对竞争者的产品或品牌进行攻击,从而获取自身的竞争优势,可以理解为一种对竞争者的恶意攻击。[2]这一类型的对比广告在世界范围内均受到了较为严格的限制,如法国的法律体系认定通过大范围的批评性比较行为来获取竞争优势已经构成了不正当的竞争行

---

[1] 于林洋.虚假广告侵权研究[M].北京:中国检察出版社,2007:12.
[2] 李明德.美国知识产权法(第二版)[M].北京:法律出版社,2010:563.

为。[1]因此,基于反不正当竞争法的本质目的(即促进社会主义市场经济的健康发展,鼓励和保护公平竞争),禁止通过含有虚假内容的商业诋毁型对比广告攻击竞争者的商业信誉,以保护经营者的商业信誉不受损害。就文创从业者的实践而言,在日常的文创传播中,只有深挖自身产品的优势特征,通过对真实内容的传播,才能更好地吸引消费者的关注,提升品牌的商誉和市场竞争力。

 研读材料

> 北京搜狗信息服务有限公司和北京搜狗科技开发有限公司(以下简称搜狗公司)是搜狗高速浏览器软件的知识产权人,诉称北京奇虎科技有限公司和奇虎三六零软件(北京)有限公司(以下简称奇虎三六零公司)开发的360安全卫士软件,利用其作为安全软件研发及服务提供商的"监督者"地位,诱导、欺骗用户,甚至直接采用破坏性技术手段,利用360安全卫士阻碍用户正常安装和使用搜狗浏览器。在用户安装搜狗浏览器时,通过弹窗样式提示"威胁"与"风险",阻碍用户主动将搜狗浏览器设置为默认浏览器,破坏用户对搜狗浏览器的安装、使用。同时,恶意捏造、散布所谓"搜狗输入法捆绑浏览器、搜狗浏览器无360安全卫士无法卸载""在用户不知情的情况下,强行捆绑下载其浏览器以及篡改用户默认设置"等虚假事实,损害搜狗信息公司、搜狗科技公司的商业信誉和商品声誉,从而达到其推广360安全卫士、360安全浏览器及提高奇虎三六零公司商誉的目的。因此,请求判令奇虎三六零公司停止商业诋毁行为并公开赔礼道歉,消除影响和赔偿经济损失。
>
> 资料来源:北京奇虎科技有限公司等与北京搜狗信息服务有限公司等不正当竞争纠纷二审民事判决书,(2015)高民(知)终字第1071号。

针对搜狗公司和奇虎三六零公司的不正当竞争纠纷,下面就奇虎三六零公司的行为是否构成商业诋毁进行分析和讲解,以实际案例介绍实践中商业诋毁行为的判定标准和方法。

一方面,就奇虎三六零公司的弹窗提示行为是否构成不正当竞争进行分析。奇虎三六零公司开发的360安全卫士作为电脑安全软件在电脑系统中享有更优先和更大的对计算机的控制权限,根据计算机系统安全中的基本原则"最小特权(least privilege)原则",安全软件应基于客观事实在合理限度中干预其他软件的运行,反之则可能给其他软件的经营者造成损害,侵害其他软件的合法权益。在本案中,奇虎三六零公司的弹窗提示内容中的"威胁"与"风险"虽指"默认浏览器设置被改变",但伴随"360木马防火墙提醒""快速清除残余木马"等相关提示,对于一般用户而言往往无法辨别其中的关联性,容易产生搜狗浏览器存在木马等安全隐患的认知,客观上使搜狗浏览器相较于其他未遭遇弹窗提示的浏览器处于不利的竞争地位,因此,可以认定奇虎三六零公司的弹窗提示行为已经超出了合理的限度,影响了浏览器软件的公平竞争,构成不正当竞争行为。

---

[1] 黄武双.不正当比较广告的法律规制[J].中外法学,2017,29(6):1624-1646.

另一方面，就奇虎三六零公司在网络上恶意捏造、散布所谓"搜狗输入法捆绑浏览器、搜狗浏览器无 360 安全卫士无法卸载"等虚假事实的认定进行分析。证据表明，搜狗公司在为用户提供搜狗浏览器和搜狗输入法的软件服务时均尊重用户的自由选择，虽然在用户安装搜狗输入法时存在默认勾选安装搜狗浏览器的提示，但用户可自由取消选择不进行安装，与奇虎三六零公司宣称的"在用户不知情的情况下，强行捆绑下载其浏览器以及篡改用户默认设置"不符，而且奇虎三六零公司亦未能就上述网络言论的真实性提供证据，因此，奇虎三六零公司的系列网络言论损害了搜狗公司的商业信誉和商品信誉，构成商业诋毁。

总结来说，奇虎三六零公司在缺乏事实依据的情况下，恶意捏造事实并通过带有贬低、污蔑性质的用语对搜狗公司的相关产品进行了网络端的公开诋毁行为，使一般消费者对搜狗公司品牌形象或搜狗公司产品产生了不良的印象，损害了搜狗公司的合法权益，因而被认定构成商业诋毁行为。本案还对奇虎三六零公司运用自身安全软件的特权开展的不正当竞争行为进行了简要分析，亦是为了突出反不正当竞争法中所强调的遵守自愿、平等、公平、诚信的原则，遵守法律和商业道德，不扰乱市场竞争秩序，不损害其他经营者或者消费者的合法权益的核心。希望通过对本案例的剖析，文创从业者能够清晰地了解在文创传播中需要关注和注意的要点，将自己产品的特色与品牌创意理念作为传播内容的核心，切勿以歪曲事实、恶意夸张等方式对竞争者进行商业攻击，否则就可能触犯法律法规，受到相应的惩罚。

三、不正当有奖销售行为

市场经济的不断发展使得企业在经营的过程中开始通过别出心裁的方式取得销售上的竞争优势，其中有奖销售是较为普遍的方式，即在销售商品的过程中加入具有吸引力的奖品或金钱奖励，以抽奖的方式吸引更多消费者的参与，从而提高产品销量获取经济利益。但在此销售过程中，往往会因为奖品或抽奖方式的设置不当而造成消费者的损失或损害竞争者的利益，打破市场竞争的公平性。因此，文创从业者在文创产品销售中亦需要注意，以合理并具有吸引力的方式，通过良性市场竞争，获取企业更长远的发展。

（一）有奖销售行为的含义及种类

反不正当竞争法第 10 条对经营者有奖销售中的禁止行为进行了列举，从中可以得到对"有奖销售行为"概括性的理解，即经营者在承担商品销售或服务提供的过程中，通过向单位或个人提供经济性奖励以获得市场竞争中的优势地位。经营者作为销售方和奖品提供方是一方主体，而消费者作为商品或服务和奖品的接收方是另一主体，因此，有奖销售是发生于这两个主体间的行为。此外，有奖销售行为的根本目的是促进消费者的产品或服务购买行为，从而提升销量，获取更大的经济利益。同时，有奖销售行为的手段亦逐渐呈现出多样性的特征，所谓"有奖"，包括但不限于产品、礼品、代金券、现金奖励等，而虚假或不明确的有奖销售信息、超过限度的经济利益等均构成不正当有奖销售行为，如反不正当竞争法明确规定"抽奖式的有奖销售，最高奖的金额超过五万元"即构成有奖销售行为中的不正当竞争。

对于有奖销售行为,除了上文提及的"抽奖式有奖销售",还包括"附赠式有奖销售"。抽奖式有奖销售是指经营者通过抽奖、游戏、摇号等方式向购买产品或服务的消费者提供抽奖的机会,但消费者是否能获得奖品具有偶然性。[1] 附赠式有奖销售则是经营者向购买产品或服务的消费者赠予指定的奖品,消费者在进行购买决策前就获知奖品的内容且只要发生购买行为即可获得相应的奖品。[2] 随着网络技术的不断发展和市场竞争环境的不断激烈,有奖销售行为的种类亦在不断发生新的增加和扩展,包括了网络端虚拟产品或服务的赠送、电子礼券的赠送等等。有奖销售行为的组织和开展使得经营者能够在一定程度上影响和促进消费者的购买意愿,从而提升自己在市场良性竞争中的核心竞争力,也带来更为可观的收益,但不正当的有奖销售行为则必然误导和影响消费者的购买选择,侵害消费者的自主选择权也损害其他经营者的权益,破坏良性的市场秩序,因而受到法律的管制。因此,作为文创从业者,只有了解有奖销售的实质和不正当有奖销售行为的本质才能更好地制定文创产品的销售策略,规避法律风险,以正当途径获取更高的经济收益。

(二) 不正当有奖销售的表现形式

根据反不正当竞争法第 10 条,不正当有奖销售行为可具体分为"信息不明确的有奖销售""以欺骗方式进行的有奖销售"和"金额数量过大的抽奖式有奖销售"。这 3 类表现形式均会误导消费者或影响消费者理性的购买决策,从而侵害消费者的权益。下文将分别就 3 类不同的不正当有奖销售表现形式进行具体介绍。

(1) 信息不明确的有奖销售。反不正当竞争法对此给出了明确的定义,即"所设奖的种类、兑奖条件、奖金金额或者奖品等有奖销售信息不明确,影响兑奖"。对于文创从业者而言,这就要求在文创产品的销售过程中,应对奖品的具体情况进行明确的描述,使消费者对自己获奖的方式、概率以及获得的奖品类型、金额等具有清晰的认知。也只有如此才能真正打动消费者,促进其购买意愿的提升。

(2) 以欺骗方式进行的有奖销售。在反不正当竞争法中,"采用谎称有奖或者故意让内定人员中奖的欺骗方式进行有奖销售"也是被禁止的一类有奖销售行为,其中包括:通过虚假的奖品信息欺骗消费者,并在消费者购买产品或服务后拒绝进行相应奖品的兑付;通过不正当的方式操纵奖品的发放,将相应的奖品提供给经营者指定的内部人员或与经营者存在利益往来的人员。该行为对消费者存在主观上的欺骗,使消费者的权益受到严重的侵害。

(3) 金额数量过大的抽奖式有奖销售。反不正当竞争法对抽奖式有奖销售的奖品金额进行了限定,"最高奖的金额超过五万元"即构成不正当竞争行为,而 5 万元的上限并不局限于现金奖励,也包括其他的非现金形式,按正常价格折算后仍以该标准为上限。消费者通过购买商品或服务博取巨额的奖励,将在一定程度上削弱消费者对于产品或服务本身的关注和考量,引发非理性消费。

---

[1] 于琰.论我国有奖销售行为法律规制的完善[J].商场现代化,2015(12):12-13.
[2] 袁翠萍.附赠式有奖销售的性质研究[J].法制博览,2017(15):273.

研读材料

好丽友食品有限公司（以下简称好丽友公司）生产经营的好丽友蘑古力图层型装饰饼干外包装盒上显著标示"想象力俱乐部蘑力大礼包微信抽奖活动"，需要消费者（未指明是其商品的购买者）将对蘑古力想说的、想画的、想拍的（含有好丽友蘑古力形象、元素）内容以图片形式转发至朋友圈后截图，并扫描微信公众号参与活动就有机会获得大礼包。同时，好丽友公司在蘑古力官方微信号上公布了"蘑古力想象力俱乐部第三季活动"的参加方法、活动时间、中奖名额、中奖发布及活动细则，包括活动期间、奖品设置、参与方式、抽奖方式、获奖发布、奖品派送和相关注意事项。确山县工商管理和质量技术监督局（以下简称确山县工商局）执法人员在确山县福旺旺购物广场进行监督检查时发现好丽友公司该行为，并认定其为欺骗性有奖销售行为，决定责令好丽友公司停止违法行为，对好丽友公司作出罚款人民币 50 000 元处罚。经过一审、二审和郑州铁路运输中级法院再审，最终判决确山县工商局作出的行政处罚决定缺乏事实和法律依据，应当予以撤销。

资料来源：好丽友食品有限公司、确山县工商管理和质量技术监督局工商行政管理（工商）再审行政判决书，(2018)豫 71 行再 20 号。

下面就该案中好丽友公司的行为是否构成欺骗性有奖销售行为进行解析，并结合网络技术发展的市场趋势对运用微信等网络平台发布信息的法律认定情况进行讲解。

首先，就好丽友公司的涉案行为是否构成有奖销售行为进行辨析。本案中好丽友公司在其产品的包装上发布了"想象力俱乐部蘑力大礼包微信抽奖活动"且并未指定必须购买该产品才有资格参与该抽奖活动，即活动的面向主体是所有有意愿参与的消费群体，并不限于商品的购买者。此次活动除了扫描产品包装上的二维码参与，亦可直接通过微信公众号参与，其目的更多是扩大对商品和品牌的宣传，而非完全是以发放奖品来促进该商品的销售，因此，本案中好丽友公司的行为并不构成有奖销售行为。

其次，确山县工商局认定，好丽友公司虽然在产品外包装盒上载明了参与方式及奖品，但并未明示中奖概率、兑奖时间、方式等相关事项，应当明示，不予明示的即属于隐瞒事实真相，应当视为欺骗性有奖销售。但随着网络技术的不断发展，微信等网络平台普遍为消费者所熟知和运用，通过微信公众号平台公示有关抽奖信息与传统的在商品上进行标识的做法相比无异，均是对活动相关信息的明示，并未限制公众消费者的知情权，因此，确山县工商局对好丽友公司的该认定不成立。

最后，好丽友公司的行为亦未误导消费者对商品的选择，未侵害消费者及其他商家的合法权益。因此，法院最终认定好丽友公司的该微信抽奖行为符合国家规定，确山县工商局作出的行政处罚决定缺乏事实和法律依据，应当予以撤销。

总结来说，通过合法正当的有奖销售行为可以促进销售，获得更好的经济回报，以在市场竞争中更好地巩固和提升品牌的地位及影响力。但是，文创从业者也应注意，在策划有奖销售策略和相关活动时，不能损害消费者的利益和自由选择的权利。破坏市场公平竞争环境的不正当有奖销售行为势必将受到反不正当竞争法的限制。

案例研读

"爱奇艺账号"不正当竞争纠纷案
——VIP账号分时出租行为的认定

北京爱奇艺科技有限公司（以下简称爱奇艺公司）是爱奇艺网和手机端爱奇艺App的经营者，用户支付相应对价成为爱奇艺VIP会员后能够享受跳过广告和观看VIP视频等会员特权。杭州龙魂网络科技有限公司（以下简称龙魂公司）、杭州龙境科技有限公司（以下简称龙境公司）通过运营的"马上玩"App将其购买的爱奇艺VIP账号分时出租，使用户无须购买爱奇艺VIP账号、通过云流化技术手段即可限制爱奇艺App部分功能。爱奇艺公司诉至法院，要求被告消除影响并赔偿经济损失及合理开支300万元。一审法院认定龙魂公司、龙境公司的涉案行为构成不正当竞争，判令其停止侵权，并赔偿爱奇艺公司经济损失及合理开支共计300万元。龙魂公司、龙境公司不服一审判决，提起上诉，北京知识产权法院二审认定，龙魂公司、龙境公司的行为妨碍了爱奇艺公司合法提供的网络服务的正常运行，主观恶意明显。龙魂公司、龙境公司运用网络新技术向社会提供新产品并非基于促进行业新发展的需求，该行为从长远来看也将逐步降低市场活力，破坏竞争秩序和机制，阻碍网络视频市场的正常、有序发展，并最终造成消费者福祉的减损，具有不正当性。北京知识产权法院判决驳回上诉、维持一审判决。[1]

"杭州龙境科技有限公司等与北京爱奇艺科技有限公司不正当竞争纠纷二审民事判决书"显示，根据2017年反不正当竞争法第12条第2款第4项之规定，经营者不得利用技术手段，通过影响用户选择或其他方式，实施妨碍、破坏其他经营者合法提供的网络产品或者服务正常运行的行为。本案中，爱奇艺公司主张龙魂公司、龙境公司通过云流化技术将爱奇艺VIP账号分时出租，使其用户无须向爱奇艺公司付费即可接受爱奇艺VIP视频服务，并对涉案App中的爱奇艺视频播放界面部分功能进行限制的行为，既损害了爱奇艺公司的付费会员制度，使公众误认为爱奇艺App存在缺陷，导致用户体验下降，也使得龙魂公司、龙境公司通过吸引用户观看视频进行导流，违反了2017年反不正当竞争法第12条第2款第4项之规定。龙魂公司、龙境公司则认为双方不存在竞争关系，而且其系合法取得爱奇艺VIP账号使用权且账号一直由其控制，涉案App系通过云流化技术实现对爱奇艺VIP账号使用时长的出租，只是利用了新技术实

---

[1] 中华人民共和国最高法院：人民法院反垄断和反不正当竞争典型案例[EB/OL]. http://www.court.gov.cn/zixun-xiangqing-324491.html. [访问时间：2021-10-03]

现充分利用爱奇艺 VIP 账号使用时长的新型商业模式,既不存在对爱奇艺公司重要经营资源的恶意搭便车行为,未扰乱爱奇艺公司的正常经营活动,也未对爱奇艺 App 原生界面进行功能限制,未损害爱奇艺公司的利益,同时,龙魂公司、龙境公司亦未因此获利,故龙魂公司、龙境公司的上述被诉行为不构成不正当竞争。对此,法院认为,判断龙魂公司、龙境公司的上述被诉行为是否构成不正当竞争,可以从以下两个方面予以考量。

1. 关于双方是否存在竞争关系

反不正当竞争法的立法目的在于保障社会主义市场经济健康发展,鼓励和保护公平竞争,制止不正当竞争行为,保护经营者和消费者的合法权益。在传统经济模式下,经营者之间的竞争一般也仅针对同一商品或服务领域。但随着社会经济的迅速发展进步,尤其是随着互联网行业的出现和蓬勃壮大,在崇尚注意力经济的互联网经济新模式下,用户注意力已经成为互联网经济中的重要资源,也是众多网络经营者的争夺对象,并且随着互联网技术的不断深化,用户流量等资源也实现了在不同行业或产业间的交互融合,对用户流量等重要经营资源的争夺也从同行业经营者扩展到非同业经营者。因此,在新的经济模式下,判断经营者之间是否存在竞争关系,不应仅局限于同行业经营者,只要双方在具体的经营行为、最终利益方面存在竞争关系,亦应认定两者存在竞争关系。

具体到本案,爱奇艺公司经营的是视频分享网站,爱奇艺 App 是网络视频播放平台,龙魂公司、龙境公司经营的是游戏软件、多媒体技术的开发等,龙魂公司、龙境公司亦称涉案 App 是游戏软件分发平台,二者看似并非同业,不存在竞争关系。但是,从龙魂公司、龙境公司的被诉具体经营行为看,二公司利用技术手段通过涉案 App 将爱奇艺视频 VIP 账号分时段出租,提供的也是网络视频播放服务,与爱奇艺公司存在业务上的重合,二者拥有相同的市场利益。再者,无论是爱奇艺公司通过爱奇艺 App 所提供的网络视频播放服务还是龙魂公司、龙境公司通过涉案 App 所提供的游戏软件分发服务,网络用户都是二者争夺的重要经营资源,并且其经营成败的核心利益往往也在于网络用户的数量,当其中一方利用他人的竞争优势或以使用影响他人经营模式等不正当手段增加自身网络用户时,该行为必然会使他人网络用户减少,从而对双方的经营利益产生直接影响,在此情况下,双方构成竞争关系。

综上所述,一审判决认定龙魂公司、龙境公司与爱奇艺公司之间存在竞争关系,具有事实及法律依据,二审法院予以确认。

2. 关于被诉行为的正当性

从 2017 年反不正当竞争法第 12 条第 2 款第 4 项规定来看,该条款适用于经营者在网络环境下利用技术手段实施的不正当竞争行为,旨在突出对利用"技术手段"妨碍、破坏经营者合法提供的网络产品或服务正常运行的行为进行否定性评价。第一，从技术手段上看，按照该条款，这种妨碍、破坏行为应指向权利人本身，结合本案，作为网络视频服务经营者，VIP 视频是爱奇艺公司推动 VIP 付费会员业务并在网络视频市场中获得竞争优势的重要经营资源，而龙魂公司、龙境公司通过利用云流化技术将爱奇艺 VIP 账号分时段出租给涉案 App 的用户，使其无须向爱奇艺公司付费即可接受爱奇艺 VIP 视频服务，并通过技术手段在涉案 App 中添加"画质切换"等功能选项，对爱奇艺 App 中的"我的""泡泡"和播放设置等功能进行限制。第二，从主观过错上看，龙魂公司、龙境公司作为互联网行业的经营者，对于网络视频平台的经营方式和盈利模式应当知晓，亦应知晓爱奇艺公司为提供视频 VIP 服务付出了支付版权费、自制网络独播剧等经营成本。同时，作为爱奇艺 VIP 付费会员，其对爱奇艺公司 VIP 付费制度也是明知的。此外，在爱奇艺公司于 2017 年 5 月通过龙境公司公示的联系方式发送侵权通知后，直至 2018 年 5 月，龙魂公司、龙境公司对涉案 App 中爱奇艺视频所处位置进行多次调整且逐渐隐蔽化，主观恶意明显。第三，从行为可责性看，爱奇艺公司在用户协议、VIP 协议中对爱奇艺 VIP 付费会员的使用行为进行了明确限制，即使用平台仅限于爱奇艺平台，禁止将 VIP 账号用于租用、借用、转让或售卖等商业经营之目的，而龙魂公司、龙境公司在涉案 App 中利用云流化技术将爱奇艺 VIP 账号分时出租给普通用户，显然破坏了爱奇艺公司基于自主经营权对 VIP 账号所做的限制。同时，龙魂公司、龙境公司通过技术手段在涉案 App 中添加"画质切换"等功能选项，对爱奇艺 App 中的"我的""泡泡"和播放设置等功能进行限制，上述行为亦非基于通过对网络新技术的运用向社会提供新产品服务进而促进行业新发展的需要，具有不正当性和可责性。第四，从不当夺取交易机会或损害其他经营者合法利益方面看：一方面，在案证据显示，涉案 App 的下载量及其中爱奇艺视频人气数高达数百万，由此可见，龙魂公司、龙境公司通过被诉行为既获得了现金充值直接的经济利益，又获得了网络用户流量，增加了交易机会；另一方面，龙魂公司、龙境公司通过云流化技术在涉案 App 中将爱奇艺 VIP 账号分时出租并对部分功能进行限制，普通用户无须向爱奇艺公司支付 VIP 会员服务费，而可以直接通过向龙魂公司、龙境公司购买积分、参加活动获得积分等方式通过涉案 App 观看爱奇艺 VIP 视频资源，也会影响用户对爱奇艺 App 的服务评价或用户体验，不仅干扰了爱奇艺公司等视频网站的运营模式和盈利方式，也使得爱奇艺公司的交易机会、会员收入及用户流量等受到实质影响，直接损害了爱奇艺公司基于 VIP 视频服务所产生的经营收益，从长远看，也将逐步降低市场活力，破坏竞争秩序和机制，阻碍网络视频市场的正常、有序发展，并最终造成消费者福祉的减损。

综上所述，龙魂公司、龙境公司的被诉行为不具有正当性，一审判决认定其构成不正当竞争，具有事实及法律依据，二审法院予以确认。

本案是对网络环境下新型不正当竞争行为进行有效规制的典型案例。该案体现了人民法院对互联网经营者与消费者合法利益的有效保护,同时也体现了人民法院对创新因素的考量。本案明确了网络视频行业中新商业模式的合理边界,彰显了人民法院促进网络平台有序发展、激发社会创新活力,打造公平竞争市场环境的司法导向。

资料来源:杭州龙境科技有限公司等与北京爱奇艺科技有限公司不正当竞争纠纷二审民事判决书,(2019)京73民终3263号。

请思考以下问题:

1. 文化创意产业中,有哪些较为典型的不正当竞争行为?

2. 我国的反不正当竞争法对于文化创意产业的保护具体体现在哪些方面?

3. 如何辨析文创设计与经营中的混淆行为与侵犯商业秘密行为?对其应当分别如何防范?

4. 如何辨析文创传播与销售中的虚假宣传行为、商业诋毁行为和不正当有奖销售行为?分别如何防范?

5. 在文化创意产业中,你认为还有哪些潜在的不正当竞争行为?思考为什么会出现这些不正当竞争行为以及如何有效防范。

本章参考文献

[1] 蒋强,陈勇.反不正当竞争纠纷:新型典型案例与专题指导[M].北京:中国法制出版社,2009.

[2] 刘华俊.反不正当竞争诉讼:典型案例指引[M].北京:知识产权出版社,2017.

[3] 王元庆.商标反向混淆侵权救济模式的选择[J].北方法学,2019,13(1):63-71.

[4] 肖顺武.混淆行为法律规制中"一定影响"的认定[J].法学评论,2018,36(5):176-185.

[5] 陈健淋.论商业诋毁诉讼中的误导性信息[J].电子知识产权,2018(1):95-102.

[6] 孔祥俊.论反不正当竞争的基本范式[J].法学家,2018(1):50-67,193.

[7] 孔祥俊.论新修订《反不正当竞争法》的时代精神[J].东方法学,2018(1):64-80.

[8] 马一德.虚假宣传构成欺诈之认定[J].法律科学(西北政法大学学报),2014,32(6):141-149.

[9] 李芬莲.虚假宣传不当竞争行为判定的新思考——从广药集团诉加多宝虚假宣传案谈起[J].法学杂志,2013,34(5):48-53.

[10] 沈冲.网络环境下的竞争关系与商业诋毁行为的认定[J].电子知识产权,2011(11):72-79.

[11] 徐士英.仿冒混淆行为法律规制的完善——对《反不正当竞争法》引入商业标识的思考[J].中国工商管理研究,2011(4):34-36.

[12] 伍春辉.论商业诋毁的经济法规制[J].法制与社会,2008(19):111-112.

[13] 孙慧娟.不正当有奖销售的现状、产生原因与危害[J].邢台学院学报,2006(3):98-100.

[14] 陈信勇,董忠波.论附赠式有奖销售的法律规制[J].浙江大学学报(人文社会科学版),2005(4):37-43.

[15] 于林洋,孙学华.关于"虚假广告"与"虚假宣传"关系的法律思考[J].山西高等学校社会科学学报,2004(6):62-64.

[16] 王禹.商业诋毁行为的法律思考[J].科技与法律,2004(1):79-82.

[17] 郑成思.反不正当竞争——知识产权的附加保护[J].知识产权,2003(5):3-6.

[18] 安增科.附赠式有奖销售的法律思考[J].中南财经政法大学学报,2002(3):129-133.

[19] 陈月秀,李炳安,严斌彬.论侵犯商业秘密行为[J].河北法学,2000(2):88-92.

[20] 杜军.侵犯商业秘密行为的法律救济[J].现代法学,2000(1):79-82.

[21] 黄辉.论附赠式有奖销售中的商业赠品责任[J].北京科技大学学报(社会科学版),1999(4):73-78.

[22] 程宗璋.论商业秘密及其法律保护[J].华东政法学院学报,1999(4):41-45.

[23] 钟建华.商业秘密法律保护的几个基本问题[J].中国人民大学学报,1995(4):65-70,127.

第八章

文化创意运作的伦理

学习目标

学习完本章,你应该能够:
(1) 了解文化创意运作中的伦理内涵、特点以及作用;
(2) 掌握文化创意运作过程中五大维度的共性伦理原则;
(3) 掌握文化创意运作过程中三大环节的个性伦理原则。

基本概念

文化创意伦理　文创产品运作　文创传播运作　文创营销运作

第一节 文化创意运作与伦理的关系

文化创意运作既具备自由的艺术表达性,也具备约束的伦理规范性。文化创意运作是一项发散性思维的工作,在文创产品、文创传播、文创营销等各个运作环节,都需要以自由性的发散思维创作出各具特色的文创作品。文化创意运作又是一项受规范性约束的工作,在自由艺术创作的过程中需要遵守基本的伦理规范和伦理要求。

伦理,人伦道德之理。[1]《朱子语类》中说:"正家之道在于正伦理,笃恩义。"我们通常认为的伦理即人与人之间的道德规范。在不同的领域,伦理又有更多的诠释与演绎。在文化创意运作的过程中,对伦理的基本内涵、主要特点、地位作用也有了新的注解与要求。

本节我们将对文化创意运作中的伦理内涵、伦理特点、伦理作用进行进一步梳理。

一、文化创意运作的伦理内涵

文化创意工作者必须深刻了解在文化创意产生、运作和传播中的伦理内涵,其包括了法律内核、伦理关注等方面。只有将文化创意运作背后所涉及的伦理道德一一梳理,才能更好地产出文创精品。

(一)伦理的法律内涵

在法律领域,伦理即道德。法律是人类在社会层次上的规则,是社会上人与人之间关系的规范。它以正义为其存在的基础,以国家的强制力保证为手段。道德作为规范人们行为的准则,往往代表着社会的正面价值取向,起着引导、促进人们向善的功能。[2]

在香港中文大学出版社 2013 年出版的《重大人生启示录》(作者:龚咏雨)一书中,提及伦理的 6 类基本定义。[3]

(1)美国韦氏大词典对于伦理的定义是:一门探讨什么是好什么是坏,以及讨论道德责任义务的学科。伦理一词在中国最早见于《礼记·乐记》:乐者,通伦理者也。

(2)伦理一般是指一系列指导行为的观念,是从概念角度上对道德现象的哲学思考。它不仅包含着人与人、人与社会和人与自然之间关系处理中的行为规范,而且也深刻地蕴涵着依照一定原则来规范行为的深刻道理。

(3)所谓伦理,是指人类社会中对人与人之间以及人们与社会、国家的关系和行为的秩序规范。任何持续影响全社会的团体行为或专业行为都有其内在的特殊伦理要求。企业作为独立法人有其特定的生产经营行为,也有企业伦理的要求。

(4)伦理是指人们心目中认可的社会行为规范。伦理也是对人与人之间关系的调整,只是它调整的范围包括整个社会。管理与伦理有很强的内在联系和相关性。管理是人类社会活动的一种形式,当然离不开伦理的规范作用。

(5)伦理是指人与人相处的各种道德准则。生态伦理是伦理道德体系的一个分支,是人们在对一种环境价值观念认同的基础上维护生态环境的道德观念和行为要求。

---

[1] 汉语大词典[EB/OL].http://www.guoxuedashi.com/hydcd/31702i.html.[访问时间:2021-09-16]
[2] 山东法制报.浅谈伦理道德[EB/OL].http://paper.dzwww.com/sdfzb/data/20130613/html/3/content_1.html.[访问时间:2021-09-16]
[3] 龚咏雨.重大人生启示录[M].香港:香港中文大学出版社,2013:32-40.

(6) 伦理是指人与人相处的各种道德标准;伦理学是关于道德的起源、发展,人的行为准则和人与人之间的义务的学说。

(二) 伦理的文创内涵

在文化创意领域,伦理有两大类别:①法律与道德对文创工作提出的约束性要求;②文化创意各运作环节中的基础性规范。

法律与道德对文创工作提出的约束性要求是共性伦理。在文创产品运作、文创传播运作、文创营销运作等环节中,均应遵循共性伦理。共性伦理通常来源于法律的强制规定、道德的行为约束、公序良俗规范等广泛性要求。违背共性伦理的文化创意工作通常会受到监管的监督干预、公众的情感排斥以及市场的远离抛弃。

文化创意各运作环节中的基础性规范是个性伦理。通常在文创产品运作、文创传播运作、文创营销运作等环节中,针对不同环节的工作内容、工作形式、工作特征等,均有适用于该环节的个性化伦理要求。个性伦理通常来源于文化创意运作实践中的技术性手段、规范性行为、行业内标准等差异化要求。违背个性伦理的文化创意工作可能不会受到法律的强制约束,但在一定程度上会使得其竞争优势或公众接受度显著受限。

文化创意伦理是文化创意工作者进行文创运作的标尺。文化创意工作者在文创产品运作、文创传播运作、文创营销运作的工作中,需要坚守伦理底线,明确伦理边界,在文创伦理的框架下进行艺术化创作,不得以文化创作的自由性对抗文创伦理的约束性。

文化创意伦理是优秀文化创意作品诞生的基础性要求。只有在文化创意伦理思想指导下诞生的文创作品,才有可能真正成为优质的文化创意成果;只有遵守文化创意伦理的规范性要求,才能最大限度地规避因文化创意成果带来的外部社会性风险。

文化创意伦理是社会公众对文创成果评价的重要标准。文化创意成果符合文化创意伦理的基本规范与道德要求,才有可能得到社会公众的积极评价与商业市场的广泛认可,成为大众喜闻乐见的文化财富;文化创意成果如果不符合文化创意伦理的基本规范与道德要求,不仅不会得到公众的认可,还会影响文化创意主体的社会口碑,甚至受到监管机构的整改和处罚。

二、文化创意运作的伦理特点

(一) 普适性

文化创意的伦理规范具有较强的普适性。文化创意伦理的适用性非常广,包括文化创意的主体普适性、文化创意的客体普适性和文化创意的载体普适性。

(1) 文化创意伦理的主体普适性。文化创意的伦理要求适合不同国家、民族、地域、文化背景的文化创意工作者。文化创意伦理的规范要求不因创作者的个人背景、群体特征、民族特征、区域特征等因素而有所差异,任何进行文化创意工作的组织、团体、个人都需要遵循文化创意伦理的基本规范。

(2) 文化创意伦理的客体普适性。文化创意的伦理要求适合各类不同形式的文化创意作品，包括影视文创、文学文创、书画文创、雕塑文创、广告文创、营销文创等各个类别的文创形式，具备广泛的普适性。文化创意伦理的规范要求不因创作作品的内容主体、表达形式、细分行业等因素有所差异，任何文化创意行业的细分领域都需要遵循文化创意伦理的基本规范。

(3) 文化创意伦理的载体普适性。文化创意的伦理要求适合各类不同展示、传播类型的文创作品，包括线下传播、社交平台传播、新闻传播、互联网传播、电视传播等不同传播载体的文创作品。文化创意伦理的规范要求不因创作作品的展现方式、传播载体等因素有所差异，以任何平台或形式传播的文化创意作品都需要遵循文化创意伦理的基本规范。

(二) 约束性

文化创意的伦理规范具有多维约束性。文化创意的伦理规范通过不同维度约束文化创意内容创作者、文化创意内容传播者等文化创意运作工作者，其中包括法律约束性、道德约束性和市场约束性。

(1) 文化创意伦理的法律约束性。文化创意伦理中的强制性规定受到法律的保护，通常有直接的法律条文约束。违反该类文化创意伦理的运作主体会受到监管部门的监督以及相关法律的处罚。

(2) 文化创意伦理的道德约束性。文化创意伦理中的道德性规定受到社会公德的约束，通常与社会公序良俗的规范性要求相适配。该类伦理是介于法律与公德之间的广泛性原则，违反该类文化创意伦理的运作主体既有可能受到行政上的监管处罚，也有可能受到社会公众的负面评价。

(3) 文化创意伦理的市场约束性。文化创意伦理中的个性化伦理通常受到市场自然选择与淘汰。违反该类文化创意伦理虽然并不直接违反法律以及道德的约束，但是有可能因为不符合行业的发展规范、市场的运作规律而使得自身竞争力缺失，最终遭到市场的自然淘汰。

(三) 进化性

文化创意的伦理规范具有持续进化性。文化创意的伦理规范长期稳定，但并非一成不变，尤其是受到技术环境、法律环境、文化环境变化影响时，也有可能产生不断的伦理进化。

(1) 技术进化下的伦理进化。随着文化创意的创作技术、展现技术、传播技术的变化，文化创意的工作与运作会有新的形式诞生，因而在技术进化的背景下，相应的文化创意伦理也要产生与新技术相匹配的规范进化。

(2) 法律进化下的伦理进化。随着社会中法律条文、地方规定、行业规范的变化，文化创意的工作与运作会有新的实施标准，因而在法律进化的背景下，相应的文化创意伦理也要产生与新制度相匹配的规范进化。

(3) 文化进化下的伦理进化。随着公众社会的文化内容、文化理念、文化历史的变化，文化创意的工作与运作会有新的内容诞生，因而在文化进化的背景下，相应的文化创意伦理也要产生与新文化相匹配的规范进化。

三、文化创意运作的伦理作用

（一）建立文化创意创作者的行为要求

文化创意的运作伦理能够建立文化创意创作者的行为要求。文化创意伦理从文化产品运作、文化传播运作、文化营销运作等三大环节，从文化内容创意、文化展现实施、文化成果运作等众多维度，通过法律、道德、市场的约束性广泛规范文化创意创作者的文创行为。

（二）引导文化创意产业的有序发展

文化创意的运作伦理能够引导文化创意产业的有序发展。在文化创意伦理对文化创意创作者、参与者、实施者等各类运作者进行规范的基础上，进一步推动整体文化创意产业的有序发展与健康发展。

（三）推动文化创意市场的繁荣成长

文化创意的运作伦理能够推动文化创意市场的繁荣成长。在文化创意伦理的基本要求下，会有更多优质的文化创意作品、优良的文化创意企业、优秀的文化创意人员不断成长，进一步推动文化创意市场的繁荣。

第二节　文化创意运作中的共性伦理

文化创意的共性伦理适用于文化创意运作的各个环节。共性伦理的产生通常来源于法律的强制规定、道德的行为约束、公序良俗规范等广泛性要求。因此，无论是文化创意的产品运作、传播运作还是营销运作，都需要遵循共性伦理的规范性要求。

本节我们将围绕严格合法性、实施道德性、正向价值性、公共利益性、创新原则性等五大共性伦理原则进行梳理。

一、文化创意运作的严格合法性

严格合法性是文化创意运作的强制性伦理。文化创意运作过程通常涉及三大方面的合法性问题：①版权合法性，文化创意工作不得对他人的著作权、版权进行侵犯；②内容合法性，文化创意内容不得违反国家对于内容要求的相关规定；③运作合法性，文化创意的传播及营销不得违反与市场传播相关的规定。文化创意运作的合法性要求，来源并不只是专门限制文化创意产业的有关条款，而是在文化创意运作的各方面过程中涉及产品、传播、营销的各类合法性要求。

（一）产品的严格合法性

文创产品功能需要遵循严格合法性伦理。产品在功能创新与文化创新的融合过程中，不得违反法律的要求与规定，不得违背地方法规与制度。在文创产品的功能合法性问题中，主要可能涉及产品功能引起的外部性违法行为。例如，"成人体验馆"从产品创新的角度来看属于功能与体验的创新,然而在实际体验中却暗含卖淫、嫖娼、吸毒等严重违法的场景不可控风险。该类风险的产生源于产品功能开发过程对合法性伦理原则关注的不足,导致产生先天不可控风险。该类产品的文化创新严重违反了法律的强制性规定,因而产品一出便成为监管机构的重点取缔对象。

文创产品形象需要遵循严格合法性伦理。在产品形象设计与文化创意的打造过程中,同样也不得违反法律法规的强制性规定。在文创产品设计的合法性问题中,主要可能涉及产品形象侵犯原创版权、违反反不正当竞争法、违背公序良俗等问题。例如,2019年哪吒汽车湖南湘潭某门店以在国旗上印字、喷绘作为营销宣传,便是严重违反国旗法中"不得在公共场合故意损毁、涂划国旗,也不得用于商业活动"的强制性规定。

(二) 传播的严格合法性

文创广告传播需要遵循严格合法性伦理。文创广告传播直接受到广告法的要求与限制,因而需要接受比较严格的合法性审查。在文创广告的合法性审查中,通常有以下四大方面的审查内容:①文创广告内容涉及商品名、注册商标、专利等内容的,需要具备包括商标证书、专利证书等在内的相关合法的权利证明材料;②文创广告内容涉及他人名义和肖像的,需要有权利人本人书面同意使用的证明;③对于文创广告的广告小样、广告资料,应当保证其拥有著作权;④文创广告资料的具体内容不应当含有不正当竞争的内容。[1]

文创媒体传播需要遵循严格合法性伦理。在自媒体盛行的时代,文创传播有了更广泛的影响力与辐射力,但同时,滥用表达自由侵害他人合法权益、扰乱社会秩序、损害公共利益和误导舆论等乱象逐渐增多。从法规角度看,自媒体滥用传播权的问题已经得到立法者的高度关注。从2016年开始,国家网信办相继发布了《互联网直播服务管理规定》《互联网用户公众账号信息服务管理规定》《微博客信息服务管理规定》,针对自媒体的直播、公号和微博等出台了明确具体的管理规定,从网络实名制、新闻信息管理、数据安全、平台责任和内容合法等多个方面给出了行之有效的解决办法。[2]

(三) 营销的严格合法性

文创品牌营销需要遵循严格合法性伦理。文化创意通常会成为企业进行品牌营销的有力工具,通过基于文化创意产生的创作成果,为品牌的全方位营销进行有力的创意铺垫。然而,品牌营销是企业最容易产生法律风险的重要环节,因而文化创意在进行品牌营销的时候需要特别注意法律法规对于品牌营销的全面规定。文化创意的品牌营销直接与广告法、商标法、消费者权益保护法密切相关,如不少企业在通过文化创意对自身品牌进行营销的过程中,过度夸大事实,进行虚假宣传,通过贬低第三方商誉行为提升自身品牌形象,这些都是文创品牌营销的违法性行为。

文创活动营销需要遵循严格合法性伦理。文创活动营销是企业的高频运营工作,同时也

---

[1] 华律.如何进行广告的合法性审查[EB/OL]. https://www.66law.cn/laws/1024224.aspx.[访问时间:2021-09-16]

[2] 人民网.自媒体滥用传播权利的成因与对策[EB/OL]. http://media.people.com.cn/n1/2018/1018/c421879-30348810.html.[访问时间:2021-09-16]

是对文化创意成果进行动态化、互动式呈现的重要方式。文创活动本身属于社会活动的范畴，因此，文创活动营销应当满足国家对于活动组织、运营的相关法律的要求，如大型群体性活动的报备审批，疫情特殊环境下重大活动的提前申报，活动现场对于安全、消防等的强制性要求等。

研读材料

　　将硅胶娃娃打扮成真人模样给顾客提供"服务"，这种生意被称为"成人体验"。近年来，一些所谓的"成人体验馆"开始在一些城市兴起，藏身于各类公寓、写字楼、酒店内，收费少则一两百元，多则近千元。记者走访发现，此类"体验馆"生意火爆的背后，存在环境脏乱差、未成年人进出自如、证照与经营内容不符等问题，亟待有关管理部门介入整顿。

　　由于迎合了部分消费者的需求，"成人体验馆"正呈快速增长的趋势。但记者调查发现，这种"成人体验馆"存在多方面问题：①明面上未成年人禁止入内，实则"来者不拒"。记者采访时发现，网上多家店铺的体验产品团购券中标称："本着对未成年人的健康成长创造良好的社会环境的原则，本产品依法不对未成年人售卖，特此声明。"但走进实体店内，有的贴有"未成年人禁止入内"的标识，有的则连标识也没有，消费也并不需要出示身份证进行登记。②私密物品共享使用存安全风险，清洁消毒难保障。记者走访时发现，一些店内卫生条件堪忧，床单上满是污渍，硅胶娃娃也有肉眼可见的污损，一些商家只是拆卸重点部位进行简单消毒清洗。天津市中医药研究院附属医院皮肤科副主任医师王磊说，硅胶娃娃类的成人用品应当"一人一物"，不应"共享"。性传播疾病病毒的消毒需要专业医用消毒手段，包括高温和医用消毒液灭活，硅胶娃娃的材质不具备这样的消毒条件。即便"成人体验馆"自行消毒，依然存在传染性疾病的风险。③入住无须登记还可过夜，"成人体验馆"成"黑旅馆"。在某团购网站上，记者注意到，此类"成人体验馆"除了有一小时和两小时的选择以外，还推出了超值八小时套餐，甚至可以过夜。

　　"实际上，'体验馆'并未包含酒店住宿相关业务，而要经营旅馆业等特种行业，须获取相应的营业执照；如果没有，将一律视为'黑旅馆'依法处理。"南昌市市场监督管理局相关负责人表示。由于经营隐秘、监管不到位，"成人体验馆"有可能成为滋生违法犯罪的"温床"。日前，广西南宁警方接到市民举报称，在南宁市新华路南侧某商住楼内，有人疑似躲在一家"成人体验馆"内吸毒；公安部门展开调查，成功抓获涉嫌吸食毒品的两名男子。犯罪嫌疑人表示，因自认为"成人体验馆"隐蔽，平时无人盘查，半年前起，两人就以此为聚集点，经常吸食K粉。更令人担忧的是，此类"体验馆"可能会刺激和诱发违法犯罪行为。在一家"成人体验馆"，老板甚至告诉记者，开馆要想赚钱，最好能"挂羊头卖狗肉"，店里安排"小姐"提供真人性服务。上海靖予霖（天津）律师事务所律师张烜墣认为，消费者自行购买硅胶娃娃并不违法，但提供"共享"服务带来的隐患和问题显而易见；有关监管部门应予以重视，相关互联网平台也不应为逐利而帮助其推广。

　　资料来源：广州日报."成人体验馆"乱象如何管？[EB/OL].http://finance.sina.com.cn/tech/2020-12-24/doc-iiznezxs8577821.shtml.[访问时间：2021-09-16]

二、文化创意运作的实施道德性

实施道德性是文化创意运作的基础性伦理。文化创意运作过程中的实施道德性通常与文化创意的公序良俗原则紧密相关。公序良俗的具体要求一部分是法律领域的强制性规范,另一部分则是道德范畴的习俗性约定。因此,文化创意违背实施道德性的伦理原则,不仅一定会受到道德伦理的谴责,还有可能受到法律的严厉惩处。

(一) 产品的实施道德性

文创产品功能需要遵循实施道德性伦理。产品在功能创新与文化创新的融合过程中,即使没有违反法律的要求与规定,也不得违背社会普遍认同的道德认知,尤其是做出违反公序良俗要求的道德缺失行为。如"成人体验馆"的体验功能严重违背社会的道德认知,对社会风气造成极度负面的不良影响,冲击公众普遍认知的价值观与性观念,是严重违背公序良俗的行为。产品文创功能的设计,应围绕公众喜闻乐见的需求偏好,符合社会主义核心价值,没有道德性缺失,才不会有市场的缺失。同时,在产品功能创新与文化创新的融合过程中,应考虑产品的目标受众与文创功能设计的特征方面是否匹配,以及非目标受众是否容易受到该文创功能设计的负面影响。如"成人体验馆"出现在学校、商城、小区等未成年人群聚集的场所,即使"成人体验馆"符合面向成年人的道德伦理,但却对未成年人产生无法回避的负面影响。产品文创功能设计受众性原则要求在产品功能开发过程中,充分考虑产品对非目标人群及非适配人群的外部影响。

文创产品形象遵循实施道德性伦理。在产品文创形象设计的过程中,同样需要关注道德性的伦理原则。无论产品的功能设计还是产品的形象设计,都不得违反法律的要求与规定,也不得违背社会普遍认同的道德认知,尤其不得产生违反公序良俗要求的道德缺失行为。如一些企业为了使产品包装更加具有吸引力,刻意加入色情、性暗示、恐怖、血腥的设计元素。这些元素的加入虽然短期内能引起受众的快速关注,但不仅无法长期吸引社会公众,反而会对社会公众的视觉体验产生长期的负面影响。

(二) 传播的实施道德性

文创广告传播需要遵循实施道德性伦理。文创广告的实施道德性需要遵循以下三大原则。[1]

(1) 真实可信。真实可信是广告道德的首要内容,也是广告活动各个环节所应遵循的第一原则。广告道德"真实可信"的基本要求是:广告内容要真实(包括广告的语言、文字、画面),不能吹嘘夸大,更不能弄虚作假,不能让消费者产生误解甚至从中得出错误的结论;广告宣传的形式和总体印象应当是真实的,不能以广告宣传冒充客观报道,使消费者产生错误的理解和认识,做出错误的选择。

(2) 公平竞争。公平竞争是市场经济的基本原则,也是广告道德基本范畴的题中应有之

---

[1] 光明日报.关于广告道德的思考[EB/OL].https://www.gmw.cn/01gmrb/1998-04/26/GB/17674^GM3-2606.HTM.[访问时间:2021-09-16]

义。广告道德的"公平竞争"不允许莫须有或欺诈的广告宣传;不允许有贬低其他同类产品的情节或语言的广告宣传;不允许过度自我夸耀的广告宣传;不允许用不正当和不公平的利益引诱消费者。广告竞争要避免那种利用自己的特殊地位或身份以强欺弱、以大压小,或限制、干涉其他广告经营活动的不正当行为。

(3) 健康向上。健康向上是社会主义广告道德中一个非常重要的方面。广告"健康向上"要求广告宣传与传播必须顾及社会效果,必须把高尚的社会风尚和美好的道德追求同正当的物质享受有机地结合起来。

文创媒体传播需要遵循实施道德性伦理。尤其在当下新媒体快速发展的时代,道德性伦理是尤其重要的规范性原则。当下媒体传播突出的五大道德问题如下所述。

(1) 虚假信息传播失控。新媒体中的虚假信息不仅仅表现为与事实不符,其表现形态还呈现出一些变种。比如,一个吸引人的标题后面往往链接乏味的内容,甚至是与标题毫无关系的广告,还有一些新闻标题和内容所表达的意思截然相反,这也就是所谓的"标题党"。

(2) 色情图片和文字泛滥。淫秽色情似乎自古就是影响人类正常生活的社会顽疾。在新媒体的助推下,淫秽色情内容却似乎最大限度地得到了人们的认可,影视演员可以依靠穿着出位博取人气,娱乐新闻以抓拍露点照片赢得点击率,"宅男"们则在网络上搜索和追捧着各类"女神"。

(3) 过度放大道德边缘事件。一些网站和个人为了达到提高网页点击率或者其他不可告人的目的,对一些道德边缘事件进行无限制、全方位的报道和解读,甚至刻意制造此类冲击人类心灵的事件,严重挑战着人们的精神承受力。

(4) 垃圾邮件和短信源源不断。几乎所有的电子邮箱和手机用户都遭受过和正在遭受垃圾邮件和短信的困扰,而且在将来不可预期的时间内还将继续遭受此类困扰。

(5) 媒体审判混淆视听。在新媒体条件下,由于人人都可以是记者,即使作为读者,也可以随时参与在线评论,各种非理性的情感宣泄式言论难以控制,往往会煽动起一批人不分青红皂白地对当事人实施网络攻击甚或干扰现实中的司法审判,从而导致媒体审判成为新媒体时代的突出道德问题之一。[1]

(三) 营销的实施道德性

文创品牌营销与文创活动营销需要遵循实施道德性伦理。在进行文创的品牌营销工作时,需要遵守法律法规,坚守道德底线,尊重公序良俗。文创的品牌营销创意度广、自由度高、传播性强,因而更加应该关注品牌营销在带来宣传效果的同时,是否会产生任何负面的不利影响。例如,不少企业从灾难事件、悲剧事件、弱势群体中获取文创创意,以戏谑、调侃、编造等方式创作出各类品牌营销的文创内容,再借助媒体的炒作,达到企业品牌宣传的声量效果。这类缺少道德支撑的品牌营销方式,不但无法收获来自社会公众的积极评价,反而会降低自身的品牌声誉。因此,企业在进行文创品牌营销的过程中,守住道德底线是最基本的伦理原则。

---

[1] 人民网.新媒体道德专项治理研究[EB/OL]. http://media.people.com.cn/n/2014/0526/c385244 - 25066087.html.[访问时间:2021 - 09 - 16]

研读材料

2021年7月18—20日，郑州遭遇千年一遇特大暴雨，3天时间下了以往一年的雨量，造成市区严重内涝，交通中断，多处停水停电。截至目前，已造成12人死亡，10万居民不得不暂时离开家园避难。面对天灾，民众众志成城，但在组织抢险救灾、营救被困群众紧张进行之时，郑州本土房企康桥集团竟发布"居住高地，让风雨只是风景"等不当广告。这种毫无人性的"灾难营销"，无异于幸灾乐祸，极大地伤害了民众的情感，必须坚决予以遏制。

7月20日晚间，一张楼盘海报在微博等各大社交平台流传，图片信息显示，该楼盘系康桥集团旗下"康桥香蔓郡"。海报称，康桥香蔓郡整体海拔高程约164.35米，高出黄帝故里约72米，高出郑州二七塔约83米。广告语则言之凿凿："入住高地，让风雨只是风景。"在郑州遭遇特大暴雨灾害的特殊时刻，这家房企不是想着如何去救助受灾、被困的群众，而是想着利用灾情促销，于是楼盘广告"炫高"，把暴雨看作"风景"。如此冷血的做法显然刺痛了公众神经，造成了不良社会影响。这种不合时宜、毫无人性的楼盘广告"翻车"，在网上遭到唾骂也是活该。

不可否认，城市地理位置有高有低，处于高地的楼盘一般不会发生洪涝灾害，如果在平时作为"卖点"进行宣传营销，当然无可厚非，也不会引发非议。然而，在特大暴雨灾害的特殊时刻，楼盘广告"炫高"，"让风雨只是风景"，给人一种幸灾乐祸的感觉。如此利用灾难卖房子，实在太过分了。康桥集团就此事件致歉，声明称：康桥香蔓郡在未严格执行推广内容审核及审批流程的情况下，发布了项目广告画面；对本事件相关责任人予以免职、降薪、降职等问责处理，全员通报，以示警示；未来将举一反三，坚决杜绝此类事件再次发生。这样的道歉，尽管有舆情危机公关的意味，但还是值得肯定。希望其确实能够自查自纠，千万不要舆情危机一过，又是我行我素。

类似的"灾难营销"不乏先例，例如2021年6月8日，白银越野赛遭遇极端天气导致21人遇难，某儿童排汗睡衣店使用有21人遇难的图片做广告，广告语为"保持干燥，至关重要"，被质疑不尊重事故遇难者和伤者；2018年9月16日，强台风"山竹"在广东台山沿海登陆，4人因灾死亡，同一天，某汽车品牌在深圳举行的新车上市活动上，竟然打出"神同步！史上最强台风，史上最强SUV，今日狂飙上市"的宣传海报。"灾难营销"毫无底线，为了自身经济利益不惜"吃人血馒头"，如果不加以遏制，其他企业势必"见样学样"愈演愈烈，造成更为恶劣的社会负面效应。

"灾难营销"当休矣。"灾难营销"不仅违背公序良俗，也是典型的违法行为，坚决不能容忍。各地工商等监管部门应当履职尽责，规范广告发布行为，加大对类似违法广告的监督和处罚力度，依法对广告经营者、广告发布者予以重罚，让其感到"肉疼"才能长记性。利弊权衡之下，他们才会主动放弃"灾难营销"的龌龊做法。

资料来源：丁家发."灾难营销"违背公序良俗也是违法行为[EB/OL].https://www.sohu.com/a/478892405_608615.[访问时间：2021－09－16]

三、文化创意运作的正向价值性

正向价值性是文化创意运作的内在性伦理。所谓正向价值，就是指一系列对人类社会的发展具有积极推动作用的观念、行为、精神、风气、习惯、成果、结论、物品、文化等。文化创意由于其内容所承载的文化、理念、精神等价值因素，对社会的价值导向有重要的影响。因此，文化创意运作过程中，需要关注创意成果对于社会正向价值的引导。

（一）产品的正向价值性

文创产品需要遵循正向价值性伦理。著名主持人马东在 2020 年 10 月举行的第八届中国网络视听大会上曾说："好的内容产品除了要符合时代脉搏、时代语法和能够获得商业回报以外，最重要的是要创造正向情绪价值。一个作品要能够触摸到人大脑层面的情绪，哭过笑过之后，沉淀下来的东西应该是美好的，而不是感到愤怒。"2021 年 7 月，腾讯游戏副总裁张巍在"2021 游戏责任论坛"上表示："腾讯游戏也一直在思考，如何通过游戏的无限可能性，承担更多的社会责任，实现更多正向价值。"

无论是游戏、影视、音乐等文创影音产品，还是小说、文集、诗歌等文创文学作品，或者是玩具、模型、吉祥物等文创实物作品，都需要在产品定位以及功能定位中确定产品的正向价值性。宣扬社会主旋律、弘扬优秀中国文化、树立正确价值观，是每一个文创作品应该具备的责任担当。

（二）传播的正向价值性

1. 文创广告传播需要遵循正向价值性伦理

企业在文化创意时不可为了追求反差效果而故意丑化品牌形象，突破道德底线，而是应当在充分表达品牌核心卖点的基础上，对表现效果进行突出，弘扬核心价值，树立品牌正能量。优秀的文创广告可以传递产品信息或品牌理念，提高社会道德格调，达到经济与社会文化的共赢效益；而恶意、低俗的文创广告则违背主流价值观，展现低俗的趣味，拉低了社会文明的文化格调。[1]

2. 文创媒体传播需要遵循正向价值性伦理

短视频媒体是文创媒体的重要传播工具，短视频行业的快速兴起虽然为文化创意产业的发展带来了新的机遇，但同时也由此产生了不少负面的社会影响，而这些负面影响也正是全社会在不断努力解决的关键命题。国家版权局负责人表示，将推动短视频平台以及自媒体、公众账号运营企业全面履行主体责任。当前，一些短视频平台已经推出了青少年模式，对短视频的观看行为进行相对具有可行性的管理，从而更好地履行自身的社会责任，努力消除沉迷造成的负面影响。监管部门也需要进行更加有效的管理，让防止短视频沉迷有规可依，让平台和创作者、发布者有所遵循，从而让短视频产业发展更加规范有序。此外，短视频的内容制作者也需要强化社会责任意识，对自身的创作负起应有责任，努力避免出现低俗无价值的

---

[1] 广州青年报.正向营销 引领社会的价值观[EB/OL].https://www.sohu.com/a/441845486_374623.[访问时间：2021 - 09 - 16]

短视频。[1]

(三) 营销的正向价值性

文创品牌营销需要遵循正向价值性伦理。当下品牌营销的关键在于争夺消费者注意力。其中两大关键点，一个是给对的人看，另一个是看对的内容。

(1) 给对的人看，实际上就是品牌内容传播的"精准性"。

(2) 看对的内容，即精准的内容定位、有创意的内容形式、生动的表现手法、多维的感官调动，从目标消费者的心理角度挖掘兴趣内容的创意点。[2] 然而，众多企业为了快速博得公众的关注度，不惜以低俗、恐怖、色情、露骨等毫无底线的营销方式哗众取宠，给社会带来了极度负面的影响。文创品牌营销的关键在于内容为王，只有优质的文创内容、深厚的文化理念、正确的价值导向，才能够真正获得公众的认可。

文创活动营销需要遵循正向价值性伦理。活动策划不得违反最基本的道德要求与法律要求，应在对价值观正向引导的基础上进行自由的创新创意。活动策划不得以恶意炒作实施违背公序良俗的行为，而应弘扬社会主旋律，宣传社会正能量，才能够真正地发挥文创活动的正向价值作用。

研读材料

"椰树椰汁，白白嫩嫩"，这句广告语很多人耳熟能详。不过这两天，椰树椰汁的新广告引发争议。2019年，该产品新包装延续以往"大胸美女"风格，文案将产品定性为"丰胸神器"，被质疑虚假宣传。当地工商局已介入调查，2019年2月13日，已拆除其涉嫌违反广告法的广告牌。公开报道显示，椰树集团因广告低俗曾多次被质疑。椰树集团回应称：从未宣传过有丰胸效果，是"你们想错了"。

在讲究包装设计的今天，椰树椰汁的设计因为其独树一帜的配色、字体和文案被网友调侃为广告界的"泥石流"。其实"清流"也好，"泥石流"也罢，只要合法合规，做出自己的风格就并无不妥。这次，确实是有些"茬"引发了消费者的不适。比如，"从小喝到大"的广告语就有很多种理解的角度。要想强调品牌历史悠久，文案创意人员有很多种表达方式，完全可以避免含有歧义的文本。其电视广告中，几名穿着清凉的丰满女性在海边沙滩上，一边嬉笑奔跑一边手举椰树椰汁，画面尺度还是很大的。据《南方都市报》报道，"在海口的电影院每次都有椰树的广告，惹得整个电影院尴尬地笑"。虽然椰树集团断然否认"丰胸效果"的宣传，但在一家媒体的报道配图中，还是可以看到街头招贴上很清楚地印着将椰汁与"乳房饱满"联系起来的宣传语。

喝了多年椰汁的消费者困惑的是，明明质量挺不错，已经靠口味打出了一片天下，不缺市场的"椰树"为什么在宣传上如此执着于走这种打低俗擦边球的路线？更不用说，椰汁和

---

[1] 人民日报.激发短视频的正向社会价值[EB/OL].https://baijiahao.baidu.com/s?id=17016059397134841428&wfr=spider&for=pc.[访问时间：2021-09-16]
[2] 陈治任,陈继文.日化品牌如何进行品牌营销的创新[J].日用化学品科学,2021,44(2):4.

> 丰胸真的关系不大,这一点"丁香医生"通过社交平台已经做了及时科普。
> 　　推而广之,前些年颇有一些自以为"抖机灵""吸眼球"的低俗广告语公然出现在街头巷尾或者网络平台,而且其中颇有一些知名品牌。当然,眼睛雪亮的群众很快发出反应强烈的声讨,相关部门也根据广告法中广告不得妨碍社会公共秩序或者违背社会良好风尚的规定做出处理。对于椰树椰汁,人们有理由相信官方会以正视听。营销,不能为了"知名度"就不要"美誉度"。要想企业好好发展,就踏踏实实提升产品质量,切不要在公序良俗和法律法规的高压线边上试探。
>
> 　　资料来源:北京晚报."椰树"不缺市场,为何"变味"包装,执着打低俗擦边球?[EB/OL].https://baijiahao.baidu.com/s?id=1625433430331742128&wfr=spider&for=pc.[访问时间:2021-09-16]

四、文化创意运作的公共利益性

　　公共利益性是文化创意运作的外部性伦理。外部性又称为溢出效应或外部影响,原指经济活动中一个人或一群人的行动和决策使另一个人或一群人受损或受益的情况。公共利益性是文化创意中典型的正向外部性伦理,文化创意工作者在进行文化创意运作的过程中,应充分考虑其文化创意成果对于外部公众、社会的正向外部性影响程度,全面关注其对社会公共利益的影响范围。

(一)产品的公共利益性

　　文创产品功能和形象需要遵循公共利益性伦理。公共利益是指能够满足一定范围内所有人需要的对象,即具有公共效用的对象,或者说,能够满足一定范围内所有人生存、享受和发展的,具有公共效用的资源和条件。[1]文创产品无论在功能的开发还是形象的创意上,都需要充分考虑外部公共效用的资源和条件。例如,蚂蚁森林的产品功能创意不仅提高了用户使用支付宝的活跃度,同时也真正造福了生态环境,提升了广大公民的生态意识与环保观念。截至2018年5月底,蚂蚁森林的参与者已经多达3.5亿人,种植和维护真树5552万棵,种植面积超过76万亩(约507 km²),预计控沙超过百万亩。库布齐沙漠森林覆盖率、植被覆盖率已分别由2002年的0.8%、16.2%,大幅提升到2016年的15.7%、53%。[2]

(二)传播的公共利益性

　　文创广告与媒体传播需要遵循公共利益性伦理。广告与媒体不仅是与经济活动有关的传播行为,而且是能够产生一定社会效益的文化活动,通过传递与商品有关的信息,影响和渗透人们的社会观念,从而在一定程度上改变人们的思想观念和行为方式。所以,广告和媒体在追求自身的经济目的、实现利益最大化的同时,要维护社会的公共利益。这就要求广告的传播要符合道德标准,符合个人利益和集体利益,从而最大限度地保护社会的公共利益。一方面,广

---

[1] 汪辉勇.公共价值论[D].湘潭:湘潭大学,2008:2-5.
[2] 电商报.4亿支付宝用户被联合国点赞![EB/OL].https://baijiahao.baidu.com/s?id=16089707296895008128&wfr=spider&for=pc.[访问时间:2021-09-16]

告和媒体应运用自身的传播手段将与商品有关的有用信息传递给受众,达到信息的沟通,从而使消费者做出更明智的选择。广告和媒体活动创造流行和时尚,引领人们朝着一种积极健康的方向发展。另一方面,广告和媒体从业人员要以身作则,以符合社会公共利益作为标准和尺度,以维护公共利益为目的,在广告创意过程中崇尚文明、健康的精神,倡导积极的消费观,在广告和媒体发布上合理配置媒体资源,既关注广告和媒体传播的实际效果,又估计广告和媒体传播在社会文化传播方面能否起到积极的影响作用,努力营造文明、友好、健康的广告和媒体传播环境,促进整个行业的可持续发展。遵循广告和媒体的公共利益性伦理原则不仅对我国经济社会的发展至关重要,对和谐社会的构建也具有重要的现实意义,有助于精神文明的发展。[1]

(三)营销的公共利益性

文创品牌和活动营销需要遵循公共利益性伦理。文创品牌营销和活动营销与社会公众会产生互动性沟通,与公共资源的结合更加紧密,因此,应格外重视公共利益性。不少娱乐节目、流量明星为了突出个人IP的营销影响力,不断制造各类营销事件,炒作话题,博得公众的关注。这种行为不仅使得有效的平台公共资源被极大浪费,同时对社会舆论的阶段性引导产生了极度负面的影响,是违背公共利益性伦理的典型范例。

 研读材料

> 自从电竞被慢慢认可以来,在许多公共场合也可以看见游戏广告牌。不过,有些广告却被举报了。有一位西安家长向陕西电视台反映,西安地铁3号线中出现的以"血精灵法师"为主题的《魔兽世界》广告太过恐怖,一直抱着自己说眼睛在流血,把孩子都吓哭了。工商局方面表示这个广告牌画面和文字涉嫌违反广告法,要求立即整改。
>
> 抱着孩子乘坐地铁,结果孩子被一款视频广告吓哭了。这位家长较起了真,对"恐怖广告"进行了举报。工商部门现场检查之后,认为广告涉嫌违反广告法,要求立即整改。我们相信,工商部门的要求会得到回应。但是,我们必须反思"恐怖广告"背后的真问题。
>
> 发布"恐怖广告",已经不是第一次了。此前就有这样两则新闻:一个是在某地的一个小区的电梯里,有商家发布的视频广告吓哭了孩子。在视频里,既有鬼影闪烁,还有血流成河的场景,也是一款游戏的广告,被业主举报;另一个是在某地城市的街头,有一款巨幅街头广告牌,其设计的画面是一个白衣飘飘的女子,然而这个画面,尤其是在夜里的时候,在昏暗的灯光下十分像鬼魅,也被市民举报了。
>
> 商家为何热衷"恐怖广告"呢?道理也是简单的,这样的广告更容易引起别人的注意,从而因为吸引了眼球而达到宣传的效果。"恐怖广告"的出现,是商人丢失了最基本的审美,只是为了自己的利益就不顾大众的感受。从一个层面,也看出了广告载体运营者的唯利是图,只要给钱,什么样的广告都给做。

---

[1] 粟龙梅.广告伦理的内涵与原则探赜[J].大众文艺(理论),2009,311(18):107.

> 在地铁这样的公共空间,设置广告发布载体原本没有什么,也是空间综合利用的需要。然而,作为地铁部门更应该知道什么可为,什么不可为。发布"恐怖广告",就是对公众权益的侵犯。尤其这样的地方老人和孩子很多,他们很难适应"恐怖广告"的刺激,老人有心脑血管疾病,孩子心灵比较脆弱,出了问题谁来负责?
>
> 这还暴露出工商部门的监管不严。所有广告内容都必须经过工商部门审核才能发布。这些"恐怖广告",工商部门审批了吗?如果是审批过的,则说明在审批的时候没有仔细把关。如果没有审批,则说明工商部门是失职的。
>
> "恐怖广告"给人们带来的是不适感。这样的广告需要严厉打击,而不能坐等市民举报,更不能等"孩子吓哭"了才去要求整改,还需要举一反三查处,主动查找"恐怖广告"。
>
> 资料来源:红网.违反公序良俗的"恐怖广告"别坐等举报[EB/OL].https://baijiahao.baidu.com/s?id=1612502745493133512&wfr=spider&for=pc.[访问时间:2021-09-16]

五、文化创意运作的创新原创性

创新原创性是文化创意运作的原生性伦理。创新原创性既是文化创意产业朝气蓬勃发展的原动力,也是文化创意成果源源不断诞生的源泉力,更是文化创意工作者的辛苦付出不被侵犯的保护力。文化创意运作的创新原创性伦理,需要每一位文化创意工作者自觉遵守,同时也需要强大的监管部门进行制度保护。

(一)产品的创新原创性

产品文创功能和形象需要遵守创新原创性伦理。在产品功能设计的过程中,应该从社会需求的痛点出发,不断创新找到解决痛点的方法,开发具备原创性的优秀作品,而并非不断地模仿他人成功的文创产品功能。在产品文创形象设计的过程中,应关注原创、重视版权。不得在未经他人同意的情况下肆意抄袭、复制他人的优秀作品,而应结合自身实际能力与客观资源创作更具个性化与创意性的优秀成果。如果产品文创形象的设计一味抄袭复制,不仅会侵犯他人的著作权,违反国家的强制性规定,同时也会给整个文化创意产业带来负面的影响,使得真正的原创者缺乏持续创新的动力。因此,产品文创形象设计的原创性,不仅需要设计者的自觉遵守,更需要监管机构有力的制度保护。

(二)传播的创新原创性

文创广告与媒体传播需要遵循创新原创性伦理。在新媒体时代下,跟随时代的步伐,广告在内容上、传播方式上都要进行不断的创新,学习当下互联网智能化的方式,将其他传播方式的优势部分巧妙地与广告模式进行融合,再进行不断的创新,从而打造出适合新媒体时代的广告与媒体模式。[1]

(1)广告创意,因人、时、地、事的不同,内容也有所不同。但在不同的国家,面对不同的国情,广告创意的原则却是一致的。在广告的内容创意方面一般应该遵循真实、通俗易懂及新颖独

---

[1] 叶秋妮.新媒体时代下的广告创新模式[J].中国航班,2019(19):1-2.

特 3 个原则。新媒体时代的到来为文化创意提供了更加丰富的展现形式、传播方式与表达风格。

（2）新媒体时代的创新通常追求"三新主义"：新定义，意味着要讲出新的品牌故事，重新引领新的消费趋势；新话语，即在文化创意时要关注年轻人，结合年轻人的个性特征重塑话语体系；新传播，即追求创意、内容、技术与媒介的有机结合，让文化创意内容具有可传播性与营销的穿透力。[1]

（三）营销的创新原创性

文创活动营销需要遵循创新原创性伦理。对活动策划最忌讳的就是复制抄袭，尤其是完全搬运其他品牌已经有一定影响力的活动形式，这样往往很难二次吸引消费者。活动策划基于创意创新的原则，不断从活动形式、活动内容、传播方式上进行新的构思，让消费者眼前一亮，才能够最大限度地发挥活动的价值。

研读材料

2021 年的暑假，北京环球影城的"威震天"，因其机智诙谐幽默的现场互动聊天走红网络，成为 2021 年文创产品与传播的一大经典案例。随后不久，大家发现河南、河北、成都等全国多地的商业活动场所出现了一批"威震天"。

河南周口市一家商场门口，一个"威震天"和着音乐摇摆蹦迪，网友表示，因其声音沉闷，外形和与游客的互动对话都没有北京环球影城的"威震天"精致和机智，有网友戏称其脑梗版、帕金森版"威震天"，带来的不是欢乐，也有可能是侵权。在河南濮阳一个既可买房又可买车的汽车小镇，也出现了"威震天"。工作人员告诉新闻记者，国庆期间只有 1 号到 3 号才会展出"威震天"，每天只有一个小时，时间是上午 10 点左右，是真人站在机器外形内扮演的。另外在河南驻马店，有报道称，"威震天"来这里的菊花展了，大家不用去北京环球影城，也能和他互动了。该景区一名工作人员告诉极目新闻记者，"威震天"和"擎天柱"在景区的表演不定时，都是由景区工作人员操作的，相关设备是由公司向山东一家公司购买的仿版，每个机器人的价格为六七千元。对于该机器人是否涉及版权问题，该工作人员表示不清楚。

山东一家出租出售变形金刚公司的销售人员刘女士告诉新闻记者，他们公司可以出租、出售大型"威震天"等变形金刚，3 米高的"威震天"价格为 6 000 元左右，该款机器人由人操控。对于客户租购"威震天"等变形金刚的侵权担忧，刘女士称，不存在版权问题，好多公司都在生产这个东西，没有说（变形金刚的版权）一定属于谁，好多家租赁公司都有出租出售这个。他们公司向很多大公司、楼盘等机构出租出售过变形金刚，从来没出现过版权问题。如果遇到侵权问题，可以找公司，由公司来出面解决。

据了解，"威震天"等变形金刚最早出现在美国、日本、新加坡等国的环球影城里，在娱乐设施旁用于同游人合影。那种变形金刚虽然看上去体型高大，其实里面是个人。它们做得比较逼真，是官方授权的，民间弄得太像的话算是侵权。北京环球影城的"威震天"全网走红后，许多网友称国内其他许多地方层出不穷的"威震天"为山寨版。

---

[1] 薛可.文化创意学概论[M].上海：复旦大学出版社，2021：37-41.

> 中南财经政法大学法学院副教授肖志远介绍，"威震天"等造型源于《变形金刚》等视听作品，是具有独创性的艺术表达，根据我国加入的著作权保护国际条约，属于我国著作权法保护的作品，我国负有保护这些作品的条约义务。未经著作权人的授权，商业性使用这些受著作权法保护的形象构成侵权。
>
> 资料来源：极目新闻. 这个长假，"威震天"遍地都是[EB/OL]. https://mp.weixin.qq.com/s/gRo5SPc1X_0viN2Dogi0pg. [访问时间：2021-10-2]

第三节 | 文化创意运作中的个性伦理

文化创意的个性伦理与文化创意运作各个环节的工作内容、运作特征密切相关，是在共性伦理基础上对各个运作环节的差异性补充与精准化适配。在本节中，我们将围绕文创产品运作、文创传播运作和文创营销运作三大环节来梳理文化创意的个性伦理。

一、文化创意产品的个性伦理

文化创意在产品的运作方面主要体现在产品功能设计以及产品包装设计的过程之中。一方面，产品在功能上的文化创意通常是对产品传统使用方式进行创新，结合产品本身的特征、功能、使用方式等引入创意元素，赋予其更多的创意与吸引力。例如，星巴克的猫爪杯对杯子的内部结构进行改造，形成猫爪立体图案的创意设计，对普通杯子的使用特征进行了改变。星巴克的猫爪杯在推出之后，受到了市场的广泛欢迎，也对星巴克的品牌声誉产生了积极的影响。另一方面，在产品包装上主要针对其外部箱体、瓶体等产品形象进行文化创意设计，也是进行产品文化创意营销最普遍的方式。正如市场较为关注的农夫山泉歌词瓶、可口可乐歌词罐、卫龙食品的苹果风包装，以及百事可乐虚拟现实AR罐、茶颜悦色奶茶的古风杯等，都是在产品的包装上很好地结合了文化创意的元素，并且都产生了成功的品牌营销作用。在此基础上，通常会衍生出更具吸引力和表现力的文创衍生产品，基于核心产品的文化主题向周边衍生品的文化创意延展，这也是目前最为普遍的文创传播方式。其中典型的案例就是故宫博物院推出的故宫文化创意周边产品，不仅在线上与线下热卖，更使故宫在众多博物馆中脱颖而出，成为中国文化创意的知名IP。[1]

文化创意在产品的运作方面，主要关注美观实用性、安全可靠性、经济环保性三大个性伦理。

（一）美观实用性

产品在文创形象设计的过程中，应遵循社会公众的审美心理与审美意识，打造具备美观性

---

[1] 薛可. 文化创意学概论[M]. 上海：复旦大学出版社，2021.

的产品设计。产品的文创形象设计不应以"审丑"为哗众取宠的卖点,尤其是以引起大众反感与厌恶的设计风格来提高公众的关注度。美观的设计包括产品形象中的元素、颜色、主题、构图、人物等多种设计要素,恶俗的设计风格只会让公众嗤之以鼻,唯有向善向美才能使得产品的文创设计形象长存于心,饱受好评。

在产品文创形象设计的过程中,应同时兼顾形象美观与使用实用。产品的文创形象设计不得为了一味追求形象的美观度而使得产品原有的功能、效用大幅降低。产品形象虽然是产品的重要组成部分,但产品使用功能才是产品最根本的立足基础。因此,在产品文创设计的过程中,应虚实结合,既注重产品的形象美观,也注意产品本身的体验实用性、使用实用性等属性不会因为形象设计的创新而受到根本性的不利改变。

在产品功能创新与文化创新的融合过程中,尤其在使用功能、体验功能的创新与设计上,应遵循用户及使用者的正常使用习惯与体验习惯。产品文创功能设计不得以"反人类""反体验"的方式创作各类博人眼球却毫无体验价值的产品功能,应在用户及使用者的便捷性、可操作性等方面达到最基本的功能要求。产品文创功能设计缺乏人性化,不仅不符合产品开发的创新原则,同时也会使得受众对产品的评价更加负面。

(二)安全可靠性

在产品功能创新与文化创新的融合过程中,产品安全性是最基础也最具强制性的伦理原则。产品文创功能的设计创新不得对生产者、销售者、消费者等第三方群体产生非必要的安全性风险甚至安全性危害。违反安全性原则的产品功能很有可能违反民法典、消费者权益保护法等法律。尤其在一些极易产生安全风险的产品,如烟花、爆竹、利器等的文创功能设计中,不应为了追求文创创新性原则,而降低产品本身的安全标准。

(三)经济环保性

产品在文创形象设计的过程中,应兼顾设计过程与设计成果中的经济性原则。产品文创形象设计的经济性不仅包括使用耗材、构成部分的价值经济性,更应将对外部环境、自然生态的影响降到最低。过去,许多设计者为了追求设计作品的宏伟壮丽,铺张浪费过度消耗,不仅对生态环保造成了严重的破坏,同时也使得设计作品在展示完成之后成为随意废弃的无用之物。产品的文创形象设计应从市场与生态的角度,关注经济、环保、绿色等重要因素。

 研读材料

> 北京故宫一直是大家印象中气势恢宏、庄重肃穆的存在,是中国古代文化艺术顶峰的代表。随着故宫博物院和北京电视台出品的文化节目《上新了·故宫》的播放以及故宫文化创意产品的大热推广,故宫博物院的文化创意产品逐渐被大众所关注,从纸胶带到朝珠耳机等等,独有的创意设计也与人们的生活紧密相连。故宫的文创产品特征和设计思维不只是在创意层面上的发挥,更多的是沿着故宫的历史脉络,发掘出深藏的"故宫文化"元素作为传播载体并且不断发展。
>
> 文创产品旨在满足广大旅游者对目的地文化体验的需求,因而必须具有文化特色,让

旅游者能够把旅游目的地的文化带回家,延长旅游体验感。故宫博物院在开创文化产品上走在前列,深度挖掘丰富的明清皇家文化元素,以故宫的建筑、故宫的文物以及背后的故事,融合现代人喜欢的时尚表达理念,最终打造出具有故宫文化内涵、具有鲜明时代特征、贴近群众实际需求、深受消费者喜爱的故宫元素文创产品。

大众消费者都会认识到文创产品与以往普通旅游纪念品的区别,同样的产品如扇子、各种挂件等生产成本相差无几,但是价格可能相差几倍,这就代表了产品的市场价值,价格差距主要取决于有没有深度的创意,以及创意能否满足旅游消费者需求。同样的文化资源,可能有100种创意方式,也就是说,创意越强,产品附加值越高,在市场上就越受消费者追捧,越能成为"网红产品"。

故宫文创产品的火爆得益于故宫丰富的文化资源以及匠心独具的文化创意。首先,故宫博物院文创产品最大的特点就是以文物作为支撑,故宫有文物180万件套,有25类可移动文物以及古建筑群,这是故宫文创产品研发基础,也是一个核心内容;其次,对于每一件文创产品,创作团队都会匠心打磨、精心研发,在整个过程当中坚持品质不妥协;最后,在创意设计上力求贴近人民群众生活以及跟时尚相结合,这才使故宫文创呈现给我们的是富有历史性、知识性、艺术性、生活性、时尚性、趣味性等多元化融合的产品。

资料来源:咬文嚼史.爆红的北京故宫文创产品,不只是颠覆性的创意[EB/OL].https://baijiahao.baidu.com/s?id=16789713774889045961&wfr=spider&for=pc.[访问时间:2021-09-16]

二、文化创意传播的个性伦理

在传播运作方面,文化创意主要体现在品牌内容对消费者宣导过程中的创意落地,一方面包括广告语、广告片、品牌文案、品牌海报、公关活动等品牌内容方面的策划落地,另一方面包括对创意完成的品牌内容进行精准的媒体选择与市场投放。[1]

广告传播宣传的文创伦理需要与广告语与广告片的创作紧密结合。广告语创作需要对公司品牌与产品的卖点进行高度总结与提炼,通过形象生动的语言与广泛反复的传播深入人心。媒体传播宣传的文创伦理需要与媒体的具体实施路径紧密结合。在文化创意营销实施完成后,需要通过广泛的媒体投放到市场中,让更多的目标消费者接触与感知品牌内容。在媒体渠道的选择方面主要分为两大类,一方面通过线上新媒体的形式进行品牌内容的投放,另一方面通过传统媒体的选择进行传播场景的构建。对于企业来说,两类媒体的有效协同与结合才能最大限度地发挥品牌内容传播的效果。

在传播的运作方面,文化创意主要关注事实客观性、公平公正性、尊重自由性三大个性伦理。

---

[1] 薛可.文化创意学概论[M].上海:复旦大学出版社,2021:192-194.

（一）事实客观性

文化创意在传播的过程中需要遵循事实客观性原则。根据纪良纲的论述，所谓诚实守信，是"要求各交换主体在交换活动中诚实经营，信守承诺，货真价实、童叟无欺"。[1]从广告活动的角度来看，诚实守信原则即依据向消费者提供信息推动商品或劳务销售的原则，广告商通过大众媒介向消费者真实、准确地传达有关商品性能、质量、规格、品种、特点的信息。同时，广告从业人员与广告主应当诚信，讲信用，言行一致，信守承诺，在现有的广告传播环境下，人们对广告的真实性和广告经营活动的诚信缺乏有力的约束和关注。一项有关广告公信度的调查显示："20世纪80年代初期的广告公信度几乎是100%，90年代达到80%，而现在广告的公信度据资料显示已经降至39%，并且愈加朝着迷惑性强、难以判断的方向发展。"所以，在广告经营活动中，要求广告主、广告代理商和发布广告的媒介组织在诚信经营、真实告知的前提下，谋取自身的正当利益。

（二）公平公正性

文化创意在传播的过程中需要遵循公平公正性原则。马克思在其著作《资本论》中指出，"商品是天生的平等派"。[2]公正、平等、正义是商业活动所要遵循的原则，也是人类古老商业道德的重要内容。所谓公正平等，是指在交易过程中交换主体各方的人格平等、权利平等和义务平等，建立在等价交换上的利益均等。各个层次、各种类型的交换主体只有通过公正平等的交换才能实现各自的利益，从而推动市场经济的正常运行。公平公正性原则是在广告活动真实诚信的基础上，在广告活动的竞争态势下，为生产同类产品的企业创造一个公平的竞争环境。在行业竞争过程中，不能通过非正当的手段诋毁或贬低同类商品。公平公正性原则要求让所有的竞争者都能享受平等的竞争机会，并且获得与所付出相称的利益回报，同时要求在广告传播过程中传受双方地位上的平等以及对广告评价的客观公正。

（三）尊重自由性

文化创意在传播的过程中需要遵循尊重自由性原则，其中包括减少打扰与禁止强迫。

（1）减少打扰。在文创的品牌传播工作中，应尽可能降低对公众无价值无底线的恶意打扰，如关不掉的弹窗、挂不断的电话、放不停的声音等营销中的各类负面行为。尽管品牌营销需要通过重复度与曝光度增强用户对品牌营销的认知，但如果品牌文创内容低俗、用户心理反感，不断增加打扰只会令公众对品牌营销的内容更加厌恶。文创的品牌营销应注重内容本身的质量，吸引用户的主动关注与兴趣度。

（2）禁止强迫。在文创的品牌传播工作中，应杜绝任何强迫性的传播行为，包括品牌文创内容的强迫性曝光、营销文创活动的强迫性参与、营销文创广告的强迫性观看等。强迫性行为不仅违反公序良俗，同时也侵犯了公众及消费者的合法权益。

---

[1] 粟龙梅.广告伦理的内涵与原则探赜[J].大众文艺(理论),2009,311(18):107.
[2] 马克思.资本论(第一卷)[M].北京:人民出版社,2004:104.

研读材料

妻子为了销量不得不降价卖货,却因此被丈夫辱骂;主播为了给粉丝低价折扣,自掏腰包补齐差价……从2019年开始,这样的场景就出现在一些网红直播间中,并被越来越多的主播效仿。某知名直播平台发布公告称,对通过恶意砍价、吵架、辱骂、演戏等方式诱导粉丝购买劣质电商团伙商品的部分主播,作出停止直播14天的处罚。

随着互联网经济的发展,直播带货作为一个新兴行业迅速崛起,成为疫情防控下新的经济增长点。但是,作为一种新销售形式,直播带货也存在着诸多乱象,虚假宣传、货不对板、售后维权难等问题多发。

辱骂、打架等"演戏式直播卖货",通过博眼球方式诱导看客冲动消费。如果多看几个同类直播,消费者会发现都是相似的剧本套路,这类直播卖货也往往是劣质商品的重灾区。事实上,此类直播已经涉及欺诈消费者、虚假夸大宣传,但因目前法律法规尚无针对性的规则跟进,只能依赖平台制约。

如果任由"演戏式直播卖货"无序发展,受害的不只是消费者,还有网络直播带货这一新型消费模式本身。当消费者看清了套路,对此形式观感疲劳之后,拼的就是平台诚信和商品质量本身了。一旦平台诚信被透支,人们不再相信此类直播带货,带货主播和平台将难逃昙花一现的命运。

对此,监管部门应不断加大惩罚力度,以公序良俗为准则坚决打击网络直播中的违法违规现象。例如,四川荣县公安发布通报称,2018年以来,唐某(女)为博取眼球、增加粉丝和视频观看量,在农田中拍摄穿着鲜艳暴露、佩戴红领巾的捕鱼视频,在某直播平台先后上传剪辑后的视频,视频播放量高达300余万次。与国家明令禁止的色情等违法直播相比,这种行为主要是违反公序良俗,传播低俗文化,也应予以制止。

针对直播平台上明显违反社会善良风俗的行为,除加强执法规制以外,还应该加强立法规制,真正做到有法可依、有章可循。应该对《互联网直播服务管理规定》实施以来的经验加以总结,采取列举式方法将法律禁止直播的内容、行为等具体化,从而提升法律的可操作性。此外,法律还应设置兜底条款,坚守法律底线、遵守公序良俗,应当成为网络直播中最基本的常识。

资料来源:中国经济网."演戏式直播卖货"有违公序良俗[EB/OL].https://xw.qq.com/cmsid/20200810A02UDF00.[访问时间:2021-09-16];人民法院报.网络直播不应违反公序良俗[EB/OL].https://www.chinacourt.org/article/detail/2019/04/id/3847688.shtml.[访问时间:2021-09-16]

三、文化创意营销的个性伦理

文创品牌营销,目的在于解决两个问题:

(1)让消费者知道你的产品,并且产生愿意购买的冲动和欲望,这是"营"的工作,即通过品牌、市场、传播等方式建立消费者的认知与认可;

(2) 让消费者能够购买你的产品,这是"销"的工作,通过渠道、销售等方式产生在认知与认可的前提下的认购。

文创营销活动是一个企业开展文化创意工作的重要形式。企业通过品牌活动的执行向消费者传递品牌个性、曝光产品特征、培育品牌形象。活动策划是一项具备随机性与灵活性的创造性工作。因此,活动并没有固定套用的执行模板,而是在不断的头脑风暴与形式创新中结合不同品牌和企业的特征和条件进行创造性的策划。从整体活动策划内容的工作要求与伦理要求来看,同样也可以参考以下原则。[1]

(一) 竞争合理性

文化创意营销过程需要遵循竞争合理性原则。不合理的营销竞争通常会违背公平竞争的公序良俗。在文化创意违反公平竞争的情形中,通常会出现两大行为:①对文化创意的内容进行虚假营销宣传;②以文化创意的内容对他人的合法商誉进行不法侵害。违反公平竞争的文化创意不仅是不符合公序良俗的无道德行为,同时也是违反反不正当竞争法的行为。

(二) 保护隐私性

文化创意营销过程需要遵循保护隐私性原则。在文创的品牌营销工作中,需要遵守国家关于公民隐私权利保护的有关规定,不得为了提高企业的品牌营销效率而侵犯公众的隐私权利。当前各类搜索引擎、营销媒体、社交平台、电子产品搜集用户的消费行为、消费特征、生活习惯等隐私行为,再通过大数据分析向用户推送所谓精准营销的文创内容。殊不知,该种方式已经严重侵害了公民的隐私权利,每一位公民都有权利自主选择是否接收该类营销内容。保护隐私,不仅需要企业自身自觉遵守,更需要国家强大的监管机制与处罚制度来进行保护。

(三) 最大善意性

文化创意营销过程需要遵循最大善意性原则。菲利普·科特勒(Philip Kotler)提倡的"营销善意价值观",提到"善"公司在营销的过程中,在创造经济价值的同时创造更大的社会价值。文化创意营销的最大善意性包括在营销过程中对于消费者的善意尊重、对于受众权益的充分保护、对于社会秩序的稳定维护、对于竞争对手的公平对待等。无论在进行品牌营销还是活动营销的时候,文化创意都应以真善美作为工作的出发点,同等考虑其社会价值与经济价值。

 研读材料

> 2016年,一些街坊向当地记者投诉,广州市上下九步行街出现"人妖",部分带着小孩的家长见状还掩面而去。顺着街坊们指引,记者在上下九步行街一批黄金店旁边找到该店。只见该店两名男店员站在商店两边,不断晃动着身体。走近一看,这两名身穿白色T恤的男店员上半身有点奇怪,里面隐约可见戴着女性的文胸。

---

[1] 薛可.文化创意学概论[M].上海:复旦大学出版社,2021:201.

早已经过了酒香不怕巷子深的时代,营销成为商家推销产品、招揽顾客很重要的手段。面对激烈的市场竞争,动一动脑筋、使出一些新颖的招数,是可以理解的。但是,请千万记住,无论什么样的招数,最首要的原则是不能违背公序良俗,否则,效果适得其反,不会有太多的消费者买账。

不能否认,一些"剑走偏锋"的促销确实在短时间内吸引了眼球,成为话题,但是,这种靠负面效应引起的关注能够维持多久、是否能够转化成购买欲望,都值得深究。

其实,这种庸俗促销得不偿失的情况早有先例,比如:有的饭馆搞人体盛宴,打色情揽客的擦边球,除了个别食客丑态百出之外,对生意并没有好的影响;有商场举办接吻大赛,结果因为群众的举报而导致城管的介入,筹划精心、准备充足的"大赛"立刻被叫停,得不偿失;更有脱光促销、不分时间场合的泳装美女揽客等促销行为,与社会的核心价值观格格不入,也违背了国家关于商家活动必须遵守道德与法律的相关规定,到头来,必然是搬起石头砸自己的脚。

2017年5月21日,微博传出成都一高校43人的班级出现了15对情侣,毕业之际在重庆一景区集体举办婚礼。这一"新闻"在随后数天成为全国各大媒体和微博用户关注的焦点,公众的惊讶、祝福、调侃以及对婚姻的讨论一度将这场特别的婚礼推向了微博热搜榜单。然而,随着记者的深入调查,发现这场赚足眼球的集体婚礼的真相竟然是策划炒作,那些"有情人终成眷属"的学生"只是去配合演戏的"。

一场假婚礼忽悠了媒体和大众,最终又给恶意营销增加了一个经典案例。有人对此不以为然,认为无非是几个年轻人聚在一起乐乐,搞搞行为艺术也无妨,但事实真的如此简单吗?

据媒体披露,这场"假婚礼"策划痕迹重,而且已经形成一条循环闭合的推广链,并在进行过程中@了多家权威媒体。在各种转发、热议和讨论的推动下,"全班43人出了15对情侣"这一话题,阅读量在短短3天内就接近了9 000万,登上了微博热搜榜单。如此大费周章,无非是要让该事件被公众强烈关注,最终让机构或是个人因此光环加身,成为流量入口。当始作俑者的动机达到之后,公众原本对佳偶天成的诚心祝福自然碎了一地。

以不正当手段来撩拨社会敏感神经,用虚假方式来形成利益输送,将公众关注肆意玩弄于股掌,但凡有着上述特质的营销方式,大多和恶意营销脱不了干系。当前,恶意营销也极力想利用互联网来兴风作浪。请那些"脑洞大开"的恶意营销者们搞清楚,市场是市场,公德是公德,两者分属不同的领域。但若有所交集,也应彼此做到"相敬如宾",方才不乱套。但如果用恶意营销来投石问路,浪费媒体资源,滥用公众信任,最终打乱了公序良俗的固有格局,这可就是赤裸裸的"入侵"了。

资料来源:河北广播网.促销不能违背公序良俗[EB/OL].https://www.sohu.com/a/111691144_119902.[访问时间:2021-09-16];中青网.恶意营销是对公序良俗的"入侵"[EB/OL].http://www.rmzxb.com.cn/c/2017-06-05/1573948.shtml.[访问时间:2021-09-16]

案例研读

AI 换脸——技术与文化创新的伦理

2019年的某一天,微信朋友圈和微博都被一个名为"Zao-逢脸造戏"的换脸App刷屏。上传一张照片,就能把诸多明星塑造的角色换成自己的脸,漫威系列的"绯红女巫",《泰坦尼克号》中小李子扮演的"杰克",或是《喜剧之王》里的"柳飘飘"。

只需几秒,便可跨越AI换脸的高难技术门槛,实现和偶像互动飙戏的美梦,如App宣传语所说,"只需一张照片,出演天下好戏",很难不让人心动。截至9月1日晚,该App已经在苹果商店免费榜排行第一。

有法律专业人士提出,该产品涉及侵犯著作权、肖像权、隐私权等诸多法律问题,有用户表示"自己莫名成了权利侵犯者或受害人,不知道注销(账号)后是否能保护自己的肖像权"。但也有网友不惧隐患,直言"只要能和偶像同框,不怕风险"。

1. 中国"Zao"

引发这场讨论的根源是Zao隐藏在用户协议中的霸王条款,一方面过度攫取用户授权,另一方面涉嫌侵犯肖像权,并甩锅给用户。在最初的用户协议中,第6条第1款规定:"在您上传及/或发布用户内容以前,您同意或者确保实际权利人同意授予Zao及其关联公司以及Zao用户全球范围内完全免费、不可撤销、永久、可转授权和可再许可的权利,包括但不限于可以对用户内容进行全部或部分的修改与编辑。"也就是说,用户同意将自己的肖像授权给Zao,即便有一天肖像被再次转卖也无能为力。同时,协议第7条第7款写明:"若您侵害他人名誉权、肖像权、知识产权等合法权利的……Zao可以诉诸行政执法机构或司法机关,追究相应法律责任。若因您违反本协议或Zao平台的其他规则导致任何第三方损害的,您应当独立承担法律责任并承担损害赔偿责任;Zao及其关联公司遭受损失的,您也应当一并赔偿。"翻译过来就是,如果有人起诉被侵犯了肖像权,Zao可以说技术无罪,侵权的是玩换脸游戏的用户。

这让上一秒还在感叹"科技改变生活"的网友坐不住了,Zao也马上对协议做出了修改,新版用户协议中删除了"不可撤销""完全免费""永久"等字样,但问题仍未解决。"我一直认为'AI换脸'隐藏了不可回避的法律问题,所以看到Zao出现后,很好奇他们是如何解决的,很遗憾,他们并没有解决。"北京炜衡律师事务所一级合伙人、律师李昆蔚对《中国新闻周刊》说,协议修改后,侵犯著作权、公众人物肖像权的问题仍没有解决。同时,用户在注销账号后,动态和静态肖像是否可以删除?为什么区别对待公众人物肖像和普通人的肖像?"这些问题需要Zao来回答,也是我发问的初衷,目前还没有收到Zao法务的回复。"李昆蔚说。

Zao 背后的注册公司是"长沙深度融合网络科技有限公司",两位实际控股人(各占 50%)与社交应用"陌陌"密不可分,执行董事雷小亮是陌陌公司联合创始人兼游戏业务部总裁,监事王力是陌陌公司董事、总裁及首席运营官,而"北京陌陌科技有限公司"曾在 2017 年 9 月参股,直至今年 7 月 19 日才退出股东名单。据天眼查显示,长沙深度融合预留的联系电话属于陌陌科技,截至发稿,该公司并未对用户协议问题做出回复。

换脸技术本身并不新奇,在美国好莱坞已经存在了 20 多年。2016 年上映的《星球大战外传:侠盗一号》还原了《星球大战 4》(1977 年)中总督塔金的角色,但其扮演者彼得·库欣(Peter Cushing)早在 22 年前就去世了,特效团队为此找来一位长相酷似彼得的演员进行面部表情捕捉,然后用计算机动画技术将塔金复活。不过卢克斯影业和迪士尼表示,在制作《星球大战外传》时已经取得了彼得家人和产权继承人的同意。

将"换脸"推到风口浪尖的是一系列融合了 AI 技术的"假视频"。2017 年 12 月,一个名为"深度伪造"(DeepFakes)的用户在美国论坛 Reddit 上发布了多段色情视频,不同的是,他让电脑学习好莱坞女明星的图像资料,然后把女明星的面部移植到色情片女主角脸上,近乎完美地实现了动态换脸,这引发了大量讨论和抨击,最后以账号被封告终。

不过,AI 换脸并未消失,用户"深度伪造"随后直接开源了项目代码,更多效仿者随之而来,为了纪念他,便用他的名字代称"AI 换脸"技术。据说,Zao 也是基于"深度伪造"开源代码开发出来的,但 Zao 并不是第一个。

2. 从"换脸"到"深裸"

2018 年 1 月,一个名为 FakeApp 的软件上线,可实现"一键换脸",视频内容也千奇百怪,包括恶搞美国总统特朗普,或是将自己的脸贴到好莱坞明星上。虽然 Reddit 明令禁止换脸视频和图片在该网站传播,但仍有超过 9 万名用户在 Reddit 上传播这类视频。

2019 年 6 月 13 日,美国众议院情报委员会召开关于人工智能深度伪造的听证会,公开谈论了深度伪造技术对国家、社会和个人的风险及防范和应对措施。有美国外交政策研究所研究员认为,深度伪造技术对美国 2020 大选具有潜在威胁——若放任伪造视频扩散,会对美国民主选举产生不良影响,挫伤选民的积极性。

就在听证会结束后不久,一款名为"深裸"(DeepNude)的 App 宣称能实现"一键脱衣",它再次把 AI 技术应用中的法律伦理问题推到台前。操作十分简单,只要给它一张人像照片,等待 30 秒,就能得到一张裸照。由于风险超出可控范围,研发团队在产品上线几天后便匆忙下架了该产品。

"我们启动这个项目是出于娱乐的目的……从没想过它会像病毒一样扩散。我们不希望通过这种方式挣钱……从现在开始,不再放出任何版本,也不会授权任何人使用。" DeepNude 团队公开声明道。

教育科技公司 Coursera 联合创始人、美国斯坦福大学计算机科学教授、"百度大脑"原负责人吴恩达也在推特上公开批判,称"DeepNude 是 AI 技术最糟糕的应用之一",AI 技术的超级力量应该被用到推动世界发展的项目中。

"AI换脸技术是成熟的,之所以没有被推广,就是因为还有很多法律、伦理问题没有讨论清楚。"李昆蔚对《中国新闻周刊》说,"Zao现在的盈利方式还不清楚,但要是为了赚钱,去做一些钻法律空子的事情,从而伤害了广大用户,是行不通的。"

除了侵权问题,还有网友担心,既然人脸识别已经在支付场景得到应用,面部信息泄露,是否会导致账户被盗刷?对此,支付宝安全中心8月31日发布公告:"不管换脸软件多逼真,都无法突破刷脸支付。"支付宝安全中心表示,刷脸支付采用的是3D人脸识别技术,在进行人脸识别前,也会通过软硬件结合的方式进行检测,来判断采集到的人脸是否是照片、视频或者软件模拟生成的,能有效地避免各种人脸伪造带来的身份冒用情况。

瑞士科学家在一篇论文中就首次对人脸识别方法检测DeepFake的效果进行了较为全面的测评,尝试用最前沿的人脸识别系统去识别假视频,结果错误率高达95%。

《人民法院报》官网微博评论道:"试用任何一款新型软件的时候一定要认真阅读用户协议,多留个心眼,保护好自己的各项权益。"

"我不知道我们能否为此做好充分准备,但是我们还可以做更多的工作,确定敌人的计划和意图,尽早找出并揭露它,告知公众他们需要关注什么,应当做什么,而不仅仅忽略他们所看到的一切。"美国众议院情报委员会听证会主席亚当·希夫(Adam Schiff)表示。

虽然没有一招制胜的方法,但阻止深度伪造负面影响蔓延的方法有很多,诚如马里兰大学法学教授丹尼尔·希特龙(Daniel Citron)在上述听证会上总结的,对深度伪造的内容不能一竿子打死,很多深度伪造的合成媒体内容具有存在的正当性,而对影响国家安全、公共安全、民主政治的虚假信息才需要加强监管和规制。涉及刑事犯罪和一般网络侵权的深度伪造适用不同的规制,监管应区别对待,美国相关立法目前主要从刑事犯罪角度对深度伪造予以规制。

资料来源:中国新闻周刊.AI换脸:人工智能的一场裸奔.[EB/OL].https://baijiahao.baidu.com/s?id=1643538033465703128&wfr=spider&for=pc.[访问时间:2021-09-16]

请思考以下问题:

1. AI换脸违反了哪些法律法规及文创伦理?
2. 违背文创伦理的文化创意对企业、社会分别会带来什么影响?
3. 公民受到违背伦理的文创侵害时应如何救济?
4. 监管部门应如何防范违背伦理的文创事件发生?
5. 对未来技术与文创创新融合应如何进行伦理约束?

本章参考文献

［1］薛可.文化创意学概论［M］.上海：复旦大学出版社，2021.
［2］粟龙梅.广告伦理的内涵与原则探赜［J］.大众文艺（理论），2009，311(18)：107.
［3］陈冶任，陈继文.日化品牌如何进行品牌营销的创新［J］.日用化学品科学，2021，44(2)：4.
［4］美国90学社，上海社会科学院.社会文化与伦理道德［M］.上海：上海社会科学院出版社，1998.
［5］成中英.文化·伦理与管理［M］.上海：东方出版社，2011.
［6］李淑芳.广告伦理研究［J］.北京：中国传媒大学出版社，2009.
［7］王淑芹.市场营销伦理［M］.北京：首都师范大学出版社，1999.
［8］冯益谦.公共伦理学［J］.广州：华南理工大学出版社，2010.
［9］蓝鸿文.新闻伦理学简明教程［M］.北京：中国人民大学出版社，2001.
［10］吴灿新.当代中国伦理精神［M］.广州：广东人民出版社，2001.
［11］叶蓬.实践伦理学［M］.广州：广东人民出版社，2001.
［12］钱镜伊.法律与伦理——中国传统法律与中国传统伦理［D］.乌鲁木齐：新疆大学，2010.

第九章 文创人员的伦理修养

学习目标

学习完本章,你应该能够:
(1) 了解文创人员应当遵守的道德伦理规范;
(2) 了解文创人员职业道德伦理的特性;
(3) 了解文创人员如何提高道德伦理修养。

基本概念

道德伦理规范　道德伦理修养　道德伦理内化　道德伦理外化

第一节 文创人员道德伦理的规范

文创作为 21 世纪发展迅速的新兴产业,不仅对从业人员的专业技能有着很高的要求,还需要文创从业人员具有高尚的伦理修养,遵守道德伦理规范。只有这样才能保证文创产业的不断发展和扩张,成为 21 世纪最为火热的行业之一。文创行业道德伦理的修养根据文创产业的特性有着特异性,本章将从文创人员的职业特点、相应的道德伦理规范的要求以及文创人员职业道德准则的范畴等方面阐述伦理修养在文创行业的重要性。

一、文创人员的职业特点

(一) 文创人才职业分类

文化创意产业属于知识密集型的新兴产业,其以创作、创造、创新为根本手段,以文化内容和创新成果为核心价值,以知识产权实现和消费交易为特征,以为社会公众提供文化体验为根本目的。文化创意产业的规模化离不开各行各业产业链的紧密连接,它们相互联系、相互影响、相互促进。[1]

文化创意产业链包含生产和流通两大部分,可细分为资源、创作、生产、包装集成、流通、展示 6 个流程,涉及创意、制作、消费、传播、管理等环节,需要艺术家、创意人才、经纪人、经纪组织、媒介、终端消费者等利益相关方的参与。[2] 与传统产业链不同,文化创意产品的生产过程更需要不同行业人员分工协作、各取所长,从而降低生产成本,提高经营效益。通常,文化创意业务所涉及的主要行业为咨询、策划、广告、公关、设计等。[3]

1. 咨询

咨询工作主要分为行业调研、市场调研及企业调研。

第一,行业调研。对企业自身所处行业的产品需求特征、市场竞争特征、外部环境特征等因素进行基础性分析,从而确定企业战略、产品、销售方面的定位和方向,明确文化创意目标和策略。

第二,市场调研。市场调研的对象主要为消费者和市场竞品。消费者调研的核心在于通过对消费者特征的研究,判断能够吸引消费者的核心要素,从而决定文化创意的方向、主题、内容、形式以及传播路径。竞品调研指对竞争产品发展战略、市场策略、核心概念、品牌定位进行全面分析。优秀的竞品调研能准确勾勒出市场已有产品的理念、特性以及优缺点,并从中发现贴合企业发展背景的突破口,帮助文创企业确定文化创意产品的市场切入点。

第三,企业调研。除了对外部市场的综合考量外,企业只有对自身条件与资源有更清晰的认识,才能更好地利用资源将劣势转化为优势,将外部威胁变为自身机遇,从而推动企业稳步发展。因此,文化创意工作者应从企业自身情况出发,综合考虑企业资金预算、支持条件、内外部风险等因素,做出切合企业实际的态势(SWOT)分析。[4]

2. 策划

策划贯穿文化创意的整个生产过程,主要包括文创产品策划、文创项目策划、文创品牌策

---

[1] 宋桂友,刘海,王勇.文化产业管理概论[M].重庆:重庆大学出版社,2014:207.
[2] 张迈英,巢莹莹,钱伟.文化创意产业管理与实务[M].上海:同济大学出版社,2020:124.
[3] 薛可,余明阳.文化创意学概论[M].复旦大学出版社,2020:314.
[4] SWOT 分析矩阵由美国著名行为学者海因茨·韦里克提出,其中包含 4 个企业发展中需要考虑的内外部因素:优势(strength)、劣势(weakness)、机会(opportunity)和威胁(threat)。

划以及文创营销策划等。

第一,文创产品策划。产品策划的主要目的在于使产品能够具有良好的定位,通过开发产品功能、设计产品包装、规划产品组合等途径,增强产品在市场中的竞争力。

第二,文创项目策划。文创项目策划即根据具体目标,以客观的市场调研和市场定位为基础,以新颖的策划为核心,综合运用各种手段,按一定的程序对项目进行创造性的规划,并以具体可操作的项目策划文案为结果的活动。其中包含项目主题策划、项目前期策划、项目管理和项目营销策划等内容。[1]

第三,文创品牌策划。品牌对于企业发展具有举足轻重的作用,文创品牌策划涉及品牌定位、品牌评估、品牌个性、品牌形象、品牌检验等方面。其核心在于通过设计并推广一系列文化创意衍生活动,建立与消费者的情感链接,形成并树立统一的文化品牌形象。[2]

第四,文创营销策划。策划者运用各种营销策略,如产品包装、媒体宣传、渠道拓展等方式,使消费者能够了解、喜欢并最终购买产品。随着新媒体技术的快速发展,文创企业可以借助今日头条、抖音、微信公众号等网络平台,积极学习新型传播方法和理念,开辟多元化营销模式。

3. 广告

广告是信息及其背后文化创意的重要载体,其通过艺术的呈现形式,传递产品信息或品牌价值,树立生动的品牌形象,扩大企业市场知名度。广告创意是广告能否成功的关键因素,一般表现在广告语、广告文案、广告视听、表现形式等方面。将文化融入产品广告创意不仅拓展了文化的表现形式,还提高了广告的文化内涵。构想与广告内容相符合的创意,能够起到良好的宣传效果。例如,故宫文创将中国传统文化特有的元素融入广告设计,在体现传统文化美学之余,激发了用户内心深处的文化自信,形成内在精神共鸣,起到了绝佳的宣传效果。广告与文化创意的深度融合,让广告和受众形成更深入的情感链接,从而实现企业和消费者双赢。

4. 公关

公关主要负责处理企业的公共关系,帮助企业与企业内外部的利益相关者形成有效的双向沟通。在文化创意业务发展过程中会涉及政府及相关主管部门、客户企业、竞争企业、各类型媒体平台、企业内部人员等众多利益相关者。如何协调内外部关系、保障利益平衡对企业的发展至关重要。文创人员公关的主要职责体现在:搜集内外各方的情报信息,为后续产品的公关活动开展提供基础保障;构建公关形象设计思路,通过广告、软文、活动等媒体途径宣传打造企业精神、产品品牌、员工形象等;当企业遇到危机时,负责准备有关材料,协助与政府、媒体及事件相关人员的沟通,积极应对网络舆情。

第一,公关活动。公关活动指运用传播沟通的方式协调组织和社会之间的关系,建立良好的企业形象等一系列工作。企业可以借助话题推广、制造产品热点等方式开展创意产品的推

---

[1] 秦剑,夏聃.文化产业创意与策划[M].北京:中国传媒大学出版社,2015:51.
[2] 蔡嘉清.文化产业营销[M].北京:清华大学出版社,2007:157.

介活动。[1]

第二,公关形象。公关形象指品牌通过公关活动在公众心目中树立的形象,是品牌的特征、公关关系状态以及社会舆论状态的总和。公关形象的文化创意体现在品牌理念与品牌设计的创新上。在公共形象定位中,结合文化创意能够深化品牌形象内涵,从而扩大宣传影响力。

第三,危机公关。危机公关是指企业在面临危机时所选择的策略。在传播过程中,新媒体是一把双刃剑。由于信息主体多、传播速度快、传播范围广,一些负面问题很容易成为舆论的焦点,给企业的危机处理带来较大压力。但同时,传播形式的多样化,给企业提供了丰富的舆情应对方法和手段,帮助企业顺利度过舆情危机。

5. 设计

文化创意的核心是内容的原创性和创新性,而设计正是将理论性的创意概念、创意策划创作成具体形象或产品。设计制作涵盖的范围非常广,包括产品设计、工业设计、建筑设计(含室内设计)、城市规划、平面设计、环境艺术、服装设计、化妆设计、形象设计,还有近来兴起的信息设计、网页设计、互动设计、动画设计、人机界面设计以及三维设计等。

(二)文创人才的职业特性

由于文化创意学科交叉性较强,全能型人才比较少,国内外学者按照不同标准设计出了多种多样的分类标准,经过总结归纳大致可分为研究文化创意学科的学术型人才,挖掘国家或不同组织文化内涵的文化型人才,提出各类原创想法的创意型人才,关注市场动态的分析型人才,用各类技术实现创意内容的技术型人才,将文化创意转化为商业价值的经营型人才,从行业角度评估产业环境、策划企业战略性发展的管理型人才等。[2]

无论哪个领域的人才,他们都拥有某些相同的能力和素质,帮助他们将自身专业融入文化创意产业发展。

1. 深厚的文化素养

文化创意以文化资源为生产要素,以文化内涵为主要内容。文创人员不仅需要具备知识结构合理的文化素养,还需要具备将知识转化为成果的文化创造力。与文化创意相关的文化素养包括文学素养、历史素养和文艺素养。首先,文学是文化元素的重要沉淀,创意元素的选择、传播文案的撰写等都需要个人文学功底的支撑。许多文学家、艺术家都具有深厚的文学功底,支持他们创作出文化附加值比较高的创意产品。其次,在文化创意过程中,生产者在产品开发、设计和制作的过程中应抱有正确的历史文化知识和唯物主义观,才能保证文化产品内核的统一性和正确性。最后,艺术是产生创意的核心力量,扎实的艺术积累可以为设计者提供更多元的创意灵感,创作出符合主题且充满新鲜感的文化创意作品。

2. 独特的创新思维

文化创意是在旧有模式的基础上,突破常规进行颠覆性的改变。创新思维指的是突破常

---

[1] 薛可,余明阳.文化创意学概论[M].上海:复旦大学出版社,2020:213.
[2] 张迈英,巢莹莹,钱伟.文化创意产业管理与实务[M].上海:同济大学出版社,2020:197.

规思维,以一种全新的、原创的角度分析和解决问题的思维方式。创新是一个企业在市场竞争中产生爆发式飞跃的内在动力,[1]也是实现文化创意产品价值的基本要求。苹果产品在理念、设计和技术上的持续性创新是苹果品牌能长期引领电子产品市场并拥有一批忠实"果粉"的核心要素。人物形象、故事情节设计的不断创新和突破也是好莱坞电影能长期稳坐电影头榜的原因。一名合格的文创产业人才应当打破传统思想观念限制,勇于独辟蹊径,敢于推陈出新,以更大的独创性、灵活性去策划、设计并制作出满足消费者精神需求的产品,凸显创意产品的高附加值。

3. 多学科的应用能力

文化创意产品的属性包括文化价值属性和经济价值属性。文化价值属性是指文化创意产品所表达的人类精神活动内涵及其影响。在设计、生产过程中,文创产品自然被赋予了文化价值属性。随着文化创意产品通过市场由有形或无形资产转换为货币在市场中流通,其又被赋予了经济价值属性。由于文创产品的双重价值属性,文创产业从业人员不仅要具备文化、文学、艺术等创作技能,还要具备经济、管理、金融、营销、法律等经营方面的知识,从而对文化产品从策划到销售全流程具备更宏观的认识。另外随着科技的发展,数字技术在文创中的应用也越来越广泛,计算机编程、智能媒介技术、数字设计等领域的知识也成为文创产业中不可或缺的元素。例如,故宫博物院青少网站推出的"故宫大冒险"游戏,就采用游戏设计、计算机图形学、多媒体编程、绘画、色彩理论、后期合成、音频设计与制作、游戏体系机构等领域的知识与技术,为用户打造沉浸式交互游戏体验。

4. 持续的学习意识

人是文创作品的创作主力,个体技术实力的高低决定了作品创意内容的质量。随着社会的发展,技术不断更新,生活、生产方式在不断变革,要创作反映时代精神的作品,必须用科学的思想武装自己,树立终身学习的思想意识,有"活到老,学到老"的进取心。文化创意相关知识涉及多个学科和专业,除了扎实掌握一门学科专业知识以外,还应通过自学或者培训的方式掌握相关学科的基本概念和逻辑,保障创作过程中思维的发散性。在创意方面有所突破的人,很多都是依靠自身努力,长期学习、积累起来的。只有如此,文化创意产业才能跟上时代步伐,满足大众不断变化的文化需求。

5. 较强的实践操作

创意是对知识的更新和再造,创新思维需要实践性,只有以当下目标或者问题为背景,根据创意设计制作出实际成果,产品创意的价值才能够体现出来。

在文创产品创作生产全流程中,每个环节都需要不同的操作能力。在咨询阶段,研究人员需要对市场、行业、企业等进行资料搜集和实地调研,并撰写出一份完整的调查报告;在产品的设计制作过程中,文创人员需要熟练地掌握专业软件及制作工具的使用;在市场环节,工作人员需要通过布展、广告制作投放、营销活动策划等多种宣传方式拓宽产品宣传渠道。另外,在

---

[1] 吴存东,吴琼.文化创意产业概论[M].北京:中国经济出版社,2010:15.

整个工作过程中,不同部门、不同专业的从业人员需要协力合作,因而管理者还需要具备统筹协调能力,合理安排成员分工并提供良好的沟通环境。

(三) 文创职业发展与道德伦理的关系

文化创意具有人本性、文化性、创新性、区域性、国际性和民族性等特点,在文创活动中,不仅要重视文创特性,更需要从中挖掘所蕴含的职业道德规范,在创作出优秀作品的同时,保证工作流程规范化、道德化。

1. 人本性

人本性的本质是尊重人的主体价值,发挥人的主体作用,肯定人的主体地位,倡导以人的利益需求为根本出发点,追求民主、平等、和平的美好愿景,以满足个人自由而全面发展需求的动态历史趋势且伴随终生的成"人"过程。马克思主义思想以人为本,并立足于生产性的实践,将个人价值观与社会长远发展结合起来,有意识地调整与控制人自身乃至全体社会行为。约翰·霍金斯(John Howkins)在《创意生态》一书中指出,创意是内在的、个人的和主观的,揭示了人实际上怎么想或做。文化创意的本质是一种"精神活动",是人类为了满足自身精神需求以及情感需求,不断发挥自身智慧、捕捉思维灵感进行艺术创作的过程。[1] 在文化创意价值取向中应以人为中心,体现人的本质,提高社会的文化创新意识、创造能力,并推动创新企业的生态化发展。

2. 文化性

文化是文化创意的源泉,是民族文化性的显现。中国古代文明中有着丰富的文化素材储备,不管是文化的物质成果还是精神遗产,都值得文创工作者们细细品味。国内外文化虽然有截然不同的风格,但鉴于文化的互通性,适当的借鉴和融合可以在创作中碰撞出诸多火花,获得出其不意的效果。当然在创作过程中,要批判地吸收外国文化元素,取其精华去其糟粕。要明确创意基础是"结合了国外文化的中国文化""洋为中用",切忌反客为主,忽略中国文化本身的特色。

3. 创新性

创新是文化创意产品的核心。随着5G通信、智能媒体以及AR/VR等一系列信息技术的发展,科技与文化交融,已然成为文化产品创作、生产、传播、消费等各个环节的核心支撑和重要引擎,产生了动漫、网游、网络电视、微电影、短视频等创意产业新业态,丰富了文化产品的表现力。坚持科学创新,将数字技术融入传统文化创意产品,提供基于数字科技的功能和服务,也是文创人员所应具备的基本素质。

4. 区域性

不同区域的代表性文化元素或者文化符号会成为当地文化创意的独特标志。[2] 例如,东亚文化地区的文化特色是儒家文化、佛教文化、道教文化、汉字、农工技艺等,具有代表性的文化符号有筷子、稻种、汉服、旗袍等。然而,符号只是文化内核的外在表现形式,取符号而去精

---

[1] 邱羚.文化创意视角下我国邮轮产业发展动力研究[M].上海:上海交通大学出版社,2018:28.
[2] 崔银河.广告法规与广告伦理[M].北京:中国传媒大学出版社,2017:135.

神,就如同买椟还珠,只会徒增误解或笑料。以迪士尼拍摄的《花木兰》电影为例,它虽然取材于中国古代经典故事,但电影中宣扬的理念却是美国式英雄主义而非中华民族传统文化中的孝道,而华丽的服装背景、绚丽的特效技术也无法支撑起故事背后流淌在中华民族血液里的忠孝仁义。正是由于文化理解、认同之难,在跨区域文化创作过程中,设计者应积极向专家学者或是当地居民请教,在保证充分的调研后,依法依规进行引用和融合。

5. 国际性

随着经济全球化,文化创意领域产品的生产、制作和消费也出现了跨区域、跨国界的合作。跨国的互动和交流营造了多元文化共存的环境,通过不断的探讨与学习,我国文创产业资源能实现进一步的升级。然而,全球化虽然有助于文化间的碰撞与融合,但也使得全球文化趋于同质化,丧失内在独特性。在此背景下,西方文化作为强势主流文化会对世界各个国家和民族的传统文化产生冲击。中华文化在走向世界的过程中必然也会受此困扰,因此,作为文创工作者,不能一味追求主流文化审美,而应该学习吸收国外先进技术理念并将其融入中华传统文化创作,设计出具有中国特色的文化创意产品,助力我国人民实现真正的文化自信。

6. 民族性

民族构成了人类社会"群分"的基本单元。文化是由各民族人民共同创造的智慧结晶,因而带有深深的民族印记,成为不同民族间借以区别的标界和同一民族内部相互认同的符号。[1] 文化的民族性体现在物质文化层面、行为文化层面和精神文化层面,如器物的形态、特色仪式活动、风俗习惯、思维方式及思想观念等。文创工作者在创作过程中应该注意不同民族之间的文化差异,尊重不同民族的文化表达,通过解构和再建构,将民族文化特色融入主流审美和价值。

二、文创人员道德伦理规范的要求

(一)以社会主义核心价值观为引领,巩固和壮大主流思想舆论

习近平总书记在党的十九大报告中指出,坚持社会主义核心价值体系,必须坚持马克思主义,培育和践行社会主义核心价值观,不断增强意识形态领域主导权和话语权,推动中华优秀传统文化创造性转化、创新性发展。[2] 富强、民主、文明、和谐,自由、平等、公正、法治,爱国、敬业、诚信、友善24个字,从国家、社会、个人3个层面概括了社会主义核心价值观。社会主义核心价值观是中国人民共同的思想道德基础,是当代中国精神的重大体现,凝聚着中国人民的共同价值追求。

文创工作者担负着用作品凝聚社会共识、凝聚人心力量的职责,必须以社会主义核心价值观为引领,巩固和壮大主流思想舆论,坚持正确的舆论导向,增强党性观念,倡导社会主义精神文明,弘扬爱国主义、集体主义、社会主义的主旋律。[3] 因此,在文创产品创作全流程中,要增

---

[1] 杨文炯.传统与现代性的殊相:人类学视阈下的西北少数民族历史与文化[M].北京:民族出版社,2002:4.
[2] 王祎庆.文化产业政策解读[M].北京:中国传媒大学出版社,2015:13.
[3] 黄瑚.新闻法规与职业道德教程[M].上海:复旦大学出版社,2006:279.

强舆论引导的指导性、感染力以及对人民所产生的作用,把社会效益放在第一位,突出热点问题、党和政府的工作要点、广大人民群众的利益所在,将落脚点放在与人民群众利益关系最密切的地方。文创工作者要把核心价值观的要求内化为精神追求,外化为实际行动,有效整合社会意识,切实凝聚全社会的意志和共同力量,抵制过度追求经济价值而无底线创作的不良社会风气。

(二)以全心全意为人民服务为宗旨

中国共产党第十四届中央委员会第六次全体会议通过的《中共中央关于加强社会主义精神文明建设若干重要问题的决议》提出"社会主义道德建设要以为人民服务为核心"。全心全意为人民服务是中国共产党人在历史革命过程中培养出的高尚道德品质,核心是一切言论行为以合乎最广大人民群众的利益、为最广大人民群众所拥护为最高标准。它不只是一个政治概念,更包含了社会主义的根本道德要求。[1]

为人民服务是社会主义道德的集中体现,具体表现在以下3个方面:一是对他人对社会的奉献,要以符合他人、社会的需要和利益为主,提倡关爱他人和集体主义的精神;二是尊重与保护人的正当利益,但是追求个人利益要以满足和实现集体的利益与国家的利益为基础,当三者出现冲突时,个人利益应该服从集体利益和国家利益;三是为他人、为社会服务可以有不同层次的要求和表现。

2019年12月发布的《中华人民共和国文化产业促进法(草案送审稿)》提出,国家倡导创作人员深入生活、扎根人民、贴近实际,不断进行生活的积累和艺术的提炼。具体到文创实践工作中,文创内容应该将人民群众的活动作为创作主题,积极反映人民群众的诉求,为人民群众提供精神世界所需要的优秀作品,宣传和讴歌人民群众在社会主义建设中的创造才智和劳动业绩,深刻反映群众的聪明才智、英雄气概和创新精神。

(三)遵守宪法和其他法律法规,维护国家利益和文化安全

宪法、其他法律法规和纪律是由国家或单位制定的处理各种关系和问题的法纪规定,关系到国家和人民的利益,任何行业的工作者都必须在宪法和法律的范围内活动,自觉遵守宪法、法律和宣传纪律。文创工作中,工作人员应遵守宪法、法律和纪律,不违法不犯法。

个人遵纪守法主要体现在:宣传贯彻党中央的理论、方针、政策,不得通过媒介宣传与党中央的决定相违背的内容;遵守和宣传国家的民族政策和宗教政策,保障少数民族的权利,维护各民族团结、平等、互助;通过合法正当的手段获得信息,以社会的公众利益为重,不得损害国家利益、破坏文化安全;遵守知识产权的法律法规,尊重原创,提升产品的科技创新含量。创意要在遵纪守法的基础上进行思维的发散,不能为了博取眼球而进行一些低俗、恶搞的创作,这违背了文化创意传播优秀文化的本意,是对文化的亵渎、对资源的浪费。另外,在文创过程中,为了商业利益,同质化严重,作为文创工作者应当遵守知识产权的法律法规,拒绝低层次的仿照甚至抄袭。

---

[1] 黄瑚.新闻法规与新闻职业道德[M].成都:四川人民出版社,1998:301.

（四）遵守和维护社会公共秩序，树立良好职业道德风尚

道德风尚是社会、民族或阶级的道德关系、道德观念、道德原则与规范及道德实践的综合反映，是道德文明状况的具体表现。良好的职业道德风尚可以使人精神振奋、积极乐观、廉洁奉公、团结诚实。个体文创从业者的职业道德素养与整体行业职业道德风尚相互影响，相辅相成。

文创工作者应当坚守中华文化立场，自觉维护国家文化安全和社会公共利益，反对不正当竞争，尊重他人成果，充分考虑未成年人身心发展特点，维护社会公序良俗，树立良好的社会道德风尚。

（五）发扬团结协作精神，坚守公平竞争、诚实守信

分工和合作对立统一，文创产品的生产包含策划、设计制作、营销、消费等不同的流程，各行业间、同一行业不同工种间都存在相互协作的内容。因此，文创工作者要发扬团结协作精神，建立平等、团结、友爱、互助的良好关系，把分散的优势集中起来形成群体优势，把不同职业的活动或同一职业内部的活动联结成一个有机的整体，才有助于克服工作中的困难、提高工作的效率、激发劳动热情、塑造职业道德品质，形成行业的良好的职业道德风尚。

商品经济市场中必然存在竞争。正当的竞争可以激发人们的创新精神和冒险精神，激发整个社会的活力。在文创活动中，党和国家提倡开展正当的业务竞争，如《中华人民共和国文化产业促进法（草案送审稿）》提出：公民、法人和非法人组织从事文化产业活动应当遵守社会公德、商业道德、诚实守信，接受社会公众监督；不得从事虚假交易、虚报瞒报销售收入、虚构市场评价信息，不得在提供文创产品和服务过程中欺骗消费者或过度炒作，扰乱文化市场秩序。

（六）坚定文化自信，树立正确的价值观

习近平总书记在建党 95 周年庆祝大会上指出，我们要坚持道路自信、理论自信、制度自信，最根本的还有一个文化自信。那么，何谓文化自信？文化自信是一个民族、一个国家以及一个政党对自身文化价值的充分肯定和积极践行，并对其文化的生命力持有的坚定信心。中华民族文化自信是对中华优秀传统文化、革命文化、社会主义先进文化的自信，是对中华民族创造文化的能力、成果以及创造活动本身的自信。

中华民族创造了博大精深的优秀传统文化，对东亚、东南亚等周边地区和世界其他地区文明的发展产生过重要影响。但是，我国目前还只是一个文化大国而不是一个文化强国，尤其在文化软实力的表现上与西方发达国家还存在一定差距。在全球化背景下，西方文化作为全球化进程中的强势文化，已成为世界文化主流。面对主流文化的冲击，中国文创工作者要坚定核心价值观，坚定文化立场、文化取向、文化理念，创作出优秀的文化创意产品，提高中华文化对外输出能力，进而提升中华文化的国际竞争力。

（七）坚守科学创新，传播中华民族优秀文化

2014 年《国务院关于推进文化创意和设计服务与相关产业融合发展的若干意见》提出，要推动文化产品和服务的生产、传播、消费的数字化、网络化进程，强化文化对信息产业的内容支

撑、创意和设计提升,加快培育双向深度融合的新型业态。深入实施国家文化科技创新工程,支持利用数字技术、互联网、软件等高新技术支撑文化内容、装备、材料、工艺、系统的开发和利用,加快文化企业技术改造步伐。基于此,文创工作者们应当紧跟时事政策,适时调整工作计划,把握文创新风向,将传统文化和传统手工艺融入新时代的文化创意开发工作,为社会主义文化强国建设做出积极贡献。

文创工作者应当认真学习传统文化与社会主义先进文化的历史渊源和思想精髓,深入理解中华优秀传统文化和社会主义先进文化的核心内容和价值理念。首先,从业人员应深入挖掘并提炼中华优秀传统文化元素,结合时代精神和先进技术,继承创新,设计出具有中华民族特色的文创产品。其次,文创从业者要继承党的文化,传承红色基因,弘扬革命精神,坚持新时代中国特色社会主义历史观。在文创工作中,加强党史、新中国史、改革开放史、社会主义发展史教育,引导干部群众深刻认识到中国特色社会主义的来之不易。最后,弘扬以爱国主义为核心的中华民族精神。

(八) 弘扬奉献精神,勇担社会责任

在看望参加全国政协十三届二次会议的文化艺术界、社会科学界委员时,习近平总书记指出,文化文艺工作者、哲学社会科学工作者都肩负着启迪思想、陶冶情操、温润心灵的重要职责,承担着以文化人、以文育人、以文培元的使命。文创工作者作为中华文化的传承者和发扬者必须具备良好的品德和高尚的情操,而奉献精神正是其中不可或缺的一部分。奉献是一种最高层次的职业道德,意味着在工作中具有高度的责任感,追求卓越,精益求精,向社会提供高质量的作品。奉献精神是社会责任感的集中表现,是中华民族传统道德的精神支柱。任何一种职业都是社会的一分子,都承担着一定的社会责任。社会正是通过分工把各种职业的社会责任和义务赋予每个职业劳动者,因而每个从业者都必须承担一定的社会任务,为社会做出应有的贡献。[1]

为了更好地肩负起文化育人工作,首先,文创工作者要规范自身行为,提升文化内涵,把中华优秀传统文化、社会主义先进文化融入创意过程,塑造社会主义正能量形象。其次,文创内容属于意识形态产品,具有精神引领的作用。文创工作者担负着传播健康精神文化的使命,产品设计理念应以引导社会大众追求真善美、树立正确的价值观为核心使命。最后,文创工作者要坚守中华文化立场,弘扬中华优秀传统文化,自觉抵制和反对肆意扭曲中国历史和历史人物的所谓"文创产品",捍卫国家文化安全和社会公共利益。

三、文创人员职业道德准则的范畴

职业道德是指从事一定职业劳动的人们,在特定的工作和劳动中靠内心信念和特殊社会手段来维系的,以善恶进行评价的心理意识、行为原则和行为规范的总和,它是人们在职业过程中形成的一种内在的、非强制性的约束机制。不同行业的职业道德各有差异,但都具备以下

---

[1] 郭强.职业道德与职业生涯[M].上海:上海人民出版社,2011:19.

3个特征。

一是普遍规范和行业要求。"爱岗敬业、诚实守信、办事公道、服务群众、奉献社会"是社会主义市场经济下各种职业的共同特点,也是对各种职业普遍的道德要求,需要每一位劳动者在劳动过程中严格遵守执行。二是继承和发展的关系。职业道德规范是在长期的实践中,一代一代传递下来的,因而具有历史性和稳定性。例如,教师的职业道德是教书育人,新闻工作者的职业道德是忠实、公正、勇敢地搜集报道和转述信息。同时,职业道德会随着职业内容、从业方式的改变而改变,符合时代的要求和特征。三是形式表达的多样性。同一种职业的道德行为规范内容是稳定的、一致的,大家遵循同一个道德标准。但是不同层级、不同单位可以有不同的表达方式,如工作规范、组织章程、公约、宣传语或口号等。

文创职业道德是指在文化创意活动中应当遵守的、体现文创职业特征、调整文创职业关系的行为准则和规范。后文将从文化产业的创作原则、创作内容、创作手段和经营方式4个角度阐述文创行业职业道德伦理的特性。

(一)创作原则规范

鼓励创作、生产并提供健康向上、种类丰富、业态多样、品质优良的文化产品和服务。从艺术创作的特点来看,艺术劳动具有明显的个人特点,是精神建设的载体。因此,艺术创作者应坚持以为人民服务、为社会主义服务为方针,不断丰富和提高自己的艺术表现力,认真钻研、吸收、融合和发展古今中外艺术技巧中优秀的内容,以体现民族风格和时代特色完成艺术表现形式为创作原则,促进社会主义精神文明建设。

(二)创作内容来源

文化创意创作内容的素材应该符合国家政策支持,能够促进未成年人健康成长,推动科学教育事业发展和科学技术普及,促进中华文明与世界其他文明交流互鉴,讴歌党,讴歌祖国,讴歌人民,讴歌英雄。

(三)创作手段表达

鼓励创作生产与数字化、网络化、智能化的新技术、新应用、新业态、新模式的有机融合,丰富创作生产手段和表现形式,拓展创作生产空间。现代科技在文创中的应用,意味着文创工作者要坚持科学创新,学习专业知识,具备创造性的思维能力、敏锐的观察力、丰富的想象力和坚强的意志力,在创作中结合新理论、新工艺和新方法,研究出新的产品。

(四)诚信经营要求

公民、法人和非法人组织从事文化产业活动应当遵守社会公德、商业道德,接受社会公众监督;不得从事虚假交易、虚假瞒报销售收入、虚构市场评价信息,不得在提供文化产品和服务过程中欺骗消费者或过度炒作,扰乱文化市场秩序。诚实守信是文创职业道德的立足点,现代社会的诚信是市场经济的基础,是每个市场主体和社会公民应当遵守的基本道德义务。诚实守信是个人职业生涯的生存力和发展力,关系着企业的生命力和竞争力,是劳动者创业守业的根本。

研读材料

文创须"守底线"

"年轻人不讲武德,我劝你耗子尾汁!"已经成为耳熟能详的网络用语,这些都出自自诩"浑元形意太极掌门人"的马保国,他以宣扬中华传统的武术精神为名,在30秒内被击倒3次后,却以雷人雷语、各种二次创作及鬼畜剪辑的"鼻青脸肿"等负面形象热传于网络,俨然成为顶流"网红"。《人民日报》《光明日报》点名批评这种恶搞现象,审丑文化终将走向价值虚无。但是,在流量生意、商业价值的驱使下,这种审丑文化的衍生品仍在淘宝上泛滥,甚至用在青少年的文具用品上,如图9-1所示。

图9-1 衍生品文件袋、学生卡

(图片来源:人民日报点名马保国:闹剧该立刻收场了[EB/OL].https://www.guancha.cn/culture/2020_11_28_572882.shtm.[访问时间:2021-10-11])

"文化恶搞"现象层出不穷,如将花木兰演绎成"傻大妞",将杜甫打造为"插图模特第一人",将屈原"逆拟人化"成为某品牌猪饲料,将《西游记》改编为"孙悟空和白骨精谈恋爱"等违背原著内容的影视剧。依靠恶搞赚取流量、迅速走红的"捷径"使不少人趋之若鹜。

"文化创意都要基于价值存在,若要背离此,它可能会对文化遗产的本身价值造成不利或负面的影响。"敦煌研究院院长王旭东在谈及频现的文化恶搞现象时分析称,"对文化不尊重的创意不会持久,很快就会消失,从某种程度上来讲也是浪费资源。"

创意必须坚守底线,在尊重传统文化的基础上传播正能量和主流价值观,弘扬中华民族的优秀传统。文创产品与物质产品不同,是一种精神产品,具有文化内涵和文化向导的社会效益,文创人员要遵循社会公序良俗,引导消费者特别是青少年建立健康的审美观,提升精神境界。文创产品商业价值的实现建立在良好的社会效益基础上,依靠恶搞、哗众取宠拓展的商业版图,终究不能长久。

资料来源:人民日报点名马保国:闹剧该立刻收场了[EB/OL].https://www.guancha.cn/culture/2020_11_28_572882.shtm.[访问时间:2021-10-11];光明日报评"马保国":流

量生意和审丑文化终将走向价值虚无[EB/OL]. https://www.thepaper.cn/newsDetail_forward_10229396.[访问时间:2021-10-11];传统文化频遭恶搞 敦煌院长吁文创须"守底线"[EB/OL]. http://www.chinanews.com/m/cul/2016/10-13/803008.shtml.[访问时间:2021-10-11]

第二节 文创人员道德伦理的提升

一、培养文创人员职业道德伦理修养的原则

(一) 善良

善良是体现人道主义精神的道德品质,它表现为尊重他人、关心他人,与人为善。善良的本质更是重视人的价值,视每个人的自由、平等、幸福为最高价值,对己以合理的保护和提高,对人施之以爱。

文创产品是艺术衍生品的一种,它利用原生艺术品的符号意义、美学特征、人文精神、文化元素,通过设计者对文化的理解,对原生艺术品进行解读和重构。文创产品从根本上来说是将原生艺术品的文化元素与产品本身的创意相结合,形成的一种新型产品。[1]这是一种高层次的审美和深厚文化底蕴所带动的产品创新,以人为本,把人的价值放在最高位,保障了文创产品社会效益价值的实现。

(二) 诚信

诚实守信是中华民族传统美德中的一个重要规范。[2]在我国古代传统文化中,这一道德伦理简称为"诚"和"信"。《公民道德建设实施纲要》中提到,我国社会主义职业道德的基本内容为"爱岗敬业、诚实守信、办事公道、服务群众、奉献社会",说明诚信是社会主义市场经济条件下,每个公民都应当遵守的基本道德规范。对于个人来说,诚实守信是一种道德品质和道德信念,对于企业或者团体,它是一种品牌或者信誉,对一个国家和政府,它更是人民拥护政府的支撑和国际信誉的标志。

与一般商品不同,决定文化创意产品价值量的是精神生产劳动,它具有独创性和不可比拟性,是文创产品价值的核心体现。文创产品具有高研发、低制造、零复制的特点,[3]对商业利润最大化的追求导致文创同质化泛滥,如文创雪糕推出后,迅速引来打卡热潮,虽然各地造型不同,但本质还是创意的复制品,缺乏创新和独特性。因此,在创意过程中应当忠于职业道德,杜绝仿照和抄袭,尊重创意人员的劳动成果。另外,文创产品是产品、文化、创意三者的结合,

---

[1] 熊志峰,郑明.文创在毛笔中运用要注意:内容创新和人文关怀[J].文艺生活(艺术国),2019(1):118-119.
[2] 李海波.职业道德[M].桂林:广西人民出版社,2014:136.
[3] 张迈英,巢莹莹,钱伟.南宁:文化创意产业管理与实务[M].上海:同济大学出版社,2020:104.

产品的附加值通过文化创意得以提升,但是产品本身的质量仍然不可忽略,产品质量是道德的体现,只有诚信经营才能保障文创品牌的延续。

(三)智慧

智慧是人的一种能力,《辞海》中对智慧的定义是:对事物能认识、辨析、判断处理和发明创造的能力。智慧属于认知能力,因此,道德智慧便属于道德认知能力,是品德的指导因素。一个人道德智慧越高,品德便越高,利人的行为也越多;其道德智慧越低,品德便越低,从而利人的行为便越少。这就是道德智慧规律。

英国学者约翰·霍金斯在《创意经济》中认为创意是催生某种新生事物的能力,既能在思想中萌发出来,更能在行动中表达出来,是才能和智慧的结合。因此不难看出,作为文创核心的创意也遵循智慧道德规律。同时,需要注意的是,文创人员在进行产品创意时应当守住社会道德底线,在赚取眼球的同时,保持自身的谨慎与克制,承担起建立良好社会道德风尚的责任。

(四)谦虚

谦虚是低己高人、以人为师的心理和行为。文化创意人才主要依靠自身的专业知识进行思维创造性的活动,在工作中比较强调自我引导和自我管理,需要具有较强的自主性。一项文化创意作品从咨询、策划、设计制作到推广传播都需要团队成员相互合作。因此,文创人员应该具有谦虚好学的态度,促进不同专业间的交流。另外,文创作品的对象是大众,作品成果的经济价值检验靠的是消费者,因而文创工作者对社会、对公众要有敬畏、谦和之心,只有这样才能承担起社会责任,而文化修养、道德修养均是社会责任感的衍生物。

二、文创人员职业道德伦理的内在修养

职业道德修养是指人们自觉按照职业道德的原则与规范所进行的自我教育、自我改造、自我锻炼和自我提高等活动,它不仅包括依照职业道德原则与规范而进行的反省、检查、自我解剖与批评以及由此形成的职业道德品质,还包括在职业生活实践中的职业道德情操、职业道德境界。据文献统计,文创人员职业道德伦理修养的培养方法可以大致归纳为以下4种。

(一)学识

《论语·卫灵公》中,孔子道:"吾尝终日不食,终夜不寝,以思,无益,不如学也。"意思是思索得再多,没有学习,一切都是枉然的。在孔子看来,对美德只有主观上的爱好,而没有实践中的学习,就会产生各种各样的问题。《论语·阳货》中说:"好仁不好学,其蔽也愚;好智不好学,其蔽也荡;好信不好学,其蔽也贼;好直不好学,其蔽也绞;好勇不好学,其蔽也乱;好刚不好学,其蔽也狂。"只有通过学习,才能逐步提升自己的道德境界。否则,仅有"好仁"之志而不去学习,终将一无所获。正如德谟克利特所说,对善的无知是犯错误的原因。

提高对所从事职业的社会道德价值的认识,是提升职业道德修养的首要前提。要学习有关的职业道德知识,正确理解和掌握本行业的职业道德规范、道德理想和道德品质的基本内

容,才能提高选择行为和识别善恶的能力,增强履行职责和道德义务的自觉性。[1] 文创人员的职业道德与一般职业道德相同,以对职业道德的认识为基础,培养正确的职业道德情感,在依据职业道德标准进行行动时,克服困难和障碍,逐步建立起坚定的道德意志,从而将道德认知、道德情感、道德意志融合为一体,形成文创行业的职业道德信念。

(二) 内省

内省是对于自己的主观经验及其变化的观察,在道德修养过程中,从思想认识、言论行动、道德情感等方面进行自我剖析和反省,以达到自身修养的提升。《论语·里仁》中,孔子曾教导弟子:"见贤思齐焉,见不贤而内自省也。"意思是说,见到德行高的人,要主动学习其长处,见到德行差的人,要反思自己是否同他有一样的问题。孟子继承和发展了孔子的修养方法,称:"君子必自反也。"(《孟子·离娄下》)自反即反观、反省、反思,在修养品德的时候,君子应该反躬自问,检讨自身存在的问题。

内省运用于职业道德修养,是指职业工作者依据已有的职业道德原则与规范和自身的积极主动精神,对自己在职业生活中的言行进行自我反思、审视与批判。作为文创工作者,首先应当见贤思齐,以优秀人员作为标尺,做到自我反省、自我改造、自我提高。另外,建立道德修养是一个长期培养良好习惯的过程,文创人员需要充分意识到道德观念斗争的反复性,做到持之以恒,长期坚持自我审视、自我批判。此外,内省还要做到内化于心、外化于行,积极开展批评与自我批评,特别是在创意团队工作中,要虚心接受别人的批评和帮助,只有这样才能深刻认识到问题所在。

(三) 慎独

慎独是指一个人独处时也要注意自己的内心和行为,防止有不符合道德要求的念头和行动。慎独作为一种重要的道德修养方法,最早在《礼记·中庸》中提到:"天命之谓性,率性之谓道,修道之谓教。道也者,不可须臾离也,可离非道也。是故君子戒慎乎其所不睹,恐惧乎其所不闻。莫见乎隐,莫显乎微,故君子慎其独也。"其中着重强调了加强道德修养要慎独自律。[2]

慎独是对文创工作者道德修养的更高要求,追求的是一种内在的精神境界。自律是通过对自己情绪和思维的控制,达到主动行动的能力,而慎独是具备坚定的道德信念,用道德意识来规范自己的行动。因此,文创工作者要具备正确的人生观和价值观,无论是在公共场合在从事职业活动时,还是在私人空间,都要自觉约束自身言行。

(四) 笃行

道德修养的最高阶段是"笃行","笃行"是道德修养的外化,学识、自省、慎独都要落实到行动上,否则道德修养就是一句空话。《论语》中说:"君子名之必可言也,言之必可行也。君子于其言,无所苟而已矣。""言必信,行必果。""古者言之不出,耻躬之不逮也。"这些都阐述了言与

---

[1] 孙乃民,杨乔.职业道德简明教程[M].北京:中国展望出版社,1986:149.
[2] 魏长领.儒家道德修养方法探析——兼与康德伦理思想比较[J].河南师范大学学报(哲学社会科学版),2001(5):6-10.

行的关系,评价一个人的道德修养,关键要看其能否做到言行一致。[1]

知行合一,强调将所学的知识与实践结合起来,要求人们将道德思想认识与道德实际行动统一起来,内化为道德品质,外化为道德行动。文创人员应该言行一致,理解其行为所应该遵循的道德准则,在日常工作中善于思考、勤于观察,能够按照职业道德伦理规范来行事,虚心接受别人的意见,全面认识自己、评价自己,提高思想境界,最终达到完善道德人格的目标。

三、文创人员职业道德伦理修养的外在约束

(一)政府引导

政府是培养文化创意人才职业道德的主导者,它起到了带头树立行业职业道德培养意识的作用,能够有效提高各组织对职业道德的重视程度。政府对职业道德的引导主要体现在出台政策和职业道德资格认证。目前,与文化创意有关的政策主要有文化产业道德规范、新闻道德规范、广告道德规范、出版道德规范、文艺工作职业道德、设计师的职业道德等。随着文化创意的蓬勃发展,政府也会逐渐出台文化创意的相关职业道德规范。职业道德资格认证对创意人才职业道德进行资格认证,是培养文化创意人才职业道德、规范人才市场的一个重要手段。新的文创职位不断涌现,也需要政府劳动部门进行资格认证,以规范对从业人员的专业素质要求,理顺人才市场的运作,同时提高从业人员的素质和积极性。

(二)学校教育

高校是培养文化创意人才职业道德的主要阵地。立德树人是教育的根本目标,高校通过正规的课程教育,系统地教育学生自觉践行社会主义核心价值观,尊重和维护宪法法律权威,承担爱国使命。学校对文化创意人才职业道德的培养主要通过思政课堂、课程思政、产教结合3种方式开展。

1. 发挥思政课的作用

思政课是每位学生的必修课,它的目标就是要培养德智体美全面发展的社会主义事业合格建设者和可靠接班人。因此,思政课可以在课程内容、授课方式、教学考核等方面进行改进和优化。如对于演艺人员,可以将舞台作品作为思政课的考核方式,在实际创作过程中深化学生对职业道德观念和规范的认识。

2. 对专业课进行课程思政改革

学校应充分挖掘专业课中的育人素材,将职业道德教育的核心理念渗透到专业的教学中,使学生在接受专业学习时,能够有针对性地了解本专业的职业道德规范,为日后养成良好的职业道德行为习惯奠定基础。

3. 产教结合

学校可以通过产教结合的方式,将企业引入学校,以实际案例或者学生的切身实践,进行职业道德教育的培养。只有将理论和实践相结合才能真正激发学子的文创才能与潜质,在行

---

[1] 陈春莲.先秦儒家道德修养方法及其时代价值[J].伦理学研究,2009(2):75-79.

业实践中进一步体会道德伦理修养的价值与意义。

(三) 行业协会规范

行业协会是独立于政府部门、高校、企业等社会组织的非营利性服务单位,由相关行业的企事业单位构成。文化创意行业协会是指文化创意行业中由各种组织构成并致力于扩大文化创意产业的非营利行业协会组织。行业协会对文创人员职业道德伦理的培养主要通过制定协会职业道德规范、职业道德培训及行业规避3种方法。

1. 制定协会职业道德规范

司法部于2019年发布了文化产业促进法的草案送审稿,其中部分条例体现出了国家对文化创意职业道德规范的要求。例如,创作内容要求弘扬社会主义核心价值观,维护社会主义公序良俗,承担社会责任和道德责任,公平竞争、诚信经营等。随着文化创意产业的发展,各地的文化创意协会纷纷成立,各协会可以通过内部的组织单位共同商定、制定本协会的职业道德规范,来约束机构及文创人员。

2. 职业道德培训

在职业道德培训中,培训单位可以是高校、企业和政府,主要由协会出面组织。目前培训的课程主要针对专业技能,如中国美术学院上海设计艺术分院便对在职人员推出了相应的培训课程,以提升这些人员的从业技能。培训课程包括包装设计、工艺美术设计、旅游纪念品设计、雕塑设计、玩具设计、机构形象设计、家具设计、商业环境设计等。[1] 在技能培训时,可以将职业道德规范加进去,或者专门开设职业道德规范的系列课程。

3. 行业规避

文化创意行业在职业道德伦理上的主要风险点有:知识产权保护不力,导致创意被仿照甚至抄袭,扰乱市场秩序;决策者在决策过程中由于自身水平不高或客观条件的限制导致决策失误。行业协会可以组织内部各企事业单位共同商讨对策。

四、培养文创人员职业道德伦理修养的路径

(一) 加强职业道德教育学习

道德伦理修养的培养是一个由认识到实践不断重复提升的复杂过程,对文创人员进行思想政治教育是职业道德建设的必要条件。文创人员需要深入学习习近平总书记关于文艺工作的重要论述精神,深刻领会其重要内涵和精神实质,如"认真汲取中华优秀传统文化的思想精华和道德精髓,大力弘扬以爱国主义为核心的民族精神和以改革创新为核心的时代精神,深入挖掘和阐发中华优秀传统文化讲仁爱、重民本、守诚信、崇正义、尚和合、求大同的时代价值,使中华优秀传统文化成为涵养社会主义核心价值观的重要源泉。要处理好继承和创造性发展的关系,重点做好创造性转化和创新性发展"[2]。这体现了现代思想建设必须扎根于传统文化,

---

[1] 廖灿主.创意中国[M].北京:中国经济出版社,2008:54-56.
[2] 习近平在中共中央政治局第十三次集体学习时强调:把培育和弘扬社会主义核心价值观作为凝魂聚气强基固本的基础工程[N].人民日报,2014-02-06(1).

同时加入时代新的要求,即号召文创工作者发挥主体自主学习能动性,一方面认真学习党的路线、方针、政策,思想上以社会主义核心价值观为指导,另一方面钻研业务知识,逐渐增强自身的责任感和事业心,以习近平新时代中国特色社会主义思想为指导,承担起举旗帜、聚民心、育新人、兴文化、展形象的使命任务,讲品位、讲格调、讲责任,不断提高思想品德修养、职业道德素养和人文艺术涵养,争做德艺双馨的文艺工作者。

(二)营造良好的职业道德生态

2013年9月,习近平会见第四届全国道德模范及提名奖获得者时发表重要讲话,指出要把培育文明道德风尚作为重要着力点,坚持正确的价值取向、舆论导向,坚持以文化人、以文育人,弘扬真善美、贬斥假恶丑,推动形成知荣辱、讲正气、作奉献、促和谐的社会风尚。在创意人才发展和提升过程中,加大创意文化宣传力度,利用多样化的传播手段使大众认同文化创新理念、创意精神,为创意文化的发展营造浓厚的社会氛围。

良好的道德生态包含榜样的示范引领作用,其中道德模范是社会道德建设的重要旗帜。文化创意作品应该以社会效益为首,社会效益和经济效益相统一,精选能够反映时代精神、陶冶高尚情操、树立昂扬正气,特别是塑造青少年正确价值观的优秀作品,作为榜样,引导文创工作者坚守高尚的艺术情操,做好德性、高品位、有信仰、有情怀、有担当的创作者。

(三)以制度保障职业道德建设

文化创意是一个包含多个专业、多个学科的交叉性行业,它的道德修养建设本身属于一项系统性工作,应该涵盖多个行业的人员。相较于一般人才,创意人才更具有挑战精神,更重视他人、社会对自身价值的认可,需要成就感和精神的激励。文创工作者的职业道德建设规范与职业道德制度、科学的奖惩有很大的关联。首先,应该健全内部管理制度,针对文创职业进行分类,针对不同的职业特点,制定出一部科学、可行并且具备时代特征的规范制度,从而约束文创工作者的行为;其次,需要建立健全道德考核评价机制,保证该考核评价机制的科学性和可操作性;最后,可操作性即要求必须制定详细的考核指标,将考评结果与业务考核、职称评定、职级晋升等挂钩,时刻督促提醒文创工作者严守道德底线,做到德艺兼修。

研读材料

材料1

2021年娱乐圈爆雷不断,吴亦凡刑拘事件、张哲瀚"拜鬼"事件、郑爽偷税漏税事件,这些流量明星置国家法律法规于不顾,毫无道德底线,一次次成为大众舆论的焦点。除了多名艺人"塌房","饭圈"的多种不理智追星行为也深受诟病。粉丝为打榜投票倒奶、为劣迹艺人洗白,更有甚者,一些平台与"饭圈"操纵者,信奉"偶像经济"、流量为王,只要艺人能吸金,只要能给平台带来人气,完全不顾其演技和德行,谁人气高就拼命捧谁,甚至撺掇不同明星"粉丝"互相攻讦,逐步演变为畸形"饭圈文化"。

材料2

针对娱乐圈负面事件密集发生,国家和相关部门展开了一系列的行动。2021年5月,国信办开展"清朗"类专项行动,整治"饭圈"乱象,引导青少年理性追星。演艺界相关行业协会和一些机构也开始注重艺人的艺德培训,对于劣迹艺人进行抵制。2021年7月19—20日,国家广电总局举办"演员和经纪人艺德培训班",此次培训班从艺德入手,强化党史学习教育、职业素养教育,引导从业者遵守法律法规、恪守职业道德,提升艺术修养,争做德艺双馨的艺术工作者。2021年8月25日,中国影协举办"弘扬清风正气,追求德艺双馨"的职业道德和行风建设座谈会,进一步团结引导广大电影工作者自觉践行社会主义核心价值观和文艺界核心价值观,坚持修身守正,德艺双馨。2021年9月,国家广电总局发文要求从严整治艺人违法失德、"饭圈"乱象等问题。

从材料1中可以看到,艺人作为文化创作的传播者,自身的道德修养对社会风气的形成具有重要的作用。明星的失德违法不仅导致网络空间乌烟瘴气,而且对青少年正确价值观的建立带来了很大的负面影响。在材料2中,相关部门和协会针对这种乱象,通过法规、培训等多种手段,来规范艺人的职业操守和职业精神。艺人职业道德修养提升的过程体现了自律和他律两方面的作用。演艺人员要加强自我约束,坚守艺术理想,不断在生活中提升自我修养和学识水平,自觉遵守从业规范,加强专业学习和艺术训练,从内部提升职业道德修养。他律方面则是通过相关部门的引导、常规监管的约束,双管齐下,进一步保障演艺人员创作出满足人民需求的优秀作品。

资料来源:从吴亦凡到张哲瀚事件:金主、人脉、黑对家,扒开娱乐圈的"遮羞布"[EB/OL]. https://export.shobserver.com/baijiahao/html/398187.html.[访问时间:2021-10-11];人民日报:将修养艺德作为从艺必修课_舆论场[OL]. https://m.thepaper.cn/kuaibao_detail.jsp?contid=3290891&from=kuaibao.[访问时间:2021-10-11]

第三节 文创人员道德伦理修养的价值

一、伦理修养提升对文创产业的价值

(一) 彰显文创产业的传统文化辐射力

传统文化是在中华大地上流传了数千年的文化底色,最容易引起大众的共情和认同。习近平总书记指出:"在五千多年文明发展进程中,中华民族创造了博大精深的灿烂文化,要使中华民族最基本的文化基因与当代文化相适应、与现代社会相协调、以人们喜闻乐见、具有广泛参与性的方式推广开来,把跨越时空、超越国度、富有永恒魅力、具有当代价值的文化精神弘扬起来,把继承传统优秀文化又弘扬时代精神、立足本国又面向世界的当代中国文化创新成果传播出去。"[1]中华民族蕴藏的丰富文化资源是文创产品取之不尽的创意资源,优秀的文创产品往往弘扬了民族传统文化,大大激励了人们的文化自信心。

---

[1] 习近平谈治国理政(第一卷)[M].北京:外文出版社,2014:161.

2020年河南春晚的舞蹈《唐宫夜宴》成功"出圈",以河南博物馆彩陶伎乐女俑为塑造原型,将舞蹈、音乐、美术、设计和现代科技 5G 和 AR 技术融合运用,由 14 名舞蹈演员扮作唐俑宫女,凭借虚幻影像,在穿越时空的历史画卷中,灵动地交织起伏,嬉笑怒骂,将博物馆中大唐盛世的文化形象地展示了出来。盛唐曾经是国际经济、文化中心,《唐宫夜宴》以盛唐文化为背景,有着以共同情感价值、共同理想精神联结起来的民众基础。[1] 唐三彩静态乐俑、"妇好鸮尊"、"贾湖骨笛"、"莲鹤方壶"、《捣练图》、《簪花仕女图》等多件国宝,通过"活"起来的强烈视觉冲击,使观众仿佛穿行在中国的大好河山,中国古老、神秘且深厚的文化底蕴引起了无数外国人对中国的向往。同时也引发了国人对华夏文明强烈的民族自豪感,触动民族精神文化层面的需求与追求,树立身份认同、文化认同、民族认同,坚定文化自信。另外,情感的共鸣还体现在舞台上演员们毕恭毕敬的工作状态:"这群嬉戏打闹的小姐姐莫不是在等待打卡上班?"创意选材以普通百姓的生活状态为对象,以"关注生活,关注普通人情感"的创作理念贯穿全程,体现了创作者扎根人民、贴近实际,以人民群众的活动作为创作主题。正是因为具备良好的群众基础,此类节目才能在网络上迅速引起共鸣,潜移默化地将作品中融入的传统美学精神渗透到人们的思维中,满足人们的审美期待,彰显中华民族的古典传统文化底蕴和气息。

(二)强化文创产业的教育功能

文创产业以文化为基础,被赋予了丰富的文化内涵,在传播和消费过程中传达了其文化价值,而文化价值体现的正是一种正确的价值观和文化观,文创产业的教育功能在博物馆相关文创产品中表现得尤为突出。[2] 故宫文创将传统文化进行创新表达,通过创造性思维将文化元素和实物结合,从历史文化、艺术设计挖掘蕴含的文化价值,这种价值不仅体现于产品本身,也让人们在消费的过程中学习到更多的文物知识、历史知识、艺术知识等,体验到中华文明的博大精深。文创产品的设计具有功能性和审美性,"意象美"是东方审美观的重要特征,是指通过可见的图像符号、造型形象的表现,来暗喻或传递其背后更深层次的含义,以客观物象寄托主观情思,从而激发人们内在的生命冲动。[3] 故宫文创中以故宫《海错图》[4] 为原型进行再创新的衍生品——海错图书本灯(见图 9-2),以

图 9-2 海错图书本灯

(图片来源:故宫文化海错图书本灯[EB/OL].http://www.xuyi360.com/2796.html.[访问时间:2021-10-11])

---

[1] 曾忠禄,李珂.基于归纳法的内容分析方法的运用——以《唐宫夜宴》为例[J/OL].情报理论与实践,2021,44(10):83-89.

[2] 郑钰,翟幼艾,常莉.基于教育功能与内涵的博物馆文创产品开发设计——以"中国恐龙展拼插模型"为例[J].自然科学博物馆研究,2020(2):47-57,96,99.

[3] 杨杰,张华杰.故宫文创包装设计的东方审美与表达[J].设计,2021,34(7):40-42.

[4] 刘维尚,阳倩.吉祥文化符号在博物馆文创产品中的应用研究[J].包装工程,2021,42(10):260-266.

纸张书籍的形式,使得灯光下形态各异的生物熠熠生辉,将人的思绪带入一种复古的情境中,引发消费者的情感共鸣和触动,使他们从内心自发产生一种民族情感、文化自信。

　　文创产业的教育功能还体现在引导人们树立正确的人生观、修炼高尚的灵魂、塑造高贵的人格,实现对社会主义核心价值的追求。上海戏剧学院知名艺术家杨青青教授提出了"文创思政、思政文创"。学生以"饮水思源"为主题,以水杯、水壶、水瓶、饮料瓶等为载体,设计了数千款思政文创作品。图9-3所示是以"载人飞船精神""长征精神""抗击非典精神"等15种新时代下的红色精神为创意资源所开发的文创作品。学生在创作过程中,怀着对道德、信念、理想、真理与仁爱的追求,饱含对革命先烈和中国精神的敬重,将专业技能转化为德行与素养,树立了牢记使命、不忘初心、感恩奉献的社会责任感。

图9-3　思政文创

(图片来源:上海戏剧学院践行思政文创成果回报社会[EB/OL]. http://www.rmzxb.com.cn/c/2020-07-29/2630611.shtml.[访问时间:2021-10-11])

(三) 拓展文创产品的新业态

　　20世纪末以来,随着世界经济的发展和高科技的突飞猛进,产业结构开始重新调整。发达国家越来越倚重知识密集型、资本密集型、技术密集型产业。在我国的经济社会发展中,文化产业已经成为经济的重要支撑力量,文化的重要性日趋凸显。[1]

　　文化创意产业已经成为全球各国发展的战略性产业,我国在创意产业发展中面临着国际上严峻的外部挑战,同时也存在自身的内部发展挑战。美国、英国、日本、韩国为首的发达国家文化产业已经形成各自特点与国际优势,占据着文化创意产业的主阵地,不断向其他国家输出文化产品、获取高额利润,对世界经济和文化产生了重要的影响。文化创意产业因其产业的高效性,正在逐渐成为世界各国的战略性资产,提高中国的文化软实力和国际竞争力,是每位文

---

[1] 钱肖羽,刚强.数字时代文创产品的符号化传播——以甘肃省博物馆文创产品为例[J].新闻与写作,2021(8):101-103.

创工作者所应承担的社会责任。

当前,我国文化产业已经进入一个重要的转型期。新时代文化创意产业发展需要注重文化内容、创意文本的内涵式融合,在中国新型工业化、信息化、城镇化和农业现代化中,文化创意产业已经贯穿各行业、各领域,呈现多向交叉融合态势。"文化＋旅游""文化＋影视""文化＋农业""文化＋游戏""文化＋城市发展""文化＋生态建设"等"文化＋"的新业态呈明显的上升趋势,这是在国际竞争中提升国家实力的重要举措。

二、伦理修养提升对文创作品的价值

（一）助推文创产品的科技创新力升级

文化与科技是推动人类社会发展的两大关键动力。"十四五"文化产业发展规划指出:围绕文化产业发展需求,密切关注信息技术、材料科学、生命科学等前沿领域,强化自主创新,整合优势资源,加强文化产业共性、关键技术研发应用,为文化产业发展提供有力科技支撑。随着现代网络技术、移动互联网和数字化的发展,数字化技术逐渐与物质或非物质文化遗产、文化资源融合,通过一定形式的再创造,使其存在形式、内容结构、传播途径发生很大的变化,并展现出前所未有的生机与活力。

清华大学美术学院柳冠中教授在《不可能有失去灵魂的卓越》中提到:传统是创造出来的,不是继承过来的,传统是不断创造的,要创造新的传统。也就是说,传统文化只有在创造性转化、创新性发展中才会是活的中国文化。皮影戏是具有悠久历史和重要文化价值的国家级非物质文化遗产,由于剧目内容的陈旧、表演形式的单一、传播渠道的限制,年轻人对皮影戏的关注度越来越低,受众断层现象越来越明显。为了突破传统的束缚,可以用3D动画技术对作品内容进行创意设计、价值重构,为其赋予新的活力;可以用虚拟现实技术、增强现实技术改变艺术展现形式,给用户带来身临其境的互动体验。科技的进步促使新媒体与非物质文化遗产深度融合,不断催生出新的传播媒介。以抖音为代表的短视频平台,通过拍摄皮影传承人、个性化解读皮影文化,以现代化内容对皮影戏的传统文化元素加以创新,引起受众的情感共鸣,培育非遗文化的关注者与创新者,延续和发扬皮影戏所承载的传统文化。[1]还有游戏将皮影文化与《天龙八部手游》副本有机融合,通过场景光影与人物设计,使厚重的文化历史以更活泼、更生动、更有活力的形式再现,以游戏作为传播媒介,对青少年的传统文化宣传、传承具有重要意义(见图9-4)。

科技赋能皮影戏,对内容进行创新,使文化以全新的方式呈现,迸发出更多活力。创意是活力产生的主要原因,而根本在于创意人才,正是对传统文化保护传承的自觉性和社会责任感,促使他们勇于冒险、坚持不懈、努力探索,拓展全新的科技文化生态。

（二）增强文创产品的市场竞争力

文化创意产业具有社会效益和经济效益,其经济价值的实现是消费者基于对文化的认同而进行消费的行为。[2]通过"效用理论"对文化产品进行分析可知,消费与文化的认知度成正比。故宫口红、网红大白兔奶糖、考古盲盒频频出圈,以中国元素为产品内容的

---

[1] 陈臣,高庆占.文化传播视角下非遗数字化记录与传播媒介研究——以东北皮影戏为例[J].电影评介,2020(17):90-93.

[2] 阮可,郭怡.文化创意产业管理学[M].北京:中国传媒大学出版社,2013:193.

图 9-4　皮影元素人物

（图片来源：天龙八部武术指导、皮影戏国家级大师……一群大佬集合只为一个游戏门派？[EB/OL]. https://www.sohu.com/a/407644973_398212?_trans_=000011_hw_llq_sy.[访问时间：2021-10-11]）

文化资源潮流创作已经呈现出井喷态势。艾媒咨询《2020—2021年中国国潮经济发展专题研究报告》显示，国潮经济正值黄金生长时期，随着其竞争力提升，未来5～10年内国潮品牌将逐步在全球建立竞争优势。[1] 李宁结合"Z世代"的审美观和价值观，将国潮元素融入自身品牌成功转型成为新一代潮牌。"完美日记"以色彩作为传递信息的中介，推出了"粉黛高原""赤彤丹霞"眼影，创新性地将国家地理与美妆结合在一起。"国潮文化"个性化、多元化的潮、酷设计充分满足了受众对传统文化的精神需求，同时又拒绝单一呆板的传统元素复制。[2] 国潮的背后是消费者情感的共鸣、文化价值的认同、爱国热情的释放。国潮的创意与众不同的核心在于，它将中国优秀传统文化的精髓、在千百年的生产生活中形成的独特的中华民族符号附加在产品内容上，激荡着消费者的民族自信、文化自信。国潮并不是文化标签与物质产品的硬性粘贴，而是以有故事的民族符号为创意基础设计的有温度的文创产品。

国庆期间掀起"爱国潮"的电影《长津湖》成为王炸，《人民日报》评论："集结一流制作团队、塑造封面人物形象、运用高科技拍摄制作技术……这部影片以史诗巨制的规模再现战争场面，致敬伟大精神。"它的制作规模、拍摄时间跨度、动用的演职人员数量等都创下了中国影史之最：5年多的剧本打磨，2年多的细致筹备，超过7万人次的群众演员参演，超大规模的服装道具、军事装备准备，超百公里的战役战术设计。[3] 创作人员的爱国情怀促使他们不畏艰难、精心打磨，呈

---

[1] 古风文创、盲盒受追捧国潮如何展现中国文化[EB/OL]. https://new.qq.com/rain/a/20210531A06MWD00.[访问日期：2021-10-12]

[2] 李荣耀.基于"国潮文化"视角的我国国货品牌视觉呈现及其设计策略研究[J].设计，2021,34(15):76-79.

[3] 人民日报.《长津湖》是这样炼成的[EB/OL]. https://m.thepaper.cn/baijiahao_14856192.[访问时间：2012-10-13]

现出高质量的作品。文创产品具有商品、创新和文化三者结合的属性,《长津湖》的高票房在于它不仅能够唤起人们的文化归属感和认同感,产品的质量、优质的服务也是成功的重要因素。

(三)提升文创产品的国际传播力

习近平总书记在党的十九大报告中指出:"推进国际传播能力建设,讲好中国故事,展现真实、立体、全面的中国,提高国家文化软实力。"[1]党和国家大力支持文化创意产业发展,科技和文化融合态势凸显,倡导运用高新技术推动文化产品的创新生产,强化文创产品的表现力、感染力和传播力,增强中华文化的国际影响力。

李子柒将乡村的田园生活和古风美食以视频真实而又艺术地展现在世人眼前。她在国内社交媒体抖音、B站、今日头条的粉丝量累计高达5 000多万,在国外网站YouTube(目前全球最大视频网站之一)的粉丝量高达1 390万,比美国有线电视网(CNN)、英国广播公司(BBC)高出了将近1 000万用户。在2020年年初,英国《泰晤士报》将李子柒与其他19位来自世界各国的年轻人评选为"冉冉升起的新星",这标志着中国文化网红李子柒成功出海。海外网友通过她的视频重新认识了中国这个神秘而又伟大的国家,在她的视频下,有中国网友称"她在向全世界介绍那些我们忘却的中国文化、艺术和智慧"。

视频中李子柒装束清雅、复古,以田园风光为背景,专注而熟练地向我们演示古法美食和传统美食的制作过程,给我们展示了一个田园牧歌般的诗意生活,让生活在快节奏、碎片化中的现代人心生向往。作品内容——美食,是人们生活的共同话题;作品设计——返璶归真,满足人们向往自然、回归本真的诉求。这些内容,不分人种、民族、社会制度,引起人类共通的情感[2],承载着共同的价值,引发不同文化背景观众的共鸣。

央视评论李子柒:"她没有一个字夸中国好,但她讲好了中国文化,讲好了中国故事。"在视频中,她对奶奶的悉心照顾把中华民族的优良传统美德孝道表达得淋漓尽致。在学习美食或者其他物品的制作时,她脚踏实地、一丝不苟、精磨技艺的学习态度是中国传统文化中的工匠精神。因此,文创产品的国际传播不仅需要了解不同地区和国家的文化特点,更重要的是文化立场的坚守、文化基因的传承和文化自信的坚定。

思考

1. 从道德伦理规范角度考虑,文创产品的创作原则是什么?
2. 文创人员道德伦理规范宗旨是什么?
3. 文创人员职业道德伦理修养的外化有哪些表现?
4. 培养文创人员职业道德伦理修养路径有哪些?
5. 文创团队合作中应该注意哪些道德伦理问题?

---

[1] 郑华雯,刘筝.品牌内容IP化助推国际传播能力建设——解析广西电台文化"走出去"项目[J].中国广播电视学刊,2019(4):97-99.

[2] 赵萌.让"中国声音"在世界有效传播——"李子柒现象"的启示[J].世界知识,2020(3):52-54.

案例研读

跨界融合，是惊艳还是惊眼

随着故宫文创的出圈，各地博物馆借助丰富的文化资源，利用高科技手段进行"博物馆+文创"的跨界融合，给传统文化注入新的活力，满足消费者的精神文化需求。故宫博物院、中国国家博物馆、敦煌研究院、河南博物院、三星堆博物馆等相继推出了故宫文创、考古盲盒、文创雪糕等新的文创产品，引领了国潮消费新时尚，也让博物馆历史文化更好地走进了人们的日常生活。

一、材料简介

敦煌博物馆作为敦煌文化传播的重要窗口，通过文创载体，与各大品牌跨界合作，相继推出各类新颖有趣的精品，给古老的文化融入生气和活力，以年轻的方式将敦煌文化传播给大家。以敦煌文化为元素的邮局、邮票、明信片，包含了莫高窟所有朝代的经典壁画；明信片和邮票也是信息传播的工具，两者的跨界融合，可以提升文化传播的广度。敦煌石窟保存着最为丰富的装饰图案，这些图案凝聚着古代工匠的聪明智慧，将壁画与丝绸相融合所开发的丝巾手办，以被历史层层包裹着的古老文化为主题，通过丝巾为载体，让更多的人感受到了它的魅力。

但是，敦煌博物馆与电子烟合作IP一事却引起舆论的强烈质疑。敦煌佛像戴着墨镜，簇拥着电子烟，被打造成青年群体比较推崇的嘻哈风造型，将推崇吸烟打上了公屏。敦煌博物馆官方微博回应：此事未经博物馆审核，现立即停止授权，要求电子烟公司立即停止相关宣传并就负面影响公开向公众致歉，并表示在该项授权中，博物馆也存在监管不到位的问题。

二、原因分析

同样是敦煌跨界融合，为什么有些国潮受到消费者喜爱、主流媒体的肯定，但与电子烟的合作却遭到了公众的一致反对？有人说，跨界也得有底线，不是什么品牌都能"联名"，也不是任何营销都是"文创"。当历史厚重的敦煌文化与电子烟扭在一起时，到底是在推崇文化还是亵渎文化？对此现象，从文化创意的道德伦理角度可以从以下3个方面分析。

第一，文化创意的目的是满足人们的精神文化追求，所以产品的设计应当推崇真善美，具有审美价值。例如，"飞天"丝巾图案取《莲花飞天藻井图》，中心画莲花，花心呈五色转轮，在敦煌文化中，莲花代表纯洁之净土。电子烟却将庄严的佛像设计成嘻哈的形象，是对传统文化的一种丑化，毫无美感可言。

第二，文化创意的产品内容应具有文化内涵，创意不仅仅是"贴牌"，而是在坚守文物历史事实及本真性的前提下，加强对文物资源所蕴含的文化价值和艺术审美的传播再创造。

"飞天主题邮局"依托敦煌独特的历史文化,采用流行的街景文化创意,以邮政自身的独特性,从多个角度对敦煌文化进行宣传。电子烟自从问世以来就争议不断,用"嘻哈"佛像推崇电子烟,仅仅是为了迎合青少年的审美观,毫无文化内涵,是披着文化外衣的"伪文创",是破坏社会公序良俗的表现。

第三,文创产品经济效益的实现必须以社会效益为前提。《国务院关于修改〈中华人民共和国烟草专卖法实施条例〉的决定》提出,电子烟将参照卷烟的有关规定执行。由此可见,国家对电子烟是管控的,电子烟和卷烟一样对青少年的身心健康存在危害。电子烟企业为了商业利益,把产品打造成"文化潮品",会对青少年产生错误的示范,是违背政策法规的。

由此可见,跨界融合的惊艳和惊眼,取决于文创人员的职业道德底线。创意,只有符合法律法规、合乎道德规范,传播中华民族优良文化,发挥良好社会效益,才能够产生出文创精品。

资料来源:郭万超.博物馆文创的市场逻辑及提升路向——对"故宫文创热"的思考[J].人民论坛,2019(9):127-128;文创产品让敦煌文化走向世界[EB/OL].https://m.thepaper.cn/newsDetail_forward_14422343.[访问时间:2021-10-13];敦煌博物馆为"联名电子烟"道歉:文化生意可以有,生意文化不可有[EB/OL].https://m.toutiaocdn.com/i6962422850728755726/?app=news_article_lite&timestamp=1634236868&use_new_style=1&req_id=202110150241070102040240160A3E0228&group_id=6962422850728755726&share_token=2C6FF377-32C6-452C-906B-0F692D457662.[访问时间:2021-10-13]

请思考以下问题:
1. 请阐述文创产品的经济效益与社会效益之间的关系。
2. 博物馆文创的社会责任有哪些?
3. 跨界融合时,选择跨界对象应考虑哪些因素?
4. 试述文化创意产品同质化的原因。
5. 请选一个博物馆跨界融合的案例分析其中所包含的道德修养。

本章参考文献

[1] 严三九,王虎.文化产业创意与策划[M].上海:复旦大学出版社,2008.
[2] 宋桂友,刘海,王勇.文化产业管理概论[M].重庆:重庆大学出版社,2014.
[3] 张迈英,巢莹莹,钱伟.文化创意产业管理与实务[M].上海:同济大学出版社,2020.
[4] 薛可,余明阳.文化创意学概论[M].复旦大学出版社,2020.
[5] 秦剑,夏聘.文化产业创意与策划[M].北京:中国传媒大学出版社,2015.
[6] 蔡嘉清.文化产业营销[M].北京:清华大学出版社[M],2007.

［7］薛可,余明阳.文化创意学概论[M].上海:复旦大学出版社,2020.

［8］吴存东,吴琼.文化创意产业概论[M].北京:中国经济出版社,2010.

［9］邱羚.文化创意视角下我国邮轮产业发展动力研究[M].上海:上海交通大学出版社,2018.

［10］崔银河.广告法规与广告伦理[M].北京:中国传媒大学出版社,2017.

［11］杨文炯.传统与现代性的殊相人类学视阈下的西北少数民族历史与文化[M].民族出版社,2002.

［12］王祎庆.文化产业政策解读[M].北京:中国传媒大学出版社,2015.

［13］黄瑚.新闻法规与职业道德教程[M].上海:复旦大学出版社,2006.

［14］黄瑚.新闻法规与新闻职业道德[M].成都:四川人民出版社,1998.

［15］郭强.职业道德与职业生涯[M].上海:上海人民出版社,2011.

［16］天津市机关事业单位工人技术级岗位培训指导中心.职业道德[M].天津:天津人民出版社,2015.

［17］李海波.职业道德[M].南宁:广西人民出版社,2014.

［18］张岱年.伦理中国中华六家道德学说精要[M].北京:中国书籍出版社,2019.

［19］孙乃民,杨乔.职业道德简明教程[M].北京:中国展望出版社,1986.

［20］廖灿主.创意中国[M].北京:中国经济出版社,2008.

［21］阮可,郭怡.文化创意产业管理学[M].北京:中国传媒大学出版社,2013.

［22］曾忠禄,李珂.基于归纳法的内容分析方法的运用——以《唐宫夜宴》为例[J/OL].情报理论与实践,2021,44(10):83-89.

［23］陈臣,高庆占.文化传播视角下非遗数字化记录与传播媒介研究——以东北皮影戏为例[J].电影评介,2020(17):90-93.

［24］魏长领.儒家道德修养方法探析——兼与康德伦理思想比较[J].河南师范大学学报(哲学社会科学版),2001(5):6-10.

［25］陈春莲.先秦儒家道德修养方法及其时代价值[J].伦理学研究,2009(2):75-79.

［26］钱肖羽,刚强.数字时代文创产品的符号化传播——以甘肃省博物馆文创产品为例[J].新闻与写作,2021(8):101-103.

［27］郑华雯,刘筝.品牌内容IP化助推国际传播能力建设——解析广西电台文化"走出去"项目[J].中国广播电视学刊,2019(4):97-99.

［28］郭万超.博物馆文创的市场逻辑及提升路向——对"故宫文创热"的思考[J].人民论坛,2019(9):127-128.

［29］李荣耀.基于"国潮文化"视角的我国国货品牌视觉呈现及其设计策略研究[J].设计,2021,34(15):76-79.

[30] 人民日报点名马保国:闹剧该立刻收场了[EB/OL].https://www.guancha.cn/culture/2020_11_28_572882.shtm.[访问时间:2021-10-11]

[31] 光明日报评"马保国":流量生意和审丑文化终将走向价值虚无[EB/OL].https://www.thepaper.cn/newsDetail_forward_10229396.[访问时间:2021-10-11]

[32] 从吴亦凡到张哲瀚事件:金主、人脉、黑对家,扒开娱乐圈的"遮羞布"[EB/OL].https://export.shobserver.com/baijiahao/html/398187.html.[访问时间:2021-10-11]

[33] 人民日报:将修养艺德作为从艺必修课[EB/OL].https://m.thepaper.cn/kuaibao_detail.jsp?contid=3290891&from=kuaibao.[访问时间:2021-10-11]

[34] 古风文创、盲盒受追捧 国潮如何展现中国文化[EB/OL].https://new.qq.com/rain/a/20210531A06MWD00.[访问日期:2021-10-12]

[35] 人民日报.《长津湖》是这样炼成的[EB/OL].https://m.thepaper.cn/baijiahao_14856192.[访问时间:2012-10-13]

[36] 文创产品让敦煌文化走向世界[EB/OL].https://m.thepaper.cn/newsDetail_forward_14422343.[访问时间:2021-10-13]

[37] 敦煌博物馆为"联名电子烟"道歉:文化生意可以有,生意文化不可有[EB/OL].https://m.toutiaocdn.com/i6962422850728755726/?app=news_article_lite&timestamp=1634236868&use_new_style=1&req_id=202110150241070102040240160A3E0228&group_id=6962422850728755726&share_token=2C6FF377-32C6-452C-906B-0F692D457662.[访问时间:2021-10-13].

[38] 习近平在中共中央政治局第十三次集体学习时强调:把培育和弘扬社会主义核心价值观作为凝魂聚气强基固本的基础工程[N].人民日报,2014-02-06(1).

图书在版编目(CIP)数据

文化创意伦理与法规/薛可,余雪尔主编. —上海:复旦大学出版社,2022.7
(博学. 文创系列)
ISBN 978-7-309-16221-9

Ⅰ.①文… Ⅱ.①薛…②余… Ⅲ.①文化产业-法规-中国-高等学校-教材 Ⅳ.①D922.164

中国版本图书馆 CIP 数据核字(2022)第 098714 号

文化创意伦理与法规
WENHUA CHUANGYI LUNLI YU FAGUI
薛 可 余雪尔 主编
责任编辑/李 荃

复旦大学出版社有限公司出版发行
上海市国权路 579 号 邮编:200433
网址:fupnet@fudanpress.com http://www.fudanpress.com
门市零售:86-21-65102580 团体订购:86-21-65104505
出版部电话:86-21-65642845
上海崇明裕安印刷厂

开本 787×1092 1/16 印张 16.75 字数 375 千
2022 年 7 月第 1 版第 1 次印刷

ISBN 978-7-309-16221-9/D·1118
定价:49.00 元

如有印装质量问题,请向复旦大学出版社有限公司出版部调换。
版权所有 侵权必究